Dhammapada Sutras de Buda

Dhammapada Sutras, Volume 1

Siddhartha Gautama Buda

Published by Dhamma Buddha, 2024.

While every precaution has been taken in the preparation of this book, the publisher assumes no responsibility for errors or omissions, or for damages resulting from the use of the information contained herein.

DHAMMAPADA SUTRAS DE BUDA

First edition. May 5, 2024.

Copyright © 2024 Siddhartha Gautama Buda.

ISBN: 979-8224758173

Written by Siddhartha Gautama Buda.

Tabla de Contenido

Somos lo que pensamos

Somos lo que pensamos. Todo lo que somos surge con nuestros pensamientos. Con nuestros pensamientos hacemos el mundo. Habla o actúa con una mente impura y los problemas te seguirán como la rueda sigue al buey que tira del carro.

Somos lo que pensamos. Todo lo que somos surge con nuestros pensamientos. Con nuestros pensamientos hacemos el mundo. Habla o actúa con una mente pura y la felicidad te seguirá como tu sombra, inquebrantable.

"mira como me maltrató y me pegó, como me tiró al suelo y me robó". vive con esos pensamientos y vivirás en el odio.

"mira cómo me maltrató y me pegó, cómo me tiró al suelo y me robó". abandona esos pensamientos, y vive en el amor.

En este mundo el odio nunca ha disipado el odio. Sólo el amor disipa el odio. Esta es la ley, antigua e inagotable.

Tú también morirás. Sabiendo esto, ¿cómo puedes discutir?

Con qué facilidad vuelca el viento un frágil árbol.

Busca la felicidad en los sentidos, deléitate con la comida y el sueño, y tú también serás desarraigado.

El viento no puede derribar una montaña. La tentación no puede tocar al hombre despierto, fuerte y humilde, que se domina a sí mismo y tiene en cuenta la ley.

Si los pensamientos de un hombre son turbios, si es imprudente y está lleno de engaños, ¿cómo puede vestir la túnica amarilla?

Quien es dueño de su propia naturaleza, brillante, clara y verdadera, puede vestir la túnica amarilla.

Mis amados bodhisattvas.... Sí, así es como os miro. Así es como tenéis que empezar a miraros a vosotros mismos. Bodhisattva significa un buda en esencia, un buda en semilla, un buda dormido, pero con todo el potencial para estar despierto. En ese sentido, todo el mundo es un bodhisattva, pero no todo el mundo puede llamarse bodhisattva: sólo aquellos que han empezado a buscar la luz a tientas, que han empezado a anhelar el amanecer, en cuyos corazones la semilla ya no es una semilla sino que se ha convertido en un brote, ha empezado a crecer.

Sois bodhisattvas por vuestro anhelo de ser conscientes, de estar alerta, por vuestra búsqueda de la verdad. La verdad no está lejos, pero hay muy pocos afortunados en el mundo que la anhelen. No está lejos, pero es ardua, es difícil de alcanzar. Es difícil de alcanzar, no por su naturaleza, sino por nuestra inversión en mentiras.

Hemos invertido durante vidas y vidas en mentiras. Nuestra inversión es tanta que la sola idea de la verdad nos asusta. Queremos evitarla, queremos escapar de la verdad. Las mentiras son hermosos escapes, sueños cómodos y confortables. Pero los sueños son sueños. Pueden encantarte por un momento, pueden esclavizarte por un momento, pero sólo por un momento. Y a cada sueño le sigue una tremenda frustración, y a cada deseo le sigue un profundo fracaso.

Pero seguimos precipitándonos en nuevas mentiras; si se conocen las viejas mentiras, inmediatamente inventamos nuevas mentiras. Recuerda que sólo se pueden inventar mentiras; la verdad no se puede inventar. La verdad ya existe. La verdad hay que descubrirla, no inventarla. Las mentiras no se pueden descubrir, hay que inventarlas.

La mente se siente muy bien con las mentiras porque la mente se convierte en el inventor, el hacedor. Y como la mente se convierte en el hacedor, se crea el ego. Con la verdad, no tienes nada que hacer... y como no tienes nada que hacer, la mente cesa, y con la mente el ego desaparece, se evapora. Ese es el riesgo, el último riesgo.

Habéis avanzado hacia ese riesgo. Habéis dado algunos pasos, tambaleándoos, tropezando, a tientas, vacilando, con muchas dudas, pero aun así habéis dado algunos pasos; por eso os llamo bodhisattvas.

Y *El Dhammapada*, la enseñanza de Gautama el Buda, sólo puede enseñarse a los bodhisattvas. No puede ser enseñada a la humanidad ordinaria, mediocre, porque no puede ser comprendida por ellos.

Estas palabras de Buda proceden del silencio eterno. Sólo pueden llegarte si las recibes en silencio. Estas palabras de Buda proceden de la inmensa pureza. A menos que te conviertas en un vehículo, un receptáculo, humilde, sin ego, alerta, consciente, no podrás comprenderlas. Intelectualmente las entenderás - son palabras muy simples, las más simples posibles. Pero su misma simplicidad es un problema, porque tú no eres simple. Para entender la simplicidad necesitas la simplicidad del corazón, porque sólo el corazón simple puede entender la verdad simple. Sólo el puro puede comprender lo que ha surgido de la pureza.

He esperado mucho... ahora ha llegado el momento, estáis preparados. Las semillas pueden sembrarse. Estas palabras tremendamente importantes pueden volver a pronunciarse. Durante veinticinco siglos, tal reunión no ha existido en absoluto. Sí, ha habido unos pocos maestros iluminados con unos pocos discípulos -media docena como mucho- y en pequeñas reuniones se ha enseñado *El Dhammapada*. Pero esas pequeñas reuniones no pueden transformar a una humanidad tan inmensa. Es como arrojar azúcar al océano con cucharas: no puede endulzarlo -su azúcar simplemente se desperdicia.

Hay que hacer un gran experimento, inaudito, a una escala tan grande que por lo menos la parte más sustancial de la humanidad sea tocada por él - por lo menos el alma de la humanidad, el centro de la humanidad, puede ser despertado por él. En la periferia, las mentes mediocres seguirán durmiendo -déjalas dormir-, pero en el centro, donde existe la inteligencia, puede encenderse una luz.

Ha llegado el momento. Todo mi trabajo aquí consiste en crear un campo búdico, un campo de energía donde estas verdades eternas puedan ser pronunciadas de nuevo. Es una oportunidad única. Sólo de vez en cuando, después de siglos, existe una oportunidad así. No la desaproveches. Estate muy alerta, atento. Escucha estas palabras no sólo con la cabeza, sino con el corazón, con cada fibra de tu ser. Deja que tu totalidad se conmueva con ellas.

Y después de estos diez días de silencio, es exactamente el momento adecuado para traer de vuelta a Buda, para hacerlo vivir de nuevo entre vosotros, para dejar que se mueva entre vosotros, para dejar que los vientos de Buda pasen a través de vosotros. Sí, se le puede volver a llamar, porque nadie desaparece. Buda ya no es una persona encarnada; ciertamente no existe como individuo en ninguna parte, pero su esencia, su alma, forma parte ahora del alma cósmica.

Si muchas muchas personas -con profundo anhelo, con inmenso anhelo, con corazones llenos de oración- lo desean, lo desean apasionadamente, entonces el alma que ha desaparecido en el alma cósmica puede volver a manifestarse de millones de maneras.

Ningún verdadero maestro muere jamás, no puede morir. La muerte no aparece para los maestros, no existe para ellos. Por eso son maestros. Han conocido la eternidad de la vida. Han visto que el cuerpo desaparece pero que el cuerpo no lo es todo: el cuerpo es sólo la periferia, el cuerpo es sólo el ropaje. El cuerpo es la casa, la morada, pero el huésped nunca desaparece. El huésped sólo se desplaza de una morada a otra. Un día, en última instancia, el huésped empieza a vivir bajo el cielo, sin refugio... pero el huésped continúa. Sólo los cuerpos, las casas, van y vienen, nacen y luego mueren. Pero hay un continuo interior, una continuidad interior, que es eterna, intemporal, inmortal.

Siempre que puedas amar a un maestro -un maestro como Jesús, Buda, Zaratustra, Lao Tzu-, si tu pasión es total, inmediatamente eres puenteado.

Mi discurso sobre Buda no es sólo un comentario: es crear un puente. Buda es uno de los maestros más importantes que han existido sobre la tierra: incomparable, único.

Y si puedes tener una muestra de su ser, serás infinitamente beneficiado, bendecido.

Me alegro inmensamente, porque después de estos diez días de silencio puedo deciros que muchos de vosotros estáis ahora dispuestos a comulgar conmigo en silencio. Eso es lo último en comunicación. Las palabras son inadecuadas; las palabras dicen, pero sólo parcialmente. El silencio comunica totalmente.

Y usar palabras también es un juego peligroso, porque el significado se quedará conmigo, sólo te llegará la palabra; y tú le darás tu propio significado, tu propio color.

No contendrá la misma verdad que debía contener. Contendrá otra cosa, algo mucho más pobre. Contendrá tu significado, no el mío. Puedes distorsionar el lenguaje -de hecho, es casi imposible evitar la distorsión-, pero no puedes distorsionar el silencio. O entiendes o no entiendes.

Y durante esos diez días sólo hubo aquí dos categorías de personas: los que entendían y los que no. Pero no hubo ni una sola persona que no entendiera. No se puede malinterpretar el silencio: ésa es la belleza del silencio. La demarcación es absoluta: o entiendes o, simplemente, no entiendes; no hay nada que malinterpretar.

Con las palabras ocurre justo lo contrario: es muy difícil entender, es muy difícil entender que no se entiende; las dos cosas son casi imposibles.

Y la tercera es la única posibilidad: el malentendido.

Estos diez días han sido de una extraña belleza, y también de una misteriosa majestuosidad. En realidad ya no pertenezco a esta orilla. Mi barco me espera desde hace mucho tiempo: debería haber partido. Es un milagro que siga vivo. Todo el mérito es tuyo: a tu amor, a tus oraciones, a tu anhelo. Queréis que me quede un poco más en esta orilla, por eso lo imposible se ha hecho posible.

Estos diez días, no me sentía en armonía con mi cuerpo. Me sentía muy desarraigado, dislocado. Es extraño estar en el cuerpo cuando no sientes que estás en el cuerpo.

Y también es extraño seguir viviendo en un lugar que ya no te pertenece: mi hogar está en la otra orilla. Y la llamada llega insistentemente. Pero como me necesitas, es la compasión del universo -puedes llamarla compasión de Dios- la que me permite estar un poco más en el cuerpo.

Era extraño, era hermoso, era misterioso, era majestuoso, era mágico. Y muchos de vosotros lo habéis sentido. Muchos de ustedes lo han sentido de diferentes maneras. Algunos lo han sentido como un fenómeno aterrador, como si la muerte llamara a la puerta. Algunos lo han sentido como una gran confusión. Unos pocos se han sentido conmocionados, totalmente conmocionados. Pero todo el mundo se ha sentido afectado de una forma u otra.

Sólo los recién llegados estaban un poco perdidos, no entendían lo que pasaba. Pero también les estoy agradecido. Aunque no entendían lo que pasaba, esperaban, esperaban que hablara, esperaban que dijera algo, esperaban. Muchos temían que no volviera a hablar... también era una posibilidad. Yo mismo no estaba seguro.

Las palabras me resultan cada vez más difíciles. Cada vez me cuesta más esfuerzo. Tengo que decir algo, así que continúo diciéndote algo. Pero me gustaría que te prepararas lo antes posible para que podamos simplemente sentarnos en silencio... escuchando a los pájaros y sus cantos... o escuchando sólo los latidos de tu propio corazón... simplemente estar aquí, sin hacer nada....

Preparaos cuanto antes, porque cualquier día puedo dejar de hablar. Y que la noticia se difunda por todos los rincones del mundo: los que quieran entenderme sólo a través de las palabras, que vengan pronto, porque cualquier día puedo dejar de hablar.

Imprevisiblemente, cualquier día, puede ocurrir - puede ocurrir incluso en medio de una frase. Entonces no voy a completar la frase. Entonces quedará colgada para siempre... incompleta.

Pero esta vez me has hecho retroceder.

Estos dichos de Buda se llaman *El Dhammapada*. Hay que entender este nombre. Dhamma significa muchas cosas. Significa la ley última, el logos. Por "ley última" se entiende aquello que mantiene unido a todo el universo. Es invisible, intangible, pero sin duda lo es; de lo contrario, el universo se desmoronaría. Un universo tan vasto, tan infinito, que funciona tan suavemente, tan armoniosamente, es prueba suficiente de que debe haber una corriente subterránea que conecta todo, que une todo, que tiende puentes entre todo - que no somos islas, que la hoja de hierba más pequeña está unida a la estrella más grande. Destruye una pequeña hoja de hierba y habrás destruido algo de inmenso valor para la propia existencia.

En la existencia no hay jerarquías, no hay nada pequeño ni nada grande. La estrella más grande y la hoja de hierba más pequeña, ambas existen como iguales; de ahí el otro significado de la palabra 'dhamma'. El otro significado es la justicia, la igualdad, la existencia no jerárquica.

La existencia es absolutamente comunista; no conoce clases, todo es uno. De ahí el otro significado de la palabra "dhamma": justicia.

Y el tercer significado es rectitud, virtud. La existencia es muy virtuosa. Incluso si encuentras algo que no puedes llamar virtud, debe ser debido a tu malentendido; de lo contrario la existencia es absolutamente virtuosa. Cualquier cosa que suceda aquí, siempre sucede correctamente. Lo incorrecto nunca ocurre. Puede parecerte incorrecto porque tienes una cierta idea de lo que es correcto, pero cuando miras sin ningún prejuicio, nada es incorrecto, todo es correcto. El nacimiento es correcto, la muerte es correcta. La belleza es correcta y la fealdad es correcta.

Pero nuestras mentes son pequeñas, nuestra comprensión es limitada; no podemos ver el todo, siempre vemos sólo una pequeña parte. Somos como una persona que se esconde detrás de su puerta y mira por el ojo de la cerradura hacia la calle. Siempre ve cosas... sí, alguien se mueve, un coche pasa de repente. En un momento no estaba allí, en otro momento está allí, y en otro momento ha desaparecido para siempre. Así es como vemos la existencia. Decimos que algo está en el futuro, luego viene al presente, y luego se ha ido al pasado.

De hecho, el tiempo es una invención humana. Siempre es ahora. La existencia no conoce pasado ni futuro, sólo conoce el presente.

Pero estamos sentados detrás del ojo de una cerradura y miramos. Una persona no está ahí, y de repente aparece; y tan de repente como aparece, también desaparece. Ahora tienes que crear el tiempo. Antes de que la persona apareciera, estaba en el futuro; estaba allí, pero para ti estaba en el futuro. Entonces apareció; ahora está en el presente, ¡es el mismo! Y ya no puedes verle a través de tu pequeño ojo de la cerradura: se ha convertido en pasado.

Nada es pasado, nada es futuro, todo es siempre presente. Pero nuestra forma de ver es muy limitada.

De ahí que sigamos preguntándonos por qué hay miseria en el mundo, por qué hay esto y aquello... ¿por qué? Si podemos mirar el todo, todos estos porqués desaparecen. Y para mirar el todo, tendrás que salir de tu habitación, tendrás que abrir la puerta... tendrás que abandonar esta visión de ojo de cerradura.

Esto es lo que es la mente: un ojo de cerradura, y un ojo de cerradura muy pequeño. En comparación con el vasto universo, ¿qué son nuestros ojos, nuestros oídos, nuestras manos? ¿Qué podemos abarcar? Nada de mucha importancia. Y esos pequeños fragmentos de verdad, nos apegamos demasiado a ellos.

Si ves el todo, todo es como debe ser - ese es el significado de "todo está bien". El mal no existe. Sólo Dios existe; el Diablo es creación del hombre.

El tercer significado de "dhamma" puede ser Dios, pero Buda nunca utiliza la palabra "Dios".

porque se ha asociado erróneamente con la idea de una persona, y la ley es una presencia, no una persona. De ahí que Buda nunca utilice la palabra "Dios", pero siempre que quiere transmitir algo de Dios utiliza la palabra "dhamma". Su mente es la de un científico muy profundo. Por ello, muchos le han considerado ateo, pero no lo es. Es el mayor teísta que el mundo ha conocido o conocerá, pero nunca habla de Dios. Nunca utiliza la palabra, eso es todo, pero con "dhamma" quiere decir exactamente lo mismo. "Lo que es" es el significado de la palabra 'Dios', y ése es exactamente el significado de 'dhamma'. Dhamma' también significa disciplina -diferentes dimensiones de la palabra. Quien quiera conocer la verdad tendrá que disciplinarse de muchas maneras.

No olvides el significado de la palabra "disciplina": significa simplemente la capacidad de aprender, la disponibilidad para aprender, la receptividad para aprender. De ahí la palabra "discípulo".

Por "discípulo" se entiende aquel que está dispuesto a abandonar sus viejos prejuicios, a dejar a un lado su mente y a examinar el asunto sin ningún prejuicio, sin ninguna concepción a priori.

Y "dhamma" también significa la verdad última. Cuando la mente desaparece, cuando el ego desaparece, ¿qué queda? Ciertamente queda algo, pero no se le puede llamar "algo", de ahí que Buda lo llame "nada". Pero permíteme que te lo recuerde, de lo contrario le malinterpretarás: siempre que utiliza la palabra "nada" quiere decir no-cosa. Divide la palabra en dos; no la uses como una sola palabra - pon un guión entre "no" y "cosa", entonces sabrás exactamente el significado de "nada".

La ley suprema no es una cosa. No es un objeto que puedas observar. Es tu interioridad, es subjetividad.

Buda habría estado totalmente de acuerdo con el pensador danés Soren Kierkegaard. Él dice: La verdad es subjetividad. Esa es la diferencia entre hecho y verdad. Un hecho es algo objetivo. La ciencia sigue buscando más y más hechos, y la ciencia nunca llegará a la verdad, no puede por la propia definición de la palabra. La verdad es la interioridad del científico, pero nunca la mira. Sigue observando otras cosas.

Nunca toma conciencia de su propio ser.

Ese es el último significado de "dhamma": tu interioridad, tu subjetividad, tu verdad.

Una cosa muy significativa -deja que cale hondo en tu corazón: la verdad nunca es una teoría, una hipótesis; siempre es una experiencia. Por lo tanto, mi verdad no puede ser tu verdad.

Mi verdad es ineludiblemente mi verdad; seguirá siendo mi verdad, no puede ser la tuya. No podemos compartirla. La verdad es irrompible, intransferible, incomunicable, inexpresable.

Puedo explicarte cómo lo he conseguido, pero no puedo decirte qué es. El "cómo" es explicable, pero no el "por qué". Se puede mostrar la disciplina, pero no la meta. Cada uno tiene que llegar a ella a su manera. Cada uno tiene que llegar a ella en su propio ser interior. En absoluta soledad se revela.

Y la segunda palabra es *Pada*. Pada' también tiene muchos significados. Uno, el significado más fundamental, es camino. La religión tiene dos dimensiones: la dimensión del "qué" y la dimensión del "cómo". Del "qué" no se puede hablar; es imposible. Pero del "cómo" se puede hablar, el "cómo" se puede compartir. Ese es el significado de "camino". Puedo indicarte el camino; puedo mostrarte cómo he viajado, cómo he llegado a las cumbres iluminadas por el sol. Puedo contarte toda su geografía, toda su topografía. Puedo darte un mapa de curvas de nivel, pero no puedo decirte qué se siente al estar en la cima iluminada por el sol.

Es como si le preguntaras a Edmund Hillary o a Tensing cómo llegaron al pico más alto del Himalaya, Gourishankar. Pueden darte el mapa completo de cómo llegaron.

Pero si les preguntas qué sintieron cuando llegaron, sólo pueden encogerse de hombros. Esa libertad que debieron de conocer es indescriptible; la belleza, la bendición, el cielo inmenso, la altura, y las nubes de colores, y el sol y el aire impoluto, y la nieve virgen por la que nadie había viajado antes... todo eso es imposible de transmitir. Hay que llegar a esas cumbres iluminadas por el sol para saberlo. Pada' significa camino, 'pada' también significa paso, pie, cimiento. Todos estos significados son importantes. Tienes que moverte desde donde estás. Tienes que convertirte en un gran proceso, un crecimiento.

Las personas se han convertido en estanques estancados; tienen que convertirse en ríos, porque sólo los ríos llegan al océano. Y también significa fundamento, porque es la verdad fundamental de la vida. Sin dhamma, sin relacionarte de alguna manera con la verdad última, tu vida no tiene fundamento, ni sentido, ni significado, no puede tener ninguna gloria. Será un ejercicio de absoluta futilidad. Si no estás conectado con el todo, no puedes tener ningún significado propio. Seguirás siendo una madera a la deriva, a merced de los vientos, sin saber adónde vas y sin saber quién eres. La búsqueda de la verdad, la búsqueda apasionada de la verdad, crea el puente, te da una base. Estos sutras recopilados como **El Dhammapada** no deben entenderse intelectualmente, sino existencialmente. Volveos como esponjas: dejad que os empape, que se hunda en vosotros. No os quedéis sentados juzgando; de lo contrario, os perderéis al Buda. No os sentéis ahí parloteando constantemente en vuestra mente sobre si está bien o mal; perderéis el punto. No te preocupes por si está bien o mal.

Lo primero, lo más primordial, es comprender qué es: qué dice Buda, qué intenta decir Buda. No hay necesidad de juzgar ahora mismo. Lo primero, lo básico, es comprender exactamente lo que quiere decir. Y lo bonito es que si entiendes exactamente lo que quiere decir, estarás convencido de su verdad, conocerás su verdad. La verdad tiene sus propias formas de convencer a la gente; no necesita otras pruebas.

La verdad nunca discute: es un canto, no un silogismo.

Los sutras:

Somos lo que pensamos. Todo lo que somos surge con nuestros pensamientos. Con nuestros pensamientos hacemos el mundo.

Se te ha dicho una y otra vez que los místicos orientales creen que el mundo es ilusorio. Es cierto: no sólo creen que el mundo es falso, ilusorio, maya - saben que es maya, que es una ilusión, un sueño. Pero cuando utilizan la palabra sansara -el mundo- no se refieren al mundo objetivo que investiga la ciencia; no, en absoluto.

No se refieren al mundo de los árboles, las montañas y los ríos; no, en absoluto.

Significan el mundo que creas, hilas y tejes dentro de tu mente, la rueda de la mente que sigue moviéndose y girando. Sansara no tiene nada que ver con el mundo exterior.

Hay que recordar tres cosas. Una es el mundo exterior, el mundo objetivo.

Buda nunca dirá nada al respecto porque no es asunto suyo; no es un Albert Einstein. Luego hay un segundo mundo: el mundo de la mente, el mundo que investigan los psicoanalistas, los psiquiatras, los psicólogos. Buda tendrá algunas cosas que decir al respecto, no muchas, sólo unas pocas; de hecho, una: que es ilusorio, que no tiene verdad, ni objetiva ni subjetiva, que está en medio.

El primer mundo es el mundo objetivo, que investiga la ciencia. El segundo mundo es el mundo de la mente, que investiga el psicólogo. Y el tercer mundo es tu subjetividad, tu interioridad, tu yo interior.

La indicación de Buda es hacia el núcleo más interior de tu ser. Pero estás demasiado involucrado con la mente. A menos que él te ayude a liberarte de la mente, nunca conocerás el tercero, el mundo real: tu sustancia interior. De ahí que empiece con la afirmación: ***somos lo que pensamos***. Todo el mundo es eso: su mente. ***Todo lo que somos surge con nuestros pensamientos.***

Imagina por un momento que cesan todos los pensamientos... ¿quién eres? Si todos los pensamientos cesan por un momento, ¿quién eres? No habrá respuesta. No puedes decir: "Soy católico", "Soy protestante", "Soy hindú", "Soy mahometano", no puedes decir eso. Todos los pensamientos han cesado. Así que el Corán ha desaparecido, la Biblia, el Gita... ¡todas las palabras han cesado! Ni siquiera puedes pronunciar tu nombre. Todo el lenguaje ha desaparecido, así que no puedes decir a qué país perteneces, a qué raza. Cuando cesan los pensamientos, ¿quién eres? Un vacío total, la nada, la nada.

Por eso Buda ha utilizado una palabra extraña; nadie lo había hecho antes ni después. Los místicos siempre han utilizado la palabra "yo" para referirse al núcleo más interior de tu ser; Buda utiliza la palabra "no-yo". Y estoy perfectamente de acuerdo con él; es mucho más preciso, más cercano a la verdad. Utilizar la palabra "yo", aunque sea con mayúscula, no cambia mucho las cosas. Sigue dándote el sentido del ego, y con "S" mayúscula puede darte un ego aún mayor.

Buda no utiliza las palabras atma, 'yo', atta. Utiliza justo la palabra opuesta: "no-yo", anatma, anatta. Dice que cuando la mente cesa, no queda ningún yo: te has vuelto universal, has desbordado los límites del ego, eres un espacio puro, no contaminado por nada. No eres más que un espejo que no refleja nada.

Somos lo que pensamos. Todo lo que somos surge con nuestros pensamientos. Con nuestros pensamientos hacemos el mundo.

Si realmente quieres saber quién eres en realidad, tendrás que aprender a cesar como mente, a dejar de pensar. En eso consiste la meditación. Meditar significa salir de la mente, dejar caer la mente y moverse en el espacio llamado no-mente.

Y en un abrir y cerrar de ojos conocerás la verdad última, el dhamma.

Y pasar de la mente a la no-mente es el paso, pada. Y este es todo el secreto *del Dhammapada.*

Habla o actúa con una mente impura y los problemas te seguirán como la rueda sigue al buey que tira del carro.

Siempre que Buda utiliza la frase "mente impura" puedes malinterpretarla. Con "mente impura" se refiere a la mente, porque toda mente es impura. La mente como tal es impura, y la no-mente es pura. Pureza significa no-mente; impureza significa mente.

Habla o *actúa con una mente impura* - habla o actúa con la mente - *y los problemas te* seguirán.... La miseria es un subproducto, la sombra de la mente, la sombra de la mente ilusoria. La miseria es una pesadilla. Sufres sólo porque estás dormido. Y no hay forma de escapar de ella mientras duermes. A menos que despiertes, la pesadilla persistirá. Puede cambiar de forma, puede tener millones de formas, pero persistirá.

La miseria es la sombra de la mente: mente significa sueño, mente significa inconsciencia, mente significa inconsciencia. Mente significa no saber quién eres y seguir fingiendo que lo sabes. Mente significa no saber adónde vas y seguir fingiendo que conoces la meta, que sabes para qué sirve la vida; no saber nada de la vida y seguir creyendo que lo sabes.

Esta mente traerá miseria tan ciertamente *como la rueda sigue al buey que tira del carro.*

Somos lo que pensamos. Todo lo que somos surge con nuestros pensamientos. Con nuestros pensamientos hacemos el mundo.

Habla o actúa con una mente pura y la felicidad te seguirá como tu sombra, inquebrantable.

De nuevo, recuerda: cuando Buda dice "mente pura" quiere decir no-mente. Es muy difícil traducir a un hombre como Buda. Es un trabajo casi imposible, porque un hombre como Buda utiliza el lenguaje a su manera; crea su propio lenguaje. No puede utilizar el lenguaje ordinario con significados ordinarios, porque tiene algo extraordinario que transmitir.

Las palabras ordinarias carecen absolutamente de sentido en referencia a la experiencia de un Buda.

Pero debe entender el problema. El problema es que no puede utilizar un lenguaje absolutamente nuevo; nadie lo entenderá. Parecerá un galimatías.

Así surgió la palabra "galimatías". Proviene de un sufí; se llamaba Jabbar. Inventó un nuevo lenguaje. Nadie fue capaz de entenderlo. ¿Cómo se puede entender un lenguaje absolutamente nuevo? Parecía un loco, diciendo tonterías, auténticas tonterías. ¡Así es como sucede! Si escuchas a un chino y no entiendes chino, es un completo disparate.

Alguien le preguntaba a un hombre que había ido a China: "¿Cómo encuentran nombres tan extraños para la gente? - Ching, Chung, Chang...."

El hombre dijo: "Tienen una manera: recogen todas las cucharas de la casa y las lanzan hacia arriba, y cuando esas cucharas caen... ¡ching! ¡chung! ¡chang! o cualquier sonido que hagan, así es como ponen nombre a un niño".

Pero lo mismo ocurre: si un chino oye inglés piensa: "¡Qué tontería!".

Si eso ocurre con las lenguas que utilizan millones de personas, ¿qué ocurrirá con un Buda si inventa una lengua original? Sólo él lo entenderá y nadie más. Jabbar lo hizo, debió de ser un hombre muy valiente. La gente pensaba que estaba loco.

La palabra inglesa 'gibberish' viene de Jabbar. Nadie sabe lo que decía.

Nadie ha intentado siquiera coleccionarlo... ¿cómo coleccionarlo? No había alfabeto. Y lo que decía no tenía ningún sentido, así que no sabemos qué tesoros nos hemos perdido.

El problema para Buda es que, o bien tiene que utilizar tu lenguaje tal y como lo utilizas tú -entonces no puede transmitir su experiencia en absoluto-, o bien tiene que inventar un nuevo lenguaje que nadie entenderá. Así que todos los grandes maestros tienen que estar en el medio. Utilizarán tu lenguaje, pero darán a tus palabras su color, su sabor. Las botellas serán tuyas, el vino será suyo. Y pensando que porque las botellas son tuyas el vino también es tuyo, las llevarás durante siglos. Y existe la posibilidad de que, pensando que es tu vino porque la botella es tuya, a veces bebas de ella, te emborraches.

Por eso es muy difícil de traducir. Buda utilizaba un lenguaje que entendía la gente que le rodeaba, pero daba giros y vueltas a las palabras de un modo tan sutil que incluso las personas que conocían el idioma no se alertaban, no se escandalizaban. Pensaban que estaban oyendo su propio idioma.

Buda utiliza las palabras "mente pura" para no-mente, porque si dices "no-mente", inmediatamente se hace imposible comprender. Pero si dices "mente pura", entonces es posible cierta comunicación. Poco a poco, te convencerá de que mente pura significa no-mente. Pero eso llevará tiempo; muy lentamente tienes que ser atrapado y atrapada en una experiencia totalmente nueva. Pero recuerda siempre: mente pura significa no-mente, impuro significa mente.

Al poner estos adjetivos, impuro y puro, se está comprometiendo contigo para que no te alertes demasiado pronto y escapes. Tienes que ser seducido. Todos los grandes maestros son seductores, ese es su arte. Te seducen de tal manera que, poco a poco, estás dispuesto a beber cualquier cosa, lo que sea que te den. Primero te suministran agua ordinaria, luego lentamente, lentamente, el vino tiene que ser mezclado en ella. Entonces el agua tiene que ser retirada...y un dia estas completamente borracho. Pero tiene que ser un proceso muy lento.

A medida que profundices en los sutras lo comprenderás. Mente impura significa mente, mente pura significa no-mente. Y la felicidad te seguirá si tienes una mente pura o no-mente.... *La felicidad te seguirá como tu sombra, inquebrantable.*

La miseria es un subproducto, la dicha también. La miseria es un subproducto de estar dormido, la dicha es un subproducto de estar despierto. Por lo tanto, no puedes buscar la dicha directamente, y aquellos que buscan la dicha directamente están destinados a fracasar, condenados al fracaso. La dicha sólo puede ser alcanzada por aquellos que no buscan la dicha directamente; por el contrario, buscan la conciencia. Y cuando llega la consciencia, la dicha llega por sí misma, igual que tu sombra, inconmovible.

"Mira cómo me maltrató y me pegó, cómo me tiró al suelo y me robó". Vive con esos pensamientos y vivirás en el odio.

"mira cómo me maltrató y me pegó, cómo me tiró al suelo y me robó". abandona esos pensamientos, y vive en el amor.

Algo de profunda importancia: el odio existe con el pasado y el futuro - el amor no necesita pasado, ni futuro. El amor existe en el presente. El odio tiene una referencia en el pasado:

alguien abusó de ti ayer y lo llevas como una herida, una resaca. O tienes miedo de que alguien abuse de ti mañana: un miedo, una sombra del miedo. Y ya te estás preparando, te estás preparando para enfrentarte a ello.

El odio existe en el pasado y en el futuro. No puedes odiar en el presente, inténtalo y serás totalmente impotente. Inténtalo hoy: siéntate en silencio y odia a alguien en el presente, sin referencia al pasado ni al futuro... no puedes hacerlo. No puede hacerse; en la propia naturaleza de las cosas es imposible. El odio sólo puede existir si recuerdas el pasado: este hombre te hizo algo ayer, entonces el odio es posible. O este hombre va a hacer algo mañana, entonces el odio también es posible. Pero si no tienes ninguna referencia al pasado o al futuro -este hombre no te ha hecho nada y no te va a hacer nada, este hombre está ahí sentado- ¿cómo puedes odiar? Pero puedes amar.

El amor no necesita referencias: ésa es la belleza del amor y la libertad del amor. El odio es una esclavitud. El odio es encarcelamiento - impuesto por ti sobre ti mismo. Y el odio crea odio, el odio provoca odio. Si odias a alguien estás creando odio en el corazón de esa persona hacia ti. Y el mundo entero existe en el odio, en la destrucción, en la violencia, en los celos, en la competitividad. La gente se ataca entre sí, ya sea en la realidad, en la acción, o al menos en sus mentes, en sus pensamientos, todo el mundo asesina, mata. Por eso hemos creado un infierno en esta hermosa tierra, que podría haberse convertido en un paraíso.

Ama, y la tierra vuelve a ser un paraíso. Y la inmensa belleza del amor es que no tiene referencia. El amor viene de ti sin ninguna razón. Es tu dicha desbordante, es el compartir de tu corazón. Es compartir la canción de tu ser. Y compartir es tan alegre, ¡por eso se comparte! Compartir por compartir, sin ningún otro motivo.

Pero el amor que has conocido en el pasado no es el amor del que habla Buda ni del que hablo yo. Tu amor no es más que la otra cara del odio. De ahí que tu amor tenga una referencia: alguien ha sido hermoso contigo ayer, tan agradable que sientes un gran amor por él. Esto no es amor; es la otra cara del odio; la referencia lo demuestra.

O alguien va a ser amable contigo mañana: la forma en que te sonrió, la forma en que te habló, la forma en que te invitó a su casa mañana - va a ser cariñoso contigo. Y surge un gran amor.

Este no es el amor del que hablan los budas. Es odio disfrazado de amor, por eso tu amor puede convertirse en odio en cualquier momento. Si rasguñas un poco a una persona, el amor desaparece y surge el odio. Ni siquiera es superficial. Incluso los llamados grandes amantes se pelean continuamente, se pelean continuamente, se fastidian, se destruyen. Y la gente piensa que esto es amor....

Si no que se lo pregunten a Astha y Abhiyana: están tan enamoradas que Astha tiene un ojo morado casi todos los días. ¡Gran pelea! Pero cuando hay una gran pelea, la gente piensa que algo está pasando. Cuando no pasa nada - no hay pelea, no hay pelea - la gente se siente vacía. "Es mejor estar peleando que estar vacío" - esa es la idea de millones de personas en el mundo. Al menos la lucha te mantiene comprometido, al menos la lucha te mantiene implicado, y la lucha te hace importante. La vida parece tener algún sentido, un sentido feo, pero al menos algún sentido.

Tu amor no es realmente amor: es todo lo contrario. Es odio disfrazado de amor, camuflado de amor, desfilando como amor. El verdadero amor no tiene referencias. No piensa en el ayer, no piensa en el mañana. El verdadero amor es un brote espontáneo de alegría en ti... y compartirla... y derramarla... sin otra razón, sin otro motivo, que la alegría de compartirla.

Los pájaros cantando por la mañana, este cuco llamando desde la distancia... sin razón.

El corazón está tan lleno de alegría que estalla una canción. Cuando hablo de amor, hablo de un amor así. Recuérdalo. Y si puedes moverte a la dimensión de este amor, estarás en el paraíso - inmediatamente. Y empezarás a crear un paraíso en la tierra.

El amor crea amor igual que el odio crea odio.

En este mundo el odio nunca ha disipado el odio. Sólo el amor disipa el odio. Esta es la ley, antigua e inagotable.

Aes Dhammo Sanantano - esta la ley, eterna, antigua e inagotable.

¿Cuál es la ley? Que el odio nunca disipa el odio -la oscuridad no puede disipar la oscuridad-, que sólo el amor disipa el odio. Sólo la luz puede disipar la oscuridad: el amor es luz, la luz de tu ser, y el odio es la oscuridad de tu ser. Si eres oscuro por dentro, sigues arrojando odio a tu alrededor. Si eres luz por dentro, luminoso, entonces sigues irradiando luz a tu alrededor.

Un sannyasin tiene que ser un amor radiante, una luz radiante.

Aes Dhammo Sanantano.... Buda lo repite una y otra vez: ésta es la ley eterna. ¿Cuál es la ley eterna? Sólo el amor disipa el odio, sólo la luz disipa la oscuridad.

¿Por qué? - Porque la oscuridad en sí misma es sólo un estado negativo; no tiene existencia positiva propia. En realidad no existe, ¿cómo puedes disiparla? No puedes hacer nada directamente a la oscuridad. Si quieres hacer algo con la oscuridad, tendrás que hacer algo con la luz. Si traes la luz, la oscuridad desaparece; si sacas la luz, la oscuridad aparece. Pero no puedes hacer que la oscuridad entre o salga directamente, no puedes hacer nada con la oscuridad. Recuerda que tampoco puedes hacer nada con el odio.

Y ésa es la diferencia entre los maestros morales y los místicos religiosos: los maestros morales siguen proponiendo la ley falsa. Siguen diciendo: "¡Lucha contra la oscuridad, lucha contra el odio, lucha contra la ira, lucha contra el sexo, lucha contra esto, lucha contra aquello! Todo su enfoque es: "Lucha con lo negativo", mientras que el maestro real y verdadero te enseña la ley positiva: aes dhammo sanantano - la ley eterna: "No luches con la oscuridad". Y el odio es oscuridad, y el sexo es oscuridad, y los celos son oscuridad, y la avaricia es oscuridad y la ira es oscuridad.

Haz que entre la luz....

¿Cómo se trae la luz? Volviéndote silencioso, irreflexivo, consciente, alerta, despierto - así es como se trae la luz. Y en el momento en que estés alerta, consciente, no encontrarás el odio. Trata de odiar a alguien con conciencia....

Son experimentos que hay que hacer, no sólo palabras que hay que entender: experimentos que hay que hacer. Por eso digo que no intentéis comprender sólo intelectualmente: convertíos en experimentadores existenciales.

Intenta odiar a alguien conscientemente y te resultará imposible. O la conciencia desaparece, entonces puedes odiar; o si eres consciente, el odio desaparece. No pueden existir juntos. No hay coexistencia posible: la luz y la oscuridad no pueden existir juntas, porque la oscuridad no es más que la ausencia de luz.

Los verdaderos maestros te enseñan cómo llegar a Dios; nunca te dicen que renuncies al mundo.

La renuncia es negativa. No te dicen que escapes del mundo, te enseñan a escapar hacia Dios. Te enseñan a alcanzar la verdad, no a luchar con mentiras. Y las mentiras son millones. Si sigues luchando te costará millones de vidas, y aun así no conseguirás nada. Y la verdad es una; por lo tanto la verdad puede ser alcanzada instantáneamente, en este mismo momento es posible.

Tú también morirás. Sabiendo esto, ¿cómo puedes discutir?

La vida es tan corta, tan momentánea, ¿y la malgastas en peleas? Utiliza toda la energía para la meditación, es la misma energía. Puedes luchar con ella o convertirte en luz a través de ella.

Con qué facilidad derriba el viento un frágil árbol. Busca la felicidad en los sentidos, deléitate con la comida y el sueño, y tú también serás desarraigado.

Buda dice: Recuerda, si dependes de los sentidos seguirás siendo muy frágil - porque los sentidos no pueden darte fuerza. No pueden darte fuerza porque no pueden darte una base constante. Están en constante cambio; todo está cambiando. ¿Dónde puedes tener un refugio? ¿Dónde puedes poner los cimientos?

En un momento esta mujer parece hermosa y en otro momento es otra. Si sólo decides por los sentidos, estarás en una confusión constante: no puedes decidir porque los sentidos no dejan de cambiar de opinión. En un momento algo parece increíble y en otro momento es feo, insoportable. Y dependemos de esos sentidos.

Buda dice: No dependas de los sentidos, depende de la conciencia. La conciencia es algo oculto tras los sentidos. No es el ojo el que ve. Si vas al oculista te dirá que es el ojo el que ve, pero eso no es cierto. El ojo es sólo un mecanismo a través del cual otra persona ve. El ojo es sólo una ventana; la ventana no puede ver.

Cuando estás en la ventana, puedes mirar fuera. Alguien que pase por la calle puede pensar: "La ventana me está viendo". El ojo es sólo una ventana, una abertura. ¿Quién está detrás del ojo?

La oreja no oye: ¿quién está detrás de la oreja que oye? ¿Quién es el que siente? Sigue buscando eso y encontrarás algún fundamento; de lo contrario, tu vida no será más que una hoja seca al viento.

El viento no puede derribar una montaña. La tentación no puede tocar al hombre despierto, fuerte y humilde, que se domina a sí mismo y tiene en cuenta la ley.

La meditación te hará despierto, fuerte y humilde. La meditación te hará despertar porque te dará la primera experiencia de ti mismo. No eres el cuerpo, no eres la mente, eres la pura conciencia testigo. Y cuando esta conciencia testigo es tocada, se produce un gran despertar, como si una serpiente estuviera sentada enroscada y de repente se desenroscara, como si alguien estuviera dormido y hubiera sido sacudido y despertado. De repente un gran despertar interior: por primera vez sientes que eres. Por primera vez sientes la verdad de tu ser.

Y ciertamente te hace fuerte; ya no eres frágil, no como un árbol frágil que cualquier viento puede derribar. Ahora eres una montaña. Ahora tienes cimientos, ahora estás arraigado: ningún viento puede derribar una montaña. Te vuelves despierto, te vuelves fuerte, y aún así te vuelves humilde. Esta fuerza no trae ningún ego en ti. Te vuelves humilde porque te das cuenta de que la misma alma testigo existe en todo el mundo, incluso en los animales, los pájaros, las plantas y las rocas.

Sólo son formas diferentes de dormir. Alguien duerme sobre el lado derecho, alguien duerme sobre el lado izquierdo, alguien duerme sobre la espalda... sólo son formas diferentes de dormir. Una roca tiene su propia forma de dormir, un árbol una forma diferente de dormir, un pájaro una forma diferente - pero sólo diferencias en las formas y métodos de dormir; por lo demás, en lo más profundo de cada ser está el mismo testimonio, el mismo Dios. Eso te hace humilde. Incluso ante una roca sabes que no eres nadie especial, porque toda la existencia está hecha de la misma materia llamada conciencia. Y si estás despierto, eres fuerte y humilde, eso te da un dominio sobre ti mismo.

Si los pensamientos de un hombre son turbios, si es imprudente y está lleno de engaños, ¿cómo puede vestir la túnica amarilla?

Buda eligió para sus sannyasins la túnica amarilla, igual que yo he elegido la naranja. Esa es la diferencia entre mi enfoque y el enfoque de Buda. El amarillo representa la muerte, la hoja amarilla. El amarillo representa el sol poniente, el atardecer.

Buda enfatizó demasiado la muerte: es una manera. Si enfatizas demasiado la muerte, ayuda: la gente se vuelve más y más consciente de la vida en contraste con la muerte. Y cuando enfatizas la muerte una y otra y otra vez, ayudas a la gente a despertar. Tienen que estar despiertos porque la muerte se acerca. Cuando Buda iniciaba a un nuevo sannyasin, le decía: "Ve al cementerio, quédate allí y observa las piras funerarias, los cadáveres que son transportados, quemados... sigue observando. Y recuerda que esto también te ocurrirá a ti. Tres meses de meditación sobre la muerte, y luego vuelve". Ese fue el comienzo de sannyas.

Sólo hay dos caminos posibles. Una es, enfatizar la muerte; la otra es, enfatizar la vida.

Porque son las dos únicas cosas que existen: la vida y la muerte. Buda eligió la muerte como símbolo; de ahí la túnica amarilla.

El naranja representa la vida; es el color de la sangre. Representa el sol de la mañana, el amanecer temprano, el cielo oriental que se tiñe de rojo. Hago hincapié en la vida. Pero el propósito es el mismo. Quiero que estés tan apasionadamente enamorado de la vida que tu misma pasión por la vida te haga consciente, tu misma intensidad por vivirla te haga despertar.

Y la muerte está en el futuro, y la vida es ahora, así que si piensas en la muerte estarás pensando en el futuro. Si piensas en la muerte será una inferencia: verás morir a otra persona, nunca te verás morir a ti mismo. Puedes imaginar, puedes inferir, puedes pensar, pero esto será un pensamiento.

La vida no necesita ser pensada, puede ser vivida. Te puede ayudar a no pensar más que la muerte. De ahí que mi elección sea mucho mejor que la de Buda, porque la vida es ahora mismo; no necesitas ir a un cementerio. Todo lo que necesitas es estar alerta y la vida está en todas partes... en las flores, en los pájaros, en la gente que te rodea, en los niños que ríen... ¡y en ti!... ¡y ahora mismo! No necesitas pensar en ello, no necesitas deducirlo. Puedes simplemente cerrar los ojos y sentirla, puedes sentir su cosquilleo, puedes sentir su latido.

Pero se pueden utilizar ambos métodos: se puede utilizar la muerte para que te conviertas en un meditador, o se puede utilizar la vida - mi elección es la vida. Y enfatizo y repito que mi elección es mucho mejor que la de Buda. La elección de Buda de la muerte como símbolo ayudó a todo este país a volverse muerto, aburrido, insípido. Mi elección de la vida como símbolo puede revivir este país -no sólo este país, sino el mundo entero- porque no sólo Buda ha elegido la muerte como símbolo, el cristianismo también ha elegido la muerte como símbolo: la cruz. Así que las dos grandes religiones del mundo, el cristianismo y el budismo, están orientadas hacia la muerte.

Y por estas dos religiones.... Y su impacto ha sido el mayor:

El cristianismo ha transformado todo Occidente y el budismo todo Oriente.

Jesús y Buda han sido los dos más grandes maestros, pero la elección de la muerte como símbolo ha sido peligrosa, ha sido una calamidad. Yo elijo la vida. Me gustaría que toda esta tierra estuviera llena de vida, más y más vida, vida palpitante. Pero lo que Buda dice de su túnica amarilla yo también lo diría de mi túnica naranja. Dice: *si los pensamientos de un hombre son turbios, si es imprudente y está lleno de engaños, ¿cómo puede llevar la túnica amarilla?*

Quien es dueño de su propia naturaleza, brillante, clara y verdadera, puede vestir la túnica naranja.

Lo que él dice de la túnica amarilla, yo lo digo de la túnica naranja:

quienquiera que sea... brillante, claro y verdadero, puede llevar la túnica naranja.

Aes Dhammo Sanantano.

22

Una silla vacía

La primera pregunta:
    Pregunta 1:

Amado maestro, una silla vacía una sala silenciosa una introducción a buda - ¡qué elocuente! ¡Qué raro!

Sí, Subhuti, es la única manera de presentarte a Buda. El silencio es el único lenguaje en el que puede expresarse. Las palabras son demasiado profanas, demasiado inadecuadas, demasiado limitadas.

Sólo un espacio vacío... completamente silencioso... puede representar el ser de un buda.

Hay un templo en Japón, absolutamente vacío, ni siquiera una estatua de Buda en el templo, y es conocido como un templo dedicado a Buda. Cuando llegan visitantes y preguntan: "¿Dónde está Buda? El templo está dedicado a él...", el sacerdote se ríe y dice: "Este espacio vacío, este silencio... ¡esto es Buda!".

Las piedras no pueden representarle, las estatuas no pueden representarle. Buda no es una piedra, no es una estatua. Buda no es una forma, Buda es una fragancia sin forma. De ahí que no fuera casual que diez días de silencio precedieran a estas charlas sobre Buda. Ese silencio era el único prefacio posible.

Subhuti, tienes razón: "Una silla vacía...." Sí, sólo una silla vacía puede representarlo.

Esta silla está vacía, y este hombre que te habla está vacío. Es un espacio vacío que se derrama en ti. No hay nadie dentro, sólo un silencio.

Como no puedes entender el silencio, hay que traducirlo al lenguaje. Es debido a tu limitación que tengo que hablar; de otro modo no habría necesidad. La verdad no se puede decir, nunca se ha dicho y nunca se dirá. Todas las escrituras hablan de la verdad, siguen hablando de ella, una y otra vez, pero ninguna escritura ha sido capaz de expresarla -ni los Vedas, ni la Biblia, ni el Corán- porque es imposible, por la propia naturaleza de las cosas, expresarla.

No se puede decir, sólo se puede demostrar. No se puede demostrar lógicamente, pero el amor sí. Donde falla la lógica, triunfa el amor. Donde falla el lenguaje, triunfa el silencio.

No puedo probarlo, pero la ausencia del yo en mí puede convertirse en una prueba absoluta de ello. Si quieres comprender realmente a Buda, tendrás que acercarte cada vez más a este silencio que soy, tendrás que volverte cada vez más íntimo, disponible, vulnerable, a este nadie que te habla.

No soy una persona. La persona murió hace mucho tiempo. Es una presencia: una ausencia y una presencia. Estoy ausente como persona, como individuo; estoy presente como vehículo, como pasaje, como bambú hueco. Sólo el bambú hueco puede convertirse en una flauta.

Me he entregado al todo. Ahora cualquiera que sea la voluntad del todo... si quiere hablar a través de mí, estoy disponible; si no quiere hablar a través de mí, estoy disponible. Su voluntad es ahora la única voluntad. No tengo voluntad propia.

Por eso muchas veces encontrarás contradicciones en mis afirmaciones: porque no puedo cambiar nada. Dios es contradictorio porque Dios es una paradoja. Contiene los polos opuestos: es oscuridad y luz, verano e invierno, vida y muerte.

A veces habla como vida y a veces como muerte, y a veces viene como verano y a veces como invierno... ¿qué puedo hacer?

Si interfiero, tergiversaré. Si intento ser coherente, seré falso. Sólo puedo ser verdadero si permanezco disponible a todas las contradicciones que Dios contiene.

Esta silla, Subhuti, está ciertamente vacía. Y el día que seas capaz de ver esta silla vacía, este cuerpo vacío, este ser vacío, me habrás visto, habrás contactado conmigo.

Ese es el verdadero momento en el que el discípulo se encuentra con el maestro. Es una disolución, una desaparición... la gota de rocío deslizándose en el océano, o el océano deslizándose en la gota de rocío. Es lo mismo. - El maestro desaparece en el discípulo y el discípulo desaparece en el maestro. Y entonces reina un profundo silencio.

No es un diálogo. Ahí es donde las religiones orientales, en particular el budismo, han alcanzado cimas más altas que el cristianismo, el judaísmo y el islam, porque el islam, el judaísmo y el cristianismo siguen aferrándose de algún modo a la idea del diálogo. Pero el diálogo presupone dualidad, duplicidad. El islam, el cristianismo y el judaísmo son religiones de oración.

La oración presupone que existe un Dios separado de ti, al que puedes dirigirte.

De ahí que se hiciera muy famoso el libro de Martin Buber: YO Y TÚ. Esa es la esencia de la oración. Pero "yo" y "tú"... se necesita una dualidad para el diálogo. Y por muy hermoso que sea el diálogo, no deja de ser una división, una escisión; aún no es unión. El río no ha entrado en el océano. Tal vez se ha acercado mucho, está a punto de hacerlo, pero se detiene.

El budismo no es la religión de la oración, es la religión de la meditación. Y esa es la diferencia entre la oración y la meditación: la oración es un diálogo, la meditación es un silencio.

La oración tiene que dirigirse a alguien, real o irreal, pero tiene que dirigirse a alguien. La meditación no es una dirección en absoluto; uno simplemente tiene que caer en el silencio, uno simplemente tiene que desaparecer en la nada. Cuando uno no está, la meditación está.

Y Buda es meditación, ese es su sabor. Estos diez días hemos permanecido en silencio, hemos permanecido en meditación. Lo real ha sido dicho. Aquellos que no han escuchado lo real, ahora hablaré para ellos.

La meditación que prevaleció durante diez días fue con una diferencia -y ésa es la diferencia entre el enfoque de Buda y el mío-, una pequeña diferencia, pero de tremenda importancia. Y eso debes comprenderlo, porque yo no soy un mero comentarista de Buda. No sólo me hago eco de él, no soy simplemente un espejo que lo refleja; soy una respuesta, no un reflejo. No soy un erudito, no voy a hacer un análisis erudito de sus declaraciones, ¡soy un poeta!

He visto la misma nada que él y, ciertamente, la he visto a mi manera. Buda tiene su propia manera, yo tengo mi propia manera de ver, de ser.

Ambas llegan a la misma cima, pero son diferentes. Mi camino tiene una pequeña diferencia - pequeña, pero de profunda importancia, recuerda.

Estos diez días no han sido sólo de meditación silenciosa: estos diez días han sido de música, silencio y meditación. La música es mi contribución a ello. Buda no lo hubiera permitido. Habríamos discutido sobre ese punto. No habría permitido la música; habría dicho que la música es una perturbación. Habría insistido en el silencio puro, habría dicho que eso es suficiente. Pero en eso estamos de acuerdo.

Para mí, la música y la meditación son dos aspectos del mismo fenómeno. Y sin música, a la meditación le falta algo; sin música, la meditación es un poco aburrida, sin vida.

Sin meditación, la música es simplemente ruido; armonioso, pero ruido. Sin meditación, la música es un entretenimiento. Y sin música, la meditación se vuelve cada vez más negativa, tiende a orientarse hacia la muerte.

De ahí mi insistencia en que la música y la meditación vayan juntas. Eso añade una nueva dimensión a ambas. Ambas se enriquecen con ello.

Recuerda tres M igual que recuerdas tres R. La primera M son las matemáticas; las matemáticas son la ciencia más pura. La segunda M es la música; la música es arte puro. Y la tercera M es la meditación; la meditación es religión pura. Donde estas tres se encuentran, alcanzas la trinidad.

Mi enfoque es científico. Aunque haga afirmaciones ilógicas, las hago de forma muy muy lógica. Aunque afirme paradojas, lo hago de forma lógica. Lo que digo tiene una base matemática, un método, un enfoque científico. No soy una persona acientífica. Mi ciencia está al servicio de mi religión; la ciencia no es el fin, sino un bello comienzo.

Y mi enfoque es artístico, estético. No puedo ayudarte a menos que este campo de energía se vuelva musical. La música es arte puro. Y si se une a las matemáticas, se convierte en un instrumento tremendamente poderoso para penetrar en tu interioridad. Por supuesto, no estará completo a menos que la meditación sea la cima más alta, la religión más pura.

E intentamos crear la síntesis definitiva. Esta es mi trinidad: matemáticas, música, meditación. Esta es mi trimurti: las tres caras de

Dios. Puedes alcanzar a Dios a través de una cara, pero entonces tu experiencia de Dios no será tan rica como cuando alcanzas las dos caras. Pero aún así carecerá de algo a menos que alcances las tres caras.

Cuando conozcas a Dios como una trinidad, cuando hayas atravesado las tres dimensiones, tu experiencia, tu nirvana, tu iluminación, será la más rica.

Buda insiste sólo en la meditación; ésa es una cara de Dios. Mahoma insiste en la oración, la música, el canto; de ahí que el Corán tenga la cualidad de la música. Ninguna otra escritura tiene tanta música como el Corán. La propia palabra Corán significa simplemente "¡Recítalo! Canta!" Esa fue la primera revelación a Mahoma. Algo del más allá lo llamó y le dijo: "¡Recítalo! ¡Recita! Canta!"

El Islam es otra cara de Dios. Y hay religiones que se han acercado a Dios a través de la tercera M: las matemáticas. El jainismo es el representante más puro del tercer enfoque. Mahavira habla como Albert Einstein. No es casualidad que Mahavira fuera la primera persona en la historia de la humanidad en hablar de la teoría de la relatividad. Después de veinticinco siglos, Albert Einstein pudo demostrarla científicamente, pero Mahavira la vio en su visión.

Si lees a Mahavira, sus afirmaciones son absolutamente lógicas, matemáticas. Las escrituras Jaina no tienen jugo en ellas - secas, aritméticas. Esa es otra cara de Dios. Y sólo han existido tres tipos de religión en el mundo: las religiones de las matemáticas, representadas por el jainismo; las religiones de la música, representadas por el islamismo, el cristianismo, el judaísmo, el hinduismo; y las religiones de la meditación, representadas por el budismo, el taoísmo.

Mi esfuerzo aquí es darles una religión total, que contiene las tres M en ella. Es una aventura muy ambiciosa. Nunca se ha intentado antes; por lo tanto, voy a tener una oposición como nadie ha tenido antes. Te estás moviendo con una persona peligrosa, pero el viaje va a ser de una belleza tremenda. Los peligros, los riesgos, no afean un viaje; al contrario, lo hacen tremendamente bello. Todos los peligros a los que tendrás que enfrentarte conmigo te van a emocionar. El viaje no va a ser aburrido, va a ser muy vivo. Vamos a avanzar hacia Dios de una manera tan multidimensional que cada momento del viaje va a ser precioso.

Empecé estas conferencias de Buda con un silencio deliberado de diez días. Era un recurso para empezar con el silencio: Buda habría estado muy contento. Debió de encogerse un poco de hombros a causa de la música, pero ¿qué puedo hacer? No se puede evitar.

Mi religión tiene que ser una religión de danza, amor y risa. Tiene que estar orientada a la vida, tiene que afirmar la vida. Tiene que ser una aventura amorosa con la vida. No es una renuncia, sino un regocijo.

La segunda pregunta:

Pregunta 2:

Amado maestro, se trata de este sentimiento que siempre ha estado ahí, y tan pronto como lo siento, parece tan lejano - pero ¿qué es este "eso"?

Deva Prashantam, es uno de los problemas perennes con los que se encuentra todo buscador de la verdad. No puedes asir la verdad - si lo intentas, estará muy lejos. No puedes poseer la verdad - si lo intentas, encontrarás tus manos completamente vacías. La verdad no se puede poseer porque no es una cosa. Por el contrario, tienes que ser lo suficientemente valiente como para ser poseído por la verdad, porque es una aventura amorosa.

Déjate poseer por ella y sabrás lo que es. Pero tú has estado haciendo justo lo contrario: has estado intentando tenerla agarrada. Eso es lo que la mente siempre anhela, desea. Eso es lo que la mente llama "comprensión". A menos que la mente sea capaz de asirse a algo, la mente no está satisfecha.

Pero la verdad es mercurial: si intentas tenerla en tus manos, cuanto más firme sea el agarre, más escurridiza se volverá, y más lejana... tan lejana que dejarás de creer en ella, de confiar en ella... tan lejana que no serás capaz de ver que existe en absoluto.

La verdad viene; no se puede traer. La verdad sucede; no puedes hacer nada al respecto, porque el hacedor es el problema, el impedimento, el obstáculo. El hacedor es el ego. Y si de alguna manera te las arreglas y no permites que el hacedor interfiera, viene por la puerta de atrás, como el que experimenta, como observador, como experimentador. Es el mismo ego otra vez, con nuevos ropajes.

Es por eso que cuando lo sientes, se pierde - el hacedor ha venido ahora como un sintiente. El hacedor tiene que ser disuelto totalmente; no se le tiene que permitir volver de alguna manera sutil, de alguna manera secreta.

Deja que la verdad esté ahí. No tengas prisa por entenderla o sentirla, simplemente deja que esté ahí.

No necesitas hacer nada al respecto. Si puedes permanecer en ese estado de no-hacer, de no-esfuerzo, de no-ego, lo entenderás, lo sentirás, lo sabrás, lo tendrás. Sólo se puede tener indirectamente, no directamente.

Prashantam, ahí es donde te lo estás perdiendo. Y ahí es donde todo el mundo lo echa de menos. Sí, hay momentos en los que de repente está tan cerca... que te gustaría cogerlo. El mismo deseo de agarrar viene de la codicia, el mismo deseo de agarrar viene del miedo. El deseo mismo de agarrar es un deseo de la mente. Y cuando la mente entra, la verdad sale.

¿No puedes simplemente estar en silencio, sin hacer nada en absoluto -ni a nivel intelectual, ni a nivel físico, ni a nivel emocional- sin hacer nada en absoluto, simplemente estar ahí, completamente en silencio? Y entonces serás poseído por ella. Y la única manera de conocerla es ser poseído por ella.

Usted dice: "Se trata de este sentimiento que siempre ha estado allí...."

Sí, siempre ha estado ahí. Es nuestro ser. Es la materia de la que estamos hechos. La verdad no es algo separado de ti: tú eres la verdad. Es tu propia conciencia, la base de tu ser. No necesitas ir a ningún otro lugar para buscar, a Kashi o a Kaaba. Ni siquiera es necesario dar un solo paso.

Lao Tzu dice: Puedes encontrarlo sentado en tu propia casa, sin necesidad de ir a ninguna parte - ¡porque ya está ahí! Cuando emprendes una búsqueda, cuando te pones a buscar, te alejas de ella. Cada búsqueda te aleja de la verdad que ya está ahí.

Y hay momentos en los que sientes que siempre ha estado ahí: momentos de alegría, de amor, de belleza. Momentos en los que, de repente, el mundo se detiene: una hermosa puesta de sol... y te dejas atrapar por ella. Recuerda que digo que te atrapa, que te posee, no que la poseas. ¿Cómo puedes poseer una puesta de sol? La puesta de sol te posee, te llena; cada rincón de tu ser rebosa de su belleza.

Y entonces uno sabe, en lo más profundo de su ser, que siempre ha estado ahí.

Ni siquiera hacen falta las palabras; simplemente se sabe sin palabras: se siente.

O cuando estás enamorado... o cuando escuchas una bella poesía... o el canto de los pájaros... o simplemente el viento que sopla entre los pinos... o el sonido del agua....

Siempre que te permitas ser poseído encontrarás, de repente, de la nada, que ha aparecido la verdad, ha aparecido Dios, ha aparecido el dhamma. Has tocado algo intangible, has visto algo invisible. Has estado en contacto con algo eterno...***Aes Dhammo Sanantano*** - la ley eterna, la ley inagotable.

Siempre que estés en un estado de armonía, todo zumbando, funcionando en armonía, siempre que estés de acuerdo... y estos momentos le ocurren a todo el mundo. Estos momentos no tienen nada que ver con las iglesias, los templos y las mezquitas. De hecho, es muy raro encontrar a una persona que se ilumine en una iglesia o en una mezquita, en un templo.

Buda se iluminó bajo un árbol, observando la última estrella matutina que desaparecía en el cielo; no en un templo, ni en una iglesia - bajo un árbol, observando una estrella. Debe haberse convertido en un poseso. Y la estrella desapareciendo, lentamente desapareciendo... yéndose, yéndose, yéndose. Un momento antes estaba allí, y ahora ya no está. Y en ese momento, de repente algo en él, la última ciudadela del ego, desapareció también. Al igual que el lucero del alba, su ego también desapareció.

El cielo estaba vacío, y él estaba vacío. Y cuando dos cosas están vacías, se convierten en una, porque dos cosas vacías no pueden delimitarse. ¿Cómo se puede delimitar el vacío? Dos nada no pueden mantenerse separadas; dos nada se convierten en una nada. La estrella desapareció allí, y el cielo quedó vacío, y el ego desapareció dentro y el cielo quedó vacío dentro también... y de repente el interior y el exterior desaparecieron. Sólo había un cielo.

En ese momento Buda se iluminó. En ese momento conoció el dhamma, el logos, el tao, Dios, el principio cósmico de la vida.

Mahavira se iluminó, no en un templo - ¡ni siquiera en un templo

Jaina! Había templos Jaina en la época de Mahavira. Mahavira fue el vigésimo cuarto tirthankara de los jainas, el vigésimo cuarto gran maestro. Veintitrés maestros le habían precedido. Había templos Jaina, pero él no se iluminó en un templo Jaina - los Jainas deberían notar el hecho. Se iluminó en el bosque. Sentado allí, sin hacer nada, y de repente llegó. Vino como una inundación.

Mahoma se iluminó en una montaña. Y así ocurre con todo el mundo:

Lao Tzu, Zaratustra, Kabir, Nanak... ni una sola persona se ha iluminado en un templo, iglesia o mezquita. ¿Por qué vas allí?

Ir temprano por la mañana para ver el amanecer. Siéntate en mitad de la noche a contemplar el cielo lleno de estrellas. Ve, hazte amigo de los árboles y las rocas. Ve, túmbate a la orilla del río y escucha su sonido. Y te irás acercando cada vez más al verdadero templo de Dios.

La naturaleza es su verdadero templo. Y allí, sé poseído - no intentes poseer. El esfuerzo por poseer es mundano; el deseo de ser poseído es divino.

Prashantam, la próxima vez que ocurra, no intentes hacer nada al respecto. No hay necesidad de entender, no hay necesidad de observar, no hay necesidad de examinar, no hay necesidad de analizar - ¡deja que esté ahí! Déjate poseer por él. ¡Báilalo! Cántala. Y sé totalmente uno con ella. Es la única manera de conocerla.

Me preguntas: "Se trata de esta sensación de que siempre ha estado ahí" -la sensación es absolutamente cierta- "y en cuanto la siento, parece tan lejana". Porque con el sentimiento, entra el "yo" - y el "yo" es la distancia entre tú y la verdad. Cuanto mayor sea el yo, mayor será la distancia, cuanto menor sea el yo, menor será la distancia. Sin yo, no hay distancia.

Y tú me preguntas: "...pero, ¿qué es eso?".

No puedo decirlo. Es ahora. ¡Está poseído! Es aquí. ¡Está poseído! No está en mis palabras sino en los huecos. No está en mis afirmaciones, sino en los intervalos. Léelo entre líneas.

Pero recuerda una cosa muy significativa: que tienes que ser poseído por ella para entenderla. Y tenemos mucho miedo de ser poseídos: parece como si perdiéramos el control, parece como si nos disolviéramos.

"¿Quién sabe dónde nos llevará? ¿Quién sabe si podré volver de ella o no?".

Surgen todos estos miedos y te encoges. Y ese es el momento en que creas la distancia. La distancia es tu creación. Por lo demás, siempre está aquí, siempre es ahora.

No crees la distancia, no metas miedo.

En todos los idiomas del mundo existen palabras para referirse a las personas religiosas como "temeroso de Dios" - - palabras feas, mentiras absolutas, porque una persona religiosa no es una persona temerosa de Dios en absoluto.

Una persona religiosa es una persona que ama a Dios, no una persona temerosa de Dios. Pero el sacerdote depende del miedo, explota tu miedo y crea miedo en ti. Todo su negocio depende de que tengas miedo.

Abandona tus miedos. No hay que tener miedo de Dios. Dios significa simplemente la totalidad, el todo, lo que es. Nosotros formamos parte de él. ¿Cómo puede la parte tener miedo del todo? El todo cuida de la parte, el todo ama a la parte, porque el todo no será el todo sin la parte. No puede ser indiferente a la parte.

Sabiendo esto, uno confía. Sabiendo esto, uno permite que el todo posea. Sabiendo esto, uno abandona todos los miedos, uno se rinde. Y sólo en la rendición es, sólo en la confianza es.

Puedo indicar hacia ella, pero no puedo explicar a usted. Y ya está sucediendo a usted, Prashantam. Estás bendecido. Sólo tienes que dejar de crear distancia entre tú y ello. Y eso se puede hacer fácilmente: sólo toma un pequeño riesgo, un paso hacia lo desconocido.... El miedo estará ahí - a pesar de ello, ve hacia lo desconocido. Deja que el miedo esté ahí y ve hacia lo desconocido. Sólo yendo a lo desconocido desaparecerá el miedo, porque llegarás a saber que no hay nada que temer.

Y una vez encantado por lo desconocido, este peregrinaje no tiene fin: es un viaje eterno, interminable, siempre en curso; es inagotable. *Aes Dhammo Sanantano* - es eterno e inagotable....

La tercera pregunta:

Pregunta 3:

Amado maestro, ¿cuál es tu afición?

Anando, no tengo ninguno. No necesito ninguno. Se necesita un hobby para mantenerse ocupado. Cuando estás cansado de tu ocupación ordinaria - y naturalmente uno se cansa de ganarse el pan y la mantequilla - cuando estás cansado de tu ocupación ordinaria sólo hay dos alternativas. O estar desocupado... lo que crea un gran temor en ti, porque estar desocupado significa estar con uno mismo, estar completamente solo con uno mismo. Es enfrentarse a la propia profundidad abismal: asusta, asusta. Significa enfrentarse a la propia vida y a la propia muerte, significa enfrentarse a la propia interioridad, que es infinita, tan vasta que no puedes comprenderla. Y la inmensidad misma asusta. Un gran temblor surge en ti.

La única alternativa es: medita cuando estés desocupado de tus asuntos ordinarios.

La otra alternativa es: ocuparse de nuevo en alguna actividad tonta, y llamarla hobby.

Unos pocos coleccionan sellos de correos -ahora, vean la estupidez que supone- y lo llaman afición. Y todas las aficiones son así. Son formas y medios para seguir escapando de uno mismo.

Me siento completamente dichosa conmigo misma. Estar solo, ser, sin hacer nada, es una experiencia tan profunda que si una vez la has probado abandonarás todas esas estúpidas actividades llamadas hobbies. Los hobbies son pseudo ocupaciones. Cuando no hay ocupaciones reales, te metes en pseudo ocupaciones. Ahora, mira la estupidez de esto. Seis días a la semana estás esperando el domingo, para poder relajarte, para poder descansar, para poder estar contigo mismo. Estás cansado del mundo; el mundo está demasiado contigo. Estás cansado de la gente, estás cansado de todo. Y esperas que llegue pronto el domingo, y cuando llega el domingo vuelves a estar ocupado; ahora es tu pasatiempo. No puedes permanecer desocupado; ése es tu problema.

Y a menudo sucede que una persona está más cansada después del domingo que después de cualquier otro día, a causa de tantos pasatiempos, e ir de picnic, y conducir, y hacer mil y una cosas para las que has estado esperando seis días. ¿Y pensabas que ibas a descansar?

No puedes descansar. No sabes cómo descansar. No puedes relajarte, no sabes cómo relajarte. Incluso en nombre de la relajación te meterás en algún trabajo, algún tipo de trabajo; incluso en nombre del descanso empezarás algún tipo de trabajo. Simplemente porque no te pagan por ello, ¿se convierte en descanso? Jugarás a las cartas o al ajedrez. No te pagan por ello, es cierto, pero eso no hace mucha diferencia; es sólo trabajo no remunerado.

En lugar de buscar pasatiempos, aprovecha las oportunidades. Siempre que seas capaz de tener un tiempo vacío, totalmente desocupado, contigo mismo, permanece... permanece en él, no salgas de él. No empieces a coleccionar sellos.

Dos ancianos judíos estaban sentados en un banco del parque. "¿A qué se dedica ahora que está jubilado?", preguntó uno.

"Tengo un hobby: crío palomas", respondió el otro.

¿"Palomas"? ¿Dónde las tienes? Vives en un condominio".

"Los guardo en un armario".

"¿En tu armario? ¿No se cagan en tus zapatos y en tu ropa?".

"No", dijo el hombre. "Los guardo en una caja".

"¿En una caja? ¿Cómo respiran?"

"¿Respiran? No respiran", dijo el hombre, "están muertos".

"¿Muertas?", exclamó el amigo, escandalizado. "¿Conservas palomas muertas?".

"¡Qué demonios, es sólo un hobby!"

La cuarta pregunta:

Pregunta 4:

Amado maestro,

Esta mañana, cuando te dirigiste a nosotros como "mis queridos bodhisattvas", en ese momento sentí como si fuera verdad. Pero más tarde, incluso la posibilidad de que algún día lleguemos a ser bodhisattvas parecía un sueño....

Sheela, es una verdad, por eso cuando se pronuncia con confianza, con amor, inmediatamente golpea algo profundo en tu corazón, te suena. Pero es gracias a mi confianza que me suena. Lo repito: Sois bodhisattvas, budas en esencia, en semilla, en potencialidad.

Cuando lo digo, lo digo en serio. Cuando lo digo, lo digo porque es así. Y en ese momento estás tan en sintonía conmigo que parece absolutamente cierto; no hacen falta pruebas ni argumentos.

No necesito argumentar las verdades que enuncio. De hecho,

ninguna verdad necesita nunca argumento alguno; es sencilla, pero enseguida te suena. Lo único que se necesita es que salga del corazón, entonces llega a tu corazón.

No hablo desde mi cabeza. Estoy vertiendo mi ser en tu ser. Es un encuentro de energías. Es un encuentro de almas. Por lo tanto, cuando estás conmigo, parece absolutamente cierto, no puedes dudarlo, es imposible. Pero cuando estás solo y yo no estoy, surgen las dudas. Tu vieja mente vuelve, con ganas de venganza, y dice: "¿Sheela, tú, y un bodhisattva? ¿Y qué hay de tu amor con Veetrag? - ¿Y tú, un bodhisattva? ¿Y qué hay de tus celos, y de tu ira, y de todo lo que eres? ¿Eres un bodhisattva? Debe de haber estado bromeando; ¡te ha engañado!". Las grandes dudas surgen porque siempre están ahí en tu mente.

Es como si vinieras conmigo, nos acompañáramos, camináramos codo con codo por el momento. Llevo una luz en la mano, pero gracias a mi luz, tu camino también está iluminado. Entonces llega el momento en que nos separamos, tenemos que separarnos; ha llegado una encrucijada, nuestros caminos se separan. Yo me muevo en una dirección, tú te mueves en otra. De repente te encuentras en la oscuridad y estás muy desconcertado: "¿Qué ha pasado con la luz?".

Esa luz no era tuya. Por supuesto, tu camino estaba iluminado, pero la luz no era tuya.

Así que cuando estás conmigo, hay una luz que te rodea. En esa luz, las cosas son muy claras. Cuando no estás conmigo de repente hay oscuridad, y en esa oscuridad dudarás de todo en lo que habías confiado, y en esa oscuridad dudarás incluso de la posibilidad de la luz. Dudarás incluso de la realidad de la luz que habías vivido apenas unos momentos antes. Tu mente dirá: "Debes haber estado soñando. Habrás alucinado. ¿Qué luz? ¿Dónde está la luz? Si estaba ahí, ¿adónde se ha ido?".

Y esto sucederá una y otra vez. Esto tiene un profundo significado que hay que comprender.

Cuando estás conmigo, aquí, escuchándome, sentado a mi lado, la situación puede seguir siendo la misma aunque no estés físicamente conmigo. Tendrás que profundizar un poco más en tu amor, para que aunque físicamente estés lejos, espiritualmente no lo estés.

Entonces la confianza continuará. Entonces las dudas no se atreverán a entrar.

Ahora mismo entran dudas porque sientes cierto amor por mí pero aún no es total.

Hay espacios dentro de tu ser a los que aún no me has permitido acceder. Y esto no es sólo así con Sheela, es así con muchos de vosotros. Mantenéis algunos rincones aún ocultos, separados, privados, propios. No habéis abierto totalmente vuestro corazón, no estáis completamente desnudos. Y si ocultas algo, lo que ocultes seguirá siendo una distancia entre tú y yo.

Así que cuando estás aquí, bajo mi impacto, cuando estás aquí físicamente conmigo, mi presencia puede poner tu mente a un lado. Pero cuando no estás físicamente conmigo, tu mente volverá - ¡no la has dejado de lado! Aprende una lección: cuando te alejes de mí, cuando no puedas verme, intenta seguir estando conmigo. Imbúyete del espíritu de la cercanía, de la intimidad, entonces ni siquiera la muerte podrá separarnos. Entonces no hay cuestión de espacio y tiempo. Entonces estarás conmigo para siempre. Y la confianza persistirá, y la confianza continuará; se convertirá en un factor constante en ti. Lo único que será constante será tu confianza.

Todo lo demás cambiará, pero no la confianza.

Habrás encontrado el centro de tu ser. Y ese hallazgo es llegar a casa.

La última pregunta:

Pregunta 5:

Amado maestro,

Últimamente se publican en la prensa muchas tonterías sobre sus enseñanzas y las actividades de su ashram. En cierto modo, me enfurecen porque parecen estar muy lejos de los hechos reales. Las cartas que responden a lo contrario no se publican. Ahora, sé que esto no debe hacer ninguna diferencia para usted. ¿Es esto entonces lo que Jesús quiere decir cuando dice que pongamos la otra mejilla?

Zareen, es como debe ser. Un hombre como yo no puede permanecer sin oposición. Un hombre como yo está obligado a dividir a la gente en dos categorías: los que están conmigo y los que no están conmigo.

El otro día, un viejo amigo me escribió una carta en la que me sugería .... Ahora mismo sólo hay dos tipos de personas: los devotos, que están completamente enamorados de mí, y los enemigos, llenos de odio hacia mí. Él quiere crear una tercera categoría de personas que no sean ni devotos ni enemigos, sino pensadores imparciales.

Su idea parece lógica, pero no es posible. Nunca ha ocurrido y no va a ocurrir. No puede suceder. De hecho, a él mismo le resulta difícil convertirse en sannyasin. Ha sido un viejo amigo y le resulta un poco difícil entregarse ahora como discípulo. No puede ser un devoto y tampoco un enemigo. Me conoce, me quiere; ha sido un amigo desde hace mucho tiempo. Asi que realmente es su problema.

No puede rendirse por su ego de que era amigo mío, un colega. No puede estar en mi contra porque siente algo por mí. Ahora está en un aprieto, así que quiere encontrar una salida; quiere crear una tercera fuerza, gente que no esté ni a favor ni en contra, sino que sea imparcial. Esas personas serán impotentes. Y a mí no me interesa la gente imparcial. No me interesa en absoluto la tercera fuerza, por una cierta razón: porque serán totalmente fríos. Me interesan mucho más las personas que sienten un odio muy fuerte hacia mí: al menos son calientes, y las personas calientes son buenas personas. Pueden transformarse, no son frías como el hielo.

Los que me odian acaloradamente, tarde o temprano se habrán convertido en devotos, porque no se puede vivir mucho tiempo en el odio. Te hace daño. Odiándome no puedes amarme.

Zareen, tienes razón, no me importa en absoluto. Si el mundo entero me odia, no importa, no hay diferencia. Permanezco en mi dicha absoluta.

Mi dicha no puede verse afectada por el odio, la oposición de la gente. Pero piensa en esas personas que viven en el odio: se están torturando a sí mismas, se están haciendo daño, se están hiriendo a sí mismas. ¿Cuánto tiempo pueden seguir haciéndolo? Tarde o temprano sus heridas se curarán. Y tarde o temprano, su acalorado antagonismo se convertirá en un amor apasionado.

Me acuerdo, Zareen, de una bonita historia:

Un místico sufí escribió un libro sobre el Corán. Se opusieron a él todas las autoridades, la religión oficial. Lo prohibieron, convirtieron su lectura en un delito. Lo consideraban sacrílego, peligroso, porque interpretaba el Corán como nadie lo había interpretado nunca. Iba en contra de la tradición.

Llamó a su discípulo principal, le dio el libro y le dijo que fuera al sumo sacerdote y le presentara el libro, y que lo vigilara todo. "Todo lo que suceda, tienes que informarlo correctamente. Así que estate muy atento: pase lo que pase... cuando le regales el libro, cómo reacciona, qué hace, qué dice, recuérdalo con precisión porque tienes que informar de toda la escena. Y déjame decirte", le dijo el maestro, "que esto es una especie de prueba para ti. No se trata sólo de dar el libro al sumo sacerdote y volver; de lo que se trata es de relatarlo todo tal como sucede."

El hombre fue, muy alerta, muy cauteloso. Al entrar en la casa del sumo sacerdote, se puso muy alerta, sacudió el cuerpo, porque había que observarlo todo minuciosamente. Luego entró.

Cuando presentó el libro al sumo sacerdote y le dijo el nombre de su amo, éste arrojó el libro fuera de la casa, al camino, y le dijo: "¿Por qué no me has dicho antes que esto es de ese hombre peligroso? Ni siquiera lo habría tocado. Ahora tendré que lavarme las manos. Es pecado tocar su libro".

La mujer del sumo sacerdote estaba sentada a su lado. Le dijo: "Eres innecesariamente duro con el pobre hombre. No te ha hecho ningún daño. Aunque quisieras tirar el libro, podrías haberlo hecho más tarde. Y no veo por qué lo tiras, porque tienes una gran biblioteca, con miles de libros; este libro también se puede guardar en la biblioteca. Si no quieres leerlo, no hace falta que lo leas.

Pero podías haber hecho al menos una cosa: tirarlo después, lavarte las manos, bañarte o lo que quisieras, pero ¿por qué le haces daño a este pobre hombre?".

El hombre regresó y le contó al maestro todo lo sucedido, con todo lujo de detalles.

El maestro preguntó: "¿Cuál es tu reacción, entonces?".

El hombre dijo: "Mi reacción es que la esposa del sumo sacerdote es una mujer muy religiosa.

Sentí mucho respeto por ella. Y el sacerdote principal es simplemente feo, ¡quería cortarle el cuello!".

El maestro dijo: "Ahora escucha: Estoy más interesado en el sumo sacerdote - él puede convertirse porque está caliente. Si puede estar tan lleno de odio, también puede estar tan lleno de amor, porque es la misma energía la que se convierte en odio o en amor. El amor que se pone cabeza abajo es odio, el amor que hace shirshasana, una postura de cabeza, es odio. Pero es muy fácil volver a poner a un hombre de pie. En cuanto a la esposa, es fría, helada. No tengo esperanzas para ella; no puede convertirse".

Estoy totalmente de acuerdo con el maestro sufí. Los que están en mi contra, Zareen, ¿por qué están en mi contra? Sus corazones están agitados. Algo ha comenzado a sucederles, y no quieren que suceda. Es arriesgado. He empezado a influir en sus vidas y no quieren ir conmigo.

Toda su inversión está en contra. Quieren evitarme, y ven que no pueden evitarme: se están acalorando. De ahí el odio; de ahí que inventen todo tipo de mentiras. Pero tengo grandes esperanzas en esa gente; de hecho, la amo. Tarde o temprano acabarán conmigo.

El verdadero problema está en las personas indiferentes, frías como el hielo, que no están ni a favor ni en contra. Me gustaría dividir a toda la humanidad en dos bandos: los amigos y los enemigos. Y cuantos más amigos tenga, más enemigos habrá. Hay un cierto equilibrio en ello; en la vida todo se equilibra. Si tienes muchos amigos, también tendrás muchos enemigos; de lo contrario, se perderá el equilibrio. Si tienes más amigos, tendrás más enemigos; hay que mantener el equilibrio. La vida se equilibra continuamente.

Observo toda la escena y la disfruto.

Zareen, no tienes por qué preocuparte. Pero puedo entender tu preocupación.

Usted dice: "Hay tantas tonterías sobre sus enseñanzas y las actividades de su ashram en la prensa recientemente....".

Cada día habrá más, porque cada vez vendrá más gente a verme. Hay millones en camino. Y cuanta más gente se interese por mí y por el trabajo que se está llevando a cabo aquí, cuanta más gente se implique en él, más gente estará en contra: una especie de equilibrio. Así es como suceden las cosas en el mundo; es un fenómeno natural.

Y es inevitable que se digan todo tipo de tonterías, porque la gente que está en contra nunca ha estado aquí. Si hubieran estado aquí no estarían en contra, así que viven de rumores. Y las cosas negativas tienen su propio camino: se propagan más fácilmente, más rápido, más deprisa, porque toda la humanidad vive en la negatividad.

Por ejemplo, el otro día recibí una carta de Canadá que decía que el gobierno canadiense se está preocupando, y mucho, por mis sannyasins y la gente que viene a verme desde Canadá. Y están investigando seriamente todo el fenómeno, porque temen que mi comuna pueda convertirse en otro Jonestown. Ahora me siento feliz, porque cuando los gobiernos se preocupan significa que algo está ocurriendo. Cuando un país lejano se preocupa tanto que está pensando en enviar un equipo para investigar todo el fenómeno, eso significa que las cosas están en marcha, que me estoy convirtiendo en una especie de perturbación para ellos. Debo de estar apareciendo en sus sueños.

¿Y por qué tienen tanto miedo? Porque un sannyasin americano se suicidó, otro sannyasin americano se volvió loco. Estos dos casos son suficientes .... Ahora, ¡los americanos están todos locos! ¿Has visto a algún americano que nunca haya pensado en la posibilidad de suicidarse? Los psicólogos dicen que cada americano, al menos cuatro veces en su vida, piensa en suicidarse. El mayor índice de suicidios se da en Estados Unidos.

De cien mil sannyasins, un sannyasin se suicida, ¡es suficiente! Y además un sannyasin americano. ¿Qué otra cosa esperabas de un sannyasin americano? Otro americano se vuelve loco... ¡es absolutamente normal! Pero lo negativo llama nuestra atención inmediatamente. Cuántos americanos se han vuelto locos, nadie se preocupa. Y cuántos americanos han evitado suicidarse, nadie los cuenta. Nunca se contarán.

Y a los periodistas, la prensa y otros medios de comunicación también les interesan sólo las cosas negativas. A menos que hagas algo malo, no eres noticia. George Bernard Shaw dice:

Si un perro muerde a un hombre, no es noticia. Pero si un hombre muerde a un perro, sí es noticia.

Algo es noticiable sólo si es extravagante, si es llamativo.

Puedes seguir haciendo mil y una cosas y nadie tomará nota. Haz una sola cosa mal y de repente todo el mundo se interesará por ti.

Y luego la gente es muy inventiva. Cuando le cuentas un rumor a una persona le añades algo. La gente es creativa. Y cuando esa persona comparte el rumor con otra, ¿crees que lo compartirá exactamente como tú se lo contaste? Le dará un nuevo color, un poco más de profundidad, una dimensión mayor. Lo hará más atractivo, lo exagerará. Y así de boca en boca.

Los rumores tienen una forma de propagarse, y todo el mundo contribuye a ellos. No tienen nada que ver con los hechos. Pero siempre ocurre así. Y luego continúa.... Me habré ido y los rumores continuarán, y seguirán aumentando.

Se convierten en fuerzas independientes; siguen creciendo.

Lo he oído:

Dios tiene el blues. San Pedro sugiere un viaje a la Tierra para ligarse a una griega guapa, a ser posible con el traje de cisne viejo. Dios dice: "No. Mientras me quedé con esas chicas griegas estuvo bien. Pero una vez cometí el error de preñar a una judía, hace dos mil años, ¡y que me aspen si no siguen hablando de ello!".

Los rumores no cesan.... Y lo que me están haciendo no es nada fuera de lo común; es de esperar. Siempre le han hecho cosas así a Jesús, a Sócrates, a Mansoor, a Buda, a Kabir. Si no me hacen estas cosas a mí, será una sorpresa. De hecho, no me sentiré bien si no me hacen estas cosas. Me gustaría que me contaran con los budas, ¡es la única manera!

Jesús decidió volver a la Tierra. Había visto que en América resurgían los fanáticos de Jesús y los bautistas renacidos, así que pensó que era un buen momento para venir. Trajo a Pedro con él.

Cuando vino a la Tierra anunció que era Jesús, el Hijo de Dios.

Nadie le creía; pensaban que estaba chiflado. Entonces Jesús le preguntó a Pedro: "¿Cómo puedo hacer para que me crean, para convencerlos de que soy el verdadero salvador?".

Pedro le dijo: "¿Recuerdas aquel truco que hiciste en Galilea, cuando cruzaste las aguas andando?

Apuesto a que funcionaría".

Así que anunciaron a la prensa que mañana Jesús caminaría sobre las aguas. Al día siguiente, la televisión y los periódicos estaban en el lago para ver a Jesús caminar sobre las aguas.

Jesús y Pedro llegaron y remaron hasta el centro del lago, entonces

Jesús subió por la borda de la barca e inmediatamente se hundió. Cuando volvió a subir, Pedro, conmocionado, le preguntó: "¿Qué ha pasado? ¿Por qué te has hundido?".

"¡Cállate, tonto!" dijo Jesús. "¡La última vez que hice esto no tenía estos malditos agujeros en los pies!".

Las cosas son más difíciles que en tiempos de Jesús y Buda. Pero estoy disfrutando, me lo estoy pasando bien. Zareen, no te preocupes en absoluto. Mi sugerencia es:

deberías disfrutarlo.

Dices: "En cierto modo me enfurece porque parece muy alejado de los hechos reales".

No te enfurezcas, no te enfades, eso no servirá de nada. Mi gente tiene que aprender a reírse de todas estas estupideces que cada vez serán más intensas. A medida que mi trabajo se profundice, circularán más y más rumores sin sentido, que no tendrán nada que ver con los hechos. O, aunque tengan algo que ver con los hechos, los distorsionarán.

La gente va a inventar muchos tipos de historias. Si te enfureces, en cierto modo les ayudas. Eso es lo que quieren. ¡Eso es lo que quieren! - que si mi gente se enfurece, se enoja, entonces pueden aplastarte, destruirte. Y, ciertamente, pueden aplastarte y pueden destruirte. Mi gente son muy pocos, unos pocos elegidos.

No te enfurezcas, de lo contrario les harás el juego. Cuando te ocurra algo así, ríete a carcajadas. Aprende a reír, ¡responde con la risa!

La risa tiene que ser tu protección. Y tu risa les hará parecer estúpidos.

Cuando alguien diga algo contra mí, ríete a carcajadas. Dale una palmadita en la espalda, ¡abrázale! Dale un buen beso.

Eso es lo que Jesús quiere decir, en realidad: ama a tus enemigos. Pero sé que es fácil amar a los enemigos, pero es más difícil amar al prójimo. Así que digo, como Jesús dice, otra vez:

Ama a tus vecinos. Son las mismas personas. Abraza a tus vecinos; no te limites a amarlos espiritualmente, exprésalo. Cuando alguien diga alguna tontería sobre mí, exprésale tu amor. Deja que se sienta desconcertado, que sienta que está loco o que tú estás loco. Nunca será capaz de entender qué ha pasado, por qué le has abrazado.

No decía cosas tan bonitas de tu amo... ¿por qué le abrazaste? Eso podría darle ganas de ir a ver al maestro también. Cuando el discípulo hace una cosa así vale la pena tomarse la molestia de ir a ver qué pasa allí.

Zareen, no hay necesidad de enojarse.

Y usted dice: "No se publican cartas en respuesta a lo contrario".

No se publicarán, porque los periódicos, la televisión y la radio están en manos de intereses creados. Publicarán todo lo que esté en mi contra, porque algún periódico es propiedad de un hindú, algún periódico es propiedad de un jaina, algún periódico es propiedad de un mahometano, algún periódico es propiedad de un cristiano... y todos los periódicos son propiedad de diferentes tipos de políticos. Tus cartas no se publicarán. Estas cosas hay que darlas por supuestas.

Usted dice: "Ahora, sé que esto no debe hacer ninguna diferencia para usted. ¿Es esto entonces lo que Jesús quiere decir cuando dice que pongamos la otra mejilla?"

Sí, eso es exactamente lo que Jesús quiere decir. Esa es la mejor manera de transformar a la gente, de convertir a la gente. La mejor manera de convertir a la gente a tu manera es poner la otra mejilla. Ámalos. Ríete de sus declaraciones sin sentido. Disfruta de sus rumores. Búrlate de ellos y haz que se queden perplejos.

Si puedes hacer tanto, estás haciendo mi trabajo, Zareen.

Suficiente por hoy.

Verdadero o falso

Confundiendo lo falso con lo verdadero y lo verdadero con lo falso, pasas por alto el corazón y te llenas de deseo.

Mira lo falso como falso, lo verdadero como verdadero. Mira en tu corazón. Sigue tu naturaleza.

Una mente irreflexiva es un mal tejado. La pasión, como la lluvia, inunda la casa. Pero si el tejado es fuerte, hay refugio.

Quien sigue pensamientos impuros sufre en este mundo y en el otro. En ambos mundos sufre, y cuánto, cuando ve el mal que ha hecho.

Pero quien sigue la ley se alegra aquí y se alegra allá. En ambos mundos se alegra, y cuánto, cuando ve el bien que ha hecho.

Porque grande es la cosecha en este mundo, y mayor aún en el otro.

Por muchas palabras sagradas que leas, por muchas que pronuncies, ¿de qué te servirán si no las pones en práctica?

¿Eres un pastor que cuenta las ovejas de otro, sin compartir nunca el camino?

Lee tan pocas palabras como quieras y habla menos. Pero actúa conforme a la ley.

Abandona las viejas costumbres: la pasión, la enemistad, la insensatez.

Conoce la verdad y encuentra la paz. Comparte el camino.

La verdad es que No hace falta ningún esfuerzo por tu parte para inventarla. La verdad hay que descubrirla, no inventarla. ¿Y qué nos impide descubrirla? Nos han enseñado muchas mentiras, montañas de mentiras. Esas son las barreras que van falseando la verdad, que no permiten que nuestro corazón refleje lo que es.

La verdad no es una conclusión lógica. La verdad es existencia, realidad. Ya está aquí, siempre ha estado aquí. Sólo existe la verdad.

Entonces, ¿por qué no podemos encontrarla? ¿Cómo conseguimos no encontrarla? Porque desde la infancia nos enseñan falsedades, prejuicios, ideologías, religiones, filosofías... todo nos lleva por mal camino.

La verdad no es una idea. No necesitas ser hindú para conocerla, ni mahometano, ni cristiano. Si eres hindú nunca la conocerás; tu propia condición de hindú te mantendrá ciego. ¿Qué queremos decir cuando decimos: "Soy hindú, mahometano o judío"? Queremos decir: "Ya tengo ideas sobre la verdad, ideas de la Biblia, del Corán o del Gita, pero ya tengo ideas. No conozco la verdad, pero sé mucho sobre ella". Y ese saber mucho sobre ella es el único problema que hay que resolver.

Una vez que abandones tus ideas sobre la verdad, te enfrentarás a ella, tanto dentro como fuera. Te enfrentarás a ella, ¡porque no hay nada más!

Pero los padres, la sociedad, el estado, la iglesia, el sistema educativo, todos dependen de la mentira. Cuando el niño nace, empiezan a atraparlo en mentiras. Y el niño está indefenso. No puede escapar de sus padres, es totalmente dependiente. Puedes explotar su dependencia... y ha sido explotada a través de los tiempos.

Nadie ha sido tan explotado como los niños, ni el proletariado ni las mujeres, nadie ha sido tan explotado y tan profunda y destructivamente como los inocentes niños. Como son indefensos y dependientes, tienen que aprender todo lo que se les enseña. Tienen que asimilar todas las falsedades que les imponéis. Es una cuestión de supervivencia para ellos, no pueden sobrevivir sin ti. Es una cuestión de vida o muerte. Tienen que ser hindúes, tienen que ser mahometanos, tienen que ser jainas, tienen que ser budistas, tienen que ser comunistas. Lo que sea que te interese meter en sus mentes, sigue metiéndoselo.

En lugar de hacerlos más despiertos, más conscientes, más vivos, más reflexivos, en lugar de hacerlos más espejos, más puros, los llenas de ideas... de capas y capas de polvo. Y entonces les resulta imposible ver lo que es. Empiezan a ver lo que no es y dejan de ver lo que es.

De ahí que ser realmente religioso signifique un renacimiento: volver a ser como un niño, abandonar todo lo que la sociedad te ha dado.

La religión es una rebelión: una rebelión contra todo lo que te han impuesto, una rebelión contra la reducción a un ordenador. Mira en tu interior. Todo lo que sabes te lo han dicho; no es tu conocimiento, no es auténtico. ¿Cómo puede ser auténtico si no es tuyo? No eres testigo de ello, sólo eres una víctima, una víctima de las circunstancias.

Nacer en la India o en Inglaterra es un accidente. Es un accidente nacer en una familia hindú o cristiana. Por culpa de estos accidentes has perdido tu naturaleza esencial, te has visto obligado a perderla. Si quieres recuperarla, tendrás que renacer.

Eso es precisamente lo que quiere decir Jesús a Nicodemo: "Si no naces de nuevo, no entrarás en el Reino de Dios". No quiere decir que tengas que morir, suicidarte y luego nacer de nuevo. Eso no servirá de nada, porque de nuevo nacerás de unos padres en una sociedad determinada, dentro de una iglesia determinada, y de nuevo se te hará la misma estupidez.

Jesús quiere decir con "renacimiento" que deliberadamente, conscientemente, ahora eres capaz de dejar todo lo que te han enseñado. Deja tus conocimientos y vuélvete inocente. Y esa es la única manera de volverse inocente. El conocimiento es una contaminación. Estar en un estado de no-saber es inocencia, y funcionar desde ese estado es la única manera de conocer la verdad.

Medita sobre estos sutras tremendamente significativos de Gautama el Buda. Dice:

Confundiendo lo falso con lo verdadero y lo verdadero con lo falso, pasas por alto el corazón y te llenas de deseo.

La mente no es más que deseo. El corazón no conoce el deseo. Te sorprenderá oír que todos los deseos pertenecen a la cabeza. El corazón vive en el presente; palpita, late, en el ahora. No sabe nada del pasado ni del futuro. Siempre está ahora, aquí.

Y no estoy hablando de una determinada filosofía. Simplemente estoy afirmando un hecho tan simple que puedes observarlo en ti mismo: tu corazón late ahora. No puede latir en el pasado, no puede latir en el futuro. El corazón sólo conoce el presente, por eso es totalmente puro. No está contaminado por los recuerdos del pasado, por el conocimiento, por la experiencia, por todo lo que te han dicho y enseñado, por las escrituras, por las tradiciones. No sabe nada de todas esas tonterías. Y no sabe nada del futuro, del mañana. Para él, el pasado ya no existe, el futuro todavía no. Todo está aquí. Es inmediato.

Pero la mente es justo lo contrario del corazón: la mente nunca está ahora, aquí. O piensa en bellas experiencias del pasado o desea las mismas bellas experiencias en el futuro. Va y viene entre el pasado y el futuro, nunca se detiene en el presente. Es totalmente inconsciente del presente. Para la mente, el presente no existe. El presente es lo único que existe, pero para la mente el presente es lo único que no existe. El pasado es inexistente, el futuro es inexistente, pero esas son las cosas que son existenciales para la mente.

La cabeza es el problema... y el corazón es la solución. El niño funciona desde el corazón. Cuando empiezas a crecer, empiezas a pasar del corazón a la cabeza. Cuando te gradúas en la universidad te has olvidado completamente del corazón. Estás colgado de la cabeza, toda tu energía se ha trasladado a la cabeza. Ahora no sabes nada de la realidad. Estás lleno de basura: basura académica, tonterías académicas.

Usted puede ser un Ph.D., un D.Litt. Sabes mucho, ¡sin saber nada en absoluto! - Porque el verdadero conocimiento ocurre en el corazón, no en la cabeza. Y las universidades existen para distraer tus energías del corazón a la cabeza.

Hasta ahora, todas las universidades del mundo han sido enemigas de la humanidad. Su única función es servir al Estado y a la Iglesia. Son agentes del statu quo, son agentes de los intereses creados. No te sirven a ti, sirven a los poderes, a los amos, a los opresores, a los explotadores. Las universidades sirven a quienquiera que esté en el poder. Aún no están al servicio de la humanidad.

Si realmente estuvieran al servicio de la humanidad, entonces la universidad sería el lugar para aprender la rebelión. La universidad crearía revolucionarios. La universidad no crearía convencionales, conformistas; la universidad crearía inconformistas, personas no convencionales. Crearía rebeldes, aventureros, dispuestos a arriesgar la vida por la verdad. Eso aún no ha ocurrido.

Es triste que en nombre de la educación se siga haciendo algo feo, muy feo. Detrás de una fachada, continúa algo muy criminal. Y este es el crimen:

que desvían tus energías del corazón a la cabeza, destruyen tu capacidad de amar y te obligan a aprender lógica. Para ellos la lógica es más importante que el amor, pensar es más importante que la sensibilidad. Esto no es más que poner los bueyes detrás del carro. Es totalmente al revés.

Por eso la humanidad está tan desordenada: lo falso parece verdad y lo verdadero parece mentira. Han conseguido distorsionar su visión. Los budas han luchado contra todos estos intereses creados.

Buda dice: *confundiendo lo falso con lo verdadero y lo verdadero con lo falso, pasas por alto el corazón y te llenas de deseo.*

La mente es deseo, y tú sigues llenándote de más y más deseo, más y más ambición, más y más anhelo de poder, prestigio, riqueza. Y olvidas completamente que hay un corazón latiendo dentro de ti que ya vive en Dios, que ya forma parte de la ley última - *Aes Dhammo Sanantano* - que ya forma parte de la ley inagotable, eterna. Estáis unidos desde el corazón a Dios. Vuestros corazones son las raíces en la tierra de Dios.

Vuestros corazones siguen siendo alimentados por Dios, por la verdad, pero vosotros no estáis allí. Habéis abandonado el lugar. Vivís en vuestra cabeza. Día tras día, vivís en vuestra cabeza; nunca descendéis de allí. Incluso por la noche mientras duermes sigues retumbando en la cabeza... sueños, y sueños sobre sueños. De día pensamientos, de noche sueños.

No son diferentes.

El sueño es sólo una traducción del pensamiento al lenguaje del sueño, y viceversa:

El pensamiento no es más que una traducción del sueño al lenguaje del día. Sigues moviéndote entre estos dos: soñar y pensar. Ambos son deseos. ¿Qué piensas? ¿Qué hay que pensar sino deseo? ¿Y qué sueñas salvo el deseo?

Buda dice que lo falso parece verdadero porque te has vuelto falso a tu propia verdad, a tu propio corazón. Vuelve al corazón, y entonces serás capaz de conocer la verdad como verdad y lo falso como falso. Eso es la iluminación, eso es volver a casa.

Ve lo falso como falso.

Pero, ¿por dónde empezar? Empieza por ver lo falso como falso. Por eso todos los budas parecen ser negativos, todos los budas parecen ser destructivos. Ellos niegan. Jesús niega. Dice una y otra vez: Se os ha dicho en el pasado, pero yo os digo....

Y cambia todo el punto de vista.

Por ejemplo, dice: Ya te han dicho en el pasado que el ojo por ojo es la ley. Si alguien te tira un ladrillo, reacciona tirándole una piedra. Pero yo os digo: si alguien os golpea en una mejilla, dadle también la otra. Y si alguien te quita el abrigo, dale también la camisa. Y si alguien te obliga a recorrer una milla con él, recorre dos.

Mahoma está en contra de todo tipo de imágenes de Dios, porque su pueblo estuvo adorando durante siglos; tenían trescientos sesenta y cinco dioses - un dios para cada día del año. La Kaaba de los días de Mahoma era uno de los templos más grandes de la tierra - ¡dedicado a trescientos sesenta y cinco dioses! Mahoma destruyó todos esos ídolos. Su aspecto es negativo....

Buda dice: No hay verdad en los Vedas, en los Upanishads. Cuidado con las palabras bonitas, cuidado con la especulación filosófica. No pierdas el tiempo con discusiones, con lógica. Guarda silencio. Saca los Vedas de tu cabeza, sólo entonces podrás estar en silencio. Parece negativo, parece nihilista, parece peligroso - pero es la única manera en que puedes ser ayudado.

Hay que decirte que lo falso es falso. Tienes que empezar con esto: neti, neti - ni esto ni aquello. El maestro tiene que decirte: "Esto es falso, aquello es falso". Primero tiene que seguir señalándote lo que es falso, porque cuando has conocido todo lo que es falso, de repente se produce una transformación en tu conciencia. Cuando eres consciente de lo falso, empiezas a ser consciente de lo verdadero.

No se puede enseñar lo que es verdad, pero sí lo que no lo es.

Has sido condicionado, puedes ser incondicionado. Has sido hipnotizado - como hindúes, mahometanos, cristianos, jainas.... La función de un maestro es deshipnotizarte. Una vez que estés deshipnotizado, de repente serás capaz de ver la verdad. La verdad no necesita ser enseñada.

Ve lo falso como falso, lo verdadero como verdadero.

Mira en tu corazón. Sigue tu naturaleza.

Una de las afirmaciones más significativas: ***mira en tu corazón. Sigue tu naturaleza.*** No está diciendo que sigas las escrituras. No dice que me sigas. No está diciendo que sigas ciertas reglas de conducta. No te está enseñando ninguna moralidad. No está tratando de crear un cierto carácter a tu alrededor, porque todos los caracteres son hermosas celdas de prisión. No te está dando un determinado modo de vida. Más bien te está dando valor, ánimo, para que sigas tu propia naturaleza. Quiere que seas lo suficientemente valiente como para escuchar a tu propio corazón e ir en consecuencia.

"Sigue tu naturaleza" significa fluir contigo mismo. Tú eres la escritura... y escondida en lo más profundo de tu ser hay una voz muy, muy pequeña. Si haces silencio, serás guiado desde allí.

El maestro sólo tiene que hacerte consciente de tu maestro interior. Entonces su función está cumplida. Entonces puede dejarte a ti mismo; puede devolverte a ti mismo. Un maestro no es para esclavizar al discípulo; un maestro es para liberarlo, para darle libertad total.

Y ésta es la única posibilidad de alcanzar la libertad total: *seguir tu naturaleza.*

Por "naturaleza", Buda entiende dhamma. Al igual que la naturaleza del agua es fluir hacia abajo y la del fuego es elevarse hacia arriba, existe una cierta naturaleza oculta en ti. Si se eliminan todos los condicionamientos que la sociedad ha puesto a tu alrededor, de repente descubrirás tu naturaleza. Tu naturaleza se ha convertido en Dios. *Aes Dhammo Sanantano* - esta es la ley eterna, inagotable: tu naturaleza es convertirte en Dios.

El hombre es un dios en potencia, un bodhisattva. El hombre está destinado a convertirse en un dios. Menos que eso no te satisfará, menos que eso no sirve de nada. Puedes tener todo el dinero del mundo, todo el poder, todo el prestigio posible, y aun así permanecerás vacío; a menos que tu naturaleza divina florezca, abra sus capullos, a menos que te conviertas en un loto, en un loto de mil pétalos, a menos que tu divinidad se te revele, nunca podrás estar satisfecho.

A la persona religiosa ordinaria se le dice que permanezca satisfecha, contenta, con lo que sea. Los llamados santos religiosos siguen enseñando a la gente: Estar satisfecho. La satisfacción es una de sus enseñanzas fundamentales. Ese no es el camino de los verdaderos maestros.

El verdadero maestro crea descontento en ti - y tal descontento que nada de este mundo puede satisfacerlo. Él crea tal anhelo en ti, que a menos que alcances lo último permanecerás en llamas, en llamas. Crea dolor en tu corazón, crea angustia... porque la vida se escapa a cada momento, y cada momento que se va se va para siempre, y aún no has alcanzado a Dios, y un día se acaba.

Crea en ti un anhelo tan profundo, un dolor tan grande en el corazón. Crea lágrimas en tus ojos, porque sólo a través de ese descontento divino te moverás, darás el salto cuántico, el salto definitivo hacia lo desconocido. Sólo a través de ese descontento divino reunirás todas tus energías, te arriesgarás y emprenderás la aventura definitiva de encontrar quién eres.

Sigue tu propia naturaleza. Tu naturaleza es la conciencia. Pero los sacerdotes te han dicho: sigue ciertas reglas de conducta, los diez mandamientos, sigue ciertos principios, no tu naturaleza. Los sacerdotes tienen mucho miedo de tu naturaleza, porque si sigues tu naturaleza saldrás de sus garras, dejarás de ser un esclavo. No irás a las iglesias ni a los templos ni a las mezquitas, y no escucharás a tus estúpidos sacerdotes, políticos, los llamados líderes. Los llamo "supuestos líderes" porque lo que realmente está sucediendo es que los ciegos están guiando a otros ciegos.

No los escucharás más si escuchas a tu propia naturaleza. Si conoces tu propia voz interior serás libre. Tu voz interior tiene que ser aplastada, destruida, totalmente destruida - al menos distorsionada tanto que aunque la oigas no puedas entenderla. Y lo han conseguido. A menos que luches duro contra ellos, no hay posibilidad de triunfar. Su explotación es tan antigua, su opresión es tan antigua, sus estrategias son tan astutas... y tienen un poder infinito en sus manos. ¿Y qué tienes tú contra ellos como individuo?

Pero si entras, si escuchas a tu corazón, alcanzarás tal poder que ningún poder de la tierra podrá volver a esclavizarte.

Sigue tu naturaleza.... Pero, ¿cómo seguir tu naturaleza si no sabes cuál es? Y no se te permite conocerla. Se te han dado instrucciones precisas sobre lo que tienes que hacer: qué comer, cuándo levantarte por la mañana, cuándo acostarte. Se te han dado instrucciones precisas. Esas instrucciones, si las sigues, te convierten en esclavo. Si no las sigues, te convierten en un criminal. Si las sigues, te conviertes en un santo, pero en un esclavo. La gente te adorará, te respetará, pero todo ese respeto es un entendimiento mutuo: "Si sigues nuestras instrucciones, te respetaremos. Si no las sigues, te meterán en la cárcel".

O te hacen esclavo espiritualmente o prisionero físicamente: éstas son las dos alternativas que te da la sociedad. Y nunca te permite ser consciente de que hay una fuente de guía infinita dentro de ti, desde donde habla Dios.

Dios sigue hablando, no ha dejado de hablar. No es parcial, no es que hablara a Mahoma y a Moisés y no te hable a ti. Te habla a ti tanto como hablaba a Mahoma. La única diferencia es que Mahoma estaba dispuesto a escuchar y tú no lo estás. Mahoma estaba disponible y tú no lo estás.

Estar disponible para tu naturaleza interior es lo que yo llamo meditación.

Recuerda estas dos palabras. "Carácter" es una invención de los políticos y los sacerdotes; es una conspiración contra ti. La conciencia es tu naturaleza. Sí, un hombre de conciencia tiene un cierto carácter, pero ese carácter sigue a su conciencia. Nadie se lo impone; es su propia decisión. Y no está encerrado en él; es totalmente libre de cambiarlo en cualquier momento. A medida que cambian las circunstancias, su conciencia le da diferentes direcciones y cambia su carácter.

El hombre de carácter -el llamado hombre de carácter- está encasillado. Aunque las circunstancias cambien, sigue repitiendo el mismo personaje, aunque ya no sea relevante, no encaje. El contexto en el que tenía sentido ha desaparecido, pero él sigue repitiendo las mismas tonterías. Es como un loro. Es una máquina: no responde, sólo reacciona.

Un hombre consciente responde, y sus respuestas son espontáneas. Es como un espejo:

reflexiona sobre lo que se le presenta. Y de esta espontaneidad, de esta conciencia, nace un nuevo tipo de acción. Esa acción nunca crea ninguna atadura, ningún karma. Esa acción te libera. Sigues siendo libre si escuchas a tu naturaleza.

Pero este sencillo consejo parece ser muy difícil para la gente. Debería ser lo más sencillo del mundo. Cada niño nace siguiendo su naturaleza, pero a medida que creces, poco a poco pierdes el contacto con ella, te ves obligado a perder el contacto con ella. El contacto se puede recuperar, se puede redescubrir. Más tarde, cuando te vuelves muy entendido, encasillado en un determinado carácter, completamente ciego a tu propio corazón y a tu naturaleza, empiezas a hacerte esas preguntas.

Justo el otro día Prem Vijen preguntó:

"Amado Maestro, ¿qué quieres decir cuando dices "Entra"?". Una afirmación tan simple - "Entra"- y me preguntas: "¿Qué quieres decir?". ¿No puedes entender estas simples palabras, "entra"? Sé que entiendes las palabras, pero entrar se ha vuelto tan difícil porque sólo te han enseñado a salir. Sólo puedes salir, sólo sabes cómo salir. Tu conciencia se ha vuelto hacia los demás; ha olvidado el camino hacia sí misma. Sigues llamando a las puertas de los demás, y siempre que se te dice: "Vete a casa", tú dices: "¿Qué quieres decir con 'ir a casa'?". Sólo conoces las casas de los demás, pero no conoces tu propia casa. Y la llevas dentro de ti. Os habéis visto obligados a convertiros en extrovertidos. Hay que volver a aprender los caminos de la interioridad.

Soren Kierkegaard ha dicho: Religión significa interioridad - ir a tu propia interioridad. Pero las sencillas palabras "entrar" se han vuelto muy difíciles de entender. La mente sólo sabe salir; no tiene marcha atrás.

He oído que cuando Ford fabricó sus primeros coches no tenían marcha atrás. Fue un añadido posterior. Sin marcha atrás era realmente un problema: siempre que querías volver tenías que recorrer kilómetros innecesariamente, tenías que dar vueltas. Incluso si querías retroceder unos metros, tenías que hacer un viaje de kilómetros. Entonces Ford se dio cuenta de que hacía falta una marcha atrás.

Te estoy enseñando aquí que la marcha atrás está ahí, incorporada, sólo que te has olvidado de ella. Sabes cómo salir. Nadie pregunta, "¿Qué significa cuando dices 'Salir'?" Pero todo el mundo quiere preguntar: "¿Qué quiere decir cuando usted dice 'Go in'?" ¡Simples palabras!

Pensar es salir: no pensar es entrar. Piensa y habrás empezado a alejarte de ti mismo. El pensamiento es el camino que te lleva más lejos. El pensamiento es un proyecto.

Sin pensamiento... y de repente estás dentro. Sin pensamiento no puedes salir, sin deseo no puedes salir. Necesitas el combustible del deseo y el vehículo del pensamiento para salir.

Sentarse en silencio, no hacer nada... ni siquiera pensar, ni siquiera desear... ¿y dónde estarás?

Entrar no es realmente entrar. Es simplemente dejar de salir... y de repente te encuentras dentro.

Prem Vijen, usted no necesita ir adentro porque si usted va usted saldrá siempre. El ir significa el salir. ¡Deja de ir! ¡Deje de ir dondequiera! ¿No puedes sentarte silenciosamente sin ir a ninguna parte? Sí, físicamente puedes sentarte, no es muy difícil. Puedes aprender una postura de yoga y hacer que tu cuerpo sea casi una estatua, pero el problema es: ¿qué estás haciendo en tu interior? ¿Deseos, pensamientos, recuerdos, imaginación, todo tipo de proyectos? - Detenlos también.

¿Cómo detenerlos? Simplemente se indiferente a ellos, despreocupado. Aunque estén ahí, no les prestes atención. Aunque estén ahí, no les des importancia. Aunque estén ahí, déjalos estar. Siéntate en silencio y observa.

Recuerda la palabra "observar", ser testigo, estar alerta.

Y a medida que la observación crece, se hace más profunda, la misma energía que se estaba convirtiendo en deseos y pensamientos y recuerdos e imaginación - la misma energía es absorbida en la nueva profundidad. La misma energía es utilizada por esta profundización hacia el interior. Y sabrás lo que significa cuando digo "Entra".

No empieces a buscar en los diccionarios o en la *enciclopedia británica*. No es cuestión de palabras. Las palabras son sencillas de entender; cuando digo "Entra", eso es exactamente lo que quiero decir: ¡entra! No empieces a preguntar por las palabras; escucha el mensaje oculto; de lo contrario, perderás el tren. ¿Qué quiero decir con "perder el tren"?

Te contaré una historia:

La ingenua esposa de un granjero llegó a la estación de Paddington para coger un tren y, como le sobraba algo de tiempo antes de que llegara el tren, pensó en comprobar su peso en una báscula cercana.

Se subió, puso un céntimo y salió una tarjeta que decía: "Pesa usted ciento cincuenta libras y dentro de cinco minutos se tirará un pedo". Roja de vergüenza y sintiéndose un poco indignada, se bajó de la báscula y se marchó a toda prisa. Cinco minutos después, para su asombro, se tiró un pedo largo y sonoro.

Muy avergonzada, pero intrigada, volvió a la máquina para ver qué decía esta vez. Entró la moneda y salió la tarjeta: "Sigue pesando ciento cincuenta libras y dentro de cinco minutos será violada". Saltó de la máquina indignada y se alejó con paso firme.

Un vendedor de periódicos, que estaba teniendo una mañana particularmente floja, vio a esta pueblerina y pensó en divertirse un poco, así que antes de que ella se diera cuenta de lo que estaba ocurriendo, fue empujada detrás del mostrador y violada. Emergió unos minutos más tarde en un estado terrible, con el sombrero a un lado, el tacón del zapato roto y en un estado de shock total, volvió tambaleándose a la máquina y metió a ciegas un penique. Salió la tarjeta: "¡Todavía pesas ciento cincuenta libras, y con tanto pedo y tanto polvo, has perdido el tren!".

Si te interesas demasiado por las palabras: "¿Qué significa entrar? ¿Qué significa, verbalmente, lingüísticamente?" - Vijen, vas a perder el tren. No pierdas el tiempo con palabras.

Y es una enfermedad particularmente nueva la que se ha apoderado de los intelectuales del mundo. Desde hace al menos cincuenta años, el mundo filosófico se interesa demasiado por las palabras, por el análisis lingüístico. Ya no se preguntan qué es Dios. Ya no se preguntan si Dios existe o no. Los filósofos contemporáneos preguntan: "¿Qué significa la palabra 'Dios'?". No se trata de si Dios existe o no. No se trata de saber qué es Dios. No se trata de cómo llegar a Dios. Ahora la pregunta ha tomado un giro muy nuevo: "¿Qué quieres decir cuando usas la palabra 'Dios'?"

¿A qué te refieres cuando utilizas la palabra "rosa"? Ahora es fácil: puedes agarrar al filósofo, obligarle a ir al jardín y mostrarle la rosa: "Esto es lo que quiero decir cuando uso la palabra 'rosa'". Pero esto no se puede hacer con la palabra "Dios", y esto no se puede hacer con la palabra "meditación" y esto no se puede hacer con las palabras "entrar". Son fenómenos sutiles. No te intereses lingüísticamente. No estoy aquí para enseñarte análisis lingüístico.

Todo mi enfoque es existencial. Si realmente quieres saber lo que significa entrar, ¡entra! Y el camino es: observa tus pensamientos y no te identifiques con ellos. Permanece como un observador, completamente indiferente, ni a favor ni en contra. No juzgues, porque todo juicio conlleva identificación. No digas: "Estos pensamientos están mal", ni digas: "Estos pensamientos están bien". No comentes los pensamientos. Simplemente déjalos pasar como si fuera sólo tráfico que pasa, y tú estás de pie al lado de la carretera despreocupado, mirando el tráfico.

No importa lo que pase: un autobús, un camión, una bicicleta. Si puedes observar el proceso de pensamiento de tu mente con tal despreocupación, con tal desapego, no está muy lejos el momento en que un día todo el tráfico desaparezca... porque el tráfico sólo puede existir si sigues dándole energía. Si dejas de darle energía....

Y eso es vigilar: dejar de darle energía, dejar de mover la energía hacia el tráfico. Es tu energía la que hace que esos pensamientos se muevan. Cuando tu energía no llega, empiezan a caer; no pueden sostenerse por sí mismos.

Y cuando el camino de la mente está completamente vacío, estás dentro. Eso es lo que quiero decir, Vijen, cuando digo "Entra". Y eso es lo que Buda quiere decir cuando dice: *sigue tu naturaleza.*

Una mente irreflexiva es un mal tejado. La pasión, como la lluvia, inunda la casa. Pero si el tejado es fuerte, hay refugio.

Una mente irreflexiva.... Buda no entiende por "reflexión" el pensamiento. Por "reflejo" quiere decir simplemente reflejo, no pensamiento, reflejo en el sentido en que refleja un espejo. Cuando te enfrentas a un espejo, el espejo no piensa en ti. El espejo simplemente refleja. A ese reflejo se refiere Buda.

Una mente irreflexiva -una mente que ha olvidado cómo reflejarse- *es un techo pobre.* Y nosotros hemos olvidado cómo reflejarnos. Sabemos pensar, pero no sabemos reflejar.

Piensa en un niño: nace un niño, por primera vez abre los ojos: verá los árboles, pero no podrá decirse a sí mismo: "Esto son árboles". Verá la luz, pero no podrá decir dentro de sí: "Esto es luz eléctrica". Verá la rojez de la rosa, pero no podrá decirse: "Esto es una flor de rosa y el color es rojo". Lo verá todo, pero no dirá nada en su interior. Eso es reflejar: simplemente reflejará. Los árboles seguirán siendo verdes, de hecho mucho más verdes de lo que volverán a ser nunca, porque el espejo es completamente puro, cristalino. El espejo no tiene polvo... los pensamientos acumulan polvo.

Cuando vas al jardín y dices: "La rosa es preciosa", puede que ni siquiera estés viendo la rosa. Puede que simplemente estés repitiendo un cliché. Como has oído decir que las rosas son hermosas, lo estás diciendo. Al ver una hermosa puesta de sol, puede que no la estés viendo, puede que no estés atento, puede que no seas consciente... pero inconscientemente, automáticamente, simplemente afirmas: "Es una hermosa puesta de sol". No lo dices en serio; simplemente lo dices porque te lo han dicho. Estás repitiendo la afirmación de otra persona. Si te fijas bien, tal vez puedas averiguar de quién es esa afirmación: de tu madre, de tu padre, de tu profesor, de tu amigo. Si observas atentamente, tal vez puedas oír la voz exacta de quien dijo por primera vez que la puesta de sol es hermosa... y tú simplemente la estás repitiendo. No has visto esta puesta de sol. No has visto lo que es, el presente, su belleza inmediata.

Buda dice: *una mente irreflexiva es un tejado pobre. La pasión, como la lluvia, inunda la casa.*

Una mente que ha olvidado cómo reflejar la verdad es siempre una víctima del deseo: una víctima de la cabeza, una víctima del futuro, una víctima del anhelo constante de esto y de aquello. Y ningún deseo puede satisfacerse jamás. Cuando un deseo se cumple, ya ha creado diez deseos más.

Y esto sigue y sigue... y la vida es corta, y la muerte puede derribarte en cualquier momento.

Vienes al mundo para sentirte realizado, pero te vas con las manos vacías, te vas insatisfecho.

Por lo tanto, tendrás que volver de nuevo. A menos que aprendas la lección tendrás que volver una y otra vez a algún útero, tendrás que renacer. Serás enviado de nuevo a la escuela. Millones de veces has sido enviado, y si no prestas atención, esta vida también vas a perder el tren.

Sé consciente. Empieza a limpiar tu espejo para poder reflejarte.

La pasión, como la lluvia, inunda la casa. Pero si el tejado es fuerte, hay refugio. Si sabes reflejar la realidad, hay refugio. Estás seguro porque estás en Dios, porque formas parte de la verdad.

Quien sigue pensamientos impuros sufre en este mundo y en el otro.

En ambos mundos sufre, y cuánto, cuando ve el mal que ha hecho.

Todos los pensamientos son impuros. Un pensamiento no puede ser puro. Así que permíteme recordártelo de nuevo:

Siempre que Buda dice "pensamientos impuros" se refiere a los pensamientos. Utiliza el adjetivo "impuros" para enfatizarlo, porque si dice simplemente "pensamientos" puede que no se entienda bien. Por eso dice "pensamientos impuros", pero siempre quiere decir pensamientos. Todos los pensamientos son impuros, porque un pensamiento significa que estás pensando en el otro, que ha surgido un deseo. Y siempre que dice "un pensamiento puro" quiere decir un no-pensamiento.

Sólo un no-pensamiento es puro, porque entonces eres completamente tú mismo, solo, nada interfiere.

Jean-Paul Sartre dice: El otro es el infierno. Y en cierto modo tiene razón, porque siempre que se piensa en el otro se está en el infierno. Y todos los pensamientos se dirigen a los demás.

Cuando estás en un estado de no-pensamiento estás solo, y la soledad es pureza. Y en esa soledad ocurre todo lo que vale la pena que ocurra.

Pero quien sigue la ley está alegre aquí y alegre allá.

En ambos mundos se regocija, y cuánto, cuando ve el bien que ha hecho.

Retrospectivamente, cuando veas que te has creado un infierno -nadie más es responsable que tú-, cuando veas esto sufrirás mucho, terriblemente. Ni siquiera hay excusa, no puedes echar la responsabilidad sobre los hombros de otro:

es su responsabilidad.

El sufrimiento estará ahí y más, más intensamente, porque sentirás también: "He sido un necio. Nadie me ha hecho sufrir. Es por mis pensamientos. Es por haberme vuelto cada vez más extrovertido, por haberme interesado cada vez más en las cosas del exterior, por lo que he sufrido. Yo soy el único responsable".

Esto te producirá una gran angustia, y viceversa. Si sigues la ley, el dhamma, el tao, si sigues tu núcleo más íntimo, tu naturaleza, estarás alegre aquí y allá.

A Buda no le preocupa mucho el "allí". Pero dice que si te alegras aquí, te alegrarás allí. Si en este momento te alegras, en el siguiente te alegrarás más, porque el siguiente momento nacerá de este momento.

Y tu dicha cobra impulso, es acumulativa. Si en este momento estás sufriendo, al momento siguiente estarás sufriendo más, porque estás aprendiendo los caminos del sufrimiento, te estás habituando al sufrimiento. Crearás más sufrimiento al momento siguiente porque te estás volviendo más eficiente en crearlo. Así que cualquiera que sea la naturaleza de este momento, se fortalecerá más, se profundizará, en el siguiente.

Pero a Buda no le preocupa en absoluto el momento siguiente. Simplemente afirma un hecho.

No te preocupes por el momento siguiente, ni por la vida siguiente, ni por el mundo siguiente. Haz de este momento un regocijo, haz de este momento un momento de dicha, y el siguiente le seguirá, y la siguiente vida, y el siguiente mundo. Y todo lo que eres en este momento se va a profundizar más y más. Y cuando veas que eres responsable de tu dicha, tu dicha será mucho mayor. Cuando veas que nadie te la ha dado, que no has sido un mendigo, que no es un regalo de otra persona -porque nadie te la ha dado, nadie te la puede quitar-, cuando veas esto serás mucho más feliz.

Porque grande es la cosecha en este mundo, y mayor aún en el otro.
Por muchas palabras santas que leas, por muchas que pronuncies, ¿de qué te servirán si no las pones en práctica?

Pero todo depende de la acción. No se trata sólo de tener bellos pensamientos. No es sólo cuestión de hermosos deseos - de Dios, del paraíso, de moksha.

No se trata de pensar en la meditación, sino de actuar, de hacer algo al respecto.

La acción y sólo la acción puede ayudar. Hay que implicarse, hay que comprometerse.

Muchas personas acuden a mí y me dicen: "Nos encantan tus discursos, pero no queremos meditar ni convertirnos en sannyasins. ¿No basta", me preguntan, "con escuchar tus hermosos discursos?". ¡Es completamente inútil!

Sólo escuchar mis discursos es muy estúpido. Si no vas a actuar, no pierdas el tiempo, ¡es un ejercicio inútil! Si te limitas a escucharme y nunca actúas, puede que mis palabras te tranquilicen, que te consuelen, que te convenzan, que disfrutes intelectualmente de lo que digo, que disfrutes del espacio que se crea con mi presencia, pero esto por sí solo no va a servir de nada. Es absolutamente necesario actuar.

Si estás convencido de alguna verdad, actúa en consecuencia, ¡y actúa inmediatamente! - porque la mente es muy astuta, y la mayor astucia de la mente es el aplazamiento. Dice: "Mañana..." y el mañana nunca llega. Dice: "Sí, vamos a meditar un día. Primero entendamos qué es la meditación". Y entonces puedes seguir entendiendo lo que es la meditación toda tu vida, y nunca actuarás. Y a menos que actúes nada va a suceder, ninguna transformación va a ocurrir.

Sannyas es un compromiso. Es mostrar activamente tu amor hacia mí. Es involucrarse con mi destino. Es entrar en mi barco. Es peligroso, es más seguro quedarse en la orilla y escuchar. Entonces es una especie de entretenimiento, ¡un entretenimiento espiritual! - pero totalmente inútil, sólo para matar el tiempo.

Y eso es lo que la gente sigue haciendo en las llamadas reuniones espirituales - satsangs.

Van al sermón del domingo y escuchan con mucha atención y muy seriamente, pero fuera de la iglesia no tiene ningún efecto en sus vidas. De hecho, ni siquiera el predicador se ve afectado por lo que dice. Es su negocio decir estas cosas, le pagan por ello. Es un profesional. Y es una formalidad para los oyentes, simplemente para tener una buena reputación en la comunidad, que son religiosos, que van a la iglesia todos los domingos. Y también es una bonita reunión social: conocer gente, hablar con gente, cotillear. Es una buena oportunidad, en nombre de la religión. Una reunión social. Es una especie de Club Rotario, Club de Leones, etcétera. No importa, no cambia sus vidas.

Una vez viví en el barrio de un sacerdote cristiano, un orador muy elocuente.

Un día me estaba enseñando su jardín y empezamos a hablar de esto y de lo otro.

Y me dijo: "¿Puedes ayudar a mi hijo?".

Le dije: "¿Qué le pasa a tu hijo?".

Ha empezado a tomarse mis sermones demasiado en serio. Tengo que predicar y hablar de grandes cosas. Viene a escuchar y ha empezado a tomárselos demasiado en serio.

Ahora no quiere casarse; quiere convertirse en un hombre santo. ¿No puedes ayudarle?"

"Yo puedo - ¡ese es mi negocio! Puedo ayudar - ayudo a la gente santa a volver a ser profana. Envíamelo. Yo lo derribaré".

"Pero escucha", dijo el cura, "se está tomando mis palabras demasiado en serio". Ni siquiera el cura quiere decir que nadie deba tomarse sus palabras demasiado en serio - y nadie lo hace nunca, salvo unos pocos insensatos.

Pero cuando estás cerca de un Buda, un Jesús, un Krishna, un Mahoma, no se trata de tomarse en serio sus palabras. Se trata de ver la autenticidad de sus palabras y actuar en consecuencia. Si te conmueve el corazón, si una campana empieza a sonar en tu corazón, no la detengas. Entonces síguela, profundiza en ella, porque es la única manera de transformarse. Esa es la única manera de conocer lo eterno - *Aes Dhammo Sanantano*. Esa es la única manera de conocer la armonía eterna de la existencia.

Y conocer la armonía eterna es conocer la dicha, es conocer a Dios, es ir más allá del tiempo, es ir más allá de la muerte, es ir más allá de la miseria.

A las cuatro de la tarde, dos mujeres conversan en un salón de té mientras degustan helados y pasteles azucarados. No se ven desde el instituto y una de ellas presume de su ventajoso matrimonio.

"Mi marido me compra juegos enteros de diamantes nuevos cuando los que tengo se ensucian", dice. "Yo ni me molesto en limpiarlos".

"¡Fantástico!", dicen las otras mujeres.

"Sí", dice el primero, "tenemos un coche nuevo cada dos meses. Nada de compras a plazos. Mi marido los compra directamente y se los regalamos al jardinero negro y al criado".

"¡Fantástico!", dice el otro.

"Y nuestra casa", prosigue el primero, "bueno, ¿para qué hablar de ella? Es sólo...."

"¡Fantástico!", termina el otro.

"Sí, y dime, ¿qué haces hoy en día?", dice la primera mujer.

"Voy a la Escuela de Encanto", dice el otro.

¿"Escuela de Encanto"? ¡Qué pintoresco! ¿Qué se aprende allí?"

"¡Bueno, aprendemos a decir 'Fantástico' en vez de 'Mentira'!".

Puedes empezar a llamar a la basura "fantástica", pero no hay diferencia. Puedes aprender basura religiosa, espiritual....

Aquí también hay mucha gente muy experta en la llamada jerga esotérica. Siempre hablan de tantos planos, tantos cuerpos, tantos centros... y hablan tan seriamente que parece que saben de lo que hablan. ¡Evita la basura esotérica!

¡Evita el conocimiento esotérico! No es conocimiento, es sólo para engañar a la gente. Si te interesan esas cosas deberías leer la gran literatura que han creado los teósofos.

Todo vale, sólo hay que hablar de tal manera que parezca de otro mundo. No se puede demostrar ni refutar. Ahora bien, ¿cómo se puede demostrar cuántos aviones hay?

¿Siete o trece?

Un hombre vino a verme. Su secta religiosa cree en catorce planos, y tenía una tabla, había traído la tabla. Mahavira sólo había alcanzado el quinto plano, Buda el sexto, Kabir, Nanak, el noveno; como era punjabí, había sido un poco generoso con Nanak y Kabir. Pero su propio guru Radhaswami, ¡ha alcanzado el decimocuarto! Incluso Buda está alrededor del sexto. Y Mahoma, ¿sabes dónde está Mahoma? - Sólo el tercero. Un hindú y un Punjabi, ¿cómo puede permitir que Mahoma vaya más allá del tercero? Lo mantiene en el tercer lugar. Con Jesús es un poco más generoso - en el cuarto; coloca a Jesús en el cuarto. Pero su propio gurú -nadie sabe nada de su gurú- ¡ha alcanzado el decimocuarto! El decimocuarto es llamado satch-khand - el plano de la verdad.

Así que le pregunté: "¿Y los otros trece?".

Dijo: "Cada vez se acercan más a la verdad, sólo aproximadamente a la verdad".

Ahora bien, ¿puede haber una verdad aproximada? O algo es verdad o algo no es verdad. O estoy aquí en la silla o no estoy en la silla, no puedo estar aproximadamente en la silla. Así que "verdad aproximada" es un bonito nombre para una mentira.

Había venido a preguntarme mi opinión sobre los catorce planos. Le dije: "He llegado al decimoquinto. Y al igual que tú preguntas por los planos, tu guru Radhaswami me pregunta una y otra vez cómo entrar en el decimoquinto".

Estaba muy enfadado. Dijo: "¡Nunca oí hablar del decimoquinto avión!"

Le dije: "¿Cómo puedes oír? Tu gurú sólo ha llegado al decimocuarto, así que has oído unos catorce. ¡Pero yo he llegado al decimoquinto!"

No son más que tonterías. Pero puede presentarse de tal forma que parezca muy espiritual. ¡Evítalo!

Buda dice: por ***muchas palabras sagradas que leas, por muchas que pronuncies, ¿de qué te servirán si no actúas en consecuencia?***

La creencia permanece en el mundo de las palabras. Es la confianza, una confianza profunda, la que te lleva a la acción. La acción es arriesgada. Hablar de la otra orilla es sencillo, pero nadar hasta ella es peligroso, porque no existe ningún mapa. De hecho, nadie puede estar seguro de si la otra orilla existe o no.

No basta con creer. A menos que tengas una tremenda confianza en la vida, a menos que tengas una tremenda confianza en tu propia voz interior, no puedes emprender el viaje del mar inexplorado.

Pero sólo la acción demostrará que confías, y sólo la acción puede transformarte.

¿Eres un pastor que cuenta las ovejas de otro, sin compartir nunca el camino?

Buda solía repetirlo una y otra vez: que hay gente insensata que se dedica a contar las vacas de los demás -que este hombre tiene quince vacas, que este otro tiene trece vacas- ¡y ellos mismos no tienen ni una! ¿Qué sentido tiene contar las vacas o las ovejas de los demás? No te va a alimentar, no te va a nutrir. Es una auténtica pérdida de tiempo.

Pero esto es lo que ocurre en nombre de la religión. Lo que dicen los Vedas... la gente malgasta toda su vida tratando de descifrar el significado de los Vedas. Hay gente que ha malgastado toda su vida en averiguar el verdadero significado de la Biblia. ¡Esto es contar ovejas ajenas!

Puedes entrar y escuchar la Biblia que surge allí - como Jesús la escuchó. Jesús no tiene ningún privilegio sobre ti. Nadie tiene privilegios.

Ante la ley eterna, ante el dhamma, todo el mundo es igual. En este mundo todos son desiguales y nunca pueden ser iguales. En este mundo el comunismo es imposible.

Pero en el mundo interior todos son iguales: sólo el comunismo es posible. El comunismo es un fenómeno interior. Los esfuerzos que se están haciendo para hacer del mundo exterior un mundo comunista son inútiles; no puede suceder en la naturaleza misma de las cosas.

En la Rusia soviética ya no existen las viejas clases, sino que han surgido otras nuevas. Las viejas clases son sustituidas por nuevas clases. Primero estaban el proletariado y la burguesía; ahora están los que gobiernan, los gobernantes, los miembros del Partido Comunista y los gobernados. Es el mismo juego con distintos nombres.

En el mundo exterior el comunismo es imposible. La desigualdad es la ley; todo el mundo es desigual en el mundo exterior. Alguien es más fuerte que tú, alguien es más inteligente, alguien es más bello, alguien tiene más talento, alguien es un genio....

Las personas son diferentes y no se les puede obligar a ser iguales; eso sería destruir la humanidad. Seguirán siendo desiguales.

Pero en el interior, a medida que te mueves hacia dentro, la desigualdad empieza a desaparecer. En lo más interno hay igualdad absoluta. El comunismo es un fenómeno interior.

Por eso voy a llamar comuna a mi nuevo ashram. Comunismo viene de la palabra "comuna". Será una igualdad interior. La gente seguirá siendo diferente, en la medida de lo posible; de hecho, en lo que respecta al mundo exterior, todo el mundo debe tener su individualidad única, su propio sabor, su propia firma. En el exterior, todo el mundo debe tener libertad absoluta para ser él mismo. En el interior, el ego desaparece, la personalidad desaparece, sólo hay conciencia pura. Y dos conciencias no son superiores o inferiores. No hay jerarquías.

No sigas contando ovejas ajenas. ¡Entra! No sigas leyendo las escrituras. ¡Entra!

No sigas escuchando las palabras de los demás. Comparte el camino. Si te encuentras con un buda eres afortunado. Si te enamoras de un buda eres afortunado. No te limites a escuchar sus palabras. Sigue el camino, ¡comparte el camino! Mira hacia donde señala, no empieces a adorar su dedo. ¡Mira la luna!

Lee tan pocas palabras como quieras y habla menos.

Pero actúa conforme a la ley.

Permítanme recordárselo de nuevo, porque la palabra "ley" en inglés tiene asociaciones erróneas. Es una traducción de dhamma: la ley eterna, la ley cósmica, el logos. *Actuar según la ley* no significa actuar según el Código Penal Indio. Actuar según la ley significa actuar según tu naturaleza interior.

Abandona las viejas costumbres: la pasión, la enemistad, la insensatez.

Conoce la verdad y encuentra la paz.

Comparte el camino.

Abandona las viejas costumbres.... Tienes que ser discontinuo con el pasado. Tienes que existir de una manera nueva. Simplemente tienes que desligarte de tu pasado de un solo golpe. Y de eso se trata sannyas: cortar contigo mismo de tu pasado con un solo golpe de espada.

¿Cuáles son los viejos caminos? - El camino del deseo, el camino del odio y el camino de la estupidez.

No funciones por odio y no desees cosas, posesiones. Y no seas supersticioso, tonto. Si puedes hacer tanto, si puedes dar este salto a lo desconocido... porque el pasado es conocido y estás acostumbrado a hacer las cosas de una determinada manera. Cuando sueltes el pasado estarás perdido durante unos días, desorientado, sin saber qué hacer, cómo hacerlo. Estarás en un vacío. Hay que atravesar ese vacío. Es doloroso, es el precio que hay que pagar por la verdad.

Una vez superado ese vacío: *conoce la verdad y encuentra la paz.* Entonces se conoce la verdad y la verdad sigue a la paz como una sombra.

Comparte el camino, vuelve a insistir Buda. Pero esto no puede ocurrir sólo escuchando, sólo leyendo las obras de los maestros.

Comparte el camino.

Aes Dhammo Sanantano.

Suficiente por hoy.

Suerte, supongo.

La primera pregunta:
Pregunta 1:

Amado maestro,

Al volver a Holanda el año pasado, empecé a comunicarme contigo con una abrumadora sensación de urgencia. Sentía que tú me habías transmitido esa urgencia, pero también parecía formar parte de mi naturaleza.

Este sentimiento de no tener ni un segundo que perder, el deseo de conseguir que más holandeses se convirtieran en sannyasins lo antes posible, me alejó de lo lúdico. La seriedad me produjo mucha angustia porque me enfrentaba a la indiferencia, el ridículo y el desprecio, especialmente de los periodistas. Objetivamente no fracasé -ni mucho menos-, pero en términos de ser, mi viaje no fue exactamente wu-wei. Simplemente no pude combinar esta urgencia con la alegría y la relajación.

¿Quieres decir unas palabras sobre esta urgencia, aunque ya me has dado tanto?

Deva Amrito, la alegría de la que hablo llega muy lentamente. No puedes simplemente saltar de la seriedad que has acumulado durante vidas. Ahora tiene fuerza propia.

Relajarse no es una cuestión sencilla; es uno de los fenómenos más complejos posibles, porque todo lo que nos enseñan es tensión, ansiedad, angustia. La seriedad es el núcleo sobre el que se construye la sociedad. Lo lúdico es para los niños pequeños, no para los adultos.

Y os estoy enseñando a ser niños de nuevo, a ser juguetones de nuevo. Es un salto cuántico, un salto... pero lleva tiempo comprenderlo.

Y en lo que a mí respecta, ha tenido un éxito inmenso:

objetivamente, sin duda, pero también subjetivamente. Inesperadamente has tenido éxito. Cualquier otro en tu lugar habría estado en un manicomio.

Estabas emocionado, y es natural estar emocionado. Cuando alguien me entiende, me siente, inmediatamente empieza a sentir una urgencia: no hay un solo momento que perder. Y hay que correr la voz. Una especie de tremenda inmediatez se apodera de uno. Es natural. Es cierto que no hay un solo momento que perder. Y si me amas, te gustaría que todas esas personas vinieran a mí, porque puede que no vuelvan a tener la oportunidad... ¡durante siglos, durante toda la vida!

Cuando amas y has encontrado un tesoro, te gustaría compartirlo. Y si el tesoro es tal que puede desaparecer en cualquier momento, ¿cómo evitar la sensación de inmensa urgencia? Tendrás que gritar desde lo alto de las casas.

Y la respuesta que obtendrás es absolutamente cierta y fija. Cuanto más desees que la gente venga a mí, más escaparán de ti, de la idea misma de venir a mí. Y la única forma de escapar es ridiculizarte, reírse de ti, llamarte loco. Es su manera de defenderse. Si te escuchan comprensivamente, si permiten que abrumes su ser, que te desbordes en su ser, que inundes su ser, entonces ellos también se encontrarán en la misma situación. Y les resultará muy difícil evitarlo.

Por eso, desde el principio te ridiculizarán, te criticarán, se opondrán a ti, se reirán de ti. Harán todo lo posible para crear en ti la sensación de que estás equivocado.

Pero fracasaron. No pudieron crear ese sentimiento en ti. Cuanto más te ridiculizaban, más se reían, más te criticaban, más intentabas convencerles.

Y ha tenido un éxito objetivo: ha convencido a miles de personas.

Desde que te fuiste a Holanda, han llegado muchos holandeses, y están llegando más, y seguirán llegando más. Has creado un gran revuelo. Has tocado el corazón de muchas personas. Y también ha sido una gran experiencia para tu crecimiento interior.

El impacto que has creado aún no se te ha metido en la cabeza; no te ha hecho más egoísta. De hecho, te ha hecho más humilde. Puede que no haya sido exactamente wu-wei, pero estuvo muy cerca. Y no esperaba que fuera absolutamente wu-wei, pero ha sido más de lo que esperaba.

Tenía un poco de miedo, Amrito, de que te volvieras loco. Era tal la urgencia, era tal tu éxtasis, estabas tan apasionadamente enamorada de mí, que en el fondo tenía miedo. Te enviaba con toda clase de aprensiones. Pero sobreviviste a la prueba.

Has vuelto. El alboroto que se creó a tu alrededor porque hablabas de mí -en los periódicos, en la radio, en la televisión-, la forma en que hablabas, daba la sensación de tu inmenso amor, daba la sensación de que habías encontrado el hogar.

Muchos se han convencido. Y muchos que no estaban convencidos también han empezado a pensar en ello. E incluso aquellos que te han ridiculizado y se han opuesto a ti están impresionados; de lo contrario, ¿a quién le importa? ¿Por qué oponerse a alguien si no se está impresionado? ¿Por qué deberías ridiculizar y reírte si simplemente estás alerta de que está loco?

Nadie se ríe de un loco, nadie ridiculiza a un loco. Basta con saber que está loco para que todo se acabe.

Habéis creado una cadena que continuará. Y me gustaría que muchos de mis sannyasins estuvieran tan entusiasmados, que sintieran la urgencia, que fueran a sus países y corrieran la voz. Y tendrán que gritar desde lo alto de las casas.

Y siempre que estás enamorado pareces loco: estás loco. El amor es locura... pero muy superior a la llamada, mediocre y mundana cordura. Y el amor es ceguera, pero una ceguera capaz de ver lo invisible.

El amor no forma parte del mundo ordinario que hemos creado. Hemos expulsado el amor de él. Así que siempre que estás enamorado -y estar enamorado de un maestro, estar enamorado de un buda, es el amor supremo- te vuelve loco. Te convierte en parte del más allá. Nadie puede creerlo.

¿Cómo pueden creer tus amigos, Amrito, que a ti te haya pasado y a ellos no? Va tan en contra de sus egos que tú has encontrado y ellos no han encontrado todavía, y aún así están luchando. No, la manera más fácil para ellos es negar, decir que no has encontrado, que estás en una ilusión, que has sido hipnotizado, que estás alucinando, que has sido drogado. Eso les da un consuelo, les da una especie de tranquilidad. Si realmente has encontrado, entonces se sentirán muy muy intranquilos - entonces sus vidas son fracasos.

Ha sido una experiencia preciosa. Sé que no pudiste ser muy juguetón. Ha sido difícil.

La próxima vez que te envíe, serás más juguetón. ¡Ahora no tengas miedo! Sé que no quieres volver otra vez. Ya es suficiente... pero una vez más. La próxima vez todo el proyecto es ser juguetón. Entonces la gente se reirá más y pensarán que te has vuelto aún más loco. Pero ríete... baila, canta. Esta vez estabas discutiendo. La próxima vez no discutas, canta, baila, abraza a la gente.

Pero soy absolutamente feliz. Todo lo que ha ocurrido ha sido bueno objetivamente, ha sido bueno para los demás, ha sido bueno para ti. Es un dispositivo: enviarte con un propósito concreto es un dispositivo para tu crecimiento interior. Y has tenido éxito.

Había muchas posibilidades de fracasar.

Me lo recuerdan:

Una vez George Gurdjieff le pidió a P.D. Ouspensky, su principal discípulo de aquellos días, que viniera desde Londres a un lugar lejano en algún lugar del Cáucaso. Era muy difícil.

Financieramente Ouspensky estaba en bancarrota. No tenía dinero, ni casa donde vivir, ni nadie que lo mantuviera. ¡Y un viaje tan largo! Y los tiempos eran muy peligrosos. En esas partes del mundo era peligroso moverse, porque la revolución rusa estaba ocurriendo. La gente estaba siendo masacrada, asesinada. No había paz. Incluso Gurdjieff tuvo que dejar Rusia, y se escondió en las montañas del Cáucaso.

No era un buen momento para ir allí; era muy peligroso. El viaje no fue fácil: todos los trenes estaban averiados, las carreteras cortadas, los puentes rotos. Era un caos. Pero cuando el maestro llama, el discípulo tiene que seguirle. Vendió todas sus pertenencias. Pidió dinero prestado a la gente y viajó miles de kilómetros. Le tomó casi treinta días llegar a Gurdjieff. Cansado, andrajoso, pensando muchas veces: "¿Qué estoy haciendo?

La gente escapa de Rusia, ¡y yo voy allí!". Y estaba en la lista negra de los comunistas, porque era una figura muy conocida - discípulo principal de George Gurdjieff, un matemático muy conocido y famoso en todo el mundo, un gran autor, uno de los más grandes que el mundo ha conocido. Sus libros se tradujeron a casi todos los idiomas del mundo. Volver a Rusia era peligroso. Podría ser capturado, encarcelado, asesinado. ¡Él era anticomunista! - ninguna persona sensata puede ser comunista, porque toda la idea es un disparate. Pero viajó... y cuando llegó a Gurdjieff, Gurdjieff lo miró y lo primero que le dijo fue: "Vuelve a Londres y empieza a trabajar de nuevo".

Eso era demasiado. Ouspensky fracasó. No podía confiar en este hombre. ¿Qué clase de broma es ésta? Jugar con la vida de alguien de tal manera... e inmediatamente dijo: "¡Vuelve ahora mismo! No tengo nada más que decir".

Ouspensky volvió atrás - se volvió contra Gurdjieff, se convirtió en un enemigo. Ese fue un gran recurso de un gran maestro. Si hubiera confiado, se habría iluminado. Perdió la oportunidad. Murió como una persona no iluminada.

Cuando las cosas van bien y son fáciles, la confianza es fácil, pero carece de valor. Cuando las cosas se vuelven difíciles, arduas, imposibles, y todavía puedes confiar, cuando se vuelve absolutamente ilógico confiar y todavía puedes confiar, sólo esa confianza se convierte en una fuerza transformadora.

Amrito, te voy a mandar una vez más. Y recuerda, no soy un hombre muy constante: puede ser dos veces, tres veces... depende. Pero por el momento, una vez te voy a enviar - eso es seguro.

Y esta vez el proyecto es lúdico.

La segunda pregunta:

Pregunta 2:

Amado maestro, ¿por qué hay tantas religiones en el mundo, y por qué estas religiones se pelean continuamente entre sí?

Geetam, es natural que haya tantas religiones. De hecho, se necesitan más.

Tal y como yo lo veo, cada individuo debería tener su propia religión; debería haber tantas religiones como personas. El número no es tanto: sólo hay trescientas religiones, ¿y cuántas personas hay en la Tierra?

Cada individuo debe tener su propia religión, porque cada individuo es tan único, tan diferente de los demás. ¿Cómo pueden dos personas tener la misma religión? Es imposible.

Pero hemos estado pidiendo lo imposible. Cada individuo tiene que llegar a Dios a su manera, y ese camino nunca va a ser recorrido por nadie más.

Por lo tanto, los budas sólo pueden indicar, sólo pueden dar pistas. No pueden proporcionarte mapas seguros, absolutamente seguros, sólo pistas, algunas pistas. Y esas pistas no deben tomarse muy en serio, sino muy alegremente. No hay que volverse fanático. Si te vuelves fanático, ya no eres religioso.

Una persona religiosa es humilde, disponible a todo tipo de sugerencias; es un buscador, un indagador, un explorador, y aprenderá de todas las fuentes posibles. Aprenderá de la Biblia, de los Vedas y del DHAMMAPADA. Escuchará a Buda, a Jesús, a Zaratustra. Aprenderá de todas las fuentes posibles, pero seguirá siendo él mismo. No se convertirá en una imitación, no se convertirá en un calco. Conservará su autenticidad. Será humilde, sincero, auténtico; no se convertirá en pseudo. No será un seguidor, será un amante.

Amará al buda, pero no le seguirá; no le seguirá en los detalles. ¿Cómo puedes seguir a un buda en los detalles? Es un tipo de persona totalmente diferente. Tú nunca has estado antes, nadie como tú ha estado antes, y nadie que sea exactamente como tú volverá a estar allí. Por lo tanto, tu religión tiene que ser tu religión, tu verdad tiene que ser tu verdad.

Y esa es la belleza de la verdad, que siempre viene en una forma tan única que puedes decir: "Esto es un regalo especial de Dios para mí". De ahí que haya tantas religiones. ¡Y es hermoso! - Debería haber muchas más. Mucha gente ha intentado crear una sola religión; eso es una completa estupidez. No se puede crear una religión. Puedes imponer una religión a la gente, pero eso destruirá su espíritu, su libertad; eso paralizará su ser y paralizará su crecimiento.

Igual que hay tantas lenguas, hay tantas religiones. La variedad es hermosa, la variedad te permite elegir según tu tipo.

La religión no se decide ni puede decidirse por el nacimiento, y los que deciden su religión por el nacimiento son tontos de remate. No se puede nacer hindú ni cristiano; el nacimiento no tiene nada que ver con la religión. La religión es una investigación. Puedes nacer de padres hindúes, eso es una cosa, pero si tus padres te quieren de verdad no te convertirán en hindú. Por supuesto que te contarán todo lo que han sabido y experimentado, pero te dejarán libre. Y te dirán: "Vuélvete más alerta, vigilante, maduro, y cuando seas lo bastante maduro y quieras decidir, elige tu propia religión".

Ve a la mezquita, ve a la iglesia, ve al templo, ve al gurudwara. Escucha todo tipo de cosas, ve todo tipo de flores: el jardín de Dios está tan lleno de variedad, es tan rico por la variedad. Hay rosas y lotos y mil y una flores más.

Ve y elige tu propio perfume, tu propia fragancia, porque a menos que tú mismo elijas no te dedicarás a ella, no te entregarás a ella.

El mundo no es religioso porque se nos impone la religión. Los padres tienen prisa por imponer; la iglesia, el estado, el país - todo el mundo tiene prisa por imponer una determinada religión al niño. ¡Qué tontería! ¡Qué estupidez! La religión necesita madurez, gran comprensión, antes de que uno pueda elegir.

Nadie nace hindú, mahometano o parsi. Todo el mundo nace limpio, inocente, un TABULA RASA, y luego todo el mundo tiene que buscar y buscar. Esta es la belleza de la vida, porque la vida es una búsqueda. Y no te acomodes demasiado pronto; no hay necesidad.

Es posible que ninguna religión existente te satisfaga. Pero eso es bueno; significa que una nueva religión nace en ti. El mundo se enriquece: una religión más, una flor más, un árbol más, un fenómeno nuevo.

Buda trae una nueva religión al mundo; el mundo era más pobre antes de Buda porque le faltaba el budismo. Buda podría haber seguido la religión de sus padres; entonces el mundo habría seguido siendo pobre. El mundo se habría perdido algo inmensamente valioso, una nueva puerta hacia Dios. Buda abrió una nueva puerta, una nueva visión, una nueva percepción. No le convencía la religión de sus padres; de lo contrario, habría seguido siendo hindú. Se rebeló. Todas las personas religiosas son rebeldes.

Emprendió una búsqueda individual: todas las personas religiosas son exploradoras, todas las personas religiosas son aventureras. Habría sido fácil, conveniente y cómodo creer en la religión en la que habían creído los padres y los padres de los padres, y durante siglos. Hubiera sido más cómodo porque no es necesario investigar, no es necesario pasar por todo el esfuerzo de encontrar la verdad. Ha sido encontrada por algún vidente en el pasado - puedes simplemente tomarla prestada. Pero una verdad prestada no es una verdad en absoluto. Una verdad prestada es una mentira.

Buda emprendió una búsqueda; ardua fue la indagación. Lo arriesgó todo: su reino, su vida. Pero cuando arriesgas tanto, la vida te muestra nuevos tesoros. Una nueva religión, una nueva percepción, una nueva visión, nacieron en el mundo.

Mahoma podría haber seguido la religión de sus padres. Jesús podría haber seguido el judaísmo. ¡Conviértete en un Jesús, conviértete en un Buda, conviértete en un Mahoma! No seas mahometano, ni budista, ni cristiano, ¡explora! No malgastes la vida imitando, porque entonces seguirás siendo pseudo. Y una persona pseudo no puede ser religiosa. Se necesita una gran autenticidad, sinceridad.

Así que, Geetam, es bueno que haya trescientas religiones, ¡debería haber más! Siempre estoy a favor de la variedad. Quiero un mundo más rico en todos los sentidos posibles. ¿Te gustaría que el mundo entero tuviera sólo un tipo de flor, sólo rosas o sólo lotos? ¿No sería un mundo empobrecido, muy pobre? ¿Le gustaría que el mundo tuviera una sola lengua? Entonces desaparecerían los diferentes matices de las distintas lenguas.

Hay cosas que sólo pueden decirse en árabe y no pueden decirse en ninguna otra lengua; y hay cosas que sólo pueden decirse en hebreo y no pueden decirse en ninguna otra lengua. Hay cosas que sólo se pueden decir en chino y no se pueden decir en ninguna otra lengua. Si el mundo sólo tiene una lengua, muchas cosas hermosas se quedarán sin decir.

Lao Tzu sólo puede hablar chino. Puede que no hayas reflexionado sobre el problema: sólo piensa en Lao Tzu escribiendo su TAO TEH CHING en inglés... y el libro será totalmente diferente. Le faltará algo de inmenso valor; tendrá algo diferente, un color totalmente distinto, pero le faltará el sabor que tiene en chino.

Ahora bien, el chino no tiene alfabeto; se escribe con símbolos. Al no haber alfabeto, los símbolos pueden interpretarse de mil y una maneras; los símbolos son más fluidos, menos fijos, más poéticos, menos prosaicos. Un símbolo puede significar muchas cosas. No es científico; es muy difícil escribir tratados científicos en chino. Para eso, el inglés es una lengua mucho más adecuada.

Pero lo que Lao Tzu ha dado al mundo no habría sido posible sin el chino. Cada símbolo tiene muchos significados, una multiplicidad de significados. Puedes elegir su significado según tu estado de ánimo. Cada símbolo tiene muchas capas de significado. A medida que creces en tu comprensión, el significado de los símbolos cambia.

De ahí que en Oriente haya existido un tipo de lectura totalmente diferente, inexistente en Occidente. A usted no le gustaría leer el mismo libro de Bernard Shaw una y otra vez, ¿o sí? A menos que estés loco, no te gustaría leerlo una y otra vez. ¿Qué sentido tiene? Una vez leído, se acabó. Por eso existe el libro de bolsillo: leerlo y tirarlo. Pero en Oriente existe otro tipo de lectura: el mismo libro se lee una y otra vez durante toda la vida.

El *Tao teh ching* no es un libro que pueda publicarse en rústica. No debería publicarse en rústica, no puede, porque es un tipo de libro totalmente diferente. Tiene capas y capas de significado. Cuando lo lees por primera vez, es un solo libro porque sólo conoces un significado, el superficial.

Después de meditar unos meses, vuelves a leerlo; se revela otro significado; después de meditar unos meses más, vuelves a leerlo... un tercer significado. Tiene que continuar, tiene que convertirse en el estudio de toda una vida.

Y seguirás encontrando los significados: son inagotables. *Aes Dhammo Sanantano*: lo último es eterno e inagotable. No es una ficción; no puedes leerlo y acabar con él. Una lectura no te va a ayudar en absoluto; simplemente te introduce, no te da el núcleo de ello. Se necesita toda una vida para llegar a su esencia.

Ahora necesitamos todo tipo de lenguas. El inglés es necesario por su definición, por su certeza. Cada palabra tiene una definición. La ciencia no puede desarrollarse sin un lenguaje así.

La ciencia no pudo nacer en la India debido a la lengua; el sánscrito es una lengua poética. Se puede cantar -tiene esa cualidad-, se puede salmodiar, pero no se puede hacer mucho silogismo con él. Muchas canciones, ciertamente, pero no es argumentativa; expresiva pero no argumentativa.

El árabe tiene una cualidad muy inquietante. Si lo cantas, se convertirá en una obsesión en tu corazón. Deja de cantarlo y el canto continuará en tu corazón. El árabe tiene esa cualidad porque es una lengua del desierto; las lenguas del desierto tienen esa cualidad. Cuando llamas a alguien que está lejos, en un desierto, tienes que hacerlo de una forma determinada, y en un desierto puedes llamar a gente que está muy lejos; si los llamas de una forma rítmica, tu sonido llegará hasta ellos.

De ahí la belleza del Corán. No es un libro para leer -quienes lean el Corán se perderán su significado-, es un libro para cantar. No es un libro para ser estudiado: es un libro para ser bailado, sólo así alcanzarás su espíritu interior.

Es hermoso que haya muchas lenguas porque hay muchas cosas que decir, expresar, comunicar. Y a medida que el mundo crece, se necesitan muchas más lenguas, porque a medida que el mundo crece, muchas más cosas siente la gente, por las que pasa la gente, a las que llega la gente.

La religión no es más que un lenguaje para expresar lo último. Geetam, no hay nada malo en que haya muchas religiones. Por supuesto, sí que hay algo malo en sus constantes disputas entre ellas. Eso demuestra que las llamadas religiones han perdido su cualidad religiosa, se han vuelto políticas; que estas llamadas religiones ya no tienen maestros vivos en ellas, sino sólo sacerdotes muertos, aburridos y mediocres. Siguen peleándose, siguen intentando convertirse, porque los números crean poder. Si hay más cristianos, entonces el cristianismo tiene más poder y el Papa en el Vaticano se vuelve más poderoso. Si los hindúes son más numerosos, por supuesto que tienen más poder.

Los números dan poder. Así que el cristianismo quiere que todo el mundo sea cristiano, y los mahometanos quieren que todo el mundo sea mahometano. Sus formas y medios pueden diferir, pero el esfuerzo y el deseo es el mismo, un deseo político muy profundo: es política de poder. Entonces, naturalmente, surgirán disputas. La política es disputa; no tiene nada que ver con la religión.

Las religiones deben ser tantas como sea posible. Y no se trata de ningún conflicto: es una cuestión de gusto y disgusto. Si me gustan las rosas, no intentas convencerme de que me gusten las caléndulas, simplemente aceptas que me gusten. Y si a ti te gustan las caléndulas, no pasa nada; no es cuestión de discutir ni de pelearse. No tenemos por qué pelearnos, ni real ni intelectualmente. Puedo dejarte con tu elección, y no me siento ofendido porque a ti te gusten las caléndulas y a mí no.

Los gustos y disgustos son asuntos individuales. A uno le puede gustar el Bhagavadgita, a otro el Corán, a otro *el Dhammapada*... Está perfectamente bien, absolutamente bien. Debemos compartir nuestras aficiones, pero no debemos tratar de convertir al otro, de forzarlo a entrar en nuestro redil. Sí, comparte por todos los medios, porque compartir demuestra tu amor. Si has encontrado una fuente, ¡compártela! Pero hay que compartir por amor, no por política de poder. No es para convencer al otro y arrastrarlo a tu redil. Las religiones han hecho cosas muy feas. La gente se ha convertido a punta de bayoneta; la gente se convierte por dinero, sobornándola... por cualquier medio, correcto o incorrecto. ¡Conviértete en cristiano! ¡Hazte mahometano! Hazte hindú. Agarra a más y más gente para hacerte más poderoso, y no permitas que nadie salga de tu redil.

El hijo de Mulla Nasruddin le preguntaba: "Papá, cuando un cristiano se convierte en mahometano, ¿cómo lo llamas?".

Nasruddin sonrió y dijo: "Ha entrado en razón, es un hombre comprensivo, sabio. Ha comprendido lo que es falso como falso y lo que es verdad como verdad".

El niño vuelve a preguntar: "Y papá, si un mahometano se hace cristiano, ¿cómo le llamas?".

Nasruddin se enfadó mucho y dijo: "¡Es un traidor! Ha traicionado. Es un estúpido".

Ahora bien, si un cristiano se hace mahometano, es un hombre inteligente, un sabio; y si un mahometano se hace cristiano, es un traidor, un estúpido. Y lo mismo ocurre si le preguntas al cristiano.

Un hindú se hizo cristiano. Todos los hindúes estaban contra él, naturalmente: ¡les había traicionado! Pero los cristianos lo hicieron santo. Sadhu Sunder Singh era su nombre.

Casi lo adoraban como si fuera una encarnación de Jesús, porque demostraba la verdad del cristianismo. ¿Y los hindúes? - estaban tan enojados con el hombre que querían matarlo. Y es muy posible que lo mataran, porque un día desapareció de repente y desde entonces no se ha vuelto a encontrar su cuerpo. Todavía es un misterio lo que le sucedió a Sadhu Sunder Singh.

Conozco a un hombre que era hindú y se hizo jaina. Los hindúes estaban muy en contra de él, naturalmente, obviamente. Intentaron destruirlo por todos los medios, pero se convirtió en el santo jaina más famoso. Ganesh Varni era su nombre. Derrotó a todos los demás santos Jaina; alcanzó el pináculo más alto. ¿Cuál era su verdadera cualidad? ¿Por qué alcanzó el pináculo más alto? Porque básicamente era un hindú y se convirtió en un Jaina. "Demostró que el jainismo es mucho más elevado que el hinduismo; de lo contrario, ¿por qué este hombre, tan sabio, ha venido a nuestro redil?".

Geetam, estas religiones se pelean porque no son religiosas; se han vuelto cada vez más políticas. Y cuando se pelean, entonces todo está bien - en el amor y en la guerra todo está bien.

Un católico intenta convertir a un judío y le dice que, si se hace católico, sus oraciones serán atendidas, porque el sacerdote se las dará al obispo, que se las dará al cardenal, que se las dará al Papa, que las empujará al cielo por un agujero en lo alto del Vaticano, que coincide con un agujero en el suelo del cielo, donde San Pedro las llevará a la Virgen María, que intercederá por ellas ante Jesús, que dirá una buena palabra de ellas a Dios.

El judío repite todo este itinerario con aire asombrado, y termina: "Sabes que debe ser verdad, porque siempre me he preguntado qué hacen con toda la mierda en el cielo. Deben de tirarla por ese agujerito del Vaticano, donde el Papa se la da al cardenal, que se la da al obispo, que se la da al cura, que se la da a usted... ¿y usted intenta dármela a mí?".

Las religiones son buenas -hacen falta muchas más-, pero las religiones pendencieras no son religiones.

La propia actitud pendenciera los convierte en políticos. Y el sacerdote y el político han estado en una conspiración muy sutil a través de los tiempos - porque el político puede dominar al pueblo a través del sacerdote muy fácilmente. El sacerdote posee las almas del pueblo y el político posee los cuerpos del pueblo. Ambos son opresores, explotadores. Ambos están en el mismo negocio, ambos son socios. Ambos pueden ayudarse mutuamente.

El político puede ayudar al cura porque tiene poder temporal, y el cura puede ayudar al político porque la gente le escucha, le adora, toma su palabra como divina.

El budismo no se convirtió en una gran religión gracias a Buda; se convirtió en una gran religión gracias al emperador Ashoka. No fue gracias a Buda que millones de personas se hicieron budistas, no. Mientras Buda vivía, sólo unos pocos, unos pocos elegidos, tuvieron el valor suficiente para caminar con él en su luz, para entrar en comunión con él. Y fueron valientes - porque tuvieron que sufrir, tuvieron que sufrir mucho ridículo, oposición, porque la iglesia hindú establecida estaba en contra de este hombre Buda.

El budismo se convirtió en una religión mundial no por Buda, sino por el emperador Ashoka. Cuando los sacerdotes budistas se unieron al emperador Ashoka, la religión se convirtió en una religión mundial. Toda Asia se convirtió. Ahora los sacerdotes ayudarían a Ashoka a conservar su poder, y Ashoka ayudaría a los sacerdotes a ser cada vez más poderosos.

El cristianismo se convirtió en una religión mundial no gracias a Jesús. Jesús estaba muy solo - sólo unos pocos discípulos, doce discípulos, y unos cientos de simpatizantes, eso es todo. E incluso esos discípulos desaparecieron cuando Jesús estaba siendo crucificado, y los simpatizantes simplemente se olvidaron de él; dejaron de hablar del hombre porque era peligroso incluso mostrar simpatía.

Se dice que la gente que había simpatizado con Jesús llegó a escupirle en la cara mientras moría para demostrar a la gente: "Estamos en contra, no estamos a favor de él". Para demostrar a la gente... porque este hombre se está muriendo - ahora estarán en problemas. Tienen que vivir, todavía tienen que vivir. Tienen que dar alguna prueba de que están en contra de este hombre.

Negaron a Jesús mientras agonizaba. Le arrojaron barro, piedras, le escupieron en la cara, sólo para mostrar a las multitudes: "¿Veis, no es esto prueba suficiente de que los rumores que habéis oído de que somos simpatizantes son absolutamente erróneos, infundados? Estamos contra él tanto como vosotros; de hecho, estamos más contra él que vosotros".

No le escupían los enemigos, sino los amigos. Jesús se convirtió en una fuerza mundial no por sí mismo, sino sólo cuando los emperadores romanos y los sacerdotes cristianos unieron sus manos. Esto es una ironía. Jesús fue crucificado por un emperador romano - ¡mira cómo se mueve la historia! Poncio Pilato no era más que un representante del poder romano, del emperador romano; simplemente seguía las órdenes de Roma. ¿Quién iba a pensar que Roma se convertiría en el lugar central del cristianismo? ¿Quién habría pensado jamás que, mientras Jesús era crucificado, Roma sería la residencia del Papa? Pero así sucedió. Cuando los sacerdotes se unieron al emperador Constantino y a otros emperadores romanos, el cristianismo se convirtió en una fuerza mundial.

El cristianismo, el budismo, el hinduismo, el jainismo... todos han dependido de la política. Ya no son verdaderas religiones, sino juegos políticos que se juegan en nombre de la religión.

Me gustaría que en el mundo hubiera muchas más religiones, tantas que cada individuo tuviera su propia religión; entonces no haría falta ningún sacerdote. Esa es la única manera de eliminar a los sacerdotes. Si tienes tu propia religión, no se necesita ningún sacerdote - tú eres el sacerdote y tú eres el seguidor y tú eres todo.

Tienes que escuchar tu voz interior. Buda dice: Sigue tu propia naturaleza; no hay necesidad de que nadie interceda por ti.

Pero no estoy a favor de crear una sola religión; ¡basta ya de tonterías! En el pasado hemos intentado hacer eso: crear una sola religión para que cesen las disputas. Pero no es posible. Incluso si se puede imponer una religión, si todo el mundo se hace cristiano, entonces de nuevo habrá protestantes y católicos y mil y una sectas. Y el mismo juego empezará de nuevo: la gente empezará a pelearse porque sus necesidades son diferentes, sus entendimientos son diferentes.

Lo he oído:

Una hermosa joven llegó a casa desde Londres. Pertenecía a un pequeño pueblo, era de familia católica. Después de tres o cuatro años de vivir en Londres se había hecho muy rica; volvió a ver a sus padres. La madre no daba crédito a lo que veía. Le preguntó: "¿Cómo te las has arreglado? Te has hecho tan rica: ¡qué ropa tan bonita, un anillo de diamantes, un coche precioso!".

Y la chica dijo: "Madre, me he convertido en prostituta".

Al oír esto la madre se desmayó, quedó inconsciente. Cuando volvió, preguntó de nuevo: "¿Qué has dicho?".

La chica dijo: "Madre, he dicho que me he convertido en prostituta".

La madre se echó a reír y dijo: "Te he entendido mal, creía que habías dicho que te habías hecho protestante".

Ser prostituta está bien, ¿pero hacerse protestante...? Empezarán las mismas peleas.

Incluso las religiones pequeñas -por ejemplo, el jainismo, una de las religiones más pequeñas del mundo- tienen muchas sectas, sectas dentro de sectas. De hecho, aún no hemos tomado conciencia de la gran necesidad de que cada individuo necesita su propia versión de Dios, y cada individuo tiene su propia manera de acercarse a Dios.

Un hombre ligado a una prostituta en un bar queda asombrado por los banderines y diplomas universitarios que adornan las paredes de su habitación.

"¿Son estos sus diplomas?", pregunta.

"Claro", dice ella con ligereza. "Tengo un máster en Arte por Columbia y me doctoré en Shakespeare en Oxford".

El hombre se muestra incrédulo. "Pero, ¿cómo ha llegado una chica como tú a una profesión como ésta?".

"No lo sé", dice. "Sólo suerte, supongo".

La gente tiene distintos puntos de vista, distintas maneras de ver las cosas, distintas interpretaciones. Y hay que dejarles esa libertad.

La tercera pregunta:

Pregunta 3:

Amado maestro, mis padres fueron misioneros cristianos en la india durante veinticinco años. Mi hermano era un drogadicto, mi hermana una mentirosa compulsiva. En cuanto a mí, soy tan serio que si sonrío me duele la boca. ¿Cómo he llegado hasta aquí?

¡Prem Parijat, sólo suerte, supongo! Vivirás en éxtasis y morirás en éxtasis.

¿Has oído hablar del hombre de ochenta y siete años que se casó con una chica de diecinueve?

Murió de una nueva enfermedad llamada éxtasis. Tardaron tres días en borrarle la sonrisa de la cara.

Ahora, esto también te va a pasar a ti: vivir tu vida será una risa; morir, será difícil que la gente borre tu sonrisa.

Puede que hayas aterrizado aquí sólo porque tus padres son misioneros cristianos, porque nacer de cualquier tipo de misioneros -cristianos, hindúes o mahometanos- es estar harto de todas esas tonterías. Nacer de un cura es saber una cosa con certeza: que los curas no creen en Dios. Es su negocio; fingen.

Es una rara oportunidad nacer en la casa de un sacerdote, porque los niños son muy perspicaces y pueden ver a través y a través de que todas esas tonterías que su padre en la predicación es sólo predicar - él no lo dice en serio porque nunca lo practica. Los hijos de los sacerdotes están destinados a darse cuenta de la hipocresía de la llamada gente religiosa.

Puede que sea sólo por eso, porque es casi imposible estar en casa de un cura y no saber que es la persona más irreligiosa posible del mundo.

Los sacerdotes explotan la religión. Están explotando la confianza de la gente. Son los mayores tramposos del mundo, porque explotar la confianza de la gente es el mayor crimen. Están destruyendo su confianza. Pero ellos viven de ese tipo de engaño; ese es todo su secreto comercial.

El obispo estaba muy orgulloso de una elegante mansión que había construido como residencia oficial. Un día, un amigo y el obispo estaban conversando y el obispo seguía una línea de pensamiento aparentemente atea....

Este tipo de pensamiento se está volviendo muy frecuente en los círculos cristianos: religión sin religión, cristianismo sin Dios... se habla de ello, se discute. Después de Friedrich Nietzsche, que declaró que Dios ha muerto, el cristianismo se ha sumido en la confusión: ¿qué hacer ahora? Se ha intentado por todos los medios crear un cristianismo que ya no necesite a Dios, para que la profesión pueda expandirse de nuevo.

Ahora Dios se ha convertido en una barrera; en el momento en que afirmas la palabra "Dios", echas para atrás a la gente. Así que los teólogos cristianos están discutiendo, pensando, meditando, cómo crear un cristianismo que no necesite a Dios en absoluto. Y es posible. - Porque el budismo existe sin Dios, y el jainismo existe sin Dios, así que ¿por qué no puede haber un cristianismo sin Dios?

...Este obispo seguía una línea de pensamiento aparentemente atea. El amigo le preguntó: "Obispo, ¿cree usted en Dios o no? Dilo exactamente, dilo en pocas palabras. No des vueltas. Diga simplemente sí o no: ¿cree en Dios?".

Tras una larga vacilación, el obispo respondió: "¡Claro que sí! ¿Quién crees que pagó esta casa?".

Ahora bien, la casa que ha hecho, una hermosa mansión, sólo es posible porque la gente sigue creyendo en Dios; y porque cree en Dios, cree en el obispo. Él no puede declarar públicamente que no hay Dios. Si abandonas a Dios, entonces Jesús ya no es el Hijo de Dios, entonces el Papa ya no es el representante de Jesús, y así sucesivamente.

Y todos se van por el desagüe. Se necesita una jerarquía: Dios en la cima y el sacerdote en la base, toda la escalera.

Y el sacerdote ciertamente sabe que no hay Dios. Si fuera consciente de que hay un Dios, no habría sido sacerdote en primer lugar - sería un Jesús, sería un Buda, pero no un sacerdote. Sería un profeta, pero no un sacerdote. Traería algo de lo desconocido a la vida de la gente, pero no formaría parte de un status quo, no formaría parte de la iglesia establecida. Ningún hombre de entendimiento, ningún hombre que tenga alguna conciencia y experiencias religiosas, puede formar parte de ninguna iglesia establecida. Nunca ha sucedido. Buda tiene que dejar su redil, Jesús tiene que dejar su redil, Mahoma tiene que dejar su redil - esto siempre ha sido así. Siempre que nace un hombre religioso, tiene que abandonar su redil, porque el redil ya está en manos de los políticos y los sacerdotes, cuyo único interés es explotar a la gente.

Anand Moksha me ha escrito:

Durante los grandes terremotos que asolaron Guatemala en 1976, el obispo católico del lago Atitlán se hizo amigo mío y me permitió quedarme un tiempo en su jardín.

Pasaron unos meses y los temblores posteriores seguían siendo frecuentes. En esa época descubrí que una hermosa casa en la ladera de una colina se alquilaba por muy poco dinero. La razón era que una gran roca sobresalía ominosamente de la casa y la gente tenía miedo.

Sentí las vibraciones y me pareció bien, así que alquilé el local.

Cuando se lo conté al obispo, reaccionó con nerviosa consternación y agitó los brazos, diciendo: "¿No te preocupa que esa roca caiga sobre la casa?".

Le respondí: "Si el Señor quiere llevarme, lo hará".

El obispo se encogió de hombros y dijo: "Usted no cree eso, ¿verdad?".

Puede ser simplemente, Parijat, que sólo por haber nacido de misioneros cristianos te haya sido posible estar aquí. Misioneros cristianos, ¡y veinticinco años en la India! - eso es demasiado. En primer lugar, misioneros cristianos y en segundo lugar, veinticinco años en la India... eso es suficiente, más que suficiente, para convencer a los niños de que sus padres son pseudo, que están hablando de negocios, que no creen.

No se trata en absoluto de una cuestión de creencias.

He oído una pequeña historia:

En una escuela, una escuela misionera cristiana, el profesor preguntó a los niños: "¿Quién es el hombre más grande de la historia?".

Un niño americano dice: "Abraham Lincoln".

Un niño mahometano dice: "Hazrat Mohammed".

Una chica hindú dice: "Señor Krishna".

Y así sucesivamente... y finalmente, el niño judío se levanta y dice: "Jesucristo".

La maestra no podía creer lo que oía: ¿el judío diciendo Jesucristo? Ella preguntó: "¿De verdad quieres decir eso?"

Dijo: "Esa no es la cuestión. En el fondo de mi corazón sé que es Moisés, pero los negocios son los negocios".

Estar con misioneros cristianos durante veinticinco años, y en la India, y ver lo que hacen, es suficiente para desilusionarte. Todo el mérito es de tus padres y de sus veinticinco años en la India. Ellos te han traído hasta aquí: dales las gracias.

La cuarta pregunta:

Pregunta 4:

Amado maestro,

Siento que soy una persona muy especial. Soy tan especial que sólo quiero ser corriente. Por favor, ¿puede decirme algo al respecto?

Anand Sangito, aquí todo el mundo piensa exactamente lo mismo. Y no sólo aquí, sino en todas partes. Todos en el fondo de su corazón saben que él es especial. Esta es una broma que Dios le hace a la gente. Cuando hace un hombre nuevo y lo empuja hacia la tierra, le susurra al oído: "Tú eres especial. Eres incomparable, eres simplemente único".

Pero esto se lo sigue haciendo a todo el mundo y todo el mundo lo lleva en el fondo del corazón, aunque la gente no lo dice tan alto como tú, porque teme que los demás se sientan ofendidos. Y nadie se va a convencer, así que ¿para qué decirlo? Si le dices a alguien: "Soy especial", no puedes convencerle porque él mismo sabe que es especial. ¿Cómo vas a convencer a nadie? Sí, puede que a veces alguien se convenza, o al menos finja estar convencido. Si tiene algún trabajo contigo, como soborno puede decir: "Sí, eres especial, eres genial". Pero en el fondo sabe que los negocios son los negocios.

Un fanfarrón le está hablando a su amigo de sus tres coches, etcétera, etcétera. Cuando también menciona que tiene dos amantes en Nueva York, pero que ha dejado embarazada a su secretaria privada, de belleza deslumbrante y terriblemente apasionada, por lo que debe llevarse a su preciosa taquígrafa rubia en su viaje de negocios a Río de Janeiro para ver el carnaval, el oyente empieza a jadear de repente, se agarra la corbata y le da un infarto.

El fanfarrón interrumpe su relato, trae agua, da palmaditas en la espalda a la víctima, etcétera, etcétera, y pregunta solícito qué le pasa. "¿Puedo evitarlo?", jadea el hombre. "Soy alérgico a las gilipolleces".

Es mejor mantener esas gilipolleces ocultas en lo más profundo de uno mismo, porque la gente es alérgica. Pero en cierto modo es bueno que expongas tu mente.

Si crees que eres especial, estás destinado a crearte miseria. Si piensas que eres más elevado que los demás, más sabio que los demás, entonces alcanzarás un ego muy fuerte. Y el ego es veneno, puro veneno. Y cuanto más egoísta te vuelves, más te duele, porque es una herida. Cuanto más egoísta te vuelves, más te separas de la vida. Te separas de la vida; ya no estás en el flujo de la existencia, te has convertido en una roca en el río. Te has vuelto frío como el hielo, has perdido todo el calor, todo el amor. Una persona especial no puede amar, porque ¿dónde vas a encontrar a otra persona especial?

He oído hablar de un hombre que permaneció soltero toda su vida, y cuando se estaba muriendo, a los noventa años, alguien le preguntó: "Has permanecido soltero toda tu vida, pero nunca has dicho cuál era la razón. Ahora que te estás muriendo, al menos sacia nuestra curiosidad. Si hay algún secreto, ahora puedes contarlo, porque te estás muriendo; te habrás ido. Aunque se sepa el secreto, no puede perjudicarte".

El hombre dijo: "Sí, hay un secreto. No es que esté en contra del matrimonio, pero estaba buscando a una mujer perfecta. Busqué y busqué, y toda mi vida se me escapó".

El preguntón preguntó: "Pero en esta tierra tan grande, con tantos millones de personas, la mitad de ellas mujeres, ¿no podrías encontrar a una sola mujer perfecta?".

Una lágrima rodó por el ojo del moribundo. Dijo: "Sí, encontré uno".

El preguntón se quedó estupefacto. Dijo: "Entonces, ¿qué pasó? ¿Por qué no te casaste?".

Y el anciano dijo: "Pero la mujer buscaba un marido perfecto".

Tu vida se volverá muy difícil si vives con esas ideas. Y sí, el ego es tan tramposo, tan astuto, que puede darte, Sangito, este nuevo proyecto: "Eres tan especial, conviértete en algo ordinario". Pero en tu ordinariez sabrás que eres el hombre más extraordinariamente ordinario. Nadie es más ordinario que tú. Será el mismo juego, camuflado.

Eso es lo que hacen los llamados humildes. Dicen: "Soy el hombre más humilde. Sólo soy el polvo de tus pies". Pero no lo dicen en serio. No digas: "Sí, sé que lo eres", de lo contrario nunca podrán perdonarte. Están esperando que les digas: "Eres el hombre más humilde que he visto, eres el hombre más piadoso que he visto". Entonces estarán satisfechos, contentos. Es el ego que se esconde detrás de la humildad.

No se puede dejar caer el ego de esta manera.

Usted pregunta: "Siento que soy una persona muy, muy especial. Soy tan especial que sólo quiero ser corriente. Por favor, ¿puede decirme algo al respecto?"

Nadie es especial, o todo el mundo es especial. Nadie es ordinario, o todo el mundo es ordinario.

Piense lo que piense de sí mismo, piense lo mismo de los demás, y el problema se resolverá. Puedes elegir. Si quieres la palabra "especial", puedes pensar que eres especial, pero entonces todo el mundo es especial. No sólo las personas, sino también los árboles, los pájaros, los animales, las rocas... toda la existencia es especial, porque sales de esta existencia y te disolverás en esta existencia. Pero si amas la palabra "ordinario", que es una palabra hermosa, más relajada, entonces debes saber que todo el mundo es ordinario. Entonces toda la existencia es ordinaria.

Hay que recordar una cosa: pienses lo que pienses de ti mismo, piensa lo mismo de los demás y el ego desaparecerá. El ego es la ilusión que se crea al pensar en uno mismo de una manera y pensar en los demás de otra. Es el doble pensamiento. Si abandonas el doble pensamiento, el ego muere por sí mismo.

La última pregunta:

Pregunta 5:

amado maestro, cuando vine aqui senti que dios estaba muy cerca - en cualquier momento estaria con el - pero a medida que pasa el tiempo parece imposible. El no esta, es dificil verlo.

¿Por qué es así? Por favor, diga algo al respecto.

Vedant Bharti, debes estar llevando una cierta imagen de Dios en tu mente; por lo tanto estás perdido. Y a menos que abandones esa imagen vas a fallar. Dios no tiene ninguna obligación de cumplir con tu idea de él. Debes tener una cierta idea de que "Dios se ve así, se comporta así.....". Por eso se está volviendo imposible: tú lo estás haciendo imposible.

Dios sólo puede ser conocido por aquellos que son capaces de abandonar todas las ideas sobre Dios. Cualquier idea que hayas acumulado en ti mismo en tu ignorancia es un obstáculo. Abandona todas las ideas sobre Dios y te sorprenderás, te escandalizarás, no podrás creer lo que ven tus ojos... ¡porque sólo Dios es! Entonces nunca preguntarás: "¿Dónde está Dios?". Preguntarás: "¿Hay algún lugar donde Dios no esté?".

Entonces, en lo más ordinario de las cosas verás algo tremendamente extraordinario. Entonces los guijarros ordinarios se transforman en diamantes. Entonces la humanidad ordinaria ya no es ordinaria, entonces algo luminoso está en el corazón de todos.

Entonces el hombre se acerca a lo divino, y lo divino se acerca al hombre; lo humano y lo divino desaparecen el uno en el otro, el mundo y Dios desaparecen el uno en el otro.

Entonces no estás buscando a un Dios separado, alto y lejano, que vive en el séptimo cielo; entonces vive en tu barrio como tu vecino. Entonces es humano, es animal, es vegetal, es mineral... es todo.

Y cuando puedas ver que Él te rodea, no como una persona, sino como una presencia, entonces sólo se cumplirá tu indagación. Dios no se esconde de ti, sino que tú mantienes los ojos cerrados a causa de tantos prejuicios. Alguien tiene una idea hindú de Dios, y alguien tiene una idea cristiana de Dios, y alguien más una idea mahometana de Dios. Ahora bien, Dios no es ni mahometano, ni cristiano, ni hindú, por lo que todas estas personas que tienen estas ideas están destinadas a seguir tropezando en la oscuridad y más oscuridad. De oscuridad en oscuridad será su viaje, de muerte en muerte se moverán. Nunca conocerán la luz.

Un hindú no puede conocer a Dios, un mahometano no puede conocer a Dios. Primero tendrás que limpiar tu mente completamente de todo hinduismo, todo mahometanismo, todo budismo.

Cuando eres totalmente irreflexivo, sólo alerta, consciente, vigilante, entonces Dios explota. Y explota por todas partes.

Vedant Bharti, dices: "Cuando vine aquí sentí a Dios muy cerca". Esa fue tu imaginación.

"...en cualquier momento estaría con él." Ese era tu deseo.

"...Pero a medida que pasa el tiempo parece imposible" - porque ninguna imaginación puede convertirse nunca en realidad. Ningún sueño tuyo puede hacerse realidad. La realidad hay que descubrirla, no imaginarla.

Ahora dices: "No está; es difícil verle".

Sólo él está cerca. Es difícil verlo porque tus ojos están demasiado cargados con tus propios prejuicios, conceptos, sistemas de pensamiento. Sé un poco más niño, sé un poco más inocente. Dios sólo viene cuando el corazón es inocente. Dios sólo viene cuando estás completamente vacío de ideas. Él siempre está listo para venir, está de pie a la puerta, pero no puedes oírlo porque tu mente está tan llena de confusión, llena de pensamientos, millones de pensamientos clamando a tu alrededor. Tu mente es tan ruidosa que no puedes oír la llamada silenciosa a la puerta.

Guarda silencio, sé inocente. Dios es. Sólo Dios es.

DHAMMAPADA SUTRAS DE BUDA

no puedes oírlo porque tu mente está tan llena de confusión, llena de pensamientos, millones de pensamientos clamando a tu alrededor. Tu mente es tan ruidosa que no puedes oír la llamada silenciosa a la puerta.

Guarda silencio, sé inocente. Dios es. Sólo Dios es.

89

La vigilia es vida

La vigilia es el camino hacia la vida. El necio duerme como si ya estuviera muerto, pero el maestro está despierto y vive para siempre.

Él observa. Él es claro.

¡Qué feliz es! Porque ve que la vigilia es vida. Qué feliz es, siguiendo el camino del despierto.

Con gran perseverancia medita, buscando la libertad y la felicidad.

Así que despierta, reflexiona, observa. Trabaja con cuidado y atención. Vive en el camino y la luz crecerá en ti.

Vigilando y trabajando, el maestro se construye una isla que el diluvio no puede desbordar.

Una de las cosas más importantes que hay que entender sobre el hombre es que el hombre está dormido.

Aunque crea que está despierto, no lo está. Su vigilia es muy frágil; su vigilia es tan pequeña que no importa en absoluto. Su vigilia es sólo un nombre hermoso, pero completamente vacío.

Duermes por la noche, duermes por el día; desde que naces hasta que mueres vas cambiando tus patrones de sueño, pero nunca despiertas realmente. Sólo por abrir los ojos no te engañas a ti mismo diciendo que estás despierto. A menos que los ojos internos se abran, a menos que tu interior se llene de luz, a menos que puedas verte a ti mismo, quién eres, no pienses que estás despierto.

Esa es la mayor ilusión en la que vive el hombre. Y una vez que aceptas que ya estás despierto, entonces no es cuestión de hacer ningún esfuerzo para estar despierto.

Lo primero que debe calar hondo en tu corazón es que estás dormido, completamente dormido. Estás soñando, día tras día. Sueñas a veces con los ojos abiertos y a veces con los ojos cerrados, pero sueñas, eres un sueño. Aún no eres una realidad.

Y, por supuesto, en un sueño todo lo que haces carece de sentido, todo lo que piensas carece de sentido, todo lo que proyectas sigue formando parte de tus sueños y nunca te permite ver lo que es. De ahí la insistencia de Buda... y no sólo Gautama el Buda, sino todos los budas han insistido en una sola cosa: ¡Despierta! Continuamente, durante siglos, toda su enseñanza puede contenerse en una sola palabra: ¡Despierta!

Y han estado ideando métodos, estrategias, han estado creando contextos y espacios, y campos de energía en los que puedes ser sacudido para que tomes conciencia. Sí, a menos que seas conmocionado, sacudido hasta tus cimientos, no despertarás. El sueño ha sido tan largo que ha llegado hasta el núcleo mismo de tu ser; estás empapado de él. Cada célula de tu cuerpo y cada fibra de tu mente se han llenado de sueño. No es un fenómeno pequeño. De ahí que sea necesario un gran esfuerzo para estar alerta, atento, vigilante, para convertirse en testigo.

Si en algo coinciden todos los budas del mundo es en que el hombre, tal como es, está dormido, y que el hombre, tal como debería ser, debería estar despierto. El despertar es la meta, y el despertar es el sabor de todas sus enseñanzas. Zaratustra, Lao Tzu, Jesús, Buda, Bahauddin, Kabir, Nanak - todos los despiertos han estado enseñando un solo tema, en diferentes idiomas, en diferentes metáforas, pero su canción es la misma.

Al igual que el mar sabe a sal -ya se pruebe el mar desde el norte, desde el este o desde el oeste, el mar siempre sabe a sal-, el sabor de la budeidad es la vigilia.

Pero no harás ningún esfuerzo si sigues creyendo que ya estás despierto; entonces no es cuestión de hacer ningún esfuerzo. ¿Para qué molestarse? Y has creado religiones, dioses, oraciones, rituales, a partir de tus sueños; tus dioses forman parte de tus sueños tanto como cualquier otra cosa. Tu política es parte de tus sueños, tus religiones son parte de tus sueños, tu poesía, tu pintura, tu arte - cualquier cosa que hagas, porque estás dormido, la haces de acuerdo a tu propio estado mental.

La Biblia dice que Dios creó al hombre a su propia imagen - la verdad parece ser justo lo contrario: el hombre ha creado a Dios a su propia imagen. Vuestros dioses son falsos porque vosotros sois falsos. Vuestra religión es pseudo porque vosotros sois pseudo. Vuestras escrituras no pueden tener ningún significado porque vosotros no tenéis ningún significado.

Dos curas están jugando al golf. El más joven falla un putt fácil y dice: "¡Mierda!". El mayor le reprende por ello, diciéndole que si sigue profiriendo palabrotas como ésa, Dios lo fulminará con un rayo. Siguen jugando y el cura más joven falla otro putt y vuelve a decir: "¡Mierda!".

El cielo se abre de repente: un rayo fulmina al anciano sacerdote.

Hay una pausa, y se oye la voz celestial que dice con acento de trueno: "¡Mierda!".

Tus dioses no pueden ser diferentes de ti. ¿Quién los creará? ¿Quién les dará forma, color y figura? Tú los creas, tú los esculpes; tienen ojos como tú, narices como tú... ¡y mentes como tú! El Dios del Antiguo Testamento dice: "¡Soy un Dios muy celoso!". ¿Quién ha creado a este Dios celoso? Dios no puede ser celoso. Y si Dios es celoso, ¿qué hay de malo en ser celoso? Si hasta Dios es celoso, ¿por qué habría de pensarse que uno hace algo malo cuando es celoso? Entonces los celos son divinos.

El Dios del Antiguo Testamento dice: "¡Soy un Dios muy enojado! Si no sigues mis mandamientos, te destruiré. Serás arrojado al fuego del infierno por toda la eternidad. Y como soy muy celoso", dice el Dios, "no adores a nadie más. No puedo tolerarlo".

¿Quién ha creado un Dios así? Debe ser por nuestros propios celos, por nuestra propia ira, que hemos creado esta imagen.

Un judío que tiene una larga racha de mala suerte sale al bosque y alza la voz en señal de oración y recriminación. "Oh, Dios", pregunta al cielo con lágrimas en los ojos, "¿no he sido siempre un buen judío? ¿No he dado siempre caridad, incluso a esos malditos gentiles? ¿No he educado decentemente a mi familia? Nunca bebí, juré, aposté; ¡nada de malas mujeres, nada! ¿Por qué me haces esto, Dios? ¿Por qué? ¿Por qué?

Una nube oscura aparece de repente sobre nuestras cabezas, y una voz tremenda responde: "¡Me cabreas!".

El Dios ciertamente no puede ser diferente de ti. Es tu proyección, es tu sombra.

Se hace eco de ti y de nadie más. Por eso hay tantos dioses en el mundo. Los hindúes tienen una cierta idea de Dios -la idea hindú- que refleja la mente hindú.

Si te adentras en las escrituras hindúes te sorprenderás. No podrás creer qué clase de dioses han creado los hindúes: muy sexuales. El adulterio es muy común entre los dioses hindúes, y no sólo juegan sus juegos de adulterio en el paraíso hindú, sino que ni siquiera pueden dejar la tierra en paz; vienen a la tierra también, a violar mujeres, a seducir a mujeres sencillas. Ni siquiera dejan en paz a las esposas de los grandes videntes. Y como tienen un poder infinito pueden incluso aparecer como los maridos, pueden parecerse a los maridos. Y las mujeres no tienen ni idea de quién se esconde tras la fachada.

¿Quién ha creado a estos dioses? - debe haber sido en el fondo una mente muy sexual.

Y lo mismo ocurre con todos los demás dioses de todas las demás religiones. Por eso Buda nunca habló de Dios. Dijo: ¿Qué sentido tiene hablar de Dios a la gente que duerme? Escucharán mientras duermen. Soñarán con lo que se les diga y crearán sus propios dioses, que serán totalmente falsos, totalmente impotentes, totalmente sin sentido. Es mejor no tener tales dioses.

Por eso Buda no está interesado en hablar de dioses. Todo su interés está en despertarte.

Se cuenta de un maestro budista iluminado que una tarde estaba sentado a la orilla del río, disfrutando del sonido del agua, del sonido del viento que pasaba entre los árboles.... Un hombre se acercó y le preguntó: "¿Puede decirme en una sola palabra la esencia de su religión?".

El maestro permaneció en silencio, en absoluto silencio, como si no hubiera oído la pregunta. El preguntón le dijo: "¿Estás sordo o qué?".

El maestro dijo: "¡He oído tu pregunta y también la he respondido! El silencio es la respuesta. Permanecí en silencio - esa pausa, ese intervalo, fue mi respuesta".

El hombre dijo: "No puedo entender una respuesta tan misteriosa. ¿No puedes ser un poco más claro?".

Entonces el maestro escribió en la arena "meditación", en minúsculas, con el dedo. El hombre dijo: "Ahora puedo leer. Es un poco mejor que al principio. Al menos tengo una palabra sobre la que reflexionar. Pero, ¿no puede hacerlo un poco más claro?".

El maestro volvió a escribir *"meditación".* Por supuesto, esta vez escribió en letras más grandes.

El hombre se sintió un poco avergonzado, desconcertado, ofendido, enfadado. Dijo: "¿Otra vez escribes meditación? ¿No puedes ser un poco claro conmigo?".

Y el maestro escribió en letras muy grandes, mayúsculas, *"m e d i t a c i ó n".*

El hombre dijo: "Parece que estás loco".

El maestro dijo: "Ya he bajado mucho. La primera respuesta era la correcta, la segunda no era tan correcta, la tercera aún más equivocada, la cuarta ha salido muy mal" - porque cuando escribes *"meditación"* con mayúsculas has hecho de ello un dios.

Por eso la palabra "Dios" se escribe con mayúscula. Siempre que quieres que algo sea supremo, último, lo escribes con mayúscula.

El maestro dijo: "Ya he cometido un pecado". Borró todas las palabras que había escrito y dijo: "Por favor, escucha mi primera respuesta: sólo entonces soy verdadero".

El silencio es el espacio en el que uno despierta, y la mente ruidosa es el espacio en el que uno permanece dormido. Si tu mente sigue parloteando, estás dormido. Sentado en silencio, si la mente desaparece y puedes oír el parloteo de los pájaros y ninguna mente dentro, un silencio... este silbido del pájaro, el piar, y ninguna mente funcionando en tu cabeza, silencio absoluto... entonces la consciencia brota en ti. No viene de fuera, surge en ti, crece en ti. Si no, recuerda: estás dormido.

Un marido y su mujer estaban durmiendo. Hacia las 3 de la madrugada la esposa soñó que se encontraba en secreto con otro hombre. Luego soñó que veía venir a su marido.

En sueños gritó: "¡Cielos, mi marido!".

Su marido, despertándose de repente, saltó por la ventana.

Y recuerda, no es un asunto de risa; es la realidad, es cómo estás viviendo. Así es como el hombre existe en su estado ordinario.

Una esposa intenta recuperar el amor de su marido, siguiendo el consejo de una amiga, llevándole las zapatillas y la pipa cuando llega tarde una noche, dándole un trago alto, acurrucándose en su regazo vestida sólo con una bata de seda, y terminando con la oferta murmurada: "¡Vamos arriba, cariño!".

"Más me vale", dice su desconcertado marido, "¡de todas formas me va a tocar el infierno cuando llegue a casa!".

Seguimos viviendo absolutamente desatentos a lo que ocurre a nuestro alrededor. Sí, nos hemos vuelto muy eficientes haciendo cosas. Lo que hacemos se ha vuelto tan eficiente que no necesitamos ser conscientes de ello. Se ha vuelto mecánico, automático. Funcionamos como robots. Todavía no somos hombres, somos máquinas.

Eso es lo que George Gurdjieff solía decir una y otra vez, que el hombre tal y como existe es una máquina. Ofendía a mucha gente, porque a nadie le gusta que le llamen máquina.

A las máquinas les gusta que las llamen dioses; entonces se sienten muy felices, hinchadas. Gurdjieff solía llamar máquinas a las personas, y tenía razón. Si te observas a ti mismo sabrás cómo te comportas mecánicamente.

El psicólogo ruso Pavlov y el psicólogo estadounidense Skinner tienen razón en un noventa y nueve coma nueve por ciento sobre el hombre: creen que el hombre es una hermosa máquina, eso es todo. No hay alma en él. Digo que tienen razón en un noventa y nueve coma nueve por ciento; sólo yerran por un margen muy pequeño. En ese pequeño margen están los budas, los despiertos. Pero se les puede perdonar, porque Pavlov nunca se topó con un buda... se topó con millones de personas como tú.

Skinner ha estudiado a hombres y ratas y no encuentra diferencias. Las ratas son seres simples, eso es todo; el hombre es un poco más complicado. El hombre es una máquina muy sofisticada, las ratas son máquinas simples. Es más fácil estudiar ratas; por eso los psicólogos siguen estudiando ratas. Estudian a las ratas y sacan conclusiones sobre el hombre, y sus conclusiones son casi correctas. Digo "casi", ojo, porque ese punto uno por ciento es el fenómeno más importante que ha ocurrido: un Buda, un Jesús, un Mahoma. Estas pocas personas despiertas son los verdaderos hombres, pero ¿dónde puede B.F. Skinner encontrar un buda? Desde luego, no en Estados Unidos.

Lo he oído:

Un hombre preguntó a un rabino: "¿Por qué Jesús no eligió nacer en la América del siglo XX?".

El rabino se encogió de hombros y dijo: "¿En América? Hubiera sido imposible. En primer lugar, ¿dónde vas a encontrar una virgen? Y en segundo lugar, ¿dónde vas a encontrar tres reyes magos?".

Y sin una madre virgen y tres reyes magos, ¿cómo puede nacer Jesús?

Lo he oído:

En una iglesia, el sacerdote pidió al público: "¡Por favor, pónganse de pie todas las mujeres vírgenes!".

Sólo se levantó una mujer con una niña pequeña. Ciertamente era madre, y el sacerdote le dijo: "¿Te crees virgen? Eres madre".

Dijo: "Sí, lo soy, pero esta chica es virgen y no puede valerse por sí misma".

¿Dónde va a encontrar B.F. Skinner un buda? E incluso si puede encontrar un buda, sus prejuicios preconcebidos, sus ideas, no le permitirán ver. Seguirá viendo sus ratas.

No puede entender nada que las ratas no puedan hacer. Ahora, las ratas no meditan, las ratas no se iluminan. Y su concepción del hombre es sólo una forma magnificada de una rata. Y aún así, yo digo que tiene razón sobre la gran mayoría de la gente; sus conclusiones no son erróneas. Y los budas estarán de acuerdo con él sobre la llamada humanidad normal: la humanidad normal está completamente dormida. Ni siquiera los animales están tan dormidos.

¿Has visto un ciervo en la selva: qué alerta parece, qué vigilante camina?

¿Has visto a un pájaro sentado en un árbol y con qué inteligencia sigue observando lo que ocurre a su alrededor? Si te acercas al pájaro, te deja un cierto espacio; más allá, un paso más y sale volando. Está muy atento a su territorio. Si alguien entra en su territorio, es peligroso.

Si mira a su alrededor se sorprenderá: el hombre parece ser el animal más dormido de la Tierra.

Una mujer compra un loro en una subasta del mobiliario de un lujoso prostíbulo, y mantiene la jaula del loro tapada durante dos semanas para que olvide su vocabulario profano.

¡Cuando por fin se destapa la jaula, el loro mira a su alrededor y comenta: "Awrrk! Casa nueva. Nueva señora". ¡Cuando entran las hijas de la mujer, añade: "Awrrk! Chicas nuevas".

¡Cuando su marido llega a casa esa noche, el loro dice: "Awrrk! ¡Awrrk! Los mismos clientes de siempre. Hola, Joe".

El hombre se encuentra en un estado muy caído. De hecho, ése es el sentido de la parábola cristiana de la caída de Adán, su expulsión. Pero, ¿por qué fueron expulsados Adán y Eva del paraíso? Fueron expulsados porque habían comido el fruto del conocimiento. Fueron expulsados porque se habían convertido en mentes, y habían perdido la conciencia. Si te conviertes en una mente pierdes la conciencia - mente significa sueño, mente significa ruido, mente significa mecanicidad.

Si te conviertes en mente pierdes la consciencia. Por lo tanto, todo el trabajo que hay que hacer es: cómo volver a ser consciente y perder la mente. Tienes que expulsar de tu sistema todo lo que has acumulado como conocimiento. Es el conocimiento lo que te mantiene dormido; por lo tanto, cuanto más conocedora es una persona, más dormida está.

Esa ha sido también mi observación. Los aldeanos inocentes están mucho más alerta y despiertos que los profesores de las universidades y los expertos de los templos. Los expertos no son más que loros; los académicos de las universidades no tienen más que estiércol de vaca sagrada, ruido sin sentido, sólo mentes sin conciencia.

Las personas que trabajan con la naturaleza -agricultores, jardineros, leñadores, carpinteros, pintores- están mucho más alerta que las personas que trabajan en las universidades como decanos y vicerrectores y rectores. Porque cuando trabajas con la naturaleza, la naturaleza está alerta, los árboles están alerta; su forma de alerta es ciertamente diferente, pero están muy alerta.

Ahora bien, existen pruebas científicas de su estado de alerta. Si el leñador viene con un hacha en la mano y con el deseo deliberado de cortar el árbol, todos los árboles que lo ven venir tiemblan. Ahora hay pruebas científicas al respecto; no hablo de poesía, hablo de ciencia cuando digo esto. Ahora hay instrumentos para medir si el árbol está feliz o infeliz, asustado o sin miedo, triste o extasiado. Cuando llega el leñador, todos los árboles que lo ven empiezan a temblar. Se dan cuenta de que la muerte está cerca. Y el leñador aún no ha cortado ningún árbol: sólo viene....

Y una cosa más, mucho más extraña: si el leñador simplemente pasa por allí sin la idea deliberada de cortar un árbol, entonces ningún árbol se asusta. Es el mismo leñador, con la misma hacha. Parece que su intención de cortar un árbol afecta a los árboles. Significa que su intención es comprendida; significa que los árboles descodifican su propia vibración.

Y se ha observado científicamente otro hecho significativo: que si vas al bosque y matas a un animal, no sólo se estremece el reino animal de alrededor, sino también los árboles. Si matas a un ciervo, todos los ciervos que están alrededor sienten la vibración del asesinato, se ponen tristes; surge en ellos un gran temblor. De repente tienen miedo sin ninguna razón en particular. Puede que no hayan visto cómo mataban al ciervo, pero de algún modo, de una manera sutil, se ven afectados, instintivamente, intuitivamente. Pero los ciervos no son los únicos afectados: los árboles, los loros, los tigres, las águilas y las hojas de hierba también lo están. Ha habido asesinatos, destrucción, muerte... todo lo que hay alrededor está afectado.

El hombre parece ser el más dormido....

Estos sutras de Buda hay que meditarlos profundamente, imbuirse de ellos, seguirlos.

La vigilia es el camino hacia la vida.

Sólo estás vivo en la medida en que eres consciente. La conciencia es la diferencia entre la muerte y la vida. No estás vivo sólo porque respiras, no estás vivo sólo porque tu corazón late. Fisiológicamente se te puede mantener vivo en un hospital, sin ninguna conciencia. Tu corazón seguirá latiendo y podrás respirar. Se te puede mantener en una disposición mecánica tal que sigas vivo durante años, en el sentido de respirar y de que el corazón lata y la sangre circule. Ahora hay muchas personas en todo el mundo, en países avanzados, que simplemente vegetan en los hospitales, porque la tecnología avanzada ha hecho posible que tu muerte se posponga indefinidamente: durante años, durante siglos, puedes mantenerte con vida. Si esto es vida, entonces se te puede mantener vivo. Pero esto no es vida en absoluto. Simplemente vegetar no es vida.

Los budas tienen una definición diferente. Su definición consiste en la conciencia. No dicen que estás vivo porque puedes respirar, no dicen que estás vivo porque tu sangre circula; dicen que estás vivo si estás despierto. Así que, salvo los despiertos, nadie está realmente vivo. Sois cadáveres, caminando, hablando, haciendo cosas, sois robots.

La vigilia es el camino hacia la vida, dice Buda. Si estás más despierto, estarás más vivo. Y la vida es Dios, no hay otro Dios. De ahí que Buda hable de vida y consciencia. La vida es la meta y la consciencia es la metodología, la técnica para alcanzarla.

El tonto duerme....

Y todos están dormidos, así que todos son tontos. No te sientas ofendido. Hay que decir las cosas como son. Funcionas dormido; por eso sigues tropezando, sigues haciendo cosas que no quieres hacer. Sigues haciendo cosas que has decidido no hacer. Sigues haciendo cosas que sabes que no son correctas, y no haces cosas que sabes que son correctas.

¿Cómo es posible? ¿Por qué no puedes caminar recto? ¿Por qué sigues atrapado en senderos sin salida? ¿Por qué te extravías?

A un joven con una voz exquisita le piden que participe en una obra de teatro, aunque él intenta negarse, diciendo que siempre se avergüenza en tales circunstancias. Le aseguran que será muy sencillo y que sólo tendrá que decir una línea: "Vengo a arrancar un beso y me lanzo a la refriega. Oigo el disparo de una pistola..." y luego saldrá a grandes zancadas del escenario.

En el momento de la representación, sale al escenario muy avergonzado por los ajustados calzones coloniales que le han hecho ponerse en el último momento, y se queda completamente descolocado al ver a la hermosa heroína recostada en un asiento del jardín, esperándole, con un vestido blanco. Se aclara la garganta y anuncia: "Vengo a besarte el coño, ¡no! - a besarte el coño, y a tirarme un pedo en la carreta... quiero decir, ¡a lanzarme a la refriega! Escuchad, oigo un shistol pot, ¡no! - un shostil pit, un pistil shit. ¡Oh, mierda de murciélago, mierda de rata, me cago en todos vosotros! ¡Nunca quise estar en esta maldita obra de todos modos!"

Esto es lo que ocurre. Observa tu vida: todo lo que haces es muy confuso. No tienes claridad, no tienes percepción. No estás alerta. No puedes ver. No oyes. Ciertamente, tienes oídos para oír, pero no hay nadie dentro que lo entienda. Ciertamente tienes ojos para poder ver, pero no hay nadie presente en tu interior. Así que tus ojos siguen viendo y tus oídos siguen escuchando, pero no se entiende nada.

Si realmente tuvieras ojos verías a Dios en todas partes. Y si pudieras oír oirías la música celestial, oirías la armonía de la existencia.

Y a cada paso tropiezas, a cada paso cometes un error. Y sigues creyendo que eres consciente. Abandona esa idea por completo. Abandonarla es un gran salto, un gran paso, porque una vez que abandonas la idea de que "soy consciente" empezarás a buscar y rebuscar formas y medios para ser consciente. Así que lo primero que debes comprender es que estás dormido, completamente dormido.

La psicología moderna ha descubierto algunas cosas que son significativas; aunque han sido descubiertas sólo intelectualmente, es un buen comienzo. Si intelectualmente han sido descubiertas, entonces tarde o temprano también existencialmente serán experimentadas.

Freud es un gran pionero; por supuesto, no un buda, pero aun así un hombre de gran importancia, porque fue el primero en hacer que la mayor parte de la humanidad aceptara la idea de que el hombre tiene un gran inconsciente oculto en él. La mente consciente es sólo una décima parte, y la mente inconsciente es nueve veces mayor que la consciente.

Luego su discípulo, Jung, fue un poco más lejos, un poco más profundo, y descubrió el inconsciente colectivo. Detrás del inconsciente individual hay un inconsciente colectivo. Ahora se necesita a alguien para descubrir una cosa más que está ahí, y espero.... Tarde o temprano, las investigaciones psicológicas que se están llevando a cabo, a ambos lados del telón de acero, lo descubrirán: el inconsciente cósmico. Los budas han hablado de ello.

Así que podemos decir: la mente consciente, una cosa muy frágil, una parte muy pequeña de tu ser.

Detrás del consciente está la mente subconsciente, vaga. Puedes oír sus susurros, pero no puedes descifrarla. Siempre está ahí, detrás del consciente, moviendo sus hilos.

Tercero: la mente inconsciente, con la que sólo te encuentras en sueños o cuando tomas drogas. Luego, la mente inconsciente colectiva. Sólo te encuentras con ella cuando haces una investigación muy profunda de tu mente inconsciente; entonces te encuentras con el inconsciente colectivo. Y si vas aún más lejos, más profundo, llegarás al inconsciente cósmico.

El inconsciente cósmico es la naturaleza. El inconsciente colectivo es toda la humanidad que ha vivido hasta ahora, es parte de ti. El inconsciente es tu inconsciente individual que la sociedad ha reprimido en ti, al que no se le ha permitido expresarse.

De ahí que entre por la puerta de atrás por la noche, en tus sueños. Y la mente consciente... la llamaré la supuesta mente consciente porque sólo es supuesta. Es tan pequeña, sólo un parpadeo, pero aunque sólo sea un parpadeo es importante porque tiene la semilla; las semillas son siempre pequeñas. Tiene un gran potencial.

Ahora se abre una dimensión totalmente nueva. Así como Freud abrió la dimensión por debajo de la conciencia, Sri Aurobindo abrió la dimensión por encima de la conciencia. Freud y Sri Aurobindo son las dos personas más importantes de esta época. Ambos son intelectuales, ninguno de ellos es una persona despierta, pero ambos han hecho un gran servicio a la humanidad.

Intelectualmente nos han hecho conscientes de que no somos tan pequeños como parecemos desde la superficie, que ésta esconde grandes profundidades y alturas.

Freud fue a las profundidades, Sri Aurobindo trató de penetrar en las alturas. Por encima de nuestra llamada mente consciente está la mente consciente real; eso sólo se alcanza a través de la meditación. Cuando tu mente consciente ordinaria se suma a la meditación, cuando la mente consciente ordinaria se suma a la meditación, se convierte en la mente consciente real.

Más allá de la mente consciente real está la mente superconsciente.

Cuando meditas, sólo tienes vislumbres. La meditación es ir a tientas en la oscuridad.

Sí, se abren algunas ventanas, pero vuelves a caer una y otra vez. La mente supraconsciente significa samadhi: has alcanzado una percepción cristalina, has alcanzado una consciencia integrada. Ahora no puedes caer por debajo de ella; es tuya. Incluso en el sueño permanecerá contigo.

Más allá del superconsciente está el superconsciente colectivo; el superconsciente colectivo es lo que se conoce como "dioses" en las religiones. Y más allá del superconsciente colectivo está el superconsciente cósmico que incluso va más allá de los dioses. Buda lo llama nirvana, Mahavira lo llama kaivalya, los místicos hindúes lo han llamado moksha; puedes llamarlo la verdad.

Estos son los nueve estados de tu ser, y tú sólo estás viviendo en un pequeño rincón de tu ser -la diminuta mente consciente; como si alguien tuviera un palacio y se hubiera olvidado por completo del palacio y hubiera empezado a vivir en el porche- y pensara que eso es todo.

Freud y Sri Aurobindo son ambos grandes gigantes intelectuales, pioneros, filósofos, pero ambos están haciendo grandes conjeturas. En lugar de enseñar a los estudiantes la filosofía de Bertrand Russell, Alfred North Whitehead, Martin Heidegger, Jean-Paul Sartre, sería mucho mejor si se enseñara más sobre Sri Aurobindo, porque es el filósofo más grande de esta época. Pero él es completamente descuidado, ignorado por el mundo académico - por una cierta razón.

La razón es que, incluso leer a Sri Aurobindo te hará sentir que no eres consciente; y él mismo no es un buda todavía, pero aún así te creará una situación muy embarazosa. Si él tiene razón, entonces ¿qué estás haciendo? ¿Por qué no exploras las alturas de tu ser?

Freud fue aceptado con gran resistencia, pero finalmente fue aceptado. Sri Aurobindo ni siquiera es aceptado todavía. De hecho, ni siquiera hay oposición a él; simplemente es ignorado. Y la razón es clara. Freud habla de algo debajo de usted - eso no es tan embarazoso; usted puede sentirse bien sabiendo que usted es consciente, y debajo de su conciencia hay subconsciencia e inconsciencia e inconsciencia colectiva. Pero todos esos estados están por debajo de ti; tú estás en la cima, puedes sentirte muy bien. Pero si estudias a Sri Aurobindo, te sentirás avergonzado, ofendido, porque hay estados más elevados que tú - y el ego del hombre nunca quiere aceptar que haya algo más elevado que él. El hombre quiere creer que él es el pináculo más alto, el clímax, el Gourishankar, el Everest - que no hay nada más alto que él....

Por eso el hombre moderno quiere negar a Dios, porque aceptar a Dios significa que tienes que aceptar algo superior a ti. Y el ego moderno está tan hinchado que la mente moderna dice que no hay Dios y que no hay más allá y que no hay vida después de la muerte. Y se siente muy bien - negando tu propio reino, negando tus propias alturas, te sientes muy bien. Mira la estupidez de ello.

Buda tiene razón. Él dice:

El necio duerme como si ya estuviera muerto, pero el maestro está despierto y vive para siempre.

La conciencia es eterna, no conoce la muerte. Sólo la inconsciencia muere. Así que si permaneces inconsciente, dormido, tendrás que morir de nuevo. Si quieres librarte de toda esta miseria de nacer y morir una y otra vez, si quieres librarte de la rueda del nacimiento y la muerte, tendrás que estar absolutamente alerta. Tendrás que llegar cada vez más alto en la conciencia.

Y estas cosas no deben aceptarse por motivos intelectuales; estas cosas tienen que volverse experienciales, estas cosas tienen que volverse existenciales. No te estoy diciendo que te convenzas filosóficamente, porque la convicción filosófica no trae nada, ninguna cosecha.

La verdadera cosecha sólo llega cuando haces un gran esfuerzo por despertarte a ti mismo.

Pero estos mapas intelectuales pueden crear en ti un deseo, un anhelo; pueden hacerte consciente del potencial, de lo posible; pueden hacerte consciente de que no eres lo que aparentas ser: eres mucho más.

El tonto duerme como si ya estuviera muerto, pero el maestro está despierto y vive para siempre.

Él observa. Él es claro.

Afirmaciones sencillas y bellas. La verdad es siempre simple y siempre bella. Sólo para ver la sencillez de estas dos afirmaciones... pero cuánto contienen: mundos dentro de mundos, mundos infinitos. *Él observa. Él es claro.*

Lo único que hay que aprender es a vigilar. Vigila. Observa cada acto que haces. Observa cada pensamiento que pasa por tu mente. Observa cada deseo que se apodera de ti. Observa incluso los pequeños gestos: caminar, hablar, comer, tomar un baño.

Sigue observándolo todo. Que todo se convierta en una oportunidad para observar.

No comas mecánicamente, no sigas atiborrándote, sé muy atento.

Mastica bien y con atención... y te sorprenderás de lo mucho que te has estado perdiendo hasta ahora, porque cada bocado te dará una tremenda satisfacción; si comes con atención, será más sabroso. Incluso la comida ordinaria sabe si estás atento; y si no estás atento, puedes comer la comida más sabrosa pero no habrá sabor en ella, porque no hay nadie que vigile. Simplemente te atiborras.

Come despacio, con atención; cada bocado hay que masticarlo, saborearlo. Huele, toca, siente la brisa y los rayos del sol. Mira la luna y conviértete en un estanque silencioso de vigilancia, y la luna se reflejará en ti con tremenda belleza. Muévete por la vida permaneciendo continuamente vigilante.

Lo olvidarás una y otra vez. No te sientas miserable por ello; es natural.

Durante millones de vidas nunca has probado la vigilancia, así que es sencillo, natural, que sigas olvidando una y otra vez. Pero en el momento en que recuerdes, vuelve a vigilar.

Recuerda una cosa: cuando recuerdes que te has olvidado de mirar, no te arrepientas, no te arrepientas; de lo contrario, de nuevo estarás perdiendo el tiempo. No te sientas miserable: "He vuelto a fallar". No empieces a sentirte: "Soy un pecador". No empieces a condenarte, porque esto es una pura pérdida de tiempo. Nunca te arrepientas del pasado. Vive el momento. Si lo has olvidado, ¿y qué? Era natural, se ha convertido en un hábito, y los hábitos son difíciles de erradicar. Y no se trata de hábitos adquiridos en una vida, sino en millones de vidas. Así que si puedes permanecer atento aunque sea por unos momentos, siéntete agradecido a Dios, siéntete agradecido. Incluso esos pocos momentos son más de lo esperado.

Él observa. Él es claro.

Y cuando observas, surge la claridad. ¿Por qué surge la claridad de la vigilancia?

Porque cuanto más atento te vuelves, más se ralentiza toda tu precipitación. Te vuelves más elegante. A medida que observas, tu mente parlanchina parlotea menos, porque la energía que se estaba convirtiendo en parloteo se está transformando en vigilancia, ¡es la misma energía! Ahora más y más energía se transformará en vigilancia y la mente no obtendrá su alimento. Los pensamientos empezarán a adelgazarse, empezarán a perder peso. Poco a poco empezarán a morir. Y a medida que los pensamientos empiezan a morir, surge la claridad. Ahora tu mente se convierte en un espejo.

¡Qué feliz es! Y cuando uno es claro, es dichoso. La confusión es la raíz de la miseria; la claridad es la base de la felicidad.

¡Qué feliz es! Porque ve que la vigilia es vida.

Y ahora sabe que no hay muerte, porque la vigilia nunca puede ser destruida.

Cuando llegue la muerte, tú también la verás. Morirás mirando; mirando no morirás.

Tu cuerpo desaparecerá, polvo en polvo, pero tu vigilancia permanecerá; se convertirá en parte del todo cósmico. Se convertirá en conciencia cósmica.

En estos momentos los videntes de los Upanishads declaran: "¡Aham brahmasmi! - Yo soy la conciencia cósmica!". Es en esos espacios cuando al-Hillaj Mansoor anunció: "¡Ana'l haq! - Yo soy la verdad!"

Estas son las alturas que te corresponden por derecho de nacimiento. Si no las consigues, tú eres el único responsable.

¡Qué feliz es! Porque ve que la vigilia es vida.

Qué feliz es, siguiendo el camino de los despiertos.

Con gran perseverancia medita, buscando la libertad y la felicidad.

Escucha atentamente estas palabras: *con gran perseverancia....* A menos que pongas todo tu empeño en despertarte, no lo conseguirás. Los esfuerzos parciales son inútiles. No puedes ser más o menos, no puedes ser tibio. No servirá de nada.

El agua tibia no puede evaporarse, y los esfuerzos tibios por estar alerta están abocados al fracaso.

La transformación sólo se produce cuando pones toda tu energía en ello. Cuando estás hirviendo a cien grados de calor, entonces te evaporas, entonces se produce el cambio alquímico. Entonces empiezas a elevarte.

¿No lo has visto? - El agua fluye hacia abajo, pero el vapor sube hacia arriba. Ocurre exactamente lo mismo: la inconsciencia baja, la consciencia sube.

Y una cosa más: hacia arriba es sinónimo de hacia dentro, y hacia abajo es sinónimo de hacia fuera. La conciencia va hacia dentro, la inconsciencia va hacia fuera. La inconsciencia hace que te intereses por los demás: cosas, personas, pero siempre son los demás. La inconsciencia te mantiene completamente en la oscuridad; tus ojos siguen enfocados en los demás. Crea una especie de exterioridad, os hace extrovertidos.

La conciencia crea interioridad, os hace introvertidos; os lleva hacia dentro, cada vez más profundo.

Y más y más profundo también significa más y más alto; crecen simultáneamente, igual que crece un árbol. Sólo lo ves ir hacia arriba, no ves las raíces ir hacia abajo. Pero primero las raíces tienen que ir hacia abajo, sólo entonces el árbol puede ir hacia arriba. Si un árbol quiere llegar al cielo, tendrá que echar raíces hasta el fondo, hasta lo más bajo posible. El árbol crece simultáneamente en ambas direcciones.

Exactamente de la misma manera que la conciencia crece hacia arriba... hacia abajo, envía sus raíces a tu ser.

He hablado de nueve estados de conciencia. Tus ramas de consciencia irán hacia arriba, desde la consciencia - llamada consciencia - a la consciencia real, desde la consciencia real a la superconsciencia, desde la superconsciencia a la consciencia colectiva, desde la consciencia colectiva a la consciencia cósmica. Y tus raíces irán creciendo desde el llamado consciente al subconsciente, del subconsciente al inconsciente, del inconsciente al inconsciente colectivo, del inconsciente colectivo al inconsciente cósmico. En el momento en que tus raíces alcancen la naturaleza, tus flores empezarán a florecer en Dios. Por lo tanto, la naturaleza y Dios no están divididos - en el despierto están unidos.

El realmente despierto no está en contra de la naturaleza, no puede estarlo; está totalmente a favor de la naturaleza. De hecho, te ayuda a ir en ambas direcciones - por un lado hacia la naturaleza, por el otro hacia Dios. Ese es mi esfuerzo aquí. Me gustaría que fueras natural, tan natural que tus raíces llegaran a lo más profundo de tu ser, porque esa es la única manera de ayudarte a crecer hacia arriba.

Las raíces tienen que estar fuertemente arraigadas en el suelo, tan fuertes que puedan sostener un cedro del Líbano que se eleve a gran altura. Si tiene que subir cientos de metros, necesitará grandes raíces. Por eso estoy siendo malinterpretado en todo este país en particular, y en todo el mundo en general.

Las raíces tienen que llegar a la energía sexual, porque eso es lo más bajo, el fondo en ti; sólo entonces pueden florecer tus flores en la superconciencia, en samadhi. El loto sólo puede florecer si está enraizado en el fango, en lo profundo del lago. Esto sólo es posible con gran perseverancia. El hombre tal como es es muy perezoso; porque está dormido es perezoso.

Esta historia trata de un marido y su mujer que acuerdan que quien hable primero tendrá que cerrar la puerta de la calle que se ha dejado abierta accidentalmente. Los ladrones encuentran la puerta abierta, entran y, al ver que la silenciosa pareja no hace ningún movimiento, se comen la comida de la mesa, se llevan todos los objetos de valor y, finalmente, violan a la esposa y proponen afeitarle la barba al marido.

"De acuerdo", grita el marido en ese momento, "¡cerraré la maldita puerta!".

La gente es realmente perezosa, completamente perezosa. La pereza forma parte del sueño. Por lo tanto, se necesitará perseverancia, esfuerzo, esfuerzo continuo, esfuerzo constante. Volverás a caer una y otra vez.

Estás en el estado de un borracho; por lo tanto, caer hacia atrás es perdonable. Pero en el momento en que reconozcas, en el momento en que ocurra un rayo de luz y recuerdes, vuelve a poner toda tu energía en ello. No sigas siendo un tonto, no sigas dormido, no sigas siendo un borracho.

Había tres borrachos caminando por la calle. Uno llevaba una barra de pan, el otro una jarra de vino y el tercero la puerta de un coche. Mientras caminaban, un policía los detuvo y les preguntó: "¿Adónde van?".

"De picnic", respondió el hombre del pan.

"¿De picnic?", dijo el policía. "Lo del pan lo entiendo, te lo puedes comer cuando tengas hambre; el vino te lo puedes beber cuando tengas sed. Pero ¿por qué la puerta del coche? - Eso no lo entiendo".

"Bueno", dijo el hombre de la puerta, "si hace demasiado frío puedo subir la ventanilla".

Tendrás que salir de muchas capas de embriaguez. La codicia es un estado de embriaguez, y todo el mundo es codicioso - codicioso de más.

La mente continuamente pide más y más, y la demanda es interminable. Si buscas dinero, más dinero.

Si buscas poder político, más poder. Si buscas prestigio, más prestigio. Si estás interesado en volverte humilde, entonces más humildad, porque tienes que ser el hombre más humilde del mundo. Si buscas la renuncia, entonces más y más renuncia. Nunca hay fin a esta constante demanda de la mente - más....

La codicia es una borrachera, es un sueño. Igual que la ira. ¿No has observado que en la ira puedes hacer cosas que no puedes hacer normalmente? Dices cosas de las que luego te arrepientes. Y más tarde no puedes creer que hayas dicho esas tonterías, que seas capaz de decir esas tonterías. ¿Qué pasa cuando estás enfadado? Estás en un estado de embriaguez.

Sé más vigilante y la ira será menor y la avaricia será menor y los celos serán menores.

Yo no te digo: No te enfades, porque eso es lo que se te ha dicho a lo largo de los siglos. Tus supuestos santos te han estado diciendo: "¡No te enfades!", así que has aprendido formas de reprimir la ira. Pero cuanto más reprimes la ira, mayor es el inconsciente que estás creando en ti mismo. Estás tirando cosas al sótano, y entonces tendrás miedo de entrar en el sótano, porque todas estas cosas - ira y codicia y sexo - están allí. Lo sabes. Las has estado arrojando allí. Hay todo tipo de basura, peligrosa y venenosa. No estarás preparado para entrar.

Por eso la gente no quiere entrar, porque entrar significa encontrarse con todas estas cosas. Y nadie quiere encontrarse con estas cosas; uno quiere evitarlas. Durante miles de años te han dicho que reprimas, y a causa de la represión te has vuelto cada vez más inconsciente. No puedo decirte que reprimas. Me gustaría deciros justo lo contrario: no reprimáis, observad, estad alerta. Cuando surja la ira, siéntate en tu habitación, cierra las puertas y obsérvala.

Sólo conoces dos caminos: o enfadarte, ser violento, destructivo, o reprimirlo.

No conoces la tercera vía, y la tercera vía es la vía de los budas: ni complacer ni reprimir, observar. La indulgencia crea hábito. Si te enfadas hoy y mañana otra vez, y pasado mañana otra vez, estás creando un hábito; te estás condicionando a enfadarte más y más.

Así que la indulgencia no puede sacarte de ella. Ahí es donde el movimiento de crecimiento moderno está atascado. Los grupos de encuentro, la terapia primal, la gestalt, la bioenergética... y tantas cosas hermosas están sucediendo en el mundo, pero están atascados en un cierto punto. Su problema es: enseñan la expresión - y es bueno, es mucho mejor que la represión. Si sólo hay esta opción, reprimir o expresar, entonces yo sugeriría expresar. Pero esta no es la verdadera elección; hay una tercera alternativa mucho más importante que ambas. Si expresas, te conviertes en habitual; aprendes haciéndolo una y otra vez - no puedes salir de ello.

En esta comuna funcionan al menos cincuenta grupos de terapia, por una razón determinada. Es sólo para equilibrar los miles de años de represión; es sólo para equilibrar. Es sólo para sacar a la luz todo lo que habéis reprimido como cristianos, hindúes, mahometanos, jainas, budistas. Es sólo para deshacer el daño de siglos que se os ha hecho.

Pero recuerda que estos grupos no son el final; sólo te preparan para la meditación.

No son el objetivo; son simples medios para deshacer el mal del pasado. Una vez que hayas expulsado de tu sistema todo lo que has estado reprimiendo todo el tiempo, tengo que guiarte hacia la vigilancia. Ahora será más fácil vigilar.

Pero no debes convertirte en un adicto al grupo, no debes convertirte en un groupie.

Ahora hay gente en el mundo que es adicta a los grupos; van de un grupo a otro. Acaba un encuentro, luego otro maratón, luego gestalt, luego esto y aquello.... A los pocos días les pica el gusanillo, porque ¿dónde expresarse? En la sociedad normal no pueden expresar, tienen que reprimir.

Así que el grupo se convierte en una mera válvula de escape. La sociedad normal te obliga a reprimirte, el grupo te ayuda a expresarte pero no estás creciendo realmente. De nuevo volverás a la sociedad normal, de nuevo reprimiendo. Y si te expresas en la sociedad normal, te meterás en situaciones mucho más peligrosas. Puedes asesinar a alguien, tienes mucha rabia. Estarás en la cárcel, encarcelado para siempre. O si sigues peleando con todo el mundo - si abofeteas al jefe en la oficina, si pegas a tu mujer, a tus hijos, a tu marido - entonces toda tu vida se convertirá en un caos, será imposible vivirla. Así que después de unos días de acumulación necesitas otro encuentro. Unos días de encuentro y te sentirás desahogado; de vuelta en la sociedad volverás a estar agobiado.

Esto no va a ayudar. Es un alivio temporal. Puedes gritar todo lo que quieras en un grupo de terapia primal, pero si empiezas a gritar en la carretera, te llevarán a comisaría. Puedes gritar en un contexto de grupo - se te permite, se te ayuda, se te provoca; se te persuade para que grites, porque desde tu infancia lo has estado reprimiendo. Se ha convertido en una herida; hay que abrirla. Si el pus sale y la herida se deja abierta al viento, al sol y a la lluvia, se curará sola, porque tienes una energía curativa innata. Pero de vuelta a la sociedad... ¿cuánto tiempo puedes permanecer en un grupo de terapia primal? De vuelta en la misma vieja sociedad, tendrás que reprimirte; no puedes seguir gritando allí.

Luego se junta el grito, luego se junta el vapor. Y un día tienes que volver a entrar en el grupo. Esto es un alivio temporal; bueno hasta donde llega, pero no puede convertirte en un buda. En eso se diferencia esta comuna de institutos como Esalen. Ellos terminan con grupos - nosotros empezamos con grupos. Donde ellos terminan, ese es exactamente el punto desde donde nosotros comenzamos.

Y no es casualidad que miles de terapeutas se hayan interesado por mi trabajo. Han venido aquí.... Entre mis sannyasins, el grupo más numeroso de cualquier profesión es el de los psicoterapeutas. Ahora se siente una gran necesidad en todo el mundo de que el encuentro, la terapia primal, la gestalt, pueden ayudar un poco a desahogar a la gente, pero no pueden ayudar a convertirlos en budas, no pueden ayudarles a despertar.

La indulgencia crea hábito, la represión acumula el veneno en el interior. En la indulgencia arrojas el veneno a los demás, pero ellos no se van a quedar callados, te lo devolverán. Se convierte en un combate: tú lanzas tu ira sobre los demás, y ellos la lanzan sobre ti, pero nadie sale beneficiado, todos salen perjudicados y heridos.

Y si reprimes.... Debido a esta inutilidad de la indulgencia, los sacerdotes inventaron la represión.

Te mantiene fuera de peligro. La represión te mantiene como un buen ciudadano, como un caballero. Te mantiene alejado de los peligros de ser atrapado por la ley, de ser atrapado por la enemistad; te mantiene tranquilo. La represión te ayuda a convertirte en una mejor persona social, eso es cierto. Pero te convierte en una herida por dentro, sólo una herida, y el pus sigue acumulándose dentro. Por fuera funciona como un agente lubricante, pero por dentro te vuelves cada vez más loco.

Si esta sociedad y este siglo son los más locos de toda la historia, el mérito es del pasado. Cinco mil años de consejos santos a la gente, el mérito es de esos santos. Si la gente se está volviendo loca, si la gente se está volviendo demente, si la gente se está suicidando, si la gente se está volviendo asesina, el mérito es de todos los llamados santos, sacerdotes, predicadores, líderes. Ellos son los responsables.

Justo el otro día te decía que el gobierno canadiense quiere investigar, hacer una investigación profunda de esta comuna porque un ciudadano americano que era sannyasin se ha suicidado, y otro americano que era sannyasin también se ha vuelto loco. Ahora, me pregunto: la persona que se ha suicidado tenía sesenta años. Ha sido cristiano durante sesenta años, pero el cristianismo no se investiga. Y no ha sido sannyasin ni siquiera durante sesenta días. El mérito es del cristianismo, no mío.

El hombre que se volvió loco era protestante. Ahora, yo estoy condenado porque él era un sannyasin, pero la iglesia protestante no está condenada. Y fue criado como protestante, vivió como protestante durante treinta y cinco años, y durante sólo unos días fue sannyasin. Ahora bien, la sociedad americana no está condenada.

Esta es una lógica extraña... y estoy tratando de ayudar a la gente. Cuando vino aquí, ya estaba loco. Ha venido aquí después de seis años de psicoanálisis; como el psicoanálisis no podía ayudarle, había venido aquí y se había hecho sannyasin. Como la iglesia protestante y los sacerdotes no podían ayudarle, había venido aquí y se había hecho sannyasin. Pero habían hecho un trabajo tan bueno que era difícil hacerle volver a la tierra.

Y no permaneció aquí mucho tiempo; sólo estuvo tres semanas. Ahora, el crédito no puede ir a mí. Si se vuelve loco, no puedo ser considerado responsable. Pero esta extraña lógica está ahí.

Aquí también continúa la misma lógica. Si un sannyasin se porta mal, me condenan. Pero tantos hindúes son encarcelados cada día - el hinduismo no es condenado. Muchos mahometanos se portan mal, pero el mahometismo no es condenado. Si un sij asesina a alguien, el sijismo no es condenado. Este es un mundo muy estúpido y absurdo.

La gente acude a mí en busca de ayuda. A muchos les ayudo. El 99% de la gente recibe ayuda.

Pero el uno por ciento se ha visto tan perjudicado que es casi imposible ayudarles. A ellos también se les puede ayudar, pero a mí no se me permite hacerlo.

Por ejemplo, viene un exhibicionista que de vez en cuando se exhibe desnudo.

Ahora se le puede ayudar, fácilmente, si se le permite moverse desnudo. No es peligroso, no hace daño a nadie. Simplemente tiene esta idea excéntrica... le gusta escandalizarte. Esta es la forma de escandalizarte, esta es la forma de llamar la atención: se expone desnudo. Si simplemente se le permite moverse desnudo y nadie le presta atención, se curará.

La cura es sencilla, ¡muy sencilla! No te escandalices y no le prestes atención. Es para escandalizarte y llamar tu atención por lo que es exhibicionista. Si nadie le presta atención, si viene desnudo y usted le habla como si no estuviera desnudo, se quedará perplejo. No podrá creer lo que está pasando. Irá a mirarse al espejo para ver si está desnudo o no. ¿Y qué sentido tiene? Si nadie le presta atención y nadie se escandaliza, puede que intente ponerse ropa: ¡quizá sea gente extraña y pueda escandalizarse llevando ropa!

Se puede ayudar a la gente, pero la sociedad no me permite ayudarles. Incluso ese uno por ciento puede curarse, porque nadie es realmente incurable. Pero se necesitará tiempo, se necesitará perseverancia.

Buda dice: *con gran perseverancia medita, buscando la libertad y la felicidad.*

Medita -meditación significa vigilancia- y alcanzarás la libertad y la dicha.

Así que despierta, reflexiona, observa.
Trabaja con cuidado y atención.
Vive en el camino y la luz crecerá en ti.

La luz crece por sí misma. Simplemente te vuelves más silencioso, más vigilante, más meditativo, y la luz desciende en ti, por sí misma. No necesitas ir a ninguna parte.

Vigilando y trabajando, el maestro se construye una isla que el diluvio no puede desbordar.

Tu vigilancia se convierte en una isla, una ciudadela, que ninguna pasión, ninguna lujuria, ninguna codicia, ninguna ira, puede poseer. Con esa isla, por primera vez te conviertes en un individuo integrado. Por primera vez te conviertes en un ser humano.

Este ser humano es absolutamente necesario hoy, este nuevo ser humano - homo novus.

Suficiente por hoy.

A través de un cristal oscuro

La primera pregunta:
Pregunta 1:

Amado maestro, siento que conozco las respuestas. ¿Por qué sigo permitiendo que las preguntas se conviertan en problemas?

Savita, no hay respuestas, sólo existe la respuesta. Y esa respuesta no es de la mente, esa respuesta no puede ser de la mente. La mente es una multiplicidad. La mente tiene respuestas y respuestas, pero no la respuesta.

Esa respuesta es un estado de no-mente. No es verbal. Se puede conocer, pero no se puede reducir a conocimiento. Puedes conocerla, pero no puedes decirla. Se conoce en lo más íntimo de tu ser. Es luz que simplemente ilumina tu interioridad.

No es una respuesta a ninguna pregunta concreta. Es el fin de todo cuestionamiento, no se refiere a ninguna pregunta en absoluto. Simplemente disuelve todas las preguntas y queda un estado sin ninguna pregunta… esa es la respuesta. A menos que se conozca, no se conoce nada.

Por lo tanto, puedes sentir que conoces las respuestas, pero aún así seguirán surgiendo preguntas, las preguntas seguirán torturándote. Seguirán surgiendo preguntas porque aún no se ha cortado la raíz. Brotarán nuevas hojas, surgirán nuevas ramas.

La raíz se corta sólo cuando te desconectas de la mente, cuando te vuelves tan consciente, tan vigilante que puedes ver la mente como algo separado de ti. Cuando se abandona toda identidad con la mente, cuando eres un observador en las colinas y la mente se queda en lo profundo de la oscuridad de los valles, cuando estás en las cumbres iluminadas por el sol, sólo un testigo puro, viendo, observando, pero sin identificarte con nada

-bueno o malo, pecador o santo, esto o aquello- en ese presenciar todas las cuestiones se disuelven. La mente se funde, se evapora. Te quedas como un ser puro, sólo una existencia pura - una respiración, un latido del corazón, completamente en el momento, sin pasado, sin futuro, por lo tanto tampoco presente.

A menos que llegue ese estado sentirás muchas veces que conoces las respuestas, pero cada respuesta sólo creará nuevas preguntas. Cada respuesta desencadenará en ti nuevas cadenas de preguntas. Puedes leer, puedes estudiar, puedes pensar, pero cada vez estarás más en el fango de la mente, más enredado, más atrapado. ¡Sal de la mente!

Por lo tanto, no te estoy dando respuestas, estoy tratando de señalar la respuesta. No se puede usar el plural porque es uno. Es un estado de silencio absoluto, de paz, de no-pensamiento.

Buda lo llama atención plena, sammasati. Y dice que aquellos que están correctamente atentos, alertas, conscientes, la verdad viene a ellos por sí misma. No tienes que ir a ninguna parte, llega. Ni siquiera necesitas buscarla, porque ¿cómo puedes buscarla? Desde tu ignorancia, cualquier cosa que hagas te traerá más ignorancia. Desde tu ignorancia, dondequiera que vayas te extraviarás. Fuera de tu confusión, ¿cómo puedes encontrar claridad? Desde tu confusión te confundirás más y más, en busca de claridad.

De ahí que Buda diga: El maestro vigila, el maestro es claro. ***Aes Dhammo Sanantano*** - esta es la ley, la ley última, eterna, inagotable.

Callar es tener la respuesta. Callar es estar sin preguntas... y se corta la raíz, entonces ya no llegan hojas.

Savita, dices: "Siento que conozco las respuestas".

Eso no es más que una ilusión. Y la mente es muy astuta para crear nuevas ilusiones. La mente es muy engañosa: puede engañarte también en el conocimiento. Puede engañarte en todo.

Incluso puede hacerte creer que estás iluminado, que ya eres un buda.

¡Cuidado! El único enemigo es la mente; no hay otro enemigo.

Las antiguas escrituras hablan de la mente. Tienen un nombre especial para ella: la llaman el Diablo. El Diablo no es alguien fuera de ti; es tu propia mente que sigue tentándote, que sigue engañándote, engañándote, que sigue creando nuevas ilusiones en ti. ¡Cuidado, vigila la mente! Y al vigilar, las preguntas desaparecen -no es que se respondan, permíteme que lo repita otra vez.

El buda no conoce respuestas - no es que haya llegado a la conclusión de todas las preguntas, no, en absoluto. Al contrario, ya no tiene preguntas. Como ya no tiene preguntas, todo su ser se ha convertido en la respuesta.

Savita, ese momento es posible.

Ese es todo mi trabajo aquí. No estoy aquí para darles más información, que pueden conseguir en cualquier parte. Existen miles de universidades, miles de bibliotecas. Puedes obtener información en cualquier parte, puedes adquirir conocimientos en cualquier parte. Mi esfuerzo es hacer que desaprendas todo lo que has aprendido hasta ahora, hacerte inocente para que puedas empezar a funcionar desde un estado de no-saber. Para que no tengas respuestas, para que actúes espontáneamente, no a partir del pasado y de las conclusiones a las que ya has llegado. Para que no tengas ninguna fórmula preparada para nada... para que seas como un niño pequeño reflejando la realidad.

Y cuando estás en silencio, sin conocimiento clamando en tu interior, tu percepción es clara - - sin polvo en el espejo... reflejas lo que es. Y de ese reflejo, cualquier acción que surja es virtud.

La segunda pregunta:

Pregunta 2:

Amado maestro, usted quiere que seamos individuos, pero durante el trabajo en el ashram tenemos que ser muy disciplinados. Disciplina e individualismo, ¿no son diametralmente opuestos?

Sudarshan, me gustaría que fueran individuos, pero no individualistas. Y hay una gran diferencia. El individualista aún no es un individuo. El individualista que cree en el individualismo es sólo un egoísta. Y ser un egoísta no es ser un individuo. Todo lo contrario: el individuo no tiene ego, y el ego no tiene individualidad.

El ego es un fenómeno tan ordinario que todo el mundo lo tiene. No tiene nada de especial ni de único. Todo el mundo tiene ego. ¡Es tan común! Lo que no es común es la ausencia de ego.

Sólo una conciencia sin ego alcanza la individualidad. Y por individualidad me refiero simplemente al significado literal de la palabra:

individuo significa indivisible, individuo significa integrado; individuo significa uno que no es muchos, que no es una multitud, que no es multipsíquico; uno que ha alcanzado la unidad, uno que se ha convertido en un ser cristalizado.

Gurdjieff utiliza la palabra "cristalización" para referirse a la individualidad. Pero el requisito básico para la cristalización es abandonar el ego, porque el ego es una entidad falsa. No te permitirá ser real, no te permitirá ser auténticamente real. No te permitirá crecer. Es falso, es un engaño, es una ilusión. No estás separado de la existencia, pero el ego sigue fingiendo la separación.

Y también hay que entender la otra palabra que has utilizado en la pregunta:

disciplina. Disciplina no significa nada que se te imponga. En esta comuna no se impone nada. Si entras en esta comuna es por tu propia elección. Las puertas están abiertas, puedes salir en cualquier momento. De hecho, la entrada es difícil y hacemos todo lo posible para ayudarte a salir. A nadie se le impide salir, aunque se hace todo lo posible para impedirte entrar. La entrada es muy difícil.

Si decides formar parte de esta comuna es tu decisión, tu disposición a comprometerte, a implicarte.

De esta decisión surge una disciplina. Puedes elegir salir de la comuna, pero una vez que estás en la comuna significa que has asumido una responsabilidad. Y sólo a través de la responsabilidad se crece. Cumpliendo totalmente con la propia responsabilidad, el crecimiento se hace posible.

Hay algunas personas aquí, sólo unas pocas, que siguen intentando engañar a la comuna.

Simplemente se engañan a sí mismos; ¡no se engaña a nadie! No quieren trabajar, intentan evitarlo de todas las formas posibles. Encuentran excusas, incluso se ponen enfermos sólo para evitar el trabajo. ¡Pero eso es una estupidez! Has entrado en la comuna para trabajar sobre ti mismo. Has entrado en la comuna para hacer un esfuerzo concentrado para convertirte en un individuo integrado. Has entrado en la comuna para tu crecimiento espiritual, para la iluminación. Y si evitas... y esa parece ser la verdadera pregunta detrás de la pregunta aparente.

Dices, Sudarshan: "Individualismo y disciplina, ¿no son diametralmente opuestos?".

No lo son. Un individuo es siempre un fenómeno disciplinado. Quien no está disciplinado no es un individuo; es sólo un caos, es muchos fragmentos. Todos esos fragmentos funcionan por separado, incluso en oposición entre sí. Así es la gente ordinariamente: una parte de la mente yendo hacia el sur, otra parte yendo hacia el norte; una parte diciendo una cosa, otra parte oponiéndose. Tú lo sabes. Simplemente estoy constatando un hecho; puedes observarlo. Una parte dice "Haz esto". Otra parte dice inmediatamente "¡No!". Algo dice "Sí", y algo inmediatamente lo destruye diciendo "No".

¡Esta es su situación! ¿Eres un individuo en tal situación, cuando ni siquiera puedes decir un sí total o un no total? Tu no es siempre a medias y tu sí también, ¿y crees que eres un individuo?

Un individuo significa alguien que puede funcionar como una totalidad, como una unidad orgánica. ¿Cómo vas a convertirte en una unidad orgánica? Sólo puede ser a través de la disciplina consciente.

Eso es lo que Buda dice una y otra vez: perseverancia, esfuerzo, un esfuerzo consciente y deliberado para crecer, y un esfuerzo total, no tibio. Hay que hervir a cien grados. Sí, a veces es doloroso, pero todo depende de ti, de cómo lo interpretes.

Si realmente quieres crecer, no es doloroso, es tremendamente placentero. Cada paso más profundo en la disciplina trae más y más alegría, porque te da más y más alma, ser.

Disciplina significa disposición a aprender; de ahí la palabra "discípulo", vienen de la misma raíz. ¿Quién es un discípulo? - El que se inclina, se entrega y está dispuesto a aprender. ¿Y qué es la disciplina? - La disposición, la apertura, la vulnerabilidad para aprender.

Entrar en esta comuna es entrar en un campo búdico. Es una entrega, es una confianza. Estoy aquí para haceros individuos, pero tendréis que pasar por muchos muchos dispositivos. Muchos fuegos tendréis que atravesar, muchas pruebas. Sólo entonces, lentamente, lentamente, seréis soldados en una unidad. Y habéis permanecido como una multiplicidad durante tanto tiempo, durante tantas vidas, que a menos que se haga un esfuerzo concentrado, a menos que seáis atacados por todos los rincones, a menos que se rompa vuestro sueño de todas las maneras posibles, que seáis sacudidos y conmocionados, el individuo no va a nacer.

El trabajo que se está realizando en la comuna no es realmente lo que parece desde la superficie. Es otra cosa: ¡es un dispositivo! Tenemos que utilizar dispositivos.

Alguien viene a mí y quiere formar parte de la comuna, y yo le digo: "Ve a Deeksha". ¡Deeksha es mi dispositivo! Le he dado poder total - y le he dado poder total porque es tan cariñosa, tan suave, tan bondadosa. Ella hiere a la gente, pero también cura. Con una mano martillea, con la otra consuela. Es un dispositivo.

Y cuando te digo: "Ve a trabajar con Deeksha", y ella te grita y te provoca de todas las maneras posibles, es una disciplina para observar, para no actuar como siempre lo has hecho. Y es tan maternal que es muy sencillo reaccionar ante ella como has reaccionado ante tus propios padres. Es muy sencillo que ella cree en ti la reacción que tu madre crea en ti. Las madres son criaturas intolerables, ¡y Deeksha es una madre perfecta!

Lo sé, Sudarshan, es difícil, pero el crecimiento es difícil. Se van a crear muchos más dispositivos. Serás enviado a muchas dimensiones. Ningún rincón de tu ser tiene que quedar sin desarrollar, de lo contrario te volverás ladeado.

Y el primer principio de la disciplina es la rendición. Aparentemente parece contradictorio, porque eso es lo que te han dicho: que si te rindes, entonces ya no eres un individuo. Y yo te digo: si no puedes rendirte, no eres un individuo. Sólo un individuo puede rendirse. La entrega es un fenómeno tan grande, que sólo un hombre de gran voluntad puede entregarse. Es lo último en voluntad. Abandonar tu voluntad es lo último en voluntad. Ponerte a ti mismo a un lado, absolutamente a un lado, y decir a algo un sí tan total - al que tu mente se resiste, tus viejos hábitos se resisten....

Y a veces tienes razón, y ahí reside toda la belleza. Tienes razón, y aun así tienes que rendirte a algo que no parece en absoluto correcto desde el punto de vista lógico.

Deeksha está loco. Usted puede ser mucho más intelectual, mucho más racional - pero usted tiene que rendirse a Deeksha. Su locura es su cualidad - por eso la he elegido. Tengo mucha más gente racional: Podría haber elegido a un doctor que te convenciera de que tiene razón. Pero cuando estás convencido y sigues, no es rendición. Cuando no estás convencido en absoluto, ves la aparente estupidez de cierta cosa, y aun así te rindes, ese es un gran paso, un gran paso de salir de tu pasado.

Esta comuna es un laboratorio, esta comuna es un proceso alquímico. Venís aquí como una multitud y tengo que soldaros en la unidad. Mucho martilleo va a suceder, y ustedes saldrán de todo este proceso como individuos puros.

La disciplina es la forma de crear individualidad. Pero recuerda: ser individual no es ser individualista. El individualismo es un viaje del ego. Y las personas que creen en el individualismo no son individuos, recuérdalo, recuérdalo bien. En el fondo saben que no son individuos, por eso crean una fachada de filosofía, de lógica, de argumentación, porque en el fondo no se sienten individuos. Por fuera fingen que son individuos, creen en el individualismo. Creer en el individualismo no es convertirse en individuo. Creer siempre es falso.

Cuando eres un individuo no necesitas creer en el individualismo. Cuando es una verdad de tu ser, la creencia no es necesaria. La creencia es necesaria sólo para cubrir cosas: no sabes de Dios y crees en Dios. El creyente es ateo. Puede ser cristiano, hindú, mahometano, budista, no importa: un creyente es ateo. No sabe nada de Dios, y aún así cree. Eso significa que incluso intenta engañar a Dios.

Es un hipócrita, es un loro. Como un loro sigue repitiendo lo que dicen las escrituras, lo que dicen otros. Y los loros pueden repetir maravillosamente, sin entender nada, sin saber nada, mecánicamente.

Un negro entró en una tienda de animales de Harlem con la intención de comprar un buen loro parlante. El propietario le dijo que tenían una amplia selección de loros, así que ¿qué tipo quería?

El negro pidió ver un loro de cincuenta dólares. "¿Polly quiere una galleta? Polly wanna cracker?", gritó en cuanto apareció el loro. El loro no dijo nada.

"Quiero un loro que hable bien", dijo. "Muéstrame uno bueno".

Así que el propietario sacó un loro de doscientos dólares: "¿Polly quiere galleta? ¿Polly quiere galleta?" No hubo respuesta.

"¿Tienes un loro mejor que éste?", preguntó el negro.

El propietario dijo que sí, y condujo al negro detrás del mostrador, donde el loro de mil dólares, bellamente emplumado con ojos brillantes y brillantes, claramente un loro muy especial, estaba sentado orgullosamente en una lujosa jaula.

"¿Polly quiere galleta? Polly wanna cracker?" salió del negro, pero el loro ni siquiera levantó la vista.

"Tío, ¿este es tu mejor loro?", preguntó el negro, "porque quiero uno que hable bien y este parece tonto".

El propietario le llevó a la parte trasera de la tienda, donde, en una jaula especial de latón pulido del tamaño de una habitación pequeña, se encontraba el orgullo de la colección del propietario: un loro de cinco mil dólares. El loro, vestido con una chaqueta de seda para fumar y sentado en una percha acolchada, fumaba en pipa y leía la **prensa económica.**

"¿Polly quiere una galleta? ¿Polly quiere una galleta?", gritó el negro.

El loro olisqueó y le miró por encima de sus gafas de montura dorada con aristocrático desdén.

"¿Polly quiere galleta? Polly wanna cracker?", volvió a gritar el negro.

"¿Polly quiere galleta?", dijo el loro con un impecable acento de Oxford. "¿Negro quiere sandía?"

El creyente es un loro. El creyente no sabe nada. El creyente es un ateo disfrazado. Intenta engañarse a sí mismo, al mundo e incluso a Dios.

El hombre que cree en el individualismo no es un individuo. El hombre que es realmente un individuo no necesita creer, lo sabe, así que ¿qué sentido tiene creer? La creencia siempre es necesaria en la ignorancia, y el individualismo es una creencia. Ser un individuo es una experiencia. El individualismo es muy barato, pero ser un individuo requiere una ardua disciplina. Necesita gran perseverancia, trabajo, vigilancia. Sólo se consigue tras años de esfuerzo en la consciencia, en la meditación.

Y todo lo que sucede aquí en esta comuna, Sudarshan, no es más que diferentes maneras de introducirte en la meditación. En la cocina, en la carpintería, en el taller de jabón, en la boutique, lo que sea que esté sucediendo, aparentemente parece como si fuera lo mismo que sucede en todas partes. Pero no es así. Si vas a ver trabajar a los carpinteros, por supuesto que siguen trabajando como cualquier otro carpintero en cualquier otro lugar, pero con una cualidad diferente. Esa cualidad no se puede ver. Tendrás que convertirte en un participante, sólo entonces la sentirás poco a poco. Esa cualidad es la confianza, el amor.

Mis sannyasins están aquí porque me aman, por ninguna otra razón. Simplemente están aquí conmigo por estar aquí conmigo. Por estar aquí conmigo están dispuestos a hacer cualquier cosa. Pero lo que están haciendo es sólo la parte exterior. Verás el cuerpo del trabajo pero no podrás ver el espíritu del trabajo. Para eso tendréis que convertiros en participantes.

Y, Sudarshan, parece que sigues siendo un espectador. Tal vez estés trabajando en la comuna, pero aún no te has convertido en participante; de lo contrario, esta pregunta habría sido imposible.

La tercera pregunta:

Pregunta 3:

Amado maestro, ¿por qué siento que me falta algo? ¿Que debería ser otra cosa? Por favor ayudame a dejar ir esta basura.

Dhyana Yogui, si es basura, si realmente comprendes que es basura, entonces no es cuestión de ayudarte a soltarla. ¡Saber que es basura es dejarla caer!

Pero parece que me has oído decir que es basura. Se ha convertido en una creencia en ti; no es tu propio conocimiento, no es tu propia experiencia. Sigues aferrándote a ella.

En el fondo sigues pensando que es precioso, que no es basura. En el fondo sigues pensando que son diamantes y no guijarros. En el fondo, en algún lugar, todavía crees que es un tesoro que hay que proteger y guardar.

No empieces a creerme, porque eso no cambiará nada. Creías en Mahoma, o creías en Cristo, o en Buda, y luego vienes y empiezas a creer en mí. Eso no es una revolución, no es una conversión. Simplemente cambias el objeto de tu creencia, pero la creencia permanece - la misma mente creyente. Crees en Jesús, pero Jesús habla un idioma que ya tiene dos mil años. No se le puede encontrar mucho sentido; se ha perdido el contexto en el que era relevante. Yo hablo la lengua del siglo XX. Tú puedes encontrarle sentido, así que retiras tu creencia en Jesús y empiezas a creer en mí. Esto es muy simple y barato.

No digo que creas en mí. Estoy diciendo que dejes de creer y empieces a ver, porque creer seguirá siendo una ceguera, ¡empieza a ver! ¿Es realmente basura lo que llevas? ¿Entiendes que es basura? Entonces no preguntarás cómo dejarla. Nadie pregunta cómo dejar la basura. El problema surge sólo porque en el fondo tú mismo sabes que es oro. Y alguien dice que es basura y lo dice muy convincentemente, y tú no puedes discutir, y él te hace callar. Y el hombre tiene tal autenticidad, tal integridad, que en su presencia simplemente te inundas de su ser. Simplemente empiezas a decir: "Sí, es basura". Pero en el fondo sigues sabiendo que no es basura, ¡es oro! De ahí que surja el problema: ¿cómo soltarlo?

Si entiendes por ti mismo que es basura, nunca te preguntarás cómo soltarla.

Verla como basura es dejarla caer, conocerla como basura es dejarla caer. La basura no se aferra a ti, eres tú quien se aferra a ella. A la basura no le importas, no le interesas. Si la dejas caer, no va a hacer mucho alboroto al respecto: "¿Por qué me dejas caer?". No dirá ni una palabra, no te creará ningún problema. No irá al juzgado. No necesitas divorciarte. Si lo dejas, la basura será realmente más feliz de lo que es ahora. Habrá terminado contigo, estará libre de ti. Debe estar cansándose de ti. Eres tú quien se aferra a ella. ¿Por qué te aferras a él? ¿Por qué uno se aferra a algo? - Porque en el fondo uno sigue creyendo que es precioso.

Dhyana Yogui, dices: "¿Por qué siento que me falta algo?".

Porque desde tu infancia te han dicho que en ti mismo, intrínsecamente, no vales nada. Tal como eres, no tienes valor. El valor tiene que ser alcanzado, el valor tiene que ser probado. Desde tu infancia te han enseñado esto millones de veces. Los padres, los profesores, los sacerdotes, los políticos, todos están en una conspiración secreta para destruir al niño. Y la mejor manera de destruir a un niño es destruir su confianza en sí mismo.

Para destruir la confianza en el niño hay que demostrarle que la valía no es un fenómeno dado, que hay que conseguirla en la vida y que se puede perder. A menos que trabajes, a menos que seas muy ambicioso, a menos que luches con los demás.... Es una lucha con uñas y dientes y hay que cortarse el cuello unos a otros para conseguirlo. Te han condicionado para ser violento, ambicioso, lleno de deseos: tener más dinero, tener más poder, tener más prestigio. Como te han dicho que intrínsecamente no vales nada, ha surgido este problema.

Y yo digo que sois intrínsecamente dignos, que nacéis como budas. Inconscientes sois, totalmente ajenos a la realidad de vuestro propio ser, pero sois dioses ocultos. Lo que digo es tan totalmente distinto de lo que se os ha dicho, que ha surgido un problema. Yo digo que sois budas -¡ahora mismo sois budas! - pero todo el entrenamiento y la enseñanza, el condicionamiento es: ¿Cómo podéis ser budas ahora mismo? Mañana quizás, un día ciertamente, en alguna vida futura sucederá... ¿pero ahora mismo? Parece imposible.

Has creído demasiado en tus padres, en tus maestros, en tus políticos, en tus sacerdotes, y todo lo que te han dicho, lo has recogido. Es basura, pero has cargado con la basura durante tanto tiempo que, de repente, soltarla parece imposible; tanto tiempo has permanecido apegado a ella, tanto tiempo la has considerado hermosa, preciosa, nutritiva. Ahora te digo: ¡Todo eso son tonterías! Déjalo y sé un buda desde este mismo momento. No es cuestión de alcanzarlo, es sólo cuestión de tomar conciencia. Es sólo una cuestión de volverse consciente, alerta, despierto, no una cuestión de logro.

Así que escúchame: una parte de tu mente dice: "¡Sí, el Maestro debe tener razón!". Una parte de ti simplemente asiente con la cabeza, porque lo que se dice es una simple verdad de la vida. Pero todo tu entrenamiento está en contra. Cuando estás cerca de mí empiezas a sentir que es verdad. Cuando te alejas de mí, la mente salta de nuevo sobre ti, con venganza. Y por supuesto es muy poderosa. La mente es tan poderosa que por eso destruye tu inteligencia.

La inteligencia no tiene nada que ver con la mente; la inteligencia tiene que ver con el corazón. Es la cualidad del corazón. La intelectualidad es la cualidad de la cabeza. El intelectual no es necesariamente una persona inteligente y la persona inteligente no es necesariamente un intelectual.

Tu intelecto está lleno de basura - y yo estoy intentando despertar tu inteligencia. Y toda la sociedad ha intentado que no seas consciente de tu inteligencia. La sociedad está en contra de tu inteligencia. Quiere que seas mediocre, porque sólo los mediocres pueden ser buenos esclavos. Quiere que seas poco inteligente y estúpido, porque sólo la gente estúpida puede ser dominada.

Y los estúpidos son obedientes, los estúpidos nunca son rebeldes y los estúpidos simplemente vegetan. No hacen ningún esfuerzo por vivir su vida de forma óptima. No intentan quemar la antorcha de su vida por los dos extremos simultáneamente. No tienen intensidad. La estupidez es obediente, y la obediencia crea estupidez.

Un tipo bastante sencillo llegó al pueblo en pleno día completamente desnudo. El sheriff le llamó y le dijo: "Jake, ¿qué haces cabalgando por el pueblo sin ropa?".

"Bueno, sheriff", dijo Jake, "es una larga historia. Iba al pueblo a por provisiones para mi padre, cuando me encontré con una señora al borde de la carretera que me pidió ayuda. Mi padre siempre me decía que ayudara a las mujeres amables, así que me bajé del caballo y la ayudé a llevar su cesta de picnic hasta el río. Luego la ayudé a extender la manta y a hacer todo lo que me pedía. Entonces me dijo: "¿Qué tal si te quitas las botas, vaquero?" Así lo hice, sheriff, y luego me dijo: "¿Qué tal si te quitas la ropa, vaquero?". Y le dije: "Claro, señora". Y ella estaba allí en la alfombra, desnuda como el día en que nació. Luego se recostó y dijo: '¡Vete a la ciudad, vaquero!'... y aquí estoy, sheriff".

La obediencia es una forma de estupidez, y la sociedad quiere que seas estúpido. Las personas estúpidas son buenas personas. Permanecen siempre con el statu quo, nunca van contra él. Incluso si ven la podredumbre de las cosas, simplemente cierran los ojos, o siempre están dispuestos a aceptar cualquier explicación estúpida.

Por ejemplo, este país lleva siglos siendo pobre, pasando hambre, sufriendo. Pero como la gente es religiosa, obediente, estúpida, se les ha dado cualquier tipo de explicación y la han aceptado. Algunos creen que Dios les ha hecho pobres porque la pobreza es algo muy piadoso. Adoran la pobreza; en la India se adora la pobreza. Si renuncias a tus riquezas y te conviertes en un faquir desnudo, millones de personas pensarán que eres un gran sabio. Puedes ser simplemente estúpido, pero sólo porque has renunciado a la riqueza eres un gran sabio. He visto muchos sabios estúpidos.

Ahora es una contradicción: ¿cómo puede un estúpido ser un sabio? Un sabio tiene que ser sabio. Pero es muy difícil en este mundo ser sabio y ser adorado. Los sabios son asesinados, crucificados, envenenados. La gente estúpida es adorada. La gente estúpida simplemente sigue lo que la sociedad dice. Hacen lo que la sociedad quiere que hagan. Así que algunas personas han estado adorando la pobreza.

Gandhi solía llamar a los pobres daridra narayana - "los pobres son divinos". ¡La pobreza es divina! ¡Los pobres son dioses! Si esto es cierto, ¿a quién no le gustaría ser pobre? Si los pobres son dioses, ¿a quién no le gustaría ser un dios?

Y luego hay otras explicaciones: que eres pobre porque en tus vidas pasadas cometiste pecados. Esas explicaciones se han inventado para aquellas personas que no creen en Dios. Los jainas, los budistas, no creen en Dios, así que no se les puede dar la primera explicación. Necesitan otra explicación: la teoría del karma.

Pero el propósito es el mismo. Si has cometido pecados en tu vida pasada, entonces es mejor acabar con el karma. Pasa por la pobreza, y pasa por la pobreza sin ninguna resistencia. Si creas alguna resistencia, estarás creando de nuevo mal karma y sufrirás en tu vida futura. Después de todo, ¡ya es suficiente! Ahora termina con todo - sufre en este momento contento. Así que la gente se ha convertido en vacas y búfalos; están sufriendo contentos, sin resistencia, sin rebelión.

La sociedad quiere que seas estúpido, no inteligente. La inteligencia es peligrosa.

Inteligencia significa que empezarás a pensar por ti mismo, que empezarás a mirar a tu alrededor por ti mismo. No creerás en las escrituras; creerás sólo en tu propia experiencia.

Dhyana Yogi, por favor no creas en lo que digo.

Experimenta, medita, experimenta - a menos que se convierta en tu propia comprensión, nada va a ayudar.

Me pregunta: "¿Por qué siento que me falta algo?".

...Porque siempre te han dicho que tienes que encontrar algo. Ahora no lo estás encontrando, así que surge la sensación de que lo estás perdiendo. Y yo te digo que, en primer lugar, ¡nunca lo has perdido! Por favor, deja de intentar encontrarlo, deja de buscar y buscar.

Ya lo tienes. Cualquier cosa que necesites, ya la tienes. Sólo mira en tu interior y encontrarás tesoros infinitos, tesoros inagotables de alegría, amor, éxtasis.

No te pierdes nada si miras dentro, pero si sigues buscando fuera te sentirás cada vez más frustrado. Y a medida que te hagas mayor, por supuesto, sentirás que tu vida se te escapa de las manos y que aún no la has encontrado. Y lo más irónico es que, en primer lugar, no la has perdido. Siempre ha estado dentro de ti... es este momento dentro de ti.

Pero no me creas. No estoy aquí para crear creyentes, estoy aquí para ayudarte a experimentar.

En el momento en que se convierte en tu experiencia, libera. La verdad libera, dice Jesús, no la creencia, sino la verdad.

Pero mi verdad no puede ser tu verdad; mi verdad será tu creencia. Sólo tu verdad puede ser verdad para ti. La verdad ciertamente libera, pero permíteme añadir que la verdad tiene que ser tu verdad.

La verdad de otro no puede liberarte. La verdad de otro se convertirá sólo en una prisión.

Dhyana Yogi, no te estás perdiendo nada. A nadie le falta nada. En la naturaleza de las cosas no podemos perdernos. Somos parte de Dios y Dios es parte de nosotros. No hay manera, no hay manera posible de perdérselo. ¿Cómo puedes escapar de ti mismo? ¿Adónde? Vayas donde vayas seguirás siendo tú mismo. Incluso en el infierno seguirás siendo tú mismo, porque no puedes escapar de ti mismo, no puedes escapar de Dios.

Está ahí esperando, aguardando pacientemente a que te asomes.

Dices: "...¿que debería ser otra cosa?".

Te lo han dicho una y otra vez: "¡Sé alguien! Mira a Gautam Buda, a Krishna, a Cristo. Sé un Buda, sé un Krishna, sé un Cristo". Entonces ciertamente morirás en la miseria, en la angustia, frustrado -absolutamente frustrado, llorando y llorando- porque no puedes ser un Buda. No estás hecho para ser Buda. No puedes ser un Cristo, no puedes ser un Krishna. Sólo puedes ser tú mismo.

Un gran maestro jasídico, Zusiya, se estaba muriendo. La gente se había reunido: discípulos, simpatizantes. Alguien preguntó, un anciano: "Zusiya, cuando estés frente a Dios -y pronto estarás frente a Dios porque te estás muriendo-, ¿podrás decirle que seguiste a Moisés de manera absoluta, veraz?".

Zusiya abrió los ojos y estas fueron sus últimas palabras. Dijo: "¡Deja de decir tonterías!

Dios no me va a preguntar: 'Zusiya, ¿por qué no fuiste Moisés? Me preguntará: 'Zusiya, ¿por qué no fuiste un Zusiya?'. Tienes que ser tú mismo y nadie más. Y de hecho eso es lo que significa la budeidad: ser tú mismo. Eso es lo que significa la conciencia crística: simplemente ser tú mismo.

Buda no era una imitación de otro. ¿No crees que hubo muchos grandes hombres que le precedieron? Le habrán dicho: "¡Sé un Krishna! ¡Sé un Parshvanath! Sé un Adinatha!" Debe haber oído hermosas historias, mitologías. Debe haber leído los PURANAS, historias antiguas sobre los grandes hombres, Rama, Krishna, Parasuram. Debe haber oído todo eso, debe haber recibido la herencia. Pero nunca intentó ser alguien. Quería ser él mismo, quería saber quién era. Nunca se convirtió en un imitador; por eso un día despertó.

Jesús nunca intentó ser Abraham, Moisés, Ezequiel. Jesús simplemente intentó ser él mismo. Ese fue su crimen, por eso fue crucificado. La misma gente que crucificó a Jesús le habría adorado si hubiera sido simplemente un imitador, un calco de Moisés. Si hubiera sido sólo un disco de gramófono repitiendo los Diez Mandamientos, los judíos lo habrían adorado. Pero tuvieron que crucificar al hombre: era él mismo.

La sociedad podrida, la multitud, la mente mafiosa, no puede tolerar a los individuos. Es imposible para ellos tolerar a un Sócrates. ¿Sabes de qué se acusaba a Sócrates? Exactamente lo mismo se dice de mí. Este fue el crimen de Sócrates, que utilizó para corromper las mentes de los jóvenes. Eso es exactamente lo que dicen mis enemigos: que estoy corrompiendo las mentes de la gente, particularmente las mentes de los jóvenes.

¿Sócrates estaba corrompiendo las mentes de los jóvenes? Intentaba despertar su inteligencia, pero la sociedad se asustó. Si tantas personas se vuelven tan auténticas, verdaderas, entonces los intereses creados están en peligro. Entonces no se puede conducir a la gente como ganado. Y eso es lo que disfrutan los curas, y también los políticos.

Hay una conspiración entre el cura y el político para explotar a la gente, para dominar a la gente, para oprimir a la gente. Y lo fundamental es: nunca permitas que se vuelvan inteligentes. Dales sustitutos. ¿Cuál es el sustituto de la inteligencia? - La intelectualidad. Dales educación; envíalos a la escuela, al colegio, a la universidad, para que se conviertan en intelectuales.

¿Has oído alguna vez que las universidades creen inteligencia? Crean intelectuales, crean eruditos, crean personas que conocen las escrituras - hasta la misma palabra pueden repetir las escrituras - pero no crean personas inteligentes. Sirven a la sociedad; el sistema educativo ha sido inventado por esta sociedad podrida para servir a sus propios fines. No esta ahi para ayudarte, esta ahi para mantenerte en esclavitud.

Dhyana Yogi, no puedo ayudarte a soltar esta basura, sólo puedo ayudarte a ser más consciente. Y si eres consciente la basura se soltará por sí sola. Un día de repente la encontrarás desapareciendo... desapareciendo de repente. A medida que la conciencia se profundiza, toda la basura desaparece - de la misma manera que traes la luz y la oscuridad se dispersa.

Buda dice: Vuélvete más consciente y la luz comenzará a derramarse...*Aes Dhammo Sanantano*.

La cuarta pregunta:

Pregunta 4:

Amado maestro,

Leo a menudo el "himno al amor" en el nuevo testamento. Me parece que este es exactamente su mensaje. Además, es significativo que nunca utilice la palabra "dios". No encuentro nada que contradiga su mensaje básico en este precioso poema. Por otra parte, parece ser exactamente lo que usted dice en sus discursos. ¿Estoy en lo cierto?

Tienes una voz tan bonita que sería muy agradable oírte decir una parte o todo el himno, sobre todo porque creo que pronto dejarás de hablar en público. Aquí tienes una copia del himno.

Premartha, el mensaje de todos los budas es siempre el mismo porque la verdad es una.

Las expresiones pueden diferir, pueden utilizarse lenguas diferentes, pero lo que se indica hacia es lo mismo.

Millones de dedos pueden señalar la misma luna. Los dedos tienen que ser diferentes -mi dedo es diferente del dedo de Jesús o Buda o Moisés o Abraham- pero la luna es la misma. Y este himno es un hermoso dedo que señala a la luna. Es la esencia misma de todas las enseñanzas de todos los budas de todas las épocas, pasadas, presentes y futuras también.

Aunque hable lenguas humanas y angélicas, y no tenga amor, vengo a ser como metal que resuena o címbalo que retiñe. Y aunque tenga el don de profecía, y entienda todos los misterios y toda ciencia; y aunque tenga toda la fe, de tal manera que traspase los montes, y no tenga amor, nada soy.

Y aunque entregue todos mis bienes para dar de comer a los pobres, y aunque entregue mi cuerpo para ser quemado, y no tenga amor, de nada me sirve.

El amor es sufrido y benigno; el amor no tiene envidia; el amor no se jacta de sí mismo, no se envanece, no se comporta indecorosamente, no busca lo suyo, no se irrita fácilmente, no piensa el mal; no se regocija en la iniquidad, sino que se regocija en la verdad; todo lo soporta, todo lo cree, todo lo espera, todo lo soporta.

El amor nunca falla; pero si hay profecías, fallarán; si hay lenguas, cesarán; si hay ciencia, se desvanecerá. Porque en parte conocemos, y en parte profetizamos. Pero cuando venga lo que es perfecto, entonces lo que es en parte desaparecerá. Cuando yo era niño, hablaba como niño, entendía como niño, pensaba como niño; pero cuando

Me convertí en un hombre, dejé de lado las cosas de niño. Porque ahora vemos a través de un cristal, oscuramente; pero entonces cara a cara. Ahora conozco en parte, pero entonces conoceré como soy conocido. Y ahora permanecen la fe, la esperanza y el amor, estos tres; pero el mayor de todos ellos es el amor.

Estas son las cualidades esenciales de una persona religiosa. Este es mi mensaje, ¡este es el mensaje!

La lengua es antigua, y por ser antigua tiene una belleza propia, porque cuanto más antigua es la lengua, más poesía tiene. A medida que nos hemos vuelto más y más científicos, nuestro lenguaje también se ha vuelto más y más científico.

Como el himno tiene dos mil años, tiene algo de inocencia primitiva, la cualidad infantil del asombro, de sorprenderse ante lo misterioso. Pero, Premartha, tienes toda la razón: no hay nada en él que me contradiga, y tampoco hay nada en él que me gustaría contradecir. Quien lo haya dicho debe haber sido un despierto.

Pero no te limites a repetirlo. Es hermoso repetirlo, es hermoso cantarlo, pero no es suficiente. Practícalo, deja que se convierta en el sabor mismo de tu vida. Deja que se disuelva en tu sangre, en tus huesos, en tu médula. Deja que te rodee como un aura invisible. No te limites a repetirlo. Es hermoso, y ése es el peligro. Puedes quedarte tan encantado, tan hipnotizado por su belleza, que te pases la vida repitiéndolo. Y cuanto más lo repitas, más hermoso te parecerá... porque estos antiguos mensajes tienen un poder tremendo y muchas capas de significado.

Pero no entres en el análisis lingüístico o filosófico de la misma. Es una oración - y una oración no es algo que se dice, sino algo que se siente. Una oración no es algo para leer, sino algo para vivir. ¡Vívela!

Es verdad: *y ahora permanecen la fe, la esperanza y el amor, estos tres; pero el mayor de todos ellos es el amor.*

Puedes pensar en el amor, puedes tener hermosos vuelos de imaginación sobre el amor, puedes tener hermosos sueños sobre el amor, pero eso no te va a ayudar. Lo que te ayudará es convertirte en amor. El amor tiene que convertirse en tu núcleo esencial. Todo lo demás tiene que ser sacrificado por el amor, todo lo demás tiene que convertirse en parte de tu vida amorosa.

Sólo entonces esta oración será verdadera para ti. Y entonces no será cristiana, entonces no pertenecerá al Nuevo Testamento. Será algo que formará parte de tu corazón; la respirarás. Y cualquiera que se acerque a ti tendrá una pequeña visión de ella. Un poco de luz se derramará en el camino de todos... si lo vives.

Las Escrituras sólo pueden entenderse si primero se practican. La gente hace justo lo contrario:

leen las escrituras y tratan de entenderlas. Intelectualmente no es difícil entender esas escrituras, son simples. La gente se vuelve muy competente, muy eficiente, en repetir las escrituras - y terminan con eso. Permanecen como loros.

¿Y qué puedes entender al respecto? Intelectualmente lo que entiendas no será correcto, porque reflejará tu estado mental, no el estado de la mente que pronunció estas palabras.

Un ganadero jubilado, de sesenta y cinco años, que había vendido su rancho y venido a Nueva York para ver monumentos, se registró en un hotel del centro.

Una vez arriba, se puso cómodo y se relajó en la cama. Mientras descansaba, vio que la puerta se abría lentamente y que ante él se encontraba una curvilínea rubia vestida únicamente con un picardías transparente.

"Oh", se disculpó al ver al anciano, "debo estar en la habitación equivocada".

"No", corrigió, "estás en la habitación correcta, ¡pero llegas unos cuarenta años tarde!".

La interpretación siempre va a ser tuya. Puedes leer a Jesús, puedes leer a Buda, pero ¿quién va a interpretarlo? Tú lo interpretarás. ¿Y cuál es tu entendimiento? ¿Qué luz tienes? Esos bellos dichos seguirán siendo sólo bellos dichos, bellas naderías. Sí, buena poesía, pero la poesía no puede liberarte a menos que se convierta en tu propia experiencia, a menos que puedas convertirte en testigo de las escrituras.

"Tus continuas infidelidades demuestran que eres un auténtico canalla", enfureció la indignada esposa, que acababa de pillar a su marido por séptima vez en un retozo deportivo con otra mujer.

"¡Al contrario!" fue la fría respuesta. "Simplemente demuestra que soy demasiado bueno para ser verdad".

Tus interpretaciones siempre te reflejarán. Cuando te mires al espejo estarás mirando tu cara, te estarás mirando a ti mismo. No puedes ver el espejo, sólo puedes ver tu cara reflejada en él. Sólo podrás ver el espejo cuando hayas perdido la cara, cuando hayas perdido la cabeza, cuando no seas nada. Cuando te hayas convertido en nada, en nadie, entonces ponte ante un espejo y verás el espejo y su reflejo y no te verás reflejado en él, no te verás reflejado en él. No estarás presente allí. Antes de convertirte en una ausencia, ir ante el espejo no sirve de nada.

Y eso es lo que la gente sigue haciendo: leer la Biblia, el Corán, *El Dhammapada*, se leen a sí mismos.

La preocupada madre estaba sermoneando a su hija adolescente sobre el tema de la moral sexual.

"Por supuesto, me doy cuenta de que puedes sentir la tentación mientras estás en una cita. Si es así, querida, por favor, hazte esta pregunta tan importante: ¿vale más una hora de placer que toda una vida de humillación?".

"Cielos, madre", preguntó la hija, "¿cómo haces para que dure una hora?".

Recuerda siempre, no puedes entender a Jesús, Moisés, Zaratustra. Su cara vendrá en él demasiado.

Un paciente recién casado se quejaba a su médico de sus relaciones conyugales. Parece que la primera vez que hace el amor con su cónyuge es simplemente maravilloso, pero la segunda vez, está transpirado y sudoroso.

El curandero decidió consultar a la esposa. "¿No es extraño", le pregunta el médico a la señora cuando llega, "que la primera vez sea simplemente maravilloso y la segunda esté todo sudado y transpirado?".

"¿Por qué iba a ser raro?", sonríe. "¡La primera vez es en enero y la segunda en julio!".

No puedes ir directamente a los dichos de los budas. Primero tendrás que ir dentro de ti mismo. El encuentro básico tiene que ser con tu propia originalidad, y entonces todos los budas se volverán claros para ti. Y entonces empieza a suceder algo más: entonces Jesús y Buda y Moisés y Mahoma no están diciendo cosas diferentes, están diciendo las mismas cosas.

A menos que una persona se convierta ella misma en testigo de la verdad última, seguirá pensando que Buda dice una cosa y Jesús dice la contraria; que el budismo está en contra del hinduismo, que el hinduismo está en contra del jainismo, que el jainismo está en contra del mahometismo. A menos que seas testigo de la verdad, seguirás creyendo en estas trescientas religiones, y formarás parte de la disputa, el conflicto, el antagonismo que existe continuamente entre estas religiones. El día que veas la verdad de tu propio ser, estas trescientas religiones simplemente desaparecerán, se evaporarán.

Una vez -igual que Premartha- un misionero cristiano fue a ver a un maestro zen. Quería convertir al maestro zen, así que había llevado consigo el Sermón de la Montaña. Empezó a leer el Sermón de la Montaña: sólo había leído las dos o tres primeras frases, y el maestro zen le dijo: "¡Alto! Quien lo haya dicho es un buda".

El misionero se sorprendió. Dijo: "¡Pero estas son las palabras de Jesús!".

El maestro dijo: "No importa cuál sea el nombre del buda, pero quien dijo esto era un buda. Había llegado".

Y te digo esto porque yo también lo sé. Una vez que hayas probado, lo sabrás. Cualquiera que sea la forma en que llegue la verdad, la reconocerás inmediatamente. Pero primero conviértete en testigo.

La última pregunta:

Pregunta 5:

Amado maestro, ¿sólo un paso?

Digambara, sí, de hecho, ni siquiera uno... porque no debemos ir a ninguna parte. Ya estamos en Dios. Digo "sólo un paso" sólo para consolarte, porque sin ningún paso estarás demasiado desconcertado. Lo reduzco al mínimo, sólo un paso, para que te quede algo por hacer, porque tú sólo entiendes el lenguaje del hacer. Eres un hacedor. Si te digo: "No hay que hacer nada, no hay que dar ni un solo paso", no sabrás cómo entenderlo.

La verdad es que no hace falta dar ni un solo paso. Sentado en silencio sin hacer nada, llega la primavera y la hierba crece sola. Pero eso puede ser demasiado. Tu mente de hacedor puede simplemente ignorarlo o puede pensar que todo es una tontería. ¿Cómo puedes alcanzar a Dios sin hacer nada? Sí, un atajo que la mente puede entender; por eso digo "un solo paso". Eso es lo más corto - no se puede reducir a menos que eso.

¡Un solo paso! Esto es sólo para que entiendas que el hacer no es esencial. Para alcanzar el ser, el hacer no es absolutamente necesario. Cuando estés de acuerdo y convencido de que sólo es necesario un paso, entonces te susurraré al oído: "Ni siquiera uno: ¡ya estás ahí!".

Rabiya, una gran mística sufí, pasaba por .... Era la calle por la que solía pasar todos los días de camino al mercado, porque al mercado iba todos los días a gritar la verdad que había alcanzado. Y durante muchos días había estado observando a un místico, un místico muy conocido, Hassan, sentado ante la puerta de la mezquita y rezando a Dios: "¡Dios, abre la puerta! ¡Por favor, abre la puerta! Déjame entrar!"

Rabiya no pudo tolerarlo aquel día. Hassan lloraba, se le saltaban las lágrimas y gritaba una y otra vez: "¡Abrid la puerta! ¡Dejadme entrar! ¿Por qué no me escucháis?

¿Por qué no escuchas mis plegarias?".

Todos los días se había reído, siempre que había oído a Hassan se había reído, pero hoy era demasiado. Lágrimas... y Hassan lloraba de verdad, lloraba a lágrima viva. Ella fue, sacudió a Hassan y le dijo: "¡Déjate de tonterías! La puerta está abierta, de hecho ya estás dentro".

Hassan miró a Rabiya, y ese momento se convirtió en un momento de revelación. Mirando a Rabiya a los ojos, se inclinó, le tocó los pies y dijo: "Has llegado a tiempo; si no, ¡habría llamado toda mi vida! Llevo años haciendo esto: ¿dónde has estado antes? Y sé que pasas por esta calle todos los días. Me habrás visto llorar, rezar".

Rabiya dijo: "Sí, pero la verdad sólo puede decirse en un momento determinado, en un espacio determinado, en un contexto determinado. Estaba esperando el momento oportuno, maduro. Hoy ha llegado; por eso me he acercado a ti. Ayer, si te lo hubiera dicho, te habrías sentido irritado, incluso te habrías enfadado. Habrías reaccionado de forma antagónica; me habrías dicho: "Has perturbado mi oración", y no está bien perturbar la oración de nadie".

Ni siquiera al rey se le permite perturbar la oración de un mendigo. Incluso si un criminal, un asesino, está rezando en los países mahometanos, la policía tiene que esperar hasta que termine su oración, sólo entonces puede ser capturado. La oración no debe ser perturbada.

Rabiya dijo: "Quería decirte esto: 'Hassan, no seas tonto, la puerta está abierta; de hecho, ¡ya estás dentro! Pero tenía que esperar al momento oportuno".

Digambara, yo digo "sólo un paso", e incluso eso te parece increíble, de ahí la pregunta.

Me preguntas: "Amado Maestro, ¿sólo un paso?".

Ni siquiera uno, Digambara. Pero aún no ha llegado el momento adecuado, al menos para ti.

Cuando llegue te susurraré al oído: "Ya estás dentro. No hace falta dar ni un solo paso", porque no vamos a salir. Se necesitan pasos para salir, pero no para entrar.

Es como un hombre soñando, y en sus sueños se ha ido muy lejos. ¿Necesitará un largo viaje para volver a casa? Ya está en casa, está durmiendo en su casa... pero puede que en su sueño esté en Tombuctú. Lo único que hace falta es sacudirle.

Como Rabiya sacudió a Hassan, Digambara, ¡un día te sacudiré a ti! Sólo necesitas que te eche agua fría, agua muy fría, helada, para que en estado de shock abras los ojos.

¿Cree que me preguntará: "Cómo volver a casa, porque estoy en Tombuctú"?

No, no preguntarás, si ves que ya estás en tu casa, te habías dormido y soñabas con Tombuctú. Nunca habías ido allí.

No has salido de Dios. No puedes, es imposible, porque sólo Dios existe.

¿Adónde podemos ir, adónde podemos ir? No hay lugar donde Dios no esté. Siempre estamos en él y él siempre está en nosotros. Pero eso necesita un despertar.

Ni siquiera un paso - que es sólo para acercarte a la verdad. Poco a poco hay que persuadirte. Mil pasos se reducen a uno, y entonces te quitaré también ese paso. Pero eso necesita un momento adecuado. Las verdades últimas sólo pueden decirse en una situación correcta, madura.

Ese momento también llegará.

Sólo hay que estar preparado para recibirlo, darle la bienvenida....

Suficiente por hoy.

Por ....

El tonto es descuidado. Pero el maestro vigila su vigilancia. Es su tesoro más preciado.

Nunca cede al deseo. Medita. Y en la fuerza de su determinación descubre la verdadera felicidad.

Vence el deseo, y desde la torre de la sabiduría mira con desapasionamiento a la multitud afligida.

Desde la cima de la montaña mira a los que viven cerca del suelo.

Consciente entre los inconscientes, despierto mientras otros sueñan, veloz como el caballo de carreras se adelanta al campo.

Observando Indra se convirtió en rey de los dioses. Que maravilloso es mirar, que tonto es dormir.

El bhikkhu que vigila su mente y teme el extravío de sus pensamientos quema todo vínculo con el fuego de su vigilancia.

El bhikkhu que vigila su mente y teme su propia confusión no puede caer. Ha encontrado el camino hacia la paz.

La vida es tridimensional y el hombre es libre de elegir. La libertad que tiene el hombre es a la vez una maldición y una bendición. Puede elegir elevarse, puede elegir caer. Puede elegir el camino de las tinieblas o puede elegir el camino de la luz.

Ningún otro ser tiene la libertad de elegir. Sus vidas están predeterminadas. Porque están predeterminadas no pueden descarriarse - eso es lo bonito. Pero como están predeterminadas, son mecánicas: eso es lo feo.

El hombre aún no es un ser en el verdadero sentido. Es sólo un devenir, está en camino. Está buscando, buscando, tanteando; aún no está cristalizado. Por eso no sabe quién es, porque aún no lo es; ¿cómo puede saber quién es? Antes de saber, hay que ser. Y el ser sólo es posible si eliges correctamente, conscientemente, con plena conciencia.

Jean-Paul Sartre tiene razón cuando dice que el hombre es un proyecto, que el hombre se crea a sí mismo por su propio esfuerzo, que el hombre nace sólo como oportunidad, como posibilidad, no como actualidad. Tiene que convertirse en realidad, y hay muchas posibilidades de que no dé en el blanco. Millones de personas no dan en el blanco; es muy raro que una persona haya encontrado su ser. Cuando una persona encuentra su ser, es un buda.

Pero el requisito básico es: elige tu vida con conciencia. Tienes que elegir de todas formas, que elijas con consciencia o no no supone ninguna diferencia, la elección tiene que hacerse. No eres libre en el sentido de que si no quieres elegir se te permita no hacerlo. No eres libre de no elegir - incluso no elegir será una elección.

Los millones que fallan, fallan porque no eligen. Se limitan a esperar; siguen esperando que ocurra algo. Así nunca pasa nada. Tienes que crear el contexto, el espacio, para que te suceda algo valioso, para que te suceda algo esencial.

Hay dos escuelas de filósofos en el mundo. Una cree que el hombre nace como una esencia: la escuela esencialista. Dice que el hombre nace ya hecho. Esta es la idea de todos los fatalistas. La otra escuela es la de los que se llaman existencialistas. Creen que el hombre no nace como esencia, sino sólo como existencia.

¿Y cuál es la diferencia? La esencia está predeterminada; la traes con tu vida, la traes como un plano. Sólo tienes que desplegarlo; ya estás hecho. No tienes ninguna opción de hacerte a ti mismo, de crearte a ti mismo. Ese es un punto de vista muy poco creativo; eso reduce al hombre a una máquina.

La otra escuela cree que el hombre nace sólo como existencia. Hay que crear la esencia; no está ya ahí. Tienes que crearte a ti mismo, tienes que encontrar formas y medios para llegar a ser, para ser. Tienes que convertirte en el útero de tu propio ser, tienes que darte a luz a ti mismo. El nacimiento físico no es el verdadero nacimiento; tendrás que nacer de nuevo.

Jesús le dice a Nicodemo: "Si no naces de nuevo, no entrarás en el reino de mi Dios". ¿Qué quiere decir? ¿Nicodemo va a morir primero físicamente? No.

Jesús quiere decir algo totalmente distinto: tiene que morir como ego, tiene que morir como personalidad. Tiene que morir como pasado. Tiene que morir como mente. Sólo cuando mueres como mente naces como ser.

En Oriente hemos llamado a los budas los dos veces nacidos - dwij. Otras personas sólo nacen una vez; un buda nace dos veces. El primer don de la vida es a través de los padres; el segundo don tienes que dártelo a ti mismo.

Puedes elegir entre estas tres dimensiones. Si eliges una dimensión alcanzarás una cierta integridad, pero como es unidimensional no será total ni estará completa. La primera dimensión es la dimensión de la ciencia, del mundo objetivo, de los objetos, de las cosas, de lo otro. La segunda dimensión es la de la estética: el mundo de la música, la poesía, la pintura, la escultura, el mundo de la imaginación. Y la tercera dimensión es la de la religión: subjetiva, interior.

Ciencia y religión son polos opuestos: la ciencia es extrovertida, la religión introvertida. Y entre las dos está el mundo de la estética. Es el puente; es ambas cosas a la vez. El mundo de la estética, el mundo del artista, es en cierto modo objetivo, sólo en cierto modo. Pinta, y entonces nace un cuadro como objeto. También es subjetivo, porque antes de pintar tiene que crear el cuadro en su interior, en su subjetividad. Antes de que un poeta pueda cantar su canción, la canta en lo más íntimo de su ser. Primero la canta allí, sólo después se traslada al mundo exterior.

Es científico en el sentido de que el arte crea objetos, y es religioso en el sentido de que lo que el arte crea se imagina primero en el propio ser interior. Es el puente entre la ciencia y la religión. La religión es la interioridad absoluta. Es entrar en lo más íntimo, es subjetividad.

Estas son las tres dimensiones.

Si te conviertes en científico y pierdes el contacto con la estética y la religión, serás un hombre unidimensional. Serás sólo un tercio; no estarás completo. Puede que alcances cierta integridad que verás en un hombre como Albert Einstein: cierta individualidad, una belleza, una verdad, pero sólo parcial.

Puedes elegir ser un artista: puedes ser un Picasso, un Van Gogh, un Beethoven, un Rabindranath, pero entonces también... serás un poco mejor porque la estética es el mundo del entremedio, el mundo del crepúsculo. Tendrás algo de religión en ti. Todos los poetas llevan algo de religión dentro, puede que lo sepan o puede que no, pero ningún poeta puede prescindir de algo de religión. Es imposible. Incluso el artista más ateo está obligado a tener algún tipo de religiosidad. Sin ella no será un genio.

Sin ella seguirá siendo sólo un técnico, un artesano, pero no un artista.

Incluso un hombre como Jean-Paul Sartre -que es decididamente ateo, que nunca admitirá que es religioso- incluso él es de alguna manera religioso. Ha creado grandes novelas, y esas novelas y los personajes de esas novelas tienen una gran interioridad. Este hombre ha vivido esa interioridad, de lo contrario no podría escribir sobre ella. Esa interioridad se vive.

Y el hombre que se mueve en la estética está obligado a tener algunas cualidades científicas a su alrededor también. Será más lógico que la persona religiosa, más orientado al objeto que la persona religiosa - menos orientado al objeto que el científico, por supuesto, menos lógico que el científico, pero más lógico que la persona religiosa. Estará en un estado más equilibrado.

Es mejor moverse en el mundo del arte porque de alguna manera tiene algo de las tres dimensiones - pero sólo algo, todavía no es total.

El hombre religioso vuelve a ser unidimensional, igual que el científico. Albert Einstein es unidimensional, igual que Gautama el Buda. Y debido a que Oriente se ha vuelto unidimensionalmente religioso ha sufrido mucho. Y ahora Occidente está sufriendo mucho, y la causa es la unidimensionalidad. Occidente está en bancarrota en lo que respecta al mundo interior y Oriente está en bancarrota en lo que respecta al mundo exterior.

Oriente no es accidentalmente pobre y hambriento. Ha elegido ser así. Ha negado la ciencia; incluso ha negado el mundo de la realidad objetiva. Dice que el mundo es ilusorio. Si el mundo es ilusorio, ¿cómo se puede crear una ciencia? Falta el primer requisito. No se puede crear una ciencia a partir de maya, la ilusión. ¿Cómo se puede crear una ciencia a partir de algo que no es, que ni siquiera existe? Si niegas el mundo, habrás negado por completo la dimensión de la ciencia.

Esa es la razón por la que Oriente es pobre y se muere de hambre. Y a menos que el genio oriental comprenda esto, podemos seguir importando ciencia de Occidente, pero no arraigará en nuestros seres. Si nuestro enfoque sigue siendo el mismo desde hace cinco mil años, la ciencia sólo será algo ajeno. Así son las cosas.

En la India se puede encontrar a un científico, mundialmente famoso en su campo de trabajo, y aun así llevar una vida muy poco científica. Puede que consulte al quiromántico y al astrólogo. Puede que se bañe en el Ganges para lavar sus pecados de muchas vidas. Puede que siga creyendo en mil y una cosas que no son más que supersticiones, ¡y aun así es un científico! La ciencia sigue siendo algo periférico; su alma sigue arraigada en el antiguo pasado de Oriente, que no es científico.

Oriente ha sufrido mucho a causa de la unidimensionalidad. Y ahora Occidente vuelve a sufrir por la misma razón: la unidimensionalidad. Occidente ha elegido ser científico a costa de ser religioso. Ahora se niega a Dios, se niega el alma. El hombre se reduce primero a un animal y ahora a una máquina. El hombre pierde toda gloria, toda grandeza. El hombre pierde toda esperanza, todo futuro. En el momento en que el hombre pierde su interioridad, pierde profundidad, se vuelve superficial. El hombre occidental es rico en cuanto a las cosas, pero es muy pobre en cuanto al alma: interiormente pobre, exteriormente rico.

Esta es la situación actual.

Y entre estos dos existen unos pocos artistas que tienen algo de ambas dimensiones.

Pero ni siquiera el artista está satisfecho, porque es algo de ambos, pero no es ni un científico ni un religioso, sólo tiene algunos atisbos de ambos mundos. Permanece en una especie de limbo; nunca se asienta, sigue siendo un vagabundo. Se mueve como una lanzadera entre estos dos mundos. No aporta gran cosa: como no es científico, no puede contribuir científicamente, y como no es religioso, no puede contribuir religiosamente. Como mucho, su arte sigue siendo decorativo; como mucho, puede hacer la vida un poco más bella, un poco más cómoda, conveniente. Pero eso no es mucho.

Propongo la cuarta vía. El verdadero hombre será las tres cosas simultáneamente: será científico, artista y religioso. Y yo llamo al cuarto hombre el hombre espiritual. En eso me diferencio de Albert Einstein, de Gautam Buda y de Picasso, de todos ellos.

Debes recordar mis diferencias.

Buda es unidimensional - ¡tremendamente bello! En lo que respecta a su propio mundo interior, es el mayor maestro, el maestro de lo interior, insuperable, pero sigue siendo unidimensional. Alcanza la inmensa paz, el silencio, la dicha, pero no contribuye al mundo de ninguna manera objetiva.

Albert Einstein contribuye al mundo de una forma muy objetiva, pero no puede aportar nada de lo interior, de ahí que su contribución se convierta en una maldición. Sufrió toda su vida por ser el hombre que propuso la fabricación de bombas atómicas. Había escrito una carta al presidente americano: "Ahora es el momento - a menos que se fabriquen bombas atómicas la guerra puede durar años y años y será muy destructiva. El solo hecho de fabricar las bombas atómicas, la sola amenaza de ello, detendrá la guerra".

Pero una vez que el poder -cualquier tipo de poder- llega a manos de los políticos, no puedes controlarlos, no puedes evitar que lo utilicen. El político es la clase más estúpida de persona: mono, loco por el poder.

Una vez que la bomba atómica estuvo en manos de los políticos estadounidenses tenía que ser lanzada en algún lugar. Hiroshima, Nagasaki, estaban destinadas a suceder. Y cuando sucedieron fue una herida, una gran herida, para Albert Einstein. Se arrepintió toda su vida.

En los últimos momentos, cuando alguien le preguntó: "¿Te gustaría volver a ser científico si Dios te da la oportunidad de nacer de nuevo en el mundo?".

Me dijo: "¡No, claro que no, rotundamente no! Prefiero ser fontanero que físico, científico. Ya basta. No he sido una bendición para el mundo, he sido una maldición".

Ciertamente enriqueció el mundo exterior, pero sin crecimiento interior, el crecimiento exterior crea un desequilibrio. Posees muchas cosas, pero no te posees a ti mismo. Tienes todo lo que puede hacerte feliz, pero no eres feliz, porque la felicidad no puede derivarse de tus posesiones. La felicidad es un fluir interior, es el despertar de tus propias energías. Es el despertar de tu alma.

Buda contribuyó enormemente a la dimensión subjetiva. Es un maestro por excelencia. Todo lo que dice es absolutamente cierto, pero es unidimensional: nunca lo olvides.

Mi esfuerzo aquí es crear la cuarta vía: un hombre que une estas tres dimensiones de la vida en sí mismo, que se convierte en una trinidad, una trimurti, que tiene estas tres caras de Dios para él. Que tenga tanta mente lógica como la que necesita la ciencia y que sea también tan poético como la que necesita la estética, y que sea también tan meditativo y vigilante como proponen los budas.

El cuarto hombre es la esperanza del mundo. La cuarta vía es la única posibilidad para que el hombre sobreviva. Si el hombre ha de seguir existiendo en esta tierra, tenemos que encontrar una gran síntesis entre estas tres dimensiones. Y si estas tres dimensiones se encuentran, se fusionan, se funden en una, por supuesto que esa síntesis es la cuarta.

Hablo de Buda, de Mahavira, de Jesús, de Patanjali, de Lao Tzu y de muchos más. Pero recuerda siempre que todas estas personas son unidimensionales. Quiero enriquecer tu vida a través de sus enseñanzas, pero no termino con ellas. Me gustaría que también profundizaras un poco más en otras dimensiones.

De ahí que la nueva comuna vaya a ser un lugar de encuentro entre Oriente y Occidente, entre lo subjetivo y lo objetivo. En la nueva comuna vamos a tener científicos, artistas, poetas, pintores, cantantes, músicos, meditadores, yoguis, místicos... todo tipo de personas vertiendo sus energías en un gran río. Y así es como me gustaría que fuera el mundo entero.

Buda debe incorporarse a ella, por eso hablo de él. Y, por supuesto, la tercera dimensión, la religiosa, es una de las más importantes, la más importante. Sin ella, todo carece de alma.

Los sutras de hoy:

El tonto es descuidado. Pero el maestro vigila su vigilancia. Es su tesoro más preciado.

Buda llama necio a un hombre, no porque sea ignorante, no porque no tenga conocimientos. Según Buda, un hombre es tonto si es inconsciente, si se comporta inconscientemente, si vive dormido, si es sonámbulo. Si sigue comportándose sin prestar atención, entonces es un necio. La palabra tiene un significado especial, recuerda:

inconsciencia, falta de conciencia, falta de atención - esa es la definición de Buda del tonto.

Se mueve en la vida como madera a la deriva, a merced de los vientos. No sabe quién es, no sabe de dónde viene, no sabe adónde va. Es accidental; simplemente vive por accidente. No tiene una búsqueda consciente y deliberada del ser, de la verdad, de la realidad. Sigue a la multitud, forma parte de la psicología de la muchedumbre.

No es un individuo. No tiene auténtica inteligencia propia; simplemente sigue a otros. Los padres han dicho algo, los profesores, los curas, los políticos, y él sigue todo tipo de consejos. No tiene ni idea de por qué está aquí, para qué, qué hace y por qué. Nunca se plantea esas cuestiones.

Estas preguntas le resultan muy incómodas. Le crean ansiedad y las evita. Simplemente cree en las respuestas que se le dan; nunca duda de esas respuestas. No es que haya llegado a confiar -no, tampoco confía-, sino que simplemente reprime su duda porque la duda le crea incomodidad.

Sigue siendo hindú, mahometano o cristiano. Nunca investiga y nunca arriesga nada por su investigación. Nunca explora. No es un aventurero, su vida no es una aventura. Está atascado, inactivo, estancado. No se le puede separar de la multitud; es como una oveja. Buda lo llama el tonto.

El necio puede tener muchos conocimientos; de hecho, casi siempre los tiene. Puede ser un experto, un erudito, un gran profesor: así es como oculta su estupidez. Al acumular conocimientos en la circunferencia, oculta la ignorancia que existe en el centro.

Hay dos tipos de personas: una, la gente muy conocedora - conocedora, pero no saben nada. Tienen una especie de conocimiento ignorante. Y está la otra categoría: la gente que no sabe, pero sabe. Tienen una especie de ignorancia conocedora.

Cuando Buda utiliza la palabra "tonto", no se refiere a la segunda categoría, porque el propio Buda no es muy entendido, como tampoco lo es Jesús ni Mahoma.

Son personas inocentes, sencillas, pero su sencillez es tal, su inocencia es tal, su cualidad infantil es tal, que han sido capaces de penetrar en lo más íntimo de su ser. Han sido capaces de conocer su verdad; han sido capaces de llegar al núcleo mismo de su existencia. Saben, pero no conocen. Su conocimiento no es a través de las escrituras. Su conocimiento ha ocurrido a través de la vigilancia. Recuerda la fuente: el conocimiento real viene a través de la meditación, el darse cuenta, la consciencia, la atención plena, la vigilancia, el ser testigo. Y el conocimiento irreal viene a través de las escrituras. Puedes aprender el conocimiento irreal muy fácilmente y puedes alardear de ello, pero seguirás siendo un tonto - un tonto erudito, pero un tonto al fin y al cabo.

Si realmente quieres saber tendrás que abandonar todo tu conocimiento, tendrás que desaprenderlo. Tendrás que volverte ignorante de nuevo, como un niño pequeño, con ojos asombrados, alerta. Serás capaz de conocer no sólo tu propio ser, sino también el ser que existe en el mundo... el ser que existe en los árboles y los pájaros y los animales y las rocas y las estrellas. Si eres capaz de conocerte a ti mismo, serás capaz de conocer todo lo que existe.

Dios es otro nombre para todo lo que es.

El necio es descuidado. Por "descuido" Buda entiende que se comporta inconscientemente.

No sabe lo que hace. Simplemente sigue haciendo cosas porque no puede permanecer desocupado; quiere una ocupación constante. No puede permanecer solo; quiere compañía constante. No puede permanecer desocupado ni un solo momento, porque siempre que está desocupado, solo, empieza a enfrentarse a sí mismo, y eso le da mucho miedo.

No quiere adentrarse en el abismo de su propio ser. Todo lo que sabe no tiene sentido allí. Todo lo que sabe, no puede llevarlo allí. Todo su conocimiento, toda su eficacia, todas sus escrituras, todas sus teorías, son completamente inútiles en el mundo interior. Se aferra al exterior porque allí es alguien. En el mundo interior es un don nadie.

Observar a la gente. De hecho, es el mejor entretenimiento: pararse al lado de la carretera y observar a la gente. ¿Qué hacen? ¿Por qué lo hacen? Y luego obsérvate a ti mismo: ¿qué haces y por qué?

Un hombre recoge a una joven en el vestíbulo de un hotel y se va con ella a su apartamento.

Ambos se desnudan, pero entonces ella dice: "¡Primero persígueme! Quiero estar inflamada, excitada".

La persigue durante dos horas, pero no puede alcanzarla y se marcha disgustado.

La noche siguiente, la ve recoger a otra víctima en el mismo vestíbulo y se cuela por la escalera de incendios para ver por la ventana la desazón del nuevo pringado. Mientras ve pasar las piernas desnudas bajo la persiana parcialmente bajada, se dice a sí mismo en voz alta: "¡Ah, hermano, échale un vistazo!".

"¡Tú lo has dicho!", respira la voz de un hombre en su oído, "¡pero tendrías que haber visto al hijo de puta que estuvo aquí anoche!".

Observa a la gente: ¿qué hacen? Perseguir sombras, perseguir cosas que no necesitan, esforzarse por conseguir algo que, una vez conseguido, no sabrán qué hacer con ello. Así es como la gente corre tras el dinero, tras el poder político. Una vez que lo tienes no sabes qué hacer con él.

Una mujer le decía a otra: "¿No estás preocupada por tu marido? Continuamente persigue mujeres, cualquier mujer, ¡y lo sabes!".

Y la otra mujer se rió. Dijo: "No hay de qué preocuparse: él persiguiendo mujeres es como los perros persiguiendo coches".

La otra mujer dijo: "No lo entiendo. ¿Cómo que los perros persiguen a los coches?".

Ella dijo: "Sí, los perros que persiguen coches - una vez que han atrapado uno no saben qué hacer con el coche, y así es como es mi marido. Persigue a una mujer y la atrapa. Luego no sabe qué hacer con ella. ¡Yo le conozco! Por eso no estoy preocupada".

Esta es la situación. Alguien quiere ser muy famoso, y malgastará toda su vida en hacerse famoso y luego no sabrá qué hacer con ello. De hecho, una vez que te vuelves muy famoso quieres volver a ser no famoso, porque es un gran peso.

No puedes relajarte. No se puede ir a ninguna parte sin ser observado por la multitud. Ya no tienes intimidad, no puedes vivir una vida personal. Todo el mundo está mirando, observando, investigando tu vida. No puedes reír, no puedes hablar con facilidad... todo se vuelve difícil.

Hace sólo unos días Jimmy Carter dijo que si Kennedy se le enfrenta en las elecciones presidenciales le "azotará el culo". Ahora está siendo condenado en todo el mundo por usar esa palabra. Ni siquiera puede utilizar una palabra inocente. Ahora debe sentirse muy arrepentido por lo que ha hecho. Ha cometido un delito.

Cuando se es famoso, no se tiene una vida privada. Cuando se es Presidente de un país o Premio Nobel, se es algo público. Siempre estás en el escaparate, siempre tienes que ir bien vestido. No puedes hacer un simple gesto en libertad.

La gente tiene dinero... y luego no sabe qué hacer con él.

El hombre accidental es tonto. El hombre sabio se mueve deliberadamente, da cada paso conscientemente. Su vida es una búsqueda constante de la verdad. No se extravía. Permanece alerta en cada uno de sus actos, no a causa de los demás. Permanece alerta porque sólo estando alerta se integrará, se cristalizará.

El necio es descuidado. El sabio se preocupa: se preocupa de sí mismo, de su vida y también de los demás. Se preocupa por todo, porque valora su vida. Sabe que es muy valiosa, que es una oportunidad que Dios le ha dado para crecer, que no debe perderse en una especie de borrachera.

Una prostituta reformada se ha unido al Ejército de Salvación y da testimonio en una esquina. "Solía acostarme en los brazos de los hombres", confiesa, "hombres blancos, negros, chinos. Pero ahora yazgo en los brazos de Jesús".

"Eso es, hermana", grita un borracho en la última fila, "¡que se jodan todos!".

Observa a la gente y obsérvate a ti mismo, y te sorprenderá lo inconscientes, lo borrachos que estamos. ¡Qué descuidados! No escuchamos lo que se dice, no vemos lo que vemos.

Nuestros ojos están nublados, nuestras mentes confusas, nuestros seres no tienen claridad. No somos perceptivos, no somos sensibles.

Seguimos diciendo cosas que no queremos decir, y luego sufrimos por ello. Seguimos diciendo cosas que nunca quisimos decir. Seguimos haciendo cosas - incluso mientras las estamos haciendo sabemos que no queremos hacer esas cosas, y aún así seguimos haciéndolas. Alguna fuerza inconsciente nos sigue impulsando. A veces incluso decidimos no hacer cierta cosa, no decir cierta cosa, y aún así lo hacemos, incluso en contra de nuestras propias decisiones. No tenemos ninguna resolución, no tenemos ninguna resolución, no tenemos ninguna voluntad.

Sabía que éstas iban a ser sus últimas horas en esta tierra, así que llamó a su marido a su lado y con voz entrecortada le dijo su última voluntad.

"Sé", dijo, "que tú y madre nunca os habéis llevado bien. Pero, como un favor especial para mí, ¿irías al cementerio en el mismo coche con ella?".

"De acuerdo", respondió el infeliz marido. "Pero me estropeará todo el día".

Esto no es un chiste, ocurre todos los días. Dices cosas que deberías saber que no son correctas. Pero lo sabes más tarde, cuando el daño ya está hecho.

Pronunciamientos inconscientes.

Ahora, este hombre puede haber estado llorando y diciéndole a su esposa: "Sin ti será imposible vivir. Siempre me quedaré vacío sin ti, una parte de mi alma morirá contigo..." y cosas por el estilo. Pero ahora, en este momento, lo ha olvidado todo.

El tonto es descuidado. Pero el maestro vigila su vigilancia. Es su tesoro más preciado. El tonto sigue siendo esclavo - esclavo de los instintos, esclavo de los deseos inconscientes, esclavo de los caprichos, esclavo de la sociedad en la que ha nacido, esclavo de las modas - esclavo de cualquier cosa que ocurra a su alrededor. Simplemente lo recoge. Si el vecino se compra un coche nuevo, él también tiene que comprarse un coche nuevo. No lo necesita. Si el vecino se ha comprado una casa en las colinas, él también tiene que comprarla. Puede que le resulte difícil y complicado gestionar el dinero. Puede que tenga que pedir prestado, puede que tarde años en pagar, pero tiene que comprarla. Su ego está herido. La gente está viviendo imitativamente, muy descuidadamente.

Entre los esquimales hay una tradición, una tradición muy bonita, que consiste en que cada año, el primer día del año, cada familia busca en la casa lo que es innecesario y lo que es necesario: clasifican las cosas. Y sólo se guarda lo que es absolutamente necesario; todo lo innecesario se regala a la gente.

Y te sorprenderá saber que la casa de los esquimales es la más limpia del mundo, tiene un aire de pureza: no hay basura, no se acumula nada. Espaciosa - pequeña pero espaciosa; sólo lo necesario, absolutamente necesario....

Piensa en todas las cosas que vas acumulando: ¿son realmente necesarias? ¿O es sólo porque la gente acumula por lo que tú también acumulas?

El hombre vigilante se hace dueño de su vida. La vive según su luz, no según la vida de los demás. La vive según sus propias necesidades. Y recuerda, tus necesidades no son muchas. Si eres sabio, vigilante, tendrás una vida muy muy contenta, y muy sencilla, y con pequeñas cosas.

Pero si eres imitativo, entonces tu vida se volverá muy compleja, innecesariamente compleja. Y no te estoy dando instrucciones particulares sobre lo que debes tener y lo que no. Simplemente estoy diciendo que sigas observando... lo que sea necesario para ti, tenlo; y lo que no sea necesario para ti, olvídalo. Este es el camino de un sannyasin.

No soy partidario de renunciar a las cosas, pero sí de renunciar a la basura innecesaria.

Y no es sólo que coleccionéis cosas innecesarias: deseáis cosas innecesarias, y nunca meditáis si esas cosas son realmente necesarias. ¿Van a ayudar de alguna manera? ¿Van a hacerte más feliz, más dichoso?

Antes de empezar a desear una cosa, piénsalo tres veces... y te sorprenderás. De cien de tus deseos, noventa y nueve son absolutamente inútiles. Simplemente te mantienen ocupado; esa es su única función. Te mantienen alejado de ti mismo; ésa es su única utilidad. No te dejan tiempo ni espacio para estar contigo mismo. Son peligrosos.

Por estas cosas innecesarias malgastarás tu vida y morirás en la bancarrota.

...El maestro vigila su vigilancia.

Lo he oído:

El marido y la mujer se vuelven locos por la continua presencia del hermano de la mujer, que vino a pasar el fin de semana pero sigue allí seis meses después. Deciden que la mujer cocinará un pollo y el marido fingirá que está pasado. Le plantearán la cuestión al cuñado. Si dice que el pollo está bueno, el marido lo echará; si dice que el pollo está malo, la mujer lo echará. ¡No puede fallar!

La escena se desarrolla según lo previsto, con muchos gritos y reproches fingidos, mientras el cuñado guarda en silencio su comida. De repente, el marido y la mujer dejan de gritar y se vuelven hacia él.

"Harry", dice el marido, "¿qué te parece?".

"¿Yo?", dice Harry, mordiendo el muslo de pollo. "Creo que me quedaré otros tres meses".

Debe haber sido un hombre muy vigilante. Debe haber sido muy cuidadoso, alerta. No cayó en la trampa. La trampa era ciertamente muy sutil. A menos que estuviera muy alerta, estaba destinado a atraparlo. No da ninguna opinión. Simplemente afirma un hecho: "Me voy a quedar tres meses más".

Vive atentamente y no estarás atrapado. Vive inconscientemente y a cada paso estarás atrapado; tu vida estará cada vez más aprisionada. Y nadie es responsable excepto tú.

Pero el maestro guarda su vigilancia. Es su tesoro más preciado. Todo lo que hace, lo hace con total conciencia. Lo que tú haces, lo haces casi mecánicamente. Tendrás que desautomatizarte. En eso consiste la meditación: en el proceso de desautomatización.

Te has vuelto automático. Sigues conduciendo el coche, fumando el cigarrillo, hablando con el amigo y pensando mil y un pensamientos en tu interior. La mayoría de los accidentes ocurren por este motivo. Cada año mueren más hombres en accidentes de coche, tren, avión y similares que en la guerra. Puede que Adolf Hitler no haya matado a tanta gente como la que está muriendo cada año por el comportamiento mecánico del hombre alrededor de la tierra.

¿Pero qué puedes hacer? Esa es toda tu forma de vida, así es como vives. Comes, simplemente te atiborras, no prestas atención a lo que comes. Haces el amor con tu mujer o con tu marido, ni siquiera ves la cara de la mujer. Te has vuelto muy insensible; simplemente sigues con gestos vacíos, sin significado. No pueden tener ningún significado a menos que estés completamente alerta.

Es la luz de la conciencia la que hace que las cosas sean preciosas, extraordinarias. Entonces las cosas pequeñas dejan de serlo. Cuando un hombre alerta, sensible y enamorado toca un guijarro ordinario en la orilla del mar, ese guijarro se convierte en un kohinoor. Y si tocas un kohinoor en tu estado inconsciente, es sólo un guijarro ordinario - ni siquiera eso. Tu vida tendrá tanta profundidad y significado como conciencia tengas.

Ahora la gente se pregunta en todo el mundo: "¿Cuál es el sentido de la vida?". Por supuesto que el sentido se ha perdido, porque se ha perdido el camino para encontrar el sentido - y el camino es la conciencia. *Es su tesoro más preciado.*

Nunca cede al deseo.

¿Qué entiende Buda por "deseo"? Deseo significa toda tu mente. Deseo significa no estar ahora. Deseo significa moverse a algún lugar en el futuro que todavía no existe. Deseo significa mil y una maneras de escapar del presente. El deseo es equivalente a la mente. En la terminología de Buda, el deseo es la mente.

Y el deseo también es tiempo. Cuando digo que el deseo también es tiempo, no me refiero al tiempo del reloj, sino al tiempo psicológico. ¿Cómo creas futuro en tu mente? - Deseando. Si quieres hacer algo mañana, has creado el mañana; de lo contrario, el mañana aún no está en ninguna parte, no ha llegado. Pero quieres hacer algo mañana, y porque quieres hacer algo mañana has creado un mañana psicológico.

Y la gente está creando años por delante, vidas por delante. Incluso están pensando en qué hacer después de la vida, después de la muerte. Incluso se preparan para ello. Y se cree que estas personas son religiosas, pero no lo son en absoluto. El deseo te aleja del ahora-aquí, y el ahora-aquí es la única realidad.

De ahí que Buda diga: *nunca cede al deseo.* Nunca se mueve hacia el futuro, vive en el presente. Vivir en el futuro es vivir una vida falsa, una pseudovida.

Una actriz de moda rechaza a un joven que le pide sus favores, alegando que es judío, y se ríe de su oferta de cien mil francos. Le dice que, para demostrarle lo poco que le importa su dinero, puede hacer el amor con ella durante el tiempo que tarden en quemarse los cien mil francos.

Vuelve al día siguiente con el dinero, coloca diez billetes en fila con los extremos superpuestos, enciende el primero y salta a la cama con ella. Cuando se consume el último billete, ella le empuja.

"Bueno, te he tenido", dice triunfante.

"Sí", sonríe, "y tus cien mil francos se han hecho cenizas".

"¿Qué importa?", dice, encendiendo un cigarrillo. "Eran falsos".

El hombre que vive en el futuro, vive una vida falsa. No vive realmente, sólo finge vivir. Espera vivir, desea vivir, pero nunca vive. Y el mañana nunca llega, siempre es hoy. Y lo que viene es siempre ahora y aquí, y no sabe cómo vivir ahora-aquí; sólo sabe cómo escapar del ahora-aquí. La forma de escapar se llama "deseo", tanha, que es la palabra de Buda para lo que es un escape del presente, de lo real a lo irreal.

El hombre que desea es un escapista.

Ahora, esto es muy extraño, que se piense que los meditadores son escapistas. Eso no tiene sentido. Sólo el meditador no es un escapista, todos los demás lo son. Meditar significa salir del deseo, salir de los pensamientos, salir de la mente. Meditar significa relajarse en el momento, en el presente. La meditación es la única cosa en el mundo que no es escapista, aunque se piensa que es la cosa más escapista. Las personas que condenan la meditación siempre la condenan con el argumento de que es evasión, escapar de la vida. No dicen más que tonterías; no entienden lo que dicen.

La meditación no es escapar de la vida: es escapar hacia la vida. La mente escapa de la vida, el deseo escapa de la vida.

Nunca se deja llevar por el deseo…. Él medita.

Se trae a sí mismo una y otra vez al presente. Una y otra vez la mente empieza a funcionar y él la trae de nuevo al presente. Poco a poco, empieza a suceder: la ventana se abre y por primera vez ves el cielo tal como es. Y por primera vez sientes el viento y la lluvia y el sol, en su inmediatez, porque te vuelves meditativo. Empiezas a tocar la vida. Entonces la vida ya no es una palabra, sino una realidad tangible; entonces el amor ya no es una palabra, sino una energía desbordante. Entonces la bendición ya no es sólo un deseo, una esperanza: la sientes, la tienes, la eres.

Él medita.... Buda no está a favor de la oración, está a favor de la meditación, porque la oración es, de alguna manera, un tipo de deseo. Cuando rezas, deseas. Rezar es siempre para el futuro; rezar significa que estás pidiendo algo. Puede que no estés pidiendo dinero, puede que estés pidiendo a Dios mismo, pero es lo mismo. Pide y te habrás alejado.

La meditación es un estado de no preguntar, no cuestionar, no pensar. La oración sigue siendo parte del pensamiento: un pensamiento hermoso, pero el pensamiento es pensamiento; una prisión hermosa, pero una prisión sigue siendo una prisión.

Y la mente que reza es codiciosa, y la mente que reza no sufre ninguna transformación. Sigue siendo la misma mente. Y la oración nace de la misma mente; no puede tener una cualidad muy diferente. ¿Cómo puedes rezar por algo que es diferente de ti? - Será tu oración. Reflejará tu mente, saldrá de tu mente, brotará de tu mente. ¿Cómo puede llevarte más allá de la mente?

La oración no puede llevarte más allá de la mente. Sólo la meditación puede llevarte más allá de la mente.

La meditación es un estado de no-mente. La oración es un estado de mente religiosa, pero la mente está ahí.

Y cuando tiene el hermoso ropaje de la religiosidad a su alrededor, se vuelve aún más peligroso.

Un niño se aleja de su familia durante un picnic y, de repente, se da cuenta de que está perdido y de que cae la noche. Asustado después de vagar sin rumbo durante algún tiempo y de llamar a gritos a sus padres sin recibir respuesta, se arrodilla y reza con las manos en alto. "Querido Señor", dice, "por favor, ayúdame a encontrar a mi papá y a mi mamá, y no pegaré más a mi hermanita, ¡de verdad que no lo haré!".

Mientras reza arrodillado, un pájaro vuela y deja caer un montón de mierda en su palma extendida. El niño la examina y vuelve los ojos al cielo.

"Oh, por favor, Señor", suplica, "no me des esa mierda. Estoy realmente perdido".

Tu oración es tu oración; forma parte de ti, es una prolongación de ti. No puede ayudarte a superarte. La meditación es la única manera de superarse, la única manera de trascenderse.

¿Y qué es la meditación? No significa meditar sobre algo; la palabra inglesa es engañosa. En inglés no existe una palabra suficientemente adecuada para traducir la palabra de Buda sammasati. Se ha traducido como meditación, como atención plena, como darse cuenta, como consciencia, alerta, vigilancia, testimonio, pero en realidad no hay una sola palabra que tenga la cualidad de sammasati.

Sammasati significa: la conciencia es, pero sin ningún contenido. No hay pensamiento, ni deseo, nada se agita en ti. No estás contemplando sobre Dios o sobre grandes cosas... la naturaleza y su belleza, la Biblia, el Corán, los Vedas, y sus declaraciones inmensamente significativas. No estás contemplando. Tampoco te estás concentrando en ningún objeto especial. No estás cantando un mantra, porque todo eso son cosas de la mente, son contenidos de la mente. No estás haciendo nada. La mente está completamente vacía y tú simplemente estás ahí, en ese vacío. Una especie de presencia, una presencia pura, sin ningún lugar al que ir, completamente relajado en uno mismo, en reposo, en casa. Ese es el significado de la meditación de Buda.

Y nadie ha alcanzado una expresión tan bella sobre la meditación como Buda. Mucha gente lo ha logrado, pero nadie ha sido tan expresivo, tan capaz de transmitir el mensaje, como Buda. *Él nunca cede al deseo. Él medita.*

Y en la fuerza de su determinación descubre la verdadera felicidad.

La dicha es la verdadera felicidad. Lo que tú llamas felicidad no es más que miseria disfrazada. Lo que llamas felicidad no es más que entretenimiento, placer. Es momentáneo, no puede ser verdadero.

La verdad tiene que tener una cualidad, y la cualidad es de eternidad. Si algo es verdadero, es eterno; si es falso, es momentáneo.

La verdadera felicidad sólo se encuentra cuando la mente deja de funcionar por completo. No viene del exterior. Brota dentro de tu propio ser, empieza a desbordarte.

Te vuelves luminoso. Te conviertes en una fuente de dicha.

Vence el deseo, y desde la torre de la sabiduría mira con desapasionamiento a la multitud afligida.

Desde la cima de la montaña mira a los que viven cerca del suelo.

Cuando alguien se convierte en un buda, superado el deseo, superada la mente, superado el tiempo, trascendido el ego, ya no forma parte de esta tierra. Sigue viviendo en la tierra, pero su alma se eleva tan alto que desde la cima iluminada por el sol de su ser puede ver a la multitud afligida en los valles oscuros de la vida, tropezando, borrachos, luchando, ambiciosos, codiciosos, enfadados, violentos... un puro desperdicio de grandes oportunidades. Una gran compasión surge en su ser.

Toda su pasión pasa por el desapasionamiento y se convierte en compasión.

La pasión significa utilizar al otro como medio, y eso es lo fundamental de la inmoralidad.

Utilizar a alguien como medio es el acto más inmoral del mundo, porque cada persona es un fin en sí misma. Utilizarlo como medio es explotar. Y eso es lo que llamamos amor:

el marido sirviéndose de la mujer, la mujer sirviéndose del marido; los hijos sirviéndose de sus padres, y los padres sirviéndose después de sus hijos: ¡eso es lo que llamamos amor!

No es amor. Es una estrategia de la mente; es veneno recubierto de azúcar. Este amor es realmente repugnante. Por eso ves al mundo entero con tanto asco. Este amor es repugnante. Ha enfermado a toda el alma de la humanidad porque no es amor en absoluto. Es pasión, lujuria, utilizar al otro como medio.

Cuando empiezas a meditar pasas a la segunda etapa, el desapasionamiento: el amor desaparece.

Entras en una fase neutra; igual que cambias de marcha en el coche, y cada vez que cambias de marcha, la primera tiene que pasar por punto muerto, así la pasión pasa por una fase neutra: se convierte en desapasionamiento. El amor desaparece. Por el momento, en el intervalo, el hombre que avanza hacia la budeidad se vuelve completamente frío, desapasionado.

Y entonces se alcanza la tercera etapa. Cuando ha alcanzado la budeidad, ha encontrado la dicha y las fuentes inagotables de la dicha - *Aes Dhammo Sanantano* - cuando ha encontrado el principio de la eternidad, cuando ha encontrado el tesoro inagotable de la vida, empieza a rebosar. El amor vuelve - de hecho, el amor viene por primera vez. Es compasión. Ahora derrama su compasión sobre todos y cada uno;

quienquiera que venga a él, comparte su dicha con él, comparte su camino, comparte su perspicacia.

Consciente entre los inconscientes, despierto mientras otros sueñan, veloz como el caballo de carreras se adelanta al campo.

Y cuando te has establecido en la meditación y la compasión ya no eres víctima del sueño ni de la ensoñación. Permaneces despierto, incluso mientras duermes. Y entonces tu vida se convierte en una flecha recta, se mueve con tremenda velocidad, con la velocidad de la luz, hacia la meta. Te conviertes, por primera vez, en el ser.

Veloz como un caballo de carreras, se adelanta a los demás. Consciente entre los inconscientes, despierto mientras otros sueñan. Ésa es la diferencia entre Buda y los demás. Otros sólo sueñan, no viven realmente; esperan vivir algún día, se preparan para vivir, pero no viven. Y ese día nunca llega; antes de ese día llega la muerte.

Un buda está despierto. Incluso cuando está dormido, no sueña. Cuando desaparecen los deseos, también desaparecen los sueños. Los sueños son deseos traducidos al lenguaje del sueño. Un buda duerme con un estado de alerta absoluto. La luz sigue ardiendo en su interior.

El cuerpo necesita descansar, por eso duerme, pero él no necesita descansar: la energía es inagotable. Allí, en el centro de su ser, una pequeña luz sigue ardiendo. Toda la circunferencia está profundamente dormida, pero esa luz está alerta, despierta.

Nosotros dormimos mientras estamos despiertos; él está despierto mientras duerme.

Observando Indra se convirtió en rey de los dioses. Que maravilloso es observar, que tonto es dormir.

El bhikkhu que vigila su mente y teme el extravío de sus pensamientos quema todo vínculo con el fuego de su vigilancia.

Bhikkhu' es la palabra de Buda para sannyasin. Sannyasin' es mi palabra para el bhikkhu. No he elegido la palabra de Buda por una cierta razón. Bhikkhu significa literalmente mendigo.

Buda renunció a su reino y se hizo mendigo. Por supuesto, incluso siendo un mendigo, camina como un emperador; por supuesto, es mucho más elegante de lo que nunca fue antes, y mucho más rico de lo que nunca fue antes. Pero como renunció al reino, la gente empezó a llamarle bhikkhu, mendigo. Y, poco a poco, el nombre fue adoptado también por sus seguidores.

No quiero que seáis mendigos, quiero que seáis maestros. Por eso he elegido la palabra "sannyasin". Un sannyasin significa alguien que sabe cómo vivir correctamente. No es renuncia; al contrario, es regocijo, es celebración.

El bhikkhu que vigila su mente y teme el extravío de sus pensamientos quema todo vínculo con el fuego de su vigilancia.

Sí, la meditación es fuego: quema tus pensamientos, tus deseos, tus recuerdos; quema el pasado y el futuro. Quema tu mente y tu ego. Se lleva todo lo que crees que eres. Es una muerte y un renacimiento, una crucifixión y una resurrección. Naces de nuevo. Pierdes totalmente tu propia identidad y alcanzas una nueva visión de la vida.

Esa visión de la vida es lo que se entiende por dios, dhamma, tao, logos. Puedes elegir el nombre que quieras darle, porque no tiene nombre propio. De hecho, no se puede expresar en absoluto; sólo se puede indicar, insinuar.

El bhikkhu que vigila su mente y teme su propia confusión no puede caer. Ha encontrado el camino hacia la paz.

La mente es confusión. Pensamientos y pensamientos - miles de pensamientos clamando, chocando, luchando entre sí, luchando por tu atención. Miles de pensamientos tirando de ti en miles de direcciones. Es un milagro cómo te mantienes unido. De algún modo consigues mantenerte unido, pero sólo de algún modo, sólo es una fachada. En el fondo hay una multitud que clama, una guerra civil, una guerra civil continua.

Pensamientos que luchan entre sí, pensamientos que quieren que los cumplas. Es una gran confusión, lo que llamas tu mente.

Pero si eres consciente de que la mente es confusión, y no te identificas con la mente, nunca caerás. Serás a prueba de caídas. La mente se volverá impotente.

Y como estarás observando continuamente, tus energías se irán retirando poco a poco, alejándose de la mente; ya no se nutrirá más.

Y una vez que la mente muere, naces como una no-mente. Ese nacimiento es la iluminación. Ese nacimiento te lleva por primera vez a la tierra de la paz, el paraíso del loto. Te lleva al mundo de la dicha, la bendición. De lo contrario, permanecerás en el infierno. Ahora mismo estás en el infierno. Pero si te resuelves, si decides, si eliges la conciencia, ahora mismo puedes dar un salto, un salto del infierno al cielo.

Depende de ti: puedes elegir el infierno, puedes elegir el cielo. El infierno es barato. El cielo requiere un gran esfuerzo, perseverancia, determinación. El infierno significa que puedes permanecer inconsciente, puedes quedarte como estás. El cielo significa que tienes que elevarte por encima de ti mismo, tienes que trascender. Tienes que pasar del valle a la cima.

Y esas cumbres son tuyas, pero tienes que pagar por ellas. Escalar hasta esas cumbres supone un arduo esfuerzo. Sé vigilante, meditativo, y un día te encontrarás en las cumbres iluminadas por el sol. Eso es la liberación, moksha. Eso es el nirvana: la cesación del ego y el nacimiento de Dios.

Tenéis derecho a ser dioses. Si no lo sois, sólo vosotros sois responsables y nadie más.

Escucha a Buda. No te limites a escuchar a Buda: actúa, comprométete con la vida consciente, involúcrate.

Pero permíteme que te lo recuerde de nuevo: esto es sólo una dimensión de la vida, inmensamente rica, pero aún así una dimensión. Tendrás que hacer algo más. Te estoy encomendando una tarea más ardua que la de Buda. Buda te dio una dimensión; yo quiero que tengas las tres dimensiones, y una síntesis.

Se necesita un hombre nuevo en la tierra. El viejo está podrido y acabado, no tiene futuro, no puede sobrevivir. Ha llegado al límite de sus fuerzas. Está en el lecho de muerte. A menos que nazca un hombre nuevo - Oriente y Occidente reunidos, las tres dimensiones juntas - la humanidad está condenada.

Este experimento que estoy haciendo aquí es sólo para crear el primer espécimen del hombre nuevo.

Estás participando en un gran experimento de enorme importancia. Siéntete bendecido. Siéntete afortunado. Puede que no seas consciente de en qué estás participando, ¡pero puede que crees historia! Todo depende de lo comprometido que estés conmigo y con mi experimento.

Esta es la mayor síntesis posible, que jamás se haya intentado....
Suficiente por hoy.

El comienzo de una nueva etapa

La primera pregunta:
Pregunta 1:

Amado maestro, nunca me ha excitado la música clásica, y las galerías de arte me aburren soberanamente. Entonces, ¿es posible ir de la primera capa, la cabeza, a la tercera capa, el centro, y pasar por alto toda esta basura estética?

Nirgun, sí, es cierto: en nombre de la estética hay mucha basura. Pero cuando utilizo la palabra "estética" no me refiero a la basura que se acumula en los museos y galerías de arte.

Cuando utilizo la palabra "estética" me refiero a una cualidad en ti. No tiene nada que ver con los objetos -pinturas, música, poesía-, sino con una cualidad de tu ser, una sensibilidad, un amor por la belleza, una sensibilidad por la textura y el sabor de las cosas, por la eterna danza que sucede a tu alrededor, una conciencia de ello, un silencio para oír a este cuco que llama desde la distancia....

No es basura: es el núcleo mismo de la existencia.

Pero comprendo que te estés aburriendo de la llamada música clásica y de los cuadros que se coleccionan en las galerías de arte. Y debes de estar un poco perplejo por qué la gente sigue hablando tanto de todas estas tonterías.

La estética no es más que un enfoque artístico de la vida, una visión poética. Ver los colores tan totalmente que cada árbol se convierta en un cuadro, que cada nube traiga la presencia de Dios, que los colores sean más vistosos, que no sigas ignorando el resplandor de las cosas, que permanezcas alerta, consciente, amoroso, que permanezcas receptivo, acogedor, abierto. A eso me refiero con la actitud estética, el enfoque estético.

La música tiene que estar en tu corazón, tu propio ser tiene que ser musical, tiene que convertirse en una armonía. Un hombre puede existir como un caos o como un cosmos. La música es el camino del caos al cosmos. Un hombre puede existir como un desorden, una discordia, sólo ruido, un mercado, o un hombre puede existir como un templo, un silencio sagrado, donde la música celestial se escucha por sí misma, la música increada se escucha por sí misma.

Los zen lo llaman el sonido de una palmada. En la India, los místicos llevan siglos hablando del anahat nad, el sonido no golpeado. Está ahí, en tu propio ser; no necesitas ir a ninguna parte para escucharlo. Es la música más antigua, y también la más reciente.

Es a la vez lo más antiguo y lo más nuevo. Y es la música de tu propio ser, el zumbido de tu propia existencia. Y si no puedes oírla, es que estás sordo.

Y no hay manera, Nirgun, de evitarlo. Puedes evitar los museos, puedes evitar las galerías de arte, de hecho, deberías evitarlas. No tienes que preocuparte por el arte y la crítica de arte, olvídate de todo. Pero tienes que convertirte en un artista de la vida misma.

Yo digo que Buda es un poeta, aunque nunca compuso un solo poema. Sin embargo, insisto en que es uno de los más grandes poetas que han existido. No fue un Shakespeare, un Milton, un Kalidas, un Rabindranath... no, en absoluto. Pero aún así digo: Shakespeare, Milton, Kalidas, Rabindranath, no son nada comparados con su poesía. Su vida era su poesía - la forma en que caminaba, la forma en que miraba las cosas....

La otra noche me encontré con una de las afirmaciones más hermosas de Santa Teresa de Ávila. Ella dice: Todo lo que necesitas es mirar. Todo su mensaje está contenido en esta simple afirmación: Todo lo que necesitas es mirar. La capacidad de mirar - y encontrarás a Dios. La capacidad de oír, y encontrarás su música. La capacidad de tocar - y cada textura se convierte en su textura. Toca la roca y encontrarás a Dios.

No se trata de objetos artísticos, sino de un enfoque interior, de una visión, de ver las cosas artísticamente. Y, Nirgun, ¡tú tienes esa cualidad! De hecho, debido a esa cualidad te aburría la música clásica y te aburrían las galerías, porque de forma inconsciente, a tientas, sientes algo muy superior en tu interior. Pero aún no eres plenamente consciente de ello.

Evita las galerías de arte y no perderás nada. Pero no puedes eludir la capa estética de tu ser: tienes que atravesarla. De lo contrario, siempre te quedarás empobrecido; te faltará algo, algo de inmenso valor. Tu iluminación nunca será total. Una parte de tu ser seguirá sin iluminarse; un rincón de tu alma seguirá oscuro, y ese rincón seguirá pesando sobre ti. Hay que iluminarse totalmente. No hay que saltarse nada, no hay que inventar atajos. Uno tiene que moverse muy naturalmente a través de todas las capas, porque todas esas capas son oportunidades para crecer.

Recuérdalo: cada vez que utilizo las palabras "música" o "poesía" o "pintura" o "escultura", tengo mi propio significado.

Cuando Helen Keller, la mujer ciega, llegó a la India, visitó a Jawaharlal Nehru. Era ciega y sorda. Tocó la cara de Nehru; con ambas manos palpó la cara de Nehru, y se sintió inmensamente encantada. Expresó su gran alegría. Afirmó: "He sentido en el rostro de Nehru la misma cualidad que sentía cuando tocaba hermosas estatuas romanas: la misma frialdad y la misma proporción y la misma forma."

Ahora bien, esta mujer tiene corazón de escultora: ciega, sorda, pero tiene el genio de una gran artista. Como era sorda y ciega, tuvo que encontrar nuevas formas de sentir la vida. Y a veces las maldiciones resultan ser bendiciones. Tocaba el agua, sentía su frescor, su flujo, su vida, su vibración. Nunca lo sentirá, porque puede ver el agua; puede decir: "¿Qué hay ahí?". Porque ella no podía ver, sólo podía sentir la textura de una roca... puedes ver y te perderás - no sentirás su textura.

A veces es tremendamente significativo cerrar los ojos y simplemente tocar la roca, y sentir como si estuvieras ciego y sólo tuvieras manos y tuvieras que usar las manos como ojos. Y te llevarás una sorpresa. Por primera vez verás que la textura tiene su propia dimensión.

Como no tenía ojos ni oídos, su sentido del olfato era óptimo. Podía sentir el perfume de las cosas, de la gente. Podía distinguir entre un árbol y otro sólo por su fragancia. Incluso podía distinguir a las personas por su olor.

Ahora es tan estética como cualquier Picasso, Dalí o Van Gogh, o incluso más.

Nirgun, la basura estética está sin duda ahí, porque todo lo que el hombre crea en su inconsciencia está destinado a ser basura. Los cuadros de Picasso representan la mente de Picasso. Este hombre parece estar loco en algún lugar profundo. De hecho, sus pinturas son una manera de permanecer cuerdo; sus pinturas son catárticas. Lo que tú haces en tu Meditación Dinámica, él lo hace a través de sus cuadros: expulsar tensiones, pesadillas, toda la fealdad que hay en la mente. Hay que expulsarlo del sistema, y se puede hacer a través de la pintura muy fácilmente.

Carl Gustav Jung solía decir a sus pacientes que pintaran. Y muchos dementes han pintado cuadros realmente hermosos. Pero, ciertamente, ¡esas pinturas son dementes! ¿Cómo puede un demente pintar un cuadro cuerdo? Puede que tenga una cierta belleza propia -la belleza de la locura-, puede que tenga una cierta proporción, una cierta disposición de los colores, o incluso puede que tenga una cierta visión, pero algo de su locura tiene que estar merodeando por ahí. Y Jung se dio cuenta, poco a poco, de que a través de la pintura se puede ayudar enormemente a los dementes - la pintura puede convertirse en una terapia. Y, ciertamente, tiene razón. Si puedes pintar tus pesadillas, te estarás liberando de ellas. Es una expresión. La expresión siempre trae libertad. La represión trae esclavitud, la expresión trae libertad. Y esta es una de las bellas maneras de expresarse, de pintar.

Si tienes miedo a la muerte, si te tortura la idea de la muerte, si tienes pesadillas sobre la muerte, y puedes pintar muchos cuadros sobre la muerte, te librarás de esas ideas. Las has traído al consciente desde el inconsciente. Cualquier cosa que se trae al consciente desde el inconsciente, te liberas de ella.

Pero la humanidad ha estado haciendo justo lo contrario. Durante siglos se nos ha dicho que arrojáramos cosas del consciente al inconsciente: eso es la represión. Sí, en cierto modo, parece que te has liberado de ellas, pero en realidad no. De hecho, han profundizado en ti, se han hundido más en ti. Te molestarán aún más. Ahora te controlarán desde el inconsciente y ni siquiera serás consciente de ellos.

Todo el planteamiento del psicoanálisis es contra la represión: traer a la conciencia todo lo que está reprimido en el inconsciente. Se puede hacer de muchas maneras. El psicoanálisis es el camino más largo; lleva tres años, seis años, incluso diez. Además, el análisis nunca es completo. No hay una sola persona en todo el mundo cuyo psicoanálisis esté completo y acabado.

No se puede terminar, porque el proceso es lento. Dos o tres veces por semana vas a ver a tu psicoanalista; tumbado en el diván del psicoanalista tiras la basura durante una hora. Él escucha pacientemente, al menos finge que escucha pacientemente. Y como te escucha, sigues sacándola. Te da ánimos, así que sigues cavando más y más hondo y sacas cosas del inconsciente a la conciencia. Su presencia, su experiencia, su nombre, su autoridad, te infunden valor.

No tiene miedo de sacar cosas que le asustarían si las sacara cuando estuviera solo, porque se vería al borde de la locura. Pero su autoridad y su presencia... y eso puede ser sólo en tu creencia, porque él mismo puede estar más loco que tú. Pero puedes tener sólo la creencia de que él sabe que podrá ayudarte, que está ahí, así que no debes tener miedo; puedes ir y profundizar en tu inconsciente.

Cuanto más traes a la conciencia, más te liberas - es muy desahogante.

Pero una, dos o tres veces por semana te desahogas, y toda la semana vuelves a reunirte. Las tres horas de trabajo se deshacen; tú sigues siendo el mismo. Se convierte en un círculo vicioso. En la sociedad, en la familia, vuelves a acumular represiones, y vas al analista y expresas esas represiones. Un poco desahogado, vuelves a la sociedad: la misma sociedad, la misma gente. Escuchas al mismo cura, lees el mismo periódico, vas al mismo mitin político. Sigues siendo comunista o católico. La misma mujer, el mismo marido, los mismos hijos, la misma gente con la que relacionarte.... De nuevo la represión.

Se trata de un alivio muy temporal.

Se están encontrando muchas otras maneras. La pintura es una de ellas, mucho más significativa, porque el inconsciente conoce el lenguaje de las imágenes y no el de las palabras.

El inconsciente se expresa en imágenes. Por eso en tus sueños tu inconsciente se expresa más adecuadamente. De ahí que el psicoanalista quiera saber cada vez más sobre tus sueños. Los sueños son un lenguaje pictórico, primitivo, poco sofisticado, más inocente. Y eso es exactamente lo que ocurre cuando pintas.

Pintar es sacar tus sueños a la luz, puede ser de gran ayuda. Yo creo que si Picasso no hubiera podido pintar, se habría vuelto loco. Fue su pintura lo que le salvó, aunque él no era consciente de que era su pintura lo que le estaba salvando. Pero su pintura tiene la cualidad de la locura.

Si miras un cuadro de Picasso y meditas sobre él te sentirás mareado, te sentirás inquieto, te sentirás tenso, no te sentirás relajado. Y si vives en una habitación donde en todas las paredes hay cuadros de Picasso, corres el peligro de tener pesadillas o de volverte loco. Esos cuadros provocarán tu locura.

Así que, Nirgun, puedes evitar las galerías de arte, puedes evitar los Picassos, pero no puedes evitar la capa estética de tu ser. No puedes pasar por alto la dimensión estética, de lo contrario te quedarás empobrecido, desequilibrado, algo faltará en ti.

Y no me gustaría que faltara nada en mis sannyasins. Tienen que ser tan científicos como sea posible. No quiero decir -recuerda de nuevo- que tengas que convertirte en un físico o un químico o un biólogo o un fisiólogo. No me refiero a eso. Cuando digo que tienes que ser científico, quiero decir que tienes que ser científico; es una metáfora. Recuerda siempre que hablo con metáforas, símiles y parábolas.

Hay que ser científico. Para acercarse al mundo, al mundo objetivo, correctamente, la única manera es la ciencia. Si la Biblia dice que la Tierra no es redonda sino plana, no creas en ella: sé científico. La Tierra es redonda y no plana. La Biblia no tiene derecho a decir nada sobre algo objetivo. La Biblia es un libro religioso; tiene su propia dimensión. No confundas estas dimensiones.

Debido a esta confusión ha surgido un gran conflicto entre ciencia y religión.

No hay ninguna necesidad. La ciencia tiene su propio reino, su propio territorio. Primero los sacerdotes empezaron a interferir con la ciencia; ahora, toda la historia se repite de nuevo en el orden inverso. Ahora los científicos intentan interferir en el mundo de la religión.

No preguntes a un científico si Dios existe o no, eso no es asunto suyo. ¿Qué sabe él de Dios? Esa no es su dimensión. Y todo lo que diga sobre Dios es estúpido; todo lo que diga estará equivocado.

Es como preguntarle a un gran médico sobre poesía: puede que sea un gran médico, un gran doctor, pero preguntarle sobre poesía sólo porque es un gran médico es una estupidez. O preguntarle a un gran poeta sobre tu enfermedad porque es un gran poeta... puedes ver la estupidez de ello. No irás a un gran poeta para que te diagnostique sólo porque es un gran poeta. Acudirás a un médico, que puede que no sea poeta en absoluto.

El científico no tiene derecho a decir nada sobre la interioridad de la humanidad: ése no es su mundo. Pero ahora está interfiriendo. Está haciendo el mismo mal que los sacerdotes han estado haciendo durante siglos.

Galileo fue llamado por el Papa, obligado en su vejez a disculparse por haber dicho que no es el sol el que gira alrededor de la tierra, sino la tierra la que gira alrededor del sol.

Esto va en contra de la Biblia. Los sacerdotes se molestaron mucho: "¿Cómo puedes negar la Biblia? ¿Quién eres tú?" En su vejez -tenía setenta años, estaba enfermo, postrado en cama- le obligaron a ir al tribunal, le obligaron a arrodillarse ante el Papa y le pidieron que se disculpara.

Debía de ser un hombre con mucho sentido del humor. Dijo: "Sí, señor, le pido disculpas. Declaro que la Biblia tiene razón, que la tierra no gira alrededor del sol sino que el sol gira alrededor de la tierra. ¿Está satisfecho, señor?"

Y todos estaban contentos. Dijeron: "Estamos satisfechos".

Y entonces Galileo se echó a reír. Dijo: "Pero lo que yo diga da igual: la Tierra gira alrededor del Sol. Mis afirmaciones, ¿qué significan? ¿Qué pueden hacer? ¿Qué puedo hacer yo? Que yo lo diga no sirve de nada: la Tierra no escucha. Pero pido disculpas, yo estoy equivocado y la Biblia tiene razón. Pero recuerda bien: la tierra gira alrededor del sol - no tiene ninguna obligación de cumplir mi deseo. Me gustaría que fuera según la Biblia y según tú, pero soy impotente, totalmente impotente".

La Biblia tiene muchas afirmaciones acientíficas, los Vedas tienen muchas afirmaciones acientíficas. Todas las escrituras antiguas tienen muchas afirmaciones no científicas, por una cierta razón:

porque en aquella época no existía la ciencia como fenómeno

independiente. La escritura religiosa era la única escritura disponible. Así que solía recogerlo todo; cualquier conocimiento disponible se recogía en las escrituras. Contiene arte, contiene matemáticas, contiene geografía, contiene historia, contiene ciencia - contiene todo lo que estaba disponible. Y el conocimiento era tan pequeño que podía ser contenido en una sola escritura.

Pero ahora, han pasado los siglos, el hombre ha crecido, ha alcanzado la mayoría de edad. Ahora, la ciencia tiene su propio mundo. Deberíamos abandonar todo lo que es científico de las escrituras religiosas - no tienen nada que ver con ello. La ciencia tampoco tiene nada que ver con las escrituras religiosas ni con la dimensión religiosa. Pero así es como las mentes estúpidas siguen discutiendo.

Me gustaría que fueras científico: en lo que respecta al mundo, sé científico. En cuanto a tu realidad interior, sé religioso. Y hay un mundo entre los dos, el mundo intermedio, el mundo crepuscular, donde lo objetivo y lo subjetivo se encuentran.

Ese es el mundo de la estética. Sobre eso, sé un artista, sé un poeta, sé un músico.

Todas estas dimensiones cumplidas y te convertirás en espiritual; todas estas dimensiones enriquecidas te convertirán en el cuarto hombre, el hombre espiritual. Mis sannyasins tienen que ser el cuarto - integrado, entero. Nada tiene que ser omitido, Nirgun. Todo tiene que ser vivido, amado, experimentado. Todo tiene que ser absorbido, para que llegues a ser tan rico como sea posible.

La segunda pregunta:

Pregunta 2:

Amado maestro,

¿Puede decirnos algo más sobre la relajación? Soy consciente de una tensión profunda en mi interior y sospecho que probablemente nunca he estado totalmente relajado.

Cuando el otro día dijiste que relajarse es uno de los fenómenos más complejos posibles, vislumbré un rico tapiz en el que los hilos de la relajación y el dejar hacer estaban profundamente entretejidos con la confianza, y luego entró el amor, y la aceptación, el dejarse llevar, la unión y el éxtasis....

Anurag, la relajación total es lo máximo. Ese es el momento en que uno se convierte en buda. Ese es el momento de la realización, la iluminación, la conciencia de Cristo. No puedes estar totalmente relajado en este momento. En lo mas profundo del corazon una tension persistira.

Pero empieza a relajarte. Empieza desde la circunferencia - ahí es donde estamos, y sólo podemos empezar desde donde estamos. Relaja la circunferencia de tu ser - relaja tu cuerpo, relaja tu comportamiento, relaja tus actos. Camina de forma relajada, come de forma relajada, habla, escucha de forma relajada. Ralentiza cada proceso. No tengas prisa y no tengas prisa.

Muévete como si toda la eternidad estuviera a tu disposición; de hecho, está a tu disposición. Estamos aquí desde el principio y vamos a estar aquí hasta el final, si es que hay un principio y un final. De hecho, no hay principio ni fin. Siempre hemos estado aquí y siempre estaremos. Las formas cambian, pero no la sustancia; las vestiduras cambian, pero no el alma.

Tensión significa prisa, miedo, duda. Tensión significa un esfuerzo constante por proteger, por estar seguro, por estar a salvo. Tensión significa prepararse para el mañana ahora, o para el más allá: temer que mañana no puedas enfrentarte a la realidad, así que prepárate. Tensión significa el pasado que no has vivido realmente, sino que sólo has eludido de algún modo; cuelga, es una resaca, te rodea.

Recuerda una cosa muy fundamental sobre la vida: cualquier experiencia que no haya sido vivida te rondará, persistirá: "¡Termíname! ¡Víveme! Complétame!". Hay una cualidad intrínseca en toda experiencia que tiende y quiere ser terminada, completada.

Una vez completado, se evapora; incompleto, persiste, te tortura, te persigue, atrae tu atención. Te dice: "¿Qué vas a hacer conmigo? Todavía estoy incompleto: ¡cúmpleme!".

Todo tu pasado cuelga a tu alrededor sin que nada se haya completado, porque nada se ha vivido realmente, todo se ha eludido de alguna manera, se ha vivido parcialmente, sólo más o menos, de forma tibia. No ha habido intensidad, ni pasión. Te has movido como un sonámbulo, un sonámbulo. Así que el pasado cuelga, y el futuro crea miedo. Y entre el pasado y el futuro se aplasta tu presente, la única realidad.

Tendrás que relajarte desde la circunferencia. El primer paso para relajarse es el cuerpo.

Acuérdate tantas veces como sea posible de mirar en el cuerpo, si llevas alguna tensión en el cuerpo en alguna parte - en el cuello, en la cabeza, en las piernas. Relájala conscientemente. Ve a esa parte del cuerpo y persuádela, dile cariñosamente "¡Relájate!".

Y te sorprenderá que si te acercas a cualquier parte de tu cuerpo, te escucha, te sigue: ¡es tu cuerpo! Con los ojos cerrados, recorre el interior del cuerpo desde los dedos de los pies hasta la cabeza buscando cualquier lugar donde haya tensión. Y luego habla con esa parte como hablas con un amigo; que haya un diálogo entre tú y tu cuerpo. Dile que se relaje y dile: "No hay nada que temer. No tengas miedo. Estoy aquí para cuidarte, puedes relajarte".

Poco a poco, aprenderás la destreza. Entonces el cuerpo se relaja.

Luego da otro paso, un poco más profundo; dile a la mente que se relaje. Y si el cuerpo escucha, la mente también escucha, pero no puedes empezar por la mente, tienes que empezar por el principio. No puedes empezar por el medio. Muchas personas empiezan con la mente y fracasan; fracasan porque empiezan desde un lugar equivocado. Todo debe hacerse en el orden correcto.

Si llegas a ser capaz de relajar el cuerpo voluntariamente, entonces podrás ayudar a tu mente a relajarse voluntariamente. La mente es un fenómeno más complejo. Una vez que confíes en que el cuerpo te escucha, tendrás una nueva confianza en ti mismo.

Ahora incluso la mente puede escucharte. Tardará un poco más con la mente, pero ocurre.

Cuando la mente esté relajada, entonces empieza a relajar tu corazón, el mundo de tus sentimientos, emociones - que es aún más complejo, más sutil. Pero ahora te moverás con confianza, con gran confianza en ti mismo. Ahora sabrás que es posible. Si es posible con el cuerpo y es posible con la mente, también es posible con el corazón. Y sólo entonces, cuando hayas dado estos tres pasos, podrás dar el cuarto. Ahora puedes ir al núcleo más íntimo de tu ser, que está más allá del cuerpo, la mente y el corazón: el centro mismo de tu existencia. Y también podrás relajarlo.

Y esa relajación ciertamente trae la mayor alegría posible, lo último en éxtasis, la aceptación. Estarás lleno de dicha y regocijo. Tu vida tendrá la cualidad de la danza.

Toda la existencia está bailando, excepto el hombre. Toda la existencia está en un movimiento muy relajado; hay movimiento, ciertamente, pero es totalmente relajado. Los árboles crecen y los pájaros gorjean y los ríos fluyen, las estrellas se mueven: todo transcurre de un modo muy relajado. No hay prisa, no hay apuro, no hay preocupación y no hay desperdicio. Excepto el hombre.

El hombre ha sido víctima de su mente.

El hombre puede elevarse por encima de los dioses y caer por debajo de los animales. El hombre tiene un gran espectro. De lo más bajo a lo más alto, el hombre es una escalera.

Anurag, empieza por el cuerpo, y luego ve, poco a poco, profundizando. Y no empieces con nada más a menos que primero hayas resuelto lo primario. Si tu cuerpo está tenso, no empieces con la mente. Espera. Trabaja con el cuerpo. Y las pequeñas cosas son de inmensa ayuda.

Caminas a un ritmo determinado; se ha convertido en algo habitual, automático. Ahora intenta caminar despacio. Buda solía decir a sus discípulos: "Camina muy despacio, y da cada paso muy conscientemente". Si das cada paso muy conscientemente, caminarás despacio. Si corres, si te apresuras, te olvidarás de recordar. Por eso Buda camina muy despacio.

Prueba a caminar muy despacio y te sorprenderás: el cuerpo empieza a ser consciente de algo nuevo. Come despacio, y te sorprenderás - hay una gran relajación. Hazlo todo lentamente... sólo para cambiar el viejo patrón, sólo para salir de los viejos hábitos.

Primero el cuerpo tiene que relajarse por completo, como un niño pequeño, y después empezar sólo con la mente. Muévete científicamente: primero lo más sencillo, luego lo más complejo, después lo más complejo.

Y sólo entonces podrás relajarte en lo más profundo.

Me preguntas, Anurag: "¿Podrías decir algo más sobre la relajación? Soy consciente de una tensión profunda en mi interior y sospecho que probablemente nunca he estado totalmente relajado."

Esa es la situación de todos los seres humanos. Es bueno que seas consciente, millones no lo son. Es una bendición que seas consciente, porque si eres consciente entonces se puede hacer algo. Si no eres consciente, nada es posible. La conciencia es el principio de la transformación.

Y tú dices: "Cuando el otro día dijiste que relajarse es uno de los fenómenos más complejos posibles, vislumbré un rico tapiz en el que los hilos de la relajación y el dejarse llevar estaban profundamente entretejidos con la confianza, y luego entró el amor, y la aceptación, el dejarse llevar, la unión y el éxtasis....".

Sí, Anurag, la relajación es uno de los fenómenos más complejos, muy rico y multidimensional. Todas estas cosas forman parte de ella: dejar ir, confianza, entrega, amor, aceptación, ir con la corriente, unión con la existencia, ausencia de ego, éxtasis. Todo esto forma parte de ello, y todo esto empieza a suceder si aprendes los caminos de la relajación.

Tus supuestas religiones te han puesto muy tenso, porque te han creado culpa. Mi esfuerzo aquí es ayudarte a librarte de toda culpa y de todo miedo. Me gustaría decirte:

no hay infierno ni cielo. Así que no tengas miedo del infierno ni ambiciones el cielo.

Todo lo que existe es este momento. Puedes hacer de este momento un infierno o un paraíso -eso es ciertamente posible- pero no hay cielo ni infierno en ningún otro lugar. El infierno es cuando estás tenso, y el cielo es cuando estás relajado. La relajación total es el paraíso.

La tercera pregunta:

Pregunta 3:

Amado maestro,

Cada vez que has hablado de un maestro, te he sentido enamorado de él y fluyendo a través de sus sutras. En esta serie, sin embargo, te siento apartado del buda y no realmente enamorado de su obra.

¿Está cambiando algo o me lo estoy imaginando?

Nishant, no estás imaginando cosas. Conmigo tendrás que estar siempre en movimiento, las cosas cambiarán. A medida que crezcas, te contaré cosas que antes no podía contarte. No es que mi amor por Buda sea menor, mi amor no puede ser ni menor ni mayor; mi amor es sólo amor, es una cualidad, no tiene una dimensión cuantitativa. Nunca puede ser ni más ni menos, simplemente es.

Amo a Buda, amo a Jesús, amo a Zaratustra, amo a Lao Tzu, amo a Patanjali - PORQUE amo... porque te amo, porque amo a los árboles, porque amo a los pájaros.

Mi amor no es menos.

Y tienes toda la razón en que me estoy apartando, y en el futuro me apartaré cada vez más. Me estoy preparando para la nueva fase. El trabajo tiene que dar un salto cuántico y se necesita mucha preparación. El trabajo tiene que adquirir ahora una calidad totalmente diferente. Ahora tengo conmigo personas de gran confianza, de amor, personas comprometidas y entregadas.

Al principio me dirigía a las masas. Era un tipo de trabajo totalmente diferente: Buscaba discípulos. Hablando a las masas utilizaba su lenguaje; hablar a las masas era hablar a una clase primaria. No puedes profundizar mucho; tienes que hablar superficialmente. Tienes que mirar a quién te diriges.

Luego, poco a poco, algunas personas empezaron a pasar de alumnos a discípulos. Entonces mi enfoque cambió. Ahora era posible comunicarse a niveles superiores. Entonces los discípulos empezaron a convertirse en sannyasins: empezaron a comprometerse, a implicarse conmigo, con mi destino. Mi vida se convirtió en su vida, mi ser se convirtió en su ser. Ahora la comunicación dio un salto: se convirtió en comunión.

Ahora que tengo suficientes sannyasins... el trabajo tendrá que profundizarse.

Antes hablaba de Buda y lo hacía como si simplemente permitiera que fluyera a través de mí. Ahora no va a ser así. Esta serie es el comienzo de una nueva fase.

Nishant, has sospechado bien. Ahora tendré que dejar claro en qué puntos difiero de Buda, de Jesús, de Krishna. Tengo que dejar muy claro en qué difiero de ellos.

Han pasado veinticinco siglos desde Buda. Mucho ha sucedido desde entonces: mucha agua ha corrido por el Ganges. Todo ha cambiado. Si Buda viene al mundo no podrá reconocer que es el mismo mundo que había dejado.

Pertenezco a este siglo. En estos veinticinco siglos se han añadido muchas cosas nuevas. Por ejemplo, Buda no sabía nada de ciencia, no podía. No digo que debiera saberlo, ¡no podía! Era imposible. Albert Einstein aún no existía. Buda no era consciente de muchas cosas de las que nosotros somos conscientes, yo soy consciente. Tengo que incorporar todas esas cosas. Sigmund Freud y Karl Marx y Albert Einstein y muchos más tienen que ser incorporados. La religión tiene que enriquecerse cada día más.

Tendré que dejar claro en qué difiero. Tendré que dejar claro qué MÁS intento aportar al patrimonio religioso. Ya no seré un mero vehículo. Esa fase ha terminado. Era necesaria hasta ahora, porque quería... a las personas que amaban a Buda, quería acercarme a ellas; a las personas que amaban a Mahavira, quería acercarme a ellas; a las personas que amaban a Jesús, quería acercarme a ellas.

La humanidad está dividida: unos pocos están con Jesús, otros pocos con Buda, otros pocos con Krishna... y así sucesivamente. No hay seres humanos libres. Tuve que elegir entre diferentes sectas, entre diferentes comunidades, entre diferentes religiones.

La única manera era: hablar como hablaba Buda, entonces sólo unos pocos budistas se involucrarían conmigo; de otro modo les habría sido imposible, no me habrían entendido. Ahora que se han involucrado conmigo, la cosa va a ser totalmente distinta. Ahora que me aman, me resultará fácil decir en qué difiero de Buda y podrán comprenderme. No les creará ningún problema, no les confundirá.

Pero recuerda, mi amor no es menor porque me aparte: mi amor es el mismo. Mi amor no va a cambiar; no es algo que pueda cambiar. Pero cada vez ocurrirá más: Me apartaré y me separaré.

Ahora tengo mi propia gente. Y tengo que dejar muy claro en qué difiero, en qué intento aportar algo nuevo, algo más; en qué intento enriquecer el patrimonio, en qué contribuyo. Y a veces también tendré que criticar, pero me gusta tanto que puedo criticar.

A veces voy a criticar a Buda, a Mahavira, a Jesús. No es que no los ame, los amo, de lo contrario, ¿por qué hablaría de ellos? Incluso si los critico, eso significa que mi amor es tanto que me tomaré la molestia de criticarlos.

Buda ha dado mucho a la humanidad, pero la humanidad es un proceso continuo. Y todo lo que le sucede a la humanidad trae sus ventajas y también sus desventajas.

En este mundo, nada puede permanecer absolutamente puro. Cuando llueve, el agua es pura. En el momento en que toca la tierra... de hecho, incluso antes: en el momento en que entra en la atmósfera, el aire contaminado empieza a contaminarla. La tierra está rodeada por una gruesa capa de aire; cuando el agua entra en esta capa de aire, empieza a contaminarse. Y cuando cae sobre la tierra se vuelve turbia, se ensucia. Sigue siendo agua, pero ya no es pura.

Eso es lo que ocurre con toda verdad. Cuando Buda pronunció algo, era absolutamente puro. En el momento en que fue escuchado por la gente se volvió impuro. Cuando fue grabado -y recuerda que fue grabado después de muchos años, después de trescientos años... ¿puedes imaginar que la gente pueda grabar después de trescientos años exactamente lo mismo que dijo Buda? Es imposible. La gente es gente; automáticamente lo destruirán, lo distorsionarán, le darán su propio color.

El día que Buda murió, sus seguidores se dividieron en treinta y seis escuelas, ¡inmediatamente!

Treinta y seis interpretaciones. Nadie se ponía de acuerdo sobre lo que decía, o incluso si se ponían de acuerdo sobre las palabras, no lo hacían sobre el significado que se daba a las palabras.

Me lo recuerdan:

En el último año de su vida, Sigmund Freud convocó a todos sus discípulos, a los importantes, a los principales. Sentía que la muerte se acercaba, debió oír los primeros pasos de la muerte, y quiso tener una última reunión.

Estaban sentados a la mesa, cerca de treinta personas de todo el mundo -todos los principales discípulos- y empezaron a discutir sobre algo que Freud había dicho unos días antes. Freud estaba allí. Era el anfitrión, pero se olvidaron completamente de Freud.

Se involucraron tanto en la discusión: alguien decía una cosa, y otro decía otra, y otro contradecía a ambos.

Y discutían sobre lo que Freud realmente quería decir.... Y Freud observó, escuchó y luego gritó: "¡Basta de tonterías! ¿Creéis que estoy muerto? Estoy aquí, presente, ¿por qué no me preguntáis qué quería decir? Y si puedes hacerme esto mientras estoy vivo, ¿qué vas a hacer cuando esté muerto? No os molestáis en preguntarme, y habéis perdido una hora discutiendo entre vosotros, peleándoos, irritándoos, enfadándoos, gritándoos... ¡y el maestro está presente!".

Y Freud no es un iluminado. Si esto puede sucederle a una persona no iluminada, ¿qué decir del Buda que habla desde las más altas cumbres de la existencia? En el momento en que pronuncia algo, ya no es lo mismo que había en su corazón. Cuando se escucha, ya no es lo mismo que se pronunció. Cuando se interpreta, es totalmente diferente.

Muchas veces criticaré. Muchas veces os hablaré de todas las ventajas y de todos los inconvenientes que se han producido. Buda es la dimensión religiosa más pura, la más pura posible, pero ¿cómo puedo evitar decir que es un hombre unidimensional? Si no lo digo, será falso. Si no lo digo, entonces mi amor por la verdad no es total. Tengo que decir que es unidimensional, el más puro en su dimensión, pero que carece de las otras dimensiones.

No aprecia la belleza, en absoluto. No aprecia la música, en absoluto.

No aprecia el amor, en absoluto. Le falta la dimensión estética, se la ha saltado. Y no tiene un enfoque científico; no puede tenerlo, la ciencia aún no se ha desarrollado lo suficiente. Tiene una pureza unidimensional, pero unidimensional.

Y como él es unidimensional, todo este país ha seguido siendo unidimensional.

Buda es unidimensional, Mahavira es unidimensional, Patanjali es unidimensional.

Todos los grandes maestros religiosos de este país eran personas religiosas. Llegaron a la experiencia religiosa más pura e intentaron convertir a todo el país a su visión. Pero el inconveniente fue que el país se empobreció. Sin ciencia ningún país puede llegar a ser rico. El país se volvió exteriormente feo, hambriento, enfermo.

Sin ciencia y tecnología, ningún país puede ser exteriormente bello, sano y próspero.

Ahora, no puedo evitar mencionarlo - eso no será verdad, y eso no será correcto tampoco. Eso sería engañarte. Sería un crimen contra la humanidad. Ya es hora de que alguien tenga el valor de decirlo. Nadie en todo el mundo lo está haciendo, y ya es hora de que alguien grite y diga que Buda, Mahavira, Patanjali, Lao Tzu, son personas inmensamente bellas, y que han contribuido mucho -la humanidad no habría sido lo que es sin ellos-, son nuestra alma misma, eso es absolutamente cierto, pero hay una desventaja porque todos ellos son unidimensionales. Otras dimensiones han permanecido paralizadas, lisiadas. Y ahora ha llegado el momento: las otras dimensiones también tienen que realizarse.

Me gustaría que este país fuera rico, científico, tecnológico, sano, bien alimentado, no sólo este país, sino toda la humanidad. Y no veo que eso vaya en contra de la religión. Al contrario: cuanto más rico es un país, más religioso puede llegar a ser, porque la riqueza te da oportunidades, te da facilidades, te da tiempo, espacio y energía para moverte hacia dentro. Si no te mueves, es tu responsabilidad. Ser rico no tiene nada de malo. Si una persona rica no es religiosa, es simplemente mediocre, estúpida; no es nada en contra de la riqueza: es simplemente una indicación de que es tonta.

Si una persona rica no es religiosa, la llamo estúpida; y si una persona pobre es religiosa, la llamo inteligente, realmente inteligente. Se necesita una inteligencia poco común para que el pobre se vuelva religioso. Cuando un Kabir se vuelve religioso muestra más inteligencia que el propio Buda, porque es imposible, casi imposible volverse religioso cuando eres pobre. Cuando no has conocido lo que son las riquezas, ¿cómo puedes ir más allá de ellas? Sólo se puede ir más allá de una cosa determinada cuando se ha experimentado; sólo a través de la experiencia se supera y se trasciende. Si alguien trasciende sin haber experimentado algo, eso significa simplemente que tiene tal inteligencia que aprende de las experiencias de los demás; no necesita profundizar en todas esas cosas por sí mismo.

Kabir debe haber mirado a la gente rica y visto la futilidad de todo. De ahí que abandonara esa ambición, ese deseo. Buda era hijo de un rey; vivía ricamente, y a través de la experiencia llegó a comprender que todo es inútil y todo es vanidad. Llegó a través de su propia experiencia: Kabir llegó observando las experiencias de otros. Ciertamente, Kabir necesita más inteligencia.

Las personas pobres pueden volverse religiosas, pero las sociedades pobres no pueden volverse religiosas. Las personas ricas pueden evitar la religión, pero las sociedades ricas no pueden evitar la religión.

Ahora hay que añadir esta nueva dimensión. La religión no tiene por qué rendir culto a la pobreza. La religión no necesita consolar a los pobres diciéndoles cosas falsas, consolándoles, dándoles teorías inventadas sobre vidas pasadas y vidas futuras y el destino, etcétera. Toda la Tierra es ahora capaz de volverse próspera. La ciencia ha liberado mucho poder, ¡pero hay que utilizarlo correctamente!

De ahí que no esté a favor del enfoque occidental. A Occidente le falta el alma, el alma misma, sólo es un cuerpo. Y el peligro es que los estúpidos políticos de Oriente van a imitar a Occidente.

Ahora, todos los países quieren crear energía atómica, incluso India. Los países pobres como India o Pakistán, quieren crear bombas atómicas. ¿Por qué? La gente es pobre y se muere de hambre.

Hace sólo unos días, India lanzó al cielo el satélite Bhaskar para estudiar.....

Las industrias no tienen electricidad; cinco días a la semana se cierran industrias. No tienes electricidad, pero lanzas un satélite para estudiar las posibilidades del cielo: competencia, tonta competencia.

Ahora hay quinientos satélites artificiales dando vueltas alrededor de la Tierra. Uno de ellos, el Skylab americano, va a caer porque se ha descontrolado. Puede crear un gran peligro. Poona está en camino; de Bombay a Poona, y de Poona hasta Kannada, en algún lugar caerá. Y no caerá en una sola pieza en un solo lugar - al menos quinientas piezas, y cada pieza será como una bomba. Puede caer sobre un generador atómico y puede destruir toda la tierra.

Y todos esos quinientos satélites, tarde o temprano, se descontrolarán. Si el satélite americano puede descontrolarse, ¿qué pasa con el indio? Hace sólo dos años, India lanzó su primer satélite. Ahora funciona casi como un satélite indio -el nombre del satélite era Aryabhatta- y sigue dando información errónea. Es un fastidio. No se lo pueden creer. Al principio solían creerlo, pero luego descubrieron que daba información absolutamente errónea. ¡Qué parecida es la mente india! ¡Qué representativa! Ahora quieren deshacerse de ella, quieren que se calle, pero no... sigue enviando información. No puedes callarla.

Países pobres imitando a Occidente: todo esto es una tontería. No cabe duda de que los países pobres necesitan más conocimientos científicos, pero no necesitan instrumentos científicos sofisticados, esa no es su necesidad.

Y ahora la ciencia ha liberado suficiente energía para que toda la Tierra se transforme en un paraíso.

Buda ha contribuido inmensamente, pero como efecto secundario ha sido una de las causas de la pobreza de la India. No puedo ignorar este hecho. Tengo que decirlo. No lo he dicho hasta ahora, pero ahora tengo a mi propia gente que lo entenderá.

Mahavira ha contribuido enormemente al enriquecimiento espiritual de la India, pero el subproducto de sus enseñanzas ha sido la esclavitud durante mil años; debido a su enseñanza de la no violencia, la India se convirtió en uno de los países más cobardes del mundo.

Ahora bien, Krishna tiene razón al decir que dejemos todo en manos de Dios -en la dimensión religiosa así es como deben ser las cosas: confiar en Dios. Pero no en la dimensión científica - hay un mecanismo totalmente diferente que funciona: la duda, no la confianza. La confianza es la base del mundo religioso, la duda es la base del mundo científico.

Krishna tiene toda la razón cuando le dice a Arjuna: "¡Confía en Dios! Entrégate a Dios. Confía en que todo lo que está haciendo es correcto". Ahora, ¿cuál ha sido el efecto secundario? El efecto secundario ha sido: "Si eres pobre, confía en Dios; si estás enfermo, confía en Dios. Lo que él está haciendo está bien". Este es el efecto secundario. En la dimensión religiosa es perfectamente correcto, pero cuando lo llevas a la dimensión científica se vuelve absolutamente erróneo.

Ahora tengo que decirlo. Y sé que voy a sufrir mucho a causa de estas declaraciones, porque en la India la gente no está acostumbrada a oír ninguna crítica a Krishna, Mahavira o Buda; no, en absoluto.

Primero te aclararé en qué difiero. Y pronto empezaré a criticar también los efectos secundarios.

Nishant, espera un poco más, porque tengo que decirte toda la verdad, tal como es, sean cuales sean las consecuencias. Apreciaré todo lo que merezca ser apreciado y condenaré todo lo que deba ser condenado.

La pobreza, la esclavitud y el largo sufrimiento de la India no pueden ser simplemente tolerados, ignorados. Y Krishna, Mahavira y Buda no pueden ser perdonados: ellos son los responsables. Si hay que alabarles por lo que han aportado a lo espiritual, también hay que criticarles porque han sido la causa fundamental de la caída de la India.

Y ahora ha llegado el momento de que todo se arregle. Y no es sólo una cuestión de India: es una cuestión de todo el mundo. Del mismo modo que los tontos indios pueden imitar a Occidente, hay tontos occidentales que pueden imitar a India y seguir cometiendo el mismo tipo de errores que India ha cometido en el pasado.

Tenemos que dejar las cosas absolutamente claras. Tenemos que ser muy, muy desapasionados. Por eso, Nishant, sientes que hay una cierta diferencia - la hay. No estás imaginando cosas. Mi trabajo está entrando en una nueva fase, estoy entrando en una nueva fase.

Antes de que se produzca la nueva comuna, me estoy preparando para ella....

La última pregunta:

Pregunta 4:

Amado maestro, ¿por qué estoy cansado del sexo?

Sandhan, el sexo es agotador - y por eso te digo: No lo evites. A menos que conozcas su estupidez no serás capaz de deshacerte de él. A menos que conozcas su puro despilfarro, no serás capaz de trascenderlo.

Es bueno que hayas empezado a sentirte cansada, es natural. El sexo significa simplemente que la energía se disipa hacia abajo. La energía tiene que moverse hacia arriba, entonces es nutritiva.

Entonces abre en ti tesoros inagotables - ***Aes Dhammo Sanantano.*** Pero si sigues y sigues en el sexo como un maníaco, pronto te encontrarás completamente agotado, desperdiciado.

Una pareja de recién casados va a las cataratas del Niágara de luna de miel. Cuando llegan, se registran inmediatamente en un hotel y no se sabe nada de ellos durante tres días, sin servicio de habitaciones ni nada. Al cabo de un rato, el gerente se preocupa un poco y decide ir a ver cómo están.

Llama a la puerta, oye un pequeño revuelo en la habitación y, a continuación, un hombre de aspecto pálido abre la puerta sólo con los calzoncillos puestos. "Estábamos preocupados", dice el encargado.

"Bueno, acabamos de casarnos", respondió el hombre.

"Comprendo", dice el gerente, "pero usted tiene una de las grandes maravillas del mundo....".

En ese momento, una vocecita desde el fondo de la sala interrumpe: "Si me enseñas esa cosa una vez más, saltaré por la ventana".

¡No lo entiendes! ... Tres días de forma continua - la mujer está obligada a saltar por la ventana.

El hombre puede seguir viviendo estúpidamente sólo hasta cierto punto - más allá de eso tiene que tomar conciencia de lo que se está haciendo a sí mismo. Sandhan, ya es hora. Hay cosas mucho más importantes en la vida que el sexo. El sexo no es todo. Es importante, pero no lo es todo. Si te quedas atrapado en él te perderás todas las glorias de la vida.

Y no estoy en contra del sexo, recuérdalo. Por eso mi enseñanza se vuelve un poco contradictoria. Soy una paradoja. No puedo evitarlo porque la verdad misma es una paradoja. No estoy en contra del sexo, porque los que están en contra del sexo, siempre seguirán siendo sexuales. Estoy a favor del sexo, porque si te adentras en él, pronto saldrás de él. Cuanto más conscientemente lo practiques, antes saldrás de él. Y el día en que una persona sale totalmente del sexo es un día de gran bendición.

Es bueno que te sientas cansado. No acudas a un médico para que te recete un medicamento, porque eso no te ayudará, o sólo conseguirá aplazar tu cansancio un poco más. Si te sientes cansado eso simplemente demuestra que has llegado al punto desde el que puedes salir de él.

¿Qué sentido tiene permanecer en ella si te sientes cansado? Sal de ella. Y no estoy diciendo que lo reprimas. Cuando sientes mucha energía por ello y tratas de salir, habrá represión. Pero cuando estás exhausto y cansado y ves la inutilidad de ello, puedes salir de ello sin represión. Y salir del sexo sin represión es estar libre de él.

Liberarse del sexo es una gran experiencia. Liberarse del sexo hace que tus energías estén disponibles para la meditación, para el samadhi.

Suficiente por hoy.

Sentado en la cueva del corazón

Así como el herrero afila y endereza sus flechas, así el maestro dirige sus pensamientos extraviados.

Como un pez fuera del agua, varado en la orilla, los pensamientos se agitan y tiemblan. ¿Cómo pueden librarse del deseo?

Tiemblan, son inestables, vagan a su antojo. Es bueno controlarlos. Y dominarlos trae la felicidad.

Pero ¡qué sutiles son, qué escurridizos! La tarea consiste en acallarlos y, gobernándolos, encontrar la felicidad.

Con determinación, el maestro sofoca sus pensamientos. Acaba con su vagabundeo. Sentado en la cueva del corazón, encuentra la libertad.

La libertad es el objetivo de la vida. Sin libertad, la vida no tiene sentido. Por "libertad" no se entiende ninguna libertad política, social o económica. Por "libertad" se entiende libertad del tiempo, libertad de la mente, libertad del deseo. En el momento en que la mente deja de existir, eres uno con el universo, eres tan vasto como el universo mismo.

Es la mente la que es la barrera entre tú y la realidad, y debido a esta barrera permaneces confinado en una celda oscura donde nunca llega la luz y donde nunca puede penetrar la alegría. Vives en la miseria porque no estás hecho para vivir en un espacio tan pequeño y confinado. Tu ser quiere expandirse hasta la fuente última de la existencia.

Tu ser anhela ser oceánico, y te has convertido en una gota de rocío. ¿Cómo puedes ser feliz? ¿Cómo puedes ser dichoso? El hombre vive en la miseria porque vive aprisionado.

Y Gautama el Buda dice que tanha -el deseo- es la causa raíz de toda nuestra miseria, porque el deseo crea la mente. Deseo significa crear futuro, proyectarse en el futuro, traer el mañana. Trae el mañana y el hoy desaparece, ya no puedes verlo; tus ojos están nublados por el mañana.

Trae el mañana y tendrás que llevar la carga de todos tus ayeres, porque el mañana sólo puede estar ahí si los ayeres continúan alimentándolo.

Cada deseo nace del pasado y cada deseo se proyecta en el futuro. El pasado y el futuro, constituyen toda tu mente. Analiza la mente, disecciónala, y sólo encontrarás dos cosas: el pasado y el futuro. No encontrarás ni una pizca del presente, ni siquiera un átomo. Y el presente es la única realidad, la única existencia, la única danza que existe.

El presente sólo puede encontrarse cuando la mente ha cesado por completo. Cuando el pasado ya no te domina y el futuro ya no te posee, cuando estás desconectado de los recuerdos y las imaginaciones, en ese momento ¿dónde estás? ¿quién eres?

En ese momento no eres nadie. Y nadie puede herirte cuando no eres nadie, no puedes ser herido, porque el ego está muy preparado para recibir heridas. El ego casi busca ser herido; existe a través de las heridas. Toda su existencia depende de la miseria, del dolor.

Cuando no eres nadie, la angustia es imposible, la ansiedad simplemente increíble. Cuando eres un don nadie hay un gran silencio, quietud, no hay ruido en tu interior. El pasado se ha ido, el futuro ha desaparecido, ¿qué hay ahí para crear ruido? Y el silencio que se escucha es celestial, es sagrado. Por primera vez, en esos espacios de no-mente, tomas conciencia de la eterna celebración que sigue y sigue. De eso está hecha la existencia.

Excepto el hombre, toda la existencia es dichosa. Sólo el hombre ha caído fuera de ella, se ha extraviado. Sólo el hombre puede hacerlo porque sólo el hombre tiene conciencia.

Ahora bien, la conciencia tiene dos posibilidades: o bien puede convertirse en una luz brillante en ti, tan brillante que incluso el sol parecerá pálido comparado con ella..... Buda dice que es como si mil soles hubieran salido de repente - cuando miras dentro sin mente es todo luz, luz eterna. Todo es alegría, pura, incontaminada, impoluta. Es simple dicha, inocente.

Es maravilla. Su majestuosidad es indescriptible, su belleza inexpresable y su bendición inagotable. *Aes Dhammo Sanantano*: así es la ley última.

Si tan solo puedes poner tu mente a un lado, serás consciente del juego cósmico. Entonces solo eres energia, y la energia es siempre herenow, nunca deja el herenow.

Esa es una posibilidad: si te conviertes en conciencia pura.

La otra posibilidad es: puedes volverte autoconsciente. Entonces caes. Entonces te conviertes en una entidad separada del mundo. Entonces te conviertes en una isla, definida, bien definida. Entonces estás confinado, porque todas las definiciones confinan. Entonces estás en una celda, y la celda es oscura, completamente oscura. No hay luz, no hay posibilidad de luz.

Y la celda te paraliza, te paraliza.

La autoconciencia se convierte en una esclavitud; el yo es la esclavitud. Y la conciencia justa se convierte en libertad.

Abandona el yo y sé consciente. Ese es todo el mensaje, el mensaje de todos los budas de todas las épocas, pasadas, presentes y futuras. El núcleo esencial del mensaje es muy sencillo: abandona el yo, el ego, la mente, y sé.

Justo en este momento, cuando este silencio te invade... ¿quién eres? Un don nadie, una nulidad. No tienes nombre, no tienes forma. No eres ni hombre ni mujer, ni hindú ni mahometano. No perteneces a ningún país, a ninguna nación, a ninguna raza.

No eres el cuerpo ni eres la mente.

Entonces, ¿qué eres? En este silencio, ¿cuál es tu sabor? ¿A qué sabe ser? Sólo una paz, sólo un silencio... y de esa paz y ese silencio empieza a surgir, a brotar, una gran alegría, sin motivo alguno. Es tu naturaleza espontánea.

El arte de apartar la mente es todo el secreto de la religión, porque al apartar la mente tu ser explota en mil y un colores. Te conviertes en un arco iris, un loto, un loto de mil pétalos. De repente te abres, y entonces toda la belleza de la existencia -¡que es infinita! - es tuya. Entonces todas las estrellas del cielo están dentro de ti. Entonces ni siquiera el cielo es tu límite; ya no tienes límites.

El silencio te da la oportunidad de fundirte, fusionarte, desaparecer, evaporarte. Y cuando no eres, eres, por primera vez eres. Cuando no estás, está Dios, está el nirvana, está la iluminación. Cuando no eres, todo se encuentra, y cuando eres, todo se pierde.

El hombre se ha convertido en una autoconciencia; ése es su extravío, ésa es la caída original.

Todas las religiones hablan de la caída original de un modo u otro, pero la mejor historia está contenida en el cristianismo. La caída original se debe a que el hombre come del árbol del conocimiento. Cuando comes del árbol del conocimiento, de los frutos del conocimiento, se crea la autoconciencia.

Cuanto más conocedor eres, más egoísta eres - de ahí el ego de los eruditos, expertos, maulvis. El ego se adorna con grandes conocimientos, escrituras, sistemas de pensamiento. Pero no te hacen inocente, no te aportan la cualidad infantil de la apertura, la confianza, el amor y el juego. La confianza, el amor, el juego, el asombro, todo desaparece cuando te vuelves muy entendido.

Y se nos enseña a ser conocedores. No nos enseñan a ser inocentes, no nos enseñan a sentir la maravilla de la existencia. Nos dicen los nombres de las flores, pero no nos enseñan a bailar alrededor de las flores. Nos dicen los nombres de las montañas, pero no nos enseñan cómo estar en comunión con las montañas, cómo estar en comunión con las estrellas, cómo estar en comunión con los árboles, cómo estar en sintonía con la existencia.

Desafinado, ¿cómo puedes ser feliz? Fuera de sintonía estás destinado a permanecer en la angustia, en la gran miseria, en el dolor. Sólo puedes ser feliz cuando bailas con la danza del todo, cuando eres sólo una parte de la danza, cuando eres sólo una parte de esta gran orquesta, cuando no estás cantando tu canción por separado. Sólo entonces, en esa fusión, el hombre es libre.

Eso es la libertad. No es política, ni económica, ni social. La libertad es espiritual.

La libertad social, la económica y la política son libertades sólo si ayudan a las personas a ser espiritualmente libres. Si no ayudan a las personas a ser espiritualmente libres, entonces son simulacros. Entonces, en nombre de la libertad, el hombre se convierte cada vez más en esclavo.

Los nombres bonitos se convierten en fachadas que ocultan realidades feas. Si no eres libre espiritualmente, no eres libre en absoluto. Entonces todas tus libertades son falsas, falsas, pseudo. Entonces te han engañado. Entonces te han dado juguetes con los que jugar.

Buda habla de la realidad, de la verdadera libertad. La llama nirvana. La palabra "nirvana" es muy hermosa; significa cesación de la autoconciencia, cesación total del yo, el estado desnudo de la ausencia del yo. Trae grandes éxtasis, grandes cosechas; trae tesoros inagotables.

De ahí que Buda repita una y otra vez... dos afirmaciones que repite en *El Dhammapada*. Una es: *Aes Dhammo Sanantano*. Esta es la última ley de la vida: desaparece y te encontrarás a ti mismo. Muy paradójico - que sólo desapareciendo uno se encuentra. Dejando caer el yo uno se convierte en el yo último. Desapareciendo como una gota de rocío uno se convierte en el océano.

Y la otra afirmación que repite una y otra vez es: *Aes Dhammo Visuddhya* - tal es la ley de la pureza, de volverse inocente, puro. ¿Cuál es la ley de la pureza? Una ley simple: desidentifícate de la mente, no pienses en ti mismo como una mente. No es que Buda esté en contra de la mente, no es que no quiera que la utilices: quiere que la utilices, pero que no seas utilizado por ella. Y normalmente ocurre lo segundo: la mente te está utilizando. Te has convertido en un esclavo. El amo se ha convertido en esclavo y el esclavo se ha convertido en amo. Todo está patas arriba.

Estás de cabeza. Ahora, ¿cómo puedes caminar, cómo puedes moverte, cómo puedes bailar? ¿Has visto a alguien bailar parado sobre su cabeza? Tu vida ya no será una vida de movimiento si estás parado sobre tu cabeza. Tu vida se estancará, se convertirá en un charco de agua sucia. Pronto empezarás a apestar. Estar de pie sobre tu cabeza te incapacita, te paraliza.

Si vuelves a pararte sobre tus piernas -un cambio pequeño, muy pequeño, pero que supone una revolución radical- inmediatamente eres capaz de moverte, y el movimiento es vida.

No moverse es morir.

¿Cómo se define la muerte? Cuando una persona no puede moverse de ninguna manera posible. No puede respirar, que es un tipo de movimiento; no puede ver, que es otro tipo de movimiento; no puede caminar, no puede hablar, son todos tipos de movimiento, diferentes dimensiones de movimiento. Como todo movimiento ha cesado, decimos que el hombre está muerto.

Cuanto más movimiento tengas, más vida, más animado estarás. ¡Ten movimiento multidimensional! Pero eso sólo es posible si dejas de estar de cabeza. Tienes que enderezarte.

El día que vienes a mí vienes en un estado patas arriba. La iniciación en sannyas no significa nada, excepto que te convenzo de que te pongas de pie y no sigas haciendo esta shirshasana - parada de cabeza - toda tu vida.

Sé natural, forma parte de la naturaleza. No alardeéis. No sigáis inflando vuestros egos. Somos partes diminutas: inmensamente bellas si funcionamos con el todo, pero absolutamente feas si funcionamos contra él.

Pero vuestras sociedades os han dicho que luchéis, que peleéis, porque la vida es una lucha por la supervivencia, porque si no lucháis seréis derrotados. Y tenéis que ser victoriosos, y tenéis que ser famosos. Se te han dado grandes ambiciones y todas esas ambiciones se han convertido en cadenas, todas esas ambiciones te mantienen atado. Todas esas ambiciones son la causa raíz de tu mente; ellas crean la mente.

La palabra "tanha" de Buda contiene todos los significados de deseo, ambición, logro.

Estos son los alimentos de la mente. Si sigues alimentando la mente te estás envenenando a ti mismo. Y la mente se hará cada vez más grande y tú cada vez más pequeño. La mente se convierte casi en un crecimiento canceroso.

Sannyas significa una operación. Buda transformó a miles de personas a través de sannyas, a través de la iniciación. Fue un gran cirujano.

Y una vez que tomas conciencia de que eres la causa de tu propia miseria, las cosas empiezan a cambiar. Ya no ayudas a tu propia miseria, ya no la alimentas. Y una vez que te das cuenta de que no eres tu mente sino un testigo de ella, empiezas a elevarte por encima de la mente, ya no estás atado. Te empiezan a crecer alas, empiezas a elevarte más y más. La mente permanece siempre a tientas en los oscuros valles de la vida, pero tú puedes convertirte en un águila, puedes remontar el vuelo. Puedes ser el amo y entonces puedes usar la mente - y muy a propósito puede ser usada.

Estos sutras te enseñan cómo convertirte en el maestro de tu mente. Contienen la ciencia de convertirse en el maestro.

El Buda dice:

Así como el herrero afila y endereza sus flechas, así el maestro dirige sus pensamientos extraviados.

Ahora medita: ¿te dirigen tus pensamientos o tú diriges tus pensamientos? - porque mucho depende de esa percepción. ¿Estás siendo dominado por tus pensamientos? ¿Te llevan de aquí para allá? ¿Te sugestionan, te fascinan, te obsesionan? ¿Te mueven los hilos y eres un simple esclavo? ¿O eres tú el amo, y puedes decir a tus pensamientos "¡Para!" y ellos tienen que parar - puedes apagarlos o encenderlos?

La gente nunca medita sobre ello porque les hace sentirse muy humillados. Les muestra su impotencia: ni siquiera pueden detener los pensamientos, sus propios pensamientos.

Hay una famosa parábola tibetana:

Un hombre sirvió a un amo durante muchos años. El servicio no era puro; había una motivación en él. Quería algún secreto del maestro. Había oído que el maestro tenía el secreto, el secreto para hacer milagros. Con este deseo oculto servia al maestro dia tras dia, pero tenia miedo de decir nada. Pero el maestro estaba continuamente observando su motivación.

Un día el maestro le preguntó: "Es mejor que digas lo que piensas, porque continuamente veo un motivo en todo el servicio que me prestas. No es por amor, ciertamente no es por amor. No veo amor ni humildad en ello. Es una especie de soborno. Así que, por favor, dime, ¿qué quieres?"

El hombre estaba esperando esta oportunidad. Dijo: "Quiero el secreto de hacer milagros".

El maestro le dijo: "Entonces, ¿por qué has perdido tanto tiempo? Podías haberlo dicho el primer día que viniste. Te has torturado a ti mismo y me has torturado a mí también, porque no me gusta que haya gente a mi alrededor que tenga motivos. Son feos a la vista. Son básicamente codiciosos, y la codicia los hace feos. El secreto es simple: ¿por qué no me lo preguntaste el primer día? Este es el secreto...."

Escribió un pequeño mantra en un trozo de papel, quizá sólo tres líneas: "Buddham sharanam gachchhami, sangham sharanam gachchhami, dhammam sharanam gachchhami - Voy a los pies del Buda, voy a los pies de la comuna del Buda, voy a los pies del dhamma, la ley última".

Y el maestro le dijo al hombre: "Lleva este pequeño mantra contigo, repítelo cinco veces, sólo cinco veces. Es un proceso sencillo. Sólo recuerda una condición: mientras lo repites, toma un baño, cierra la puerta, siéntate en silencio - y mientras lo repites, por favor, no recuerdes a los monos".

El hombre respondió: "¿Qué tonterías dices? ¿Por qué iba a acordarme de los monos? No me he acordado de ellos en toda mi vida".

El maestro dijo: "Eso depende de ti, pero tengo que decirte la condición. Así es como me dieron el mantra, con esta condición. Si nunca te has acordado de los monos, hasta aquí todo bien. Ahora vete a casa, y por favor, no vuelvas nunca a mí. Tienes el secreto, conoces la condición. Cumple la condición y tendrás poderes milagrosos, y todo lo que quieras hacer lo podrás hacer: podrás volar por el cielo, podrás leer los pensamientos de la gente, podrás materializar cosas, etcétera, etcétera".

El hombre corrió a casa; incluso se olvidó de dar las gracias al amo. Así funciona la codicia:

no conoce el agradecimiento, no conoce la gratitud. La codicia desconoce por completo la gratitud; nunca se topa con ella. La codicia es un ladrón y los ladrones no agradecen.

El hombre se apresuró, pero estaba muy desconcertado: incluso de camino a su casa empezaron a aparecer monos en su cabeza. Vio muchas clases de monos: pequeños y grandes, y de boca roja y de boca negra, y estaba muy desconcertado: "¿Qué está pasando?".

De hecho, no pensaba en otra cosa que en los monos. Y cada vez eran más grandes y se agolpaban a su alrededor.

Se fue a casa, se dio un baño, pero los monos no le dejaban. Ahora empezaba a sospechar que no le dejarían mientras cantara el mantra. Ni siquiera había cantado el mantra todavía, simplemente se estaba preparando. Cuando cerro las puertas, la habitacion estaba llena de monos. Estaba tan abarrotada que no tenía espacio para sí mismo. Cerró los ojos y había monos, y abrió los ojos y había monos. No podía creer lo que estaba ocurriendo. Lo intentó toda la noche. Una y otra vez se bañaba, y una y otra vez lo intentaba y fracasaba, y fracasaba por completo.

Por la mañana fue a ver al maestro, le devolvió el mantra y le dijo: "Conserva este mantra contigo. ¡Esto me está volviendo loco! No quiero hacer ningún milagro, ¡pero por favor ayúdame a librarme de estos monos!".

¡Es tan imposible deshacerse de un solo pensamiento! Y si quieres deshacerte de él, se hace aún más difícil, porque cuando quieres deshacerte de un pensamiento es una cuestión -un momento muy decisivo- de quién es el amo: ¿la mente o tú? La mente intentará por todos los medios demostrar que él es el amo y no tú.

El amo ha sido esclavo durante siglos, y el esclavo ha sido el amo durante millones de vidas. Ahora el esclavo no puede dejar todos sus privilegios, prioridades, tan fácilmente. Va a oponer una gran resistencia.

¡Inténtalo tú! Hoy date un baño, cierra las puertas, repite este sencillo mantra: Buddham sharanam gachchhami, sangham sharanam gachchhami, dhammam sharanam gachchhami - y no dejes que los monos vengan a ti....

Te ríes del pobre hombre. Te sorprenderás: tú eres ese hombre.

Sigmund Freud solía contar otra historia:

Una vez ocurrió en un gran hotel que un hombre vino a alojarse. El gerente dudaba un poco en darle una habitación aunque había una vacía. El hombre le dijo: "¿Por qué duda tanto?".

El hombre dijo: "La razón es que justo debajo de esa habitación se aloja un político, un hombre muy famoso y muy poderoso, un pez gordo. Y le molestan las cosas pequeñas, así que hemos mantenido vacía la habitación de arriba durante tres días desde que está aquí, porque si alguien camina se crea ruido, si mueves algo se crea ruido, y él se irrita tanto y se enfada tanto que arma mucho alboroto por ello".

El desconocido le dijo: "¡No te preocupes! Tendré mucho cuidado. Además, sólo voy a pasar la noche. Llegaré cerca de las doce de la noche porque tengo mucho trabajo que hacer en la ciudad, y me marcharé temprano por la mañana, a las cinco. No hay muchas posibilidades de que entre las doce y las cinco haga algo que pueda irritar al gran hombre. A lo sumo estaré dormido y soñando, y no creo que mis sueños le molesten".

El director estaba convencido: "Si se va a quedar sólo cinco horas no hay problema". Se le permitió.

A las doce el hombre llegó a su habitación exhausto: todo el día de trabajo, mil y una cosas clamando en su cabeza. Se había olvidado por completo del político. Entró en su habitación. Estaba muy cansado. Se sentó en la cama, se quitó un zapato y lo tiró a un rincón de la habitación. De repente, el ruido del zapato le recordó que tal vez el político, el gran líder, se molestaría, podría despertarse. Así que dejó el otro zapato en silencio.

Al cabo de una hora, el político llamó a su puerta. Salió de su sueño, abrió la puerta y dijo: "¿He hecho algo? - porque durante una hora he estado durmiendo".

El político estaba rojo de ira. Dijo: "¡Sí! ¿Dónde está el otro zapato? No consigo dormir. Ese otro zapato sigue colgando, una pregunta continua en mi mente: ¿dónde ha ido a parar el otro zapato? ¿Este hombre duerme con un zapato puesto? Sé que ha tirado uno, pero ¿qué ha pasado con el otro? He intentado de todas las maneras posibles deshacerme de la idea - que esto no me concierne. ¿Qué me importa su zapato? Pero cuanto más he intentado deshacerme de la idea, más me ha poseído. Ahora sólo hay una manera posible de dormirme: venir a despertarte y preguntarte qué ha pasado. Si no lo sé, no puedo dormir".

Es muy difícil incluso deshacerse de un pensamiento absurdo, completamente sin sentido para ti, sin propósito, algo que es sólo accidental, que no te incumbe. Pero aún así puede perseguirte, puede atormentarte, puede torturarte. Puede convertirse en algo tan poderoso que puede volverte loco.

La gente no mira. Saben que es mejor no mirar porque es muy humillante. Verse a uno mismo como un esclavo es humillante. Y la mente ha estado en el trono tanto tiempo que se ha acostumbrado a ser el amo. Y no es el amo.

Naces como conciencia, no como mente. Tu núcleo más íntimo es la conciencia, no la mente. La mente no es más que pensamientos acumulados, basura del pasado. Tú eres totalmente diferente a ella.

Obsérvalo, poco a poco verás la distancia. Un pensamiento surge en ti, obsérvalo.

Míralo sin juzgarlo. No estés a favor o en contra, simplemente míralo, mira dentro de él, como un espejo que lo refleja. Y una cosa será cierta: que está separada de ti. Va y viene, y tú permaneces para siempre. El reflejo en el espejo no es el espejo. Muchos reflejos van y vienen, el espejo permanece. El espejo es sólo la capacidad de reflejar. Un pensamiento está ahí - ira, codicia, celos - algún pensamiento, algún tipo de pensamiento está ahí. No eres tú.

Pero toda nuestra formación, todo nuestro condicionamiento, es básicamente erróneo. Nuestros lenguajes están básicamente equivocados porque nos dan nociones erróneas. Cuando ves surgir en tu mente el pensamiento del hambre, inmediatamente dices: "Tengo hambre", lo cual es una completa tontería. Nunca has tenido hambre y no puedes tener hambre, porque la conciencia no tiene nada que ver con el hambre, la comida, la saciedad. Lo que ocurre en realidad es que el cuerpo tiene hambre y tú eres consciente de ello. Simplemente estás reflejando la situación del cuerpo.

Para ser exactamente preciso deberías decir: "Soy consciente de que mi cuerpo tiene hambre, estoy viendo que mi cuerpo necesita comida".

Pero todos los idiomas dicen: "Tengo hambre, tengo sed". Sé que es más sencillo decir: "Tengo sed", que repetir una y otra vez: "Soy consciente de que mi cuerpo tiene sed".

Uno de los grandes místicos indios visitó América, se llamaba Swami Ram. Solía hablar de sí mismo en tercera persona, nunca usaba la palabra "yo". Sólo se llamaba a sí mismo Ram. Decía: "Ram tiene hambre. Ram tiene sed. Ahora Ram tiene sueño". Es una forma muy extraña porque no estamos acostumbrados a ella.

Cuando fue a América por primera vez, la gente no le entendía o le entendía mal, le malinterpretaba. Él decía: "Ram tiene hambre". Miraban a su alrededor, ¿dónde está Ram? Y entonces él se lo mostraba:

"Este cuerpo es Ram, este cuerpo tiene hambre."

Y ellos decían: "Entonces, ¿por qué no dices simplemente 'tengo hambre'? ¿Por qué dar tantas vueltas? Ram tiene hambre". Entonces tenemos que preguntar: '¿Quién es Ram?

Entonces tienes que decir: 'Este cuerpo es Ram'". Pero Ram diría: "No puedo afirmar algo que no es cierto. No puedo decir 'Tengo hambre' porque no la tengo".

Una vez estaba sentado en un parque público y unas cuantas personas que se habían reunido a su alrededor le hacían preguntas. Un hombre preguntó: "Hemos oído decir de Krishna que, cuando tocaba la flauta, la gente se olvidaba de su trabajo y corría hacia él encantada, como poseída. ¿Cuál era su secreto?".

Ram sólo llevaba un paño, acababa de envolverse en una manta.

Tiró la manta - en lugar de responder creó una situación. Así es como trabajan los grandes místicos. Tiró la manta, estaba completamente desnudo, y huyó. Toda la gente corrió con él. No sólo los que le rodeaban, sino también otros que estaban de pie aquí y allá o que habían venido a dar un paseo matutino, y gente que estaba sentada en los bancos leyendo sus periódicos, arrojaron sus periódicos. Una gran multitud le seguía, y él reía y se reía, y toda la multitud le seguía.

Se paró bajo un árbol y dijo: "¿Por qué me seguís? ¿Para qué? ¡Ni siquiera he tocado la flauta! Y tú me habías preguntado por qué la gente solía quedar poseída por la flauta de Krishna".

Siempre que ocurre algo del más allá, la gente queda encantada. "Estás encantado", dijo. "Y Ram no ha hecho nada especial. Ram sólo se ha desnudado y ha corrido como un niño bajo el sol de la mañana".

Alguien que no conocía su forma de hablar preguntó: "¿Quién es ese Ram?".

Y volvió a decir: "Este cuerpo es Ram, esta mente es Ram, y yo soy un observador igual que tú eres un observador. Igual que tú observabas este cuerpo corriendo desnudo bajo el sol de la mañana, yo también observaba. Tú observas desde fuera, yo observo desde dentro. Ambos somos observadores".

Esta es la manera de desidentificarse de la mente: ser un observador.

Buda dice: *como el fletcher blanquea y endereza sus flechas, así el maestro dirige sus pensamientos extraviados*. Entonces será posible y sólo entonces: cuando te hayas convertido en un observador, cuando hayas reducido tus pensamientos a objetos observados, el contenido de la mente ya no es poderoso. Te has salido de su poder, estás apartado. Eres un espectador, un testigo.

Cuando te hayas convertido en testigo, serás capaz de dirigir tus pensamientos. Entonces los pensamientos pueden ser utilizados, entonces los pensamientos son bellos.

La mente es el mecanismo más sofisticado de toda la existencia, y la mente humana más que ninguna otra. Es la máquina más evolucionada, puede utilizarse para grandes cosas. Pero tienes que ser el maestro, sólo entonces podrás utilizarla.

Pero la situación es tal que el coche conduce al conductor.

El conductor se ha vuelto completamente inconsciente de sí mismo; tal vez esté borracho. Simplemente se mueve hacia donde le lleva el coche. Ahora se dirige a una zanja, ¡a un accidente! Y si tu vida está tan llena de accidentes, no es un accidente en absoluto, tiene que ser así.

Estás siguiendo a una máquina. Es un bioordenador, tu mente; hermosa si puedes utilizarla como amo, peligrosa si te utiliza a ti. Esto es esclavitud. Liberarse de ella es conocer algo de la libertad.

Y el primer esfuerzo debe ser como el del flechero que endereza sus flechas.

Vuestras mentes no están en un estado de armonía; vuestras mentes están desordenadas, nada es recto allí. Todo se ha convertido en un laberinto muy complicado, un acertijo. No sabéis qué es qué y cuál es cuál. No sabéis lo que estáis haciendo y por qué. Y en un momento un pensamiento te posee, en otro momento otro pensamiento te posee, y ambos pueden ser contradictorios. Así que por un lado haces algo y por otro lo deshaces. De ahí el fracaso absoluto de la vida, un auténtico despilfarro de energía, tiempo y oportunidades.

Observa lo contradictorios que son tus pensamientos. Una parte dice sí, otra inmediatamente dice no, nunca pierde la oportunidad de decir no. Decir sí y no a la vez es malgastar tu energía. O dices sí y eres total, entonces tu pensamiento es recto; o dices no y eres total, entonces tu pensamiento es recto. Pero decir sí y no juntos, o alternativamente -un momento sí, otro momento no- ¿adónde vas a llegar? Das un paso en una dirección, otro paso en otra dirección. Te quedarás estancado en el mismo sitio, o como mucho te moverás en círculos, Pero tu vida no será una vida de crecimiento, no crecerás. Ciertamente envejecerás, pero nunca crecerás, nunca alcanzarás la madurez.

¡Ordena tus pensamientos! Es casi una completa jungla en tu mente - todos los caminos están perdidos. No sabes lo que está pasando. Tampoco puedes parar, porque te da miedo parar. Todos los demás están haciendo tanto, todos los demás están logrando, alcanzando, cumpliendo sus ambiciones, ¿cómo puedes parar? Tienes que seguir adelante, y tienes que seguir adelante a gran velocidad y con gran entusiasmo. Y no sabes adónde vas, cuál es la meta. ¿Qué quieres conseguir realmente en la vida? ¿El dinero?

Y aunque consigas mucho dinero, ¿qué harás con él?

Puedes comprar más miseria, por supuesto, cuando tengas más dinero; eso es lo que vas a hacer. Seguirás comprando las mismas cosas que estás comprando ahora. Por supuesto, puedes comprarlas en mayores cantidades, eso es todo. Vivirás en casas más grandes, pero vivirás; la casa no va a vivirlo. Si estás ansioso en una casa pequeña, puedes estar más ansioso en una casa más grande, porque tendrás más espacio para estar ansioso. Si eres ignorante, completamente ignorante de ti mismo, ¿cómo te va a ayudar el dinero? ¿Cómo te va a ayudar ser famoso? Puedes convertirte en una persona mundialmente conocida, pero eso no cambiará nada. Tu oscuridad interior seguirá siendo la misma, incluso puede volverse más oscura.

Lo primero que dice Buda es: *...el maestro dirige sus pensamientos extraviados.*

No permite que los pensamientos sigan caminos contradictorios. No permite que un pensamiento sea destruido por otro. No permite que los pensamientos le dirijan: él es el director. Los domina; los utiliza como bellos utensilios, instrumentos.

Y entonces ciertamente llega a la plenitud, porque sabe adónde va y sabe lo que hace.

En cada paso de su viaje es perfectamente consciente de su paradero; tiene un cierto sentido de la orientación. No corre simultáneamente en todas las direcciones; tiene una dirección. Naturalmente se integra, se convierte en un gran poder. Sin alcanzar ningún poder político, se convierte en un gran poder. Su poder surge de su propio ser, es suyo. Nadie se lo puede quitar, no depende de nadie. Ni siquiera la muerte puede quitárselo, incluso la muerte es impotente.

Pero la gente vive en un estado de locura. Este estado es una locura. La gente se ofende cuando digo que toda la humanidad está loca, pero ¿qué puedo hacer? - Es así. Hay que decirlo, por doloroso que sea. A mí también me duele, lo siento por la humanidad, pero hay que decirlo: que toda la humanidad está loca. Lo que ustedes llaman seres humanos normales no lo son en absoluto. Están normalmente locos, ciertamente; su locura es casi la misma, de ahí que sean normales. Pero no son la norma, no son el principio, no son el criterio de salud. Toda la tierra es un gran manicomio.

Kahlil Gibran tiene una hermosa historia:

Un hombre se vuelve loco y lo internan en un manicomio. Un amigo viene a visitarle.

El amigo es profesor, catedrático de filosofía, ha escrito muchos libros, es un erudito muy conocido, también es psicólogo. El loco está sentado en un banco bajo un árbol del jardín, rodeado por un gran muro. El profesor llega, se sienta a su lado y le pregunta: "¿Cómo te sientes dentro de este lugar?".

El loco se ríe. Dice: "Me siento tan bien, como nunca antes".

El profesor se queda perplejo. Le dice: "¿Por qué? ¿Por qué te sientes tan feliz estando en este manicomio?".

El loco dice: "¿Un manicomio? ¿A esto llamas manicomio? He dejado el manicomio fuera: ¡este es el lugar más cuerdo del mundo! El manicomio está fuera; este muro nos protege de los locos. Si alguna vez te cansas de los locos de fuera, aquí siempre serás bienvenido. Entrad. Aquí hay mucha paz, nadie interfiere en el trabajo de nadie. Hay mucho silencio. Hay muy poca gente aquí, y nunca he visto gente tan cuerda en toda mi vida: ¡todos son como yo!".

Esa es su definición de cordura: él está cuerdo y ellos son como él. Los que están fuera están locos.

Pero el mismo criterio sigue la gente de fuera: te crees cuerdo porque eres exactamente igual que tus vecinos. Pero, ¿quién sabe? - puede que los vecinos también estén locos.

Toda la historia de la humanidad demuestra que se trata de una humanidad demente; algo va básicamente mal en ella. En tres mil años el hombre ha librado cinco mil guerras.

¿Llamas sana a esta humanidad? Todo el mundo es avaricioso, celoso, posesivo... ¿y llamas sana a esta humanidad? Todos se pelean entre sí, ¿y a esto lo llamas humanidad sana? Normal, por supuesto. Normal en el sentido de que todos son iguales.

Una vez Mark Twain anunció, como un bulo, que había perdido un gato tan negro que no podía verse con la luz ordinaria, y que lo quería de vuelta. Casi mil personas se pusieron en contacto con él afirmando haberlo visto.

Basta con mirar a su alrededor, con observar a la gente, y se sorprenderá al ver el estado de completa locura que se conoce como normal. ¿Qué es la normalidad? ¿Cuál es la definición de un ser humano normal?

Debe estar lleno de amor, debe estar lleno de felicidad. No debe tener miedo. Debe ser alegre y extasiado. Debe ser capaz de cantar, reír y bailar. Debe ser capaz de disfrutar de las pequeñas cosas de la vida. Debe ser total en cualquier cosa que haga. Sus pensamientos serán rectos: si dice no, quiere decir no, si dice sí, quiere decir sí. No será diplomático, no será político en el sentido de que dice una cosa, quiere decir otra, y hará una tercera. No puedes imaginártelo, nunca puedes estar seguro de lo que va a hacer una persona política. Tiene una cara por fuera y otra realidad por dentro. Tiene una doble cara, está en un doble aprieto. Te sonríe, te saluda, pero te odia, te maldice por dentro. Es un enemigo, pero finge ser un amigo.

¡Esto es una locura! Esta hipocresía es una locura, esta división es una locura. Esta atmósfera esquizofrénica es una locura. No es un ser humano sano lo que hemos sido capaces de producir. Hemos fracasado hasta ahora... y ahora tenemos que hacer algo muy drástico, de lo contrario la humanidad está condenada. Ahora los dementes tienen tanto poder destructivo en sus manos que una guerra más y la humanidad estará acabada y este planeta estará acabado.

Se necesita algo tremendamente drástico, se necesita un salto cuántico. Pero esto sólo es posible a través de aquellas personas que escuchan a los budas.

...El maestro dirige sus pensamientos extraviados.

Como un pez fuera del agua, varado en la orilla, los pensamientos se agitan y tiemblan. ¿Cómo pueden librarse del deseo?

Los pensamientos no pueden vivir fuera del deseo, igual que un pez no puede vivir fuera del mar. Los pensamientos no pueden vivir fuera del mar del deseo: los pensamientos son básicamente instrumentos de un estado deseante. Y estamos continuamente deseando, deseando esto y aquello. No podemos dejar de pensar si seguimos deseando. Primero hay que cortar el deseo, la raíz misma.

¿Qué hay que desear en la vida? Los que han conocido, los que han realizado la vida, dicen que no hay nada que desear en la vida. Vívela, y vívela lo más plenamente posible, y vive cada momento al máximo. Exprímelo totalmente. Pero no hay nada que desear. El deseo te extravía porque te lleva al futuro.

Bebe del momento presente, porque el momento presente es la puerta de Dios. Dios sólo tiene un tiempo: el presente. No conoce el pasado ni el futuro. Si tú también quieres formar parte de Dios... y ésa es la única manera de estar cuerdo, de estar sano. Sólo una persona religiosa está cuerda y sana. Si quieres formar parte de Dios, tendrás que aprender a relajarte en el momento presente.

Muere al pasado y muere al futuro, y vive el presente. No te permitas moverte del presente, ni un solo centímetro aquí y allá; de lo contrario, siempre seguirás perdiendo el tren.

Y la mente está continuamente corriendo de un objeto a otro, de una persona a otra. Tienes una esposa, pero la mente está corriendo detrás de las esposas de otras personas. Tienes hijos, pero nunca parecen tan hermosos como los hijos de otras personas. La hierba siempre es más verde al otro lado del seto. Todo el mundo parece ser más feliz que tú.

Y entonces, por supuesto, deduces lógicamente: "Ellos tienen casas más grandes, mejores hijos, una mujer hermosa, más dinero, más poder, más prestigio, así que estas son las cosas que yo también necesito. Si no tengo todas estas cosas, ¿cómo voy a ser feliz?". Haces que tu felicidad sea condicional. Y en el momento en que un hombre condiciona su felicidad, está condenado; seguirá siendo infeliz toda su vida.

La felicidad no está condicionada; no se necesita nada para ser feliz. Sólo se necesita estar vivo, y eso ya lo estás. Sólo se necesita ser consciente, y eso ya lo eres. De ahí que los místicos y los budas digan que la dicha es nuestra propia naturaleza. Pero la mente es un corredor y te sigue arrastrando.

El sultán llamó a su eunuco. "Estoy de humor", le dijo. "Ve a buscar el número de mi esposa

Entonces el eunuco salió corriendo del palacio y entró en el harén. Corrió por el jardín, pasó por el huerto y subió las escaleras. Pronto regresó con la esposa 256. Poco después, el sultán volvió a llamar al eunuco y le dijo: "Quiero más. Tráeme a la esposa 87". El eunuco corrió a buscarla. Luego el rey quiso a la esposa 68, y poco después a la 92.

Cuando regresó con la esposa número 92, el eunuco jadeaba pesadamente. De repente se desplomó y murió.

Moraleja: no es el amor lo que te mata, sino el correteo.

La mente está continuamente corriendo. Nunca se sienta, no puede sentarse. Sentarse parece ser la muerte para ella, y en cierto modo lo es. Por eso la gente Zen dice, si puedes sentarte en silencio durante unas horas cada día, sin hacer nada, ni siquiera cantar un mantra, porque eso es de nuevo un correr de la mente, la misma mente.... Puede cantar canciones pop, puede cantar un mantra religioso, no hay diferencia. Quiere trabajo, quiere actividad, quiere ocupación, quiere correr. Su vida está en correr.

La gente Zen dice que te sientes, que no hagas nada. Lo más difícil del mundo es sentarse sin hacer nada. Pero una vez que le has cogido el truco.... Si sigues sentado durante unos meses sin hacer nada durante unas horas cada día, poco a poco, pasarán muchas cosas. Sentirás sueño, soñarás. Muchos pensamientos se agolparán en tu mente, muchas cosas. La mente dirá: "¿Por qué pierdes el tiempo? Podrías haber ganado un poco de dinero. Al menos podrías haber ido al cine, entretenerte, o podrías haberte relajado y cotilleado. Podrías haber visto la televisión o escuchado la radio, o al menos podrías haber leído el periódico que no has visto. ¿Por qué pierdes el tiempo?".

La mente te dará mil y un argumentos, pero si sigues escuchando sin que te moleste la mente.... Hará todo tipo de trucos: alucinará, soñará, se adormecerá. Hará todo lo posible para que dejes de estar sentado. Pero si continúas, si perseveras, un día saldrá el sol.

Un día sucede, no tienes sueño, la mente se ha cansado de ti, está harta de ti, ha abandonado la idea de que puedes ser atrapado, ¡simplemente ha acabado contigo!

No hay sueño, ni alucinación, ni sueño, ni pensamiento. Simplemente estás sentado sin hacer nada... y todo es silencio y todo es paz y todo es dicha. Has entrado en Dios, has entrado en la verdad.

Tiemblan, son inestables, vagan a su antojo. Es bueno controlarlos. Y dominarlos trae la felicidad.

Observa, y verás la mente temblorosa, los pensamientos temblorosos persiguiéndose unos a otros, corriendo en todas las direcciones posibles, consistentes, inconsistentes, significativos, sin sentido.

Siéntate un día en tu habitación, cierra las puertas y empieza a escribir los pensamientos que te ocurren. Eso te ayudará a ser consciente. Simplemente sigue escribiendo lo que te esté ocurriendo. No lo edites, no hagas que parezca coherente, bonito. No es para mostrárselo a nadie, es sólo para que lo observes. Sigue escribiendo durante quince minutos, luego léelo y te quedarás perplejo: ¿estás loco o qué? ¿Qué cosas te pasan por la cabeza? Todo tipo de cosas, tan irrelevantes que no puedes concebir ninguna relación posible con ellas. Cualquier cosa lleva a cualquier cosa por accidente.

El perro empieza a ladrar en el barrio y tu mente empieza a funcionar. Te acuerdas de un perro que tenías en tu infancia, y de repente la mente salta del perro a un amigo que también conocías en la infancia... y del amigo a la escuela, y al profesor. Y así la mente sigue saltando, y aterrizarás nadie sabe dónde. Y todo empezó por el ladrido del perro que no sabe nada de ti, que no se interesa en absoluto por ti, pero que desencadenó un proceso. Puedes llegar a cualquier parte. Y cada vez que ocurra llegarás a otro lugar.

La mente va saltando de un lugar a otro, y la mente tiene tanta información que puede producir todo tipo de mundos.

Observándolo verás la verdad de la afirmación de Buda: *tiemblan, son inestables, vagan a su antojo.* No te escuchan, tienen su propia voluntad. Cada pensamiento tiene su propia voluntad e insiste en seguir siendo él mismo. No quiere que juegues con él, no quiere que interfieras. Si interfieres, se resiste, protesta. Cada pensamiento quiere su propia individualidad. Y estos millones de pensamientos en tu cabeza destruyen tu individualidad, porque todos reclaman su propia individualidad y todos reclaman ser autónomos y libres. Y si dices algo, te preguntan: "¿Quién eres?". Y cada vez te mostrarán tu lugar, te reducirán a la nada.

Si no se controlan, dice Buda, no hay posibilidad de que te llegue la dicha. Permanecerás en un lío, seguirás siendo una confusión.

Reclusa: "Tengo un loco, loco deseo de aplastarte en mis brazos."

Señora psiquiatra: "¡Ahora estás hablando con sentido!"

Depende de ti a qué llamas sentido y a qué llamas sinsentido. Hay filósofos en el mundo que dicen que todo son tonterías, y hay filósofos en el mundo que dicen que todo tiene sentido, es sensato. Este es el mundo más racional, dicen, muy lógico. Todo depende de lo que consideres sensato. Depende de tu formación, de tu educación, de tu condicionamiento, de cómo te hayan hipnotizado.

Ahora bien, comer carne es sensato si te has criado en una casa donde a nadie se le ha ocurrido pensar en el vegetarianismo; incluso si hablaban de ello, lo hacían sólo para reírse de los vegetarianos: "Estos tontos que piensan que haciéndose vegetarianos se están haciendo religiosos". Si naces en una casa vegetariana, en una familia vegetariana, entonces las personas que comen carne son monstruos. No son personas en absoluto; son intocables, no son seres humanos, son animales.

Tú mismo nunca sabes lo que está bien, lo que está mal; sólo lo sabes según lo que otros te han dicho. Este no es un camino que pueda conducirte a la cordura. Tendrás que ser más consciente, más alerta, más vigilante. Tendrás que decidir por ti mismo. Has vivido una vida prestada. Tendrás que reflexionar: sólo te conviertes en un ser humano cuando empiezas a reflexionar sobre las cosas por ti mismo. Cuando observas con exactitud, con precisión, cuando juzgas, cuando valoras, cuando sopesas las cosas y empiezas a vivir de acuerdo con tu propia conciencia cada vez más, alcanzarás la libertad. Y la libertad trae la dicha.

Libertad significa que tienes que controlar la mente, tu supuesta mente, que no es tuya en absoluto porque te la han dado otros, en fragmentos. Una parte de ella pertenece a tu madre, otra parte a tu padre, otra parte a tu tío, y así sucesivamente... al cura, al maestro, al chico del barrio.... Has reunido fragmentos de todo el mundo: de los libros que has leído y de las películas que has visto.

Si lo investigas te sorprenderás: no tienes mente propia.

Todo es prestado. ¿Cómo puedes ser auténtico? No eres más que un fenómeno amontonado, fragmentos de tantas fuentes diferentes que nunca podrán fundirse y convertirse en uno. Pero hay algo que no es prestado en ti: tu conciencia, tu conocimiento. Eso lo has traído contigo, eso es parte de tu núcleo interno.

Depende de ella y nunca dependas de la mente. Vuélvete independiente de la mente y absolutamente dependiente de la consciencia, y estarás dando el mayor paso de tu vida.

Pero ¡qué sutiles son, qué escurridizos!

La tarea consiste en acallarlos y, gobernándolos, encontrar la felicidad.

No va a ser un trabajo fácil. Es arduo, porque la mente es muy astuta y los pensamientos son muy sutiles.

Un soldado está explicando a otro la transmigración de las almas y le dice que si lo matan su cuerpo se descompondrá en el campo de batalla y finalmente se hundirá en la tierra. En primavera surgirá una hermosa flor en el lugar.

"Y ese soy yo, ¿verdad?", pregunta el otro soldado.

"No, espera un momento. Entonces viene una vaca y se come la flor y deja tras de sí un gran montón de cowflop. Entonces vengo paseando por el campo con mi chica, veo esta paja de vaca y le doy unos golpecitos con mi bastón y digo: '¡Hola, Bill! No has cambiado nada'". La mente es muy astuta - siempre puede encontrar la manera de permanecer igual. Puede encontrar nuevas formas para seguir siendo vieja. Puede encontrar nuevos ropajes para poder esconderse detrás de ellos; puede encontrar hermosas racionalizaciones.

Cuidado. La mente no es un fenómeno sencillo, es compleja, sutil, muy escurridiza. Si intentas atraparla, tendrás dificultades. Si la empujas por la puerta principal, saldrá por la de atrás. Si quieres controlarlo y reprimirlo, empezará a funcionar desde tu inconsciente, lo que es mucho más peligroso porque te seguirá controlando, aunque ahora serás absolutamente inconsciente de su control. El enemigo ya no es visible, eso es todo, pero el enemigo está ahí. Y cuando el enemigo es invisible, es más poderoso.

...¡qué sutiles son y qué escurridizos! La tarea consiste en acallarlos.... Así que recuerda, no hay que reprimirlos, no hay que atraparlos. *La tarea consiste en acallarlos y, al dominarlos, encontrar la felicidad.*

Es a través de aquietarlos que uno se convierte en gobernante, no gobernándolos que uno los aquieta. Recuerda ese proceso: parece similar, pero no lo es. Es muy muy diferente, diametralmente opuesto de hecho. Primero tienes que aquietarlos, primero tienes que calmarlos.

Y la forma de calmarlos es simplemente observar en silencio sin juzgar, sin decir esto es bueno, esto es malo. En el momento en que dices bueno y malo has saltado al fango.

La mente ya te ha atrapado, ya estás atrapado.

¡Simplemente mira! Tus maestros de moral no te permiten mirar. Te sientas y sólo miras... un pensamiento de asesinar a alguien viene. Tu mente disfruta con la idea de asesinar a alguien. Esta es una parte. Otra parte de la mente dice: "Esto es muy malo, esto es un pecado. Ni siquiera deberías pensar en ello, incluso pensarlo es pecado". Esta es otra parte de la mente. Te identificas con la otra parte, la parte moral.

Dices: "Esta es mi conciencia". No es tu conciencia: te la han metido. Es la sociedad que te controla desde dentro; es una estrategia de la sociedad para controlarte. No sabes lo que está bien y lo que está mal.

¡Sé inocente! Sólo observa, observa a ambos. Una parte de la mente está diciendo: "¡Asesina a ese hombre - - te ha insultado!". Otra parte de la mente está diciendo: "Esto es malo, esto es inmoral".

Caerás en el infierno, sufrirás en tu próximo nacimiento, serás castigado por ello".

Sabe bien, el segundo también es mente, y no hay elección entre dos fragmentos de la mente. Observa ambos, disfruta de ambos. Observa la contradicción de la mente, no te identifiques con ninguna parte.

Recuerda, el ego quiere ser identificado con la parte buena, la parte moral. Se siente hermoso: "Estoy en contra del asesinato, ¡mira! No estoy a favor". Sólo estás siendo atrapado por otra parte de la mente. Sigues siendo un esclavo. Tus pecadores y tus santos, ambos son esclavos.

El hombre realmente libre está libre tanto del bien como del mal.

Está más allá del bien y del mal. Es sólo conciencia y nada más. Simplemente observa. Y si puedes simplemente observar sin identificarte, lentamente la mente se aquieta, y en ese aquietamiento está tu poder. Un día, cuando la mente haya desaparecido por completo, se haya aquietado totalmente, tú serás el soberano.

Con determinación, el maestro sofoca sus pensamientos. Acaba con su vagabundeo.

Sentado en la cueva del corazón, encuentra la libertad.

Y cuando la mente ya no existe, ¿adónde vas? De repente, cuando la mente ya no existe, entras en el corazón. Te deslizas fuera de la mente, fuera de las garras de la cabeza. Y entonces el corazón, la cueva del corazón, es tu palacio. La mente es un subproducto de la sociedad: el corazón es una extensión de Dios.

Esto sólo es posible si trabajas con una sola mente para aquietar la mente, para ser consciente de la mente, para ser totalmente vigilante, sin ningún juicio y sin ninguna identificación.

El maestro sofoca sus pensamientos. Acaba con su vagabundeo. Sentado en la cueva del corazón, encuentra la libertad.

La cabeza es una esclavitud, el corazón la libertad. La cabeza es una miseria, el corazón la dicha suprema.

Aes Dhammo Sanantano.

Suficiente por hoy.

Ni esto ni aquello

L a primera pregunta:
Pregunta 1:

Amado maestro, ¿cuál es la diferencia entre tú y otros hombres-dios?

Sunil Sethi, no soy un hombre-dios, simplemente soy Dios, como tú, como los árboles, como los pájaros, como las rocas. No pertenezco a ninguna categoría. 'Godman' es una categoría inventada por los periodistas. Simplemente no pertenezco a ninguna categoría. Tú tampoco perteneces a ninguna categoría. Todas las categorías son falsas. Cuanto más profundices en ti mismo, más y más descubrirás que simplemente no eres ni esto ni aquello. Los videntes de los Upanishads dicen:

neti, neti - ni esto ni aquello. Ninguna categoría es aplicable.

Hay una hermosa historia sobre Buda:

Estaba sentado bajo un árbol. Se le acercó un astrólogo, que se quedó muy perplejo, porque vio las huellas de los pies de Buda sobre la arena mojada y no podía creer lo que veían sus ojos. Todas las escrituras que había estudiado durante toda su vida le habían hablado de ciertos signos que existen en los pies de un hombre que gobierna el mundo, un chakravartin, un gobernante de los seis continentes, de toda la Tierra. Y vio en las huellas de los pies en la arena húmeda de la orilla del río todos los símbolos con tanta claridad que no podía creer lo que veían sus ojos.

O todas sus escrituras estaban equivocadas y estaba malgastando su vida en la astrología... de lo contrario, ¿cómo era posible que en una tarde tan calurosa, en un pueblo tan pequeño y sucio, un chakravartin viniera y caminara descalzo, sobre la arena ardiente?

Siguió las huellas, en busca del hombre al que pertenecían.

Encontró al Buda sentado bajo un árbol. Se quedó aún más perplejo. El rostro era el de un chakravartin -la gracia, la belleza, el poder, el aura-, pero el hombre era un mendigo, ¡con un cuenco para pedir limosna!

El astrólogo tocó los pies del Buda y le preguntó: "¿Quién eres, señor? Me has dejado perplejo. Deberías ser un chakravartin, un gobernante mundial. ¿Qué haces aquí, sentado bajo este árbol? O todos mis libros de astrología están equivocados, o estoy alucinando y usted no está realmente ahí".

Buda dijo: "Tus libros tienen toda la razón, pero hay algo que no pertenece a ninguna categoría, ni siquiera a la categoría de un chakravartin. Yo soy, pero no soy nadie en particular".

El astrólogo dijo: "Me desconciertas más. ¿Cómo puedes estar sin ser nadie en particular? Debes de ser un dios que ha venido a visitar la tierra, ¡lo veo en tus ojos!".

Buda dijo: "No soy un dios".

El astrólogo dijo: "Entonces debes ser un gandharva - un músico celestial".

Buda dijo: "No, yo tampoco soy un gandharva".

Y el astrólogo siguió preguntando: "Entonces, ¿eres un rey disfrazado? ¿Quién eres? No puedes ser un animal, no puedes ser un árbol, no puedes ser una roca: ¿quién eres exactamente?".

Y la respuesta que dio Buda es inmensamente importante de entender. Dijo: "Sólo soy un buda, sólo soy conciencia y nada más. No pertenezco a ninguna categoría. Cada categoría es una identificación y yo no tengo ninguna identidad".

Sunil Sethi, exactamente lo mismo es mi respuesta: No pertenezco a ninguna categoría, y el hombre dios es una categoría. Soy simplemente conciencia. Soy simplemente vigilancia. Y esto no es algo especial; esto también forma parte de tu núcleo más íntimo. Eres tan divino como cualquier otro - un Buda, un Krishna, un Cristo. Eres tan divino como cualquier otro. El más alto y el más bajo, todos son divinos, porque sólo Dios existe.

Esto es lo primero que hay que recordar: que yo no pertenezco a ninguna categoría. Tú tampoco perteneces a ninguna categoría. ¿Eres hindú, mahometano o cristiano? ¿Eres blanco o negro? Son cosas que están fuera, tú no eres esas cosas.

La conciencia no puede ser negra y no puede ser blanca; la conciencia no puede tener ningún color.

¿Eres rico o pobre? La conciencia tampoco puede ser rica o pobre. ¿Eres hombre o mujer? La conciencia no es ni hombre ni mujer.

¡La conciencia es simplemente conciencia! Darse cuenta de esto es declarar, "¡aham brahmasmi! - Yo soy Dios". No es una nueva categoría. Cuando alguien declara "¡Yo soy Dios!" no es una nueva categoría, es simplemente desaparecer de todas las categorías. Ese es exactamente el significado de la palabra "Dios".

Cuando Mansoor dice: "¡ana'l haq! - Yo soy la verdad!" está diciendo lo mismo. Está diciendo: "Yo soy la conciencia".

No pretendo ser un hombre de Dios, no lo soy.

Lo segundo: entre los llamados hombres-dios y yo hay muchas diferencias.

La más básica es que yo afirmo la vida y ellos la niegan. Yo amo la vida; ellos la odian. A mí me gustaría que te adentraras cada vez más en la vida; a ellos les gustaría que te retrajeras, que te retiraras. Ellos están a favor de la renuncia, yo estoy a favor de la alegría. Para mí "¡Alégrate!" es el único mensaje. "¡Renuncia!" es escapar. Renunciar es cometer un lento suicidio. Alégrate! y alégrate enormemente. Sólo entonces podrás saber qué es Dios.

En el punto óptimo de tu ser, cuando la intensidad es total, cuando no te guardas nada, cuando bailas con abandono, cuando cantas tan totalmente que el cantante desaparece en el canto... cuando amas tan infinitamente que no queda ningún amante, simplemente te conviertes en la energía llamada amor, entonces afirmas la vida. Y la vida ES Dios.

Yo afirmo la vida; tus supuestos hombres-dioses niegan la vida. Y porque básicamente la vida no puede ser negada - tú eres vida, ¿cómo puedes negarla? - crean hipocresía. Es inevitable. Vuestros supuestos hombres-dioses a lo largo de los siglos han estado creando hipocresía.

No te permiten ser auténtico. No te permiten ser natural, ¿cómo pueden permitirte ser auténtico? Crean una división en ti.

Son la raíz de todas las esquizofrenias, y toda la humanidad padece esquizofrenia. Las diferencias entre la esquizofrenia de una persona y la de otra son sólo de grados. ¡Estás dividido! ¿Quién os ha hecho este mal? Vuestros supuestos dioses, los supuestos santos, los supuestos mahatmas. Ellos están en la raíz misma de toda vuestra miseria porque su propia enseñanza es "¡Niega la naturaleza! ¡Lucha contra la naturaleza! Ve contra la corriente; ¡empuja el río!" Y tú eres parte de la naturaleza, sólo una ola en el río - ¿cómo puedes luchar con la naturaleza? Luchando, serás derrotado. Si eres una persona sincera, te volverás loco; si aún no lo estás, eso simplemente demostrará que no eres una persona sincera. Dices una cosa y haces otra.

Lo he oído:

A un sodomita le dieron una habitación en un hotel con otro hombre, que, según le aseguró el empleado de la habitación, no era reacio a un combate, pero que por las formas podría oponer resistencia. "Pero no le hagas caso. Adelante, a él le gusta".

A la mañana siguiente, el sodomita bajó y el empleado le preguntó cómo le había ido. "Fue bastante fácil", respondió. "No opuso resistencia en absoluto".

"¡Dios mío!", dijo el empleado, "te he puesto en la habitación equivocada. Era el arzobispo".

Es inevitable. La hipocresía es un subproducto natural de todos sus pseudodioses.

¡Y sólo pueden ser pseudo! Si alguien ha realizado a Dios, no es un hombre-dios, ¡es simplemente Dios! ¿Por qué "hombre dios"? Y sabe que no sólo él es Dios, sino que todo el mundo es Dios. Cuando dice "Yo soy Dios", no está usando la palabra en un sentido comparativo. No está diciendo: "Soy más santo que tú". Simplemente está diciendo: "Yo soy lo que tú eres, pero yo soy consciente y tú aún no lo eres". La diferencia no está en nuestras cualidades, en nuestros seres, sino sólo en nuestra conciencia. Tú tienes el mismo tesoro que yo, pero yo he tropezado con él y tú sigues buscando y tanteando. Tarde o temprano lo encontrarás.

Si sigues buscándolo, seguro que lo encuentras, porque está ahí. ¿Cuánto tiempo puedes seguir sin encontrarlo? Incluso en la oscuridad más profunda, si lo buscas lo encontrarás.

Cuando digo que soy Dios, simplemente estoy declarando que toda la humanidad es divina. Simplemente estoy declarando que todos los seres humanos son divinos; simplemente estoy declarando que todo lo que existe es divino. Un hombre-dios, un supuesto hombre-dios, declara que él es Dios y que vosotros sois pecadores. Crea un nuevo tipo de superioridad, una nueva jerarquía. Y todo su secreto comercial es hacerte sentir culpable. Y cuanto más culpable te sientas, más en sus garras estarás.

¿Cómo hacerte sentir culpable? Sólo condenar las cosas naturales y comenzará a suceder.

Condena el sexo: te surgirán deseos sexuales y te sentirás culpable. Condena la comida... condena todo lo que sea una inclinación natural en ti.

La fiesta de intercambio de esposas es asaltada por el ministro cruzado, que planea poner fin a estos tejemanejes. Cuando toca el timbre, llega el dueño de la casa y no parece avergonzarse lo más mínimo.

El ministro dice: "Me han dicho que esta noche has tenido una fiesta aquí".

"Lo hacemos", dice el hombre. "Ahora mismo estamos jugando a las adivinanzas. Las mujeres tienen los ojos vendados e intentan adivinar los nombres de los hombres palpándoles la polla. Debería entrar, reverendo, ¡ya han adivinado su nombre ocho veces!".

Todo el sacerdocio a lo largo de los siglos ha demostrado una sola cosa: que no se puede luchar contra la naturaleza. Aunque hay un camino para superarla - pero el camino no va contra ella; va a través de ella.

Esa es mi primera y más fundamental diferencia: Afirmo la vida tal como es. Eso no significa que no haya crecimiento posible más allá de la vida -hay inmensas posibilidades de crecimiento-, pero todo crecimiento tiene que fundarse en un amor profundo y apasionado por la vida. Sólo a través de la experiencia de la vida se produce la trascendencia.

Me gustaría que fueran más allá del sexo, pero no condeno el sexo. El sexo es un deseo natural, y es bueno en su lugar. Pero no hay que detenerse en él; es sólo un comienzo, un atisbo, un atisbo del más allá. En el orgasmo sexual profundo, te haces consciente por primera vez de algo que no es del ego, de algo que no es de la mente, de algo que no es del tiempo. En el orgasmo profundo, la mente, el tiempo, todo desaparece; el mundo entero se detiene por un momento. Por un momento ya no formas parte del mundo material; sólo eres un espacio puro.

Pero esto es sólo un atisbo - y a un gran coste. Debes avanzar. Debes buscar y buscar formas y medios para que este atisbo se convierta en tu propio estado. Eso es lo que yo llamo realización, iluminación. Una persona iluminada está en un estado de gozo orgásmico las veinticuatro horas del día. Lo que la persona sexual alcanza sólo de vez en cuando, con gran esfuerzo, el hombre espiritual lo alcanza sin ningún esfuerzo y sin ningún desperdicio. El hombre espiritual simplemente vive allí; en esas cumbres últimas está su morada. Esas cumbres sólo se ven a miles de kilómetros de distancia.

No estoy en contra del sexo, porque el sexo es la primera ventana a la existencia espiritual. No estoy en contra de la comida, porque no estoy en contra de ningún disfrute. Hay todo tipo de experiencias que encontrarás disfrutando de las cosas: la comida, el amor, la música, la danza, la naturaleza... Sólo disfrutando de todas estas cosas llegarás, poco a poco, a ser consciente de lo invisible.

Es por ello que los Upanishads dicen: annam brahma - la comida es Dios. Una afirmación tremendamente significativa: comida y Dios... ¿hechos sinónimos? - annam Brahma. ¿La comida es Dios? ¿Qué están diciendo? Estas personas sabían, sabían lo que decían: el sabor de la comida es el sabor de Dios. El sabor de cualquier alegría es el sabor de Dios - por muy lejos que esté, por muy reflejo que sea.

La luna reflejada en el lago sigue siendo un reflejo de la luna, aunque no la encontrarás en el lago. Si saltas al lago, sólo alterarás el reflejo y no encontrarás la luna allí. El reflejo no es la luna, el reflejo refleja la luna. Y si eres un poco inteligente no saltarás al lago, mirarás al cielo donde está la luna de verdad.

Dios se refleja cuando disfrutas de la comida. Dios se refleja cuando disfrutas del sexo. Dios se refleja en mil y un lagos de la vida. Coge la llave del reflejo; coge la indicación, la pista, y empieza a moverte hacia el original.

Ésa es mi diferencia fundamental. No estoy en contra de la vida ni de nada de lo que implica la vida: ni del sexo ni de la comida, ni del cuerpo ni de los placeres corporales. No soy contrario a la comodidad, tampoco a los lujos.

El otro día hubo una pregunta. Alguien ha preguntado -debe ser un recién llegado y un indio- ha preguntado: "¿No eres un hipócrita? ¿Por qué vives en el lujo?"

No conoce el significado de la palabra "hipócrita". Puede que sea la única persona en el mundo que no es hipócrita.

Un hipócrita es aquel que dice una cosa y hace otra. Un hipócrita es aquel cuya vida interior y exterior son diferentes, no sólo diferentes, sino diametralmente opuestas. No estoy en contra del lujo, ¿por qué debería ser hipócrita? No estoy en contra de la comodidad, no soy masoquista, eso es todo. No creo en torturarme a mí mismo ni a nadie. No creo en la tortura.

Me gustaría que toda la Tierra viviera en el lujo. Ciertamente, sé que hoy no es así. La Tierra entera ni siquiera cubre sus necesidades mínimas. Pero no voy a torturarme sólo por eso, porque eso tampoco va a ayudarles. Si hay mil personas en la miseria, habrá mil y una personas en la miseria, eso es todo.

No creo en la miseria. Y no vivo una doble vida. Mi vida es muy sencilla, sencilla en el sentido de que tiene una especie de integridad. Hago lo que digo. Creo en el lujo; para mí, la religión es la forma más elevada de lujo. Si no puedo hacer que todo el mundo viva en el lujo, al menos puedo conseguir vivir en él yo mismo. Si no, la gente me dirá: "Médico, primero cúrate a ti mismo".

Pero estos supuestos hombres de Dios, todos viven en el lujo y todos están en contra del lujo. Son unos hipócritas. Hablan de pobreza y de la espiritualidad de la pobreza, y todos ellos viven en el lujo: son unos hipócritas.

Odio la pobreza. No respeto la pobreza, no aprecio la pobreza. La gente es pobre por estupidez, por superstición. La gente no tiene por qué ser pobre. La gente es pobre porque durante miles de años se ha enseñado que la pobreza tiene algo de espiritual.

Un pensador alemán muy famoso, el conde Keyserling, vino a la India. Escribió un diario mientras viajaba por la India. En su diario anota muchas cosas significativas. Una cosa que escribió fue: "Me di cuenta, visitando la India, de dos cosas. Una: que ser pobre es ser espiritual; y la otra: que estar enfermo, hambriento, feo, es ser santo."

Yo no enseño estas cosas. Me gustaría que toda mi comuna viviera con el mayor confort posible. La comuna debe convertirse en un modelo para todo el mundo. Mis sannyasins deben vivir con toda la alegría posible: física, psicológica, espiritual.

Las alegrías del cuerpo y las alegrías de la mente y las alegrías del espíritu - todas tienen que ser vividas en tal armonía que el cuarto hombre nazca de esa armonía.

Por eso digo: Sé científico, sé estético y sé religioso. De estas tres dimensiones, del encuentro de estos tres ríos, se creará la cuarta. Y la cuarta es mi camino.

Cualquier enfoque antinatural de la vida crea complejidades, crea patologías.

No vuelve cuerda a la gente; la vuelve loca.

Paciente en la consulta del psiquiatra: "Doctor, tiene que ayudarme. Sigo soñando con comida, continuamente sueño con comida".

Doctor: "¿Nunca sueñas con chicas?"

Paciente: "Sí, pero sigo echándoles ketchup por encima".

Ahora bien, si haces que alguien se sienta culpable por su comida -eso es lo que hacen las llamadas personas religiosas-, entonces empezará a soñar con la comida. Y comer es sano, nutritivo, bueno; soñar con ello es feo y patológico. Soñar con comida simplemente significa que de alguna manera estás privando a tu cuerpo de lo que necesita.

¿Quién sueña con comida? Sólo una persona que reprime su deseo de comer. Puedes intentarlo: ayuna un día y verás lo que pasa..... Todo el día pensarás en comida; de todas partes la mente vendrá una y otra vez a la idea de la comida. Y por la noche soñarás con comida.

Reprime el sexo y soñarás con sexo. Reprime cualquier cosa y empezarás a volverte patológico. Un hombre realmente sano no tiene sueños, no tiene nada que soñar. Vive cada momento totalmente; nunca reprime nada. De ahí que su inconsciente permanezca completamente vacío y limpio. Si reprimes, tu inconsciente se llena de muebles innecesarios. Y en sueños estás obligado a enfrentarte a tu inconsciente. Tienes que enfrentarte a él; en el sueño profundo tienes que atravesarlo. Crea una agitación a lo largo de toda tu vida.

Afirmo la vida. Estoy tremendamente enamorado de la vida, y esa es mi enseñanza. Los llamados hombres-dioses están todos en contra de la vida; están creando una humanidad patológica.

En segundo lugar, todos ellos son de otro mundo; yo soy de este mundo. No es que no crea en el otro mundo -no es cuestión de creer en él; sé que existe-, pero no hay que preocuparse por ello. Preocuparse no sirve de nada. El otro mundo nacerá de este mundo. Haz que esta vida sea bella, vive esta vida con la mayor sensibilidad posible, y el otro mundo nacerá de ella. Será mucho más hermoso que esto si puedes hacer que esto sea hermoso.

Buda dice justo en los primeros sutras que si esta vida es bella, la otra será aún más bella. Pero si piensas en la otra vida, si te proyectas sobre la otra vida, si sueñas con la otra vida, la vida después de la muerte, harás que esta vida sea tan fea, tan desagradable, que la otra se volverá más fea.

No necesitas pensar en el mañana, el hoy se basta a sí mismo. Vive este día con tanta alegría y éxtasis... ¿de dónde vendrá el mañana? Nacerá de este éxtasis, será más extático. Y entonces tendrás la llave, la llave que abre todas las puertas de la vida.

Vive el momento Creo en el momento. Esos hombres de Dios, que hablan de la otra vida, de la vida después de la muerte, del cielo y del infierno, todo eso es absolutamente innecesario. La gente ya está demasiado desconcertada; no la desconciertes más.

Mi enseñanza es muy sencilla, al grano: vivir momento a momento, muriendo al pasado, sin proyectar ningún futuro... disfrutando del silencio, la alegría, la belleza, de este momento. Y de esto, nacerá aquello. Viene por sí mismo. Como dice Buda: Así como la sombra te sigue, el futuro te sigue. Si tu presente es feo, el futuro será un infierno; si tu presente es bello, el futuro será un paraíso.

En tercer lugar, hasta ahora, estos supuestos hombres de Dios han dividido a la humanidad en hindúes y cristianos y mahometanos y jainas y sijs y parsis... hay trescientas religiones en la tierra y al menos tres mil sectas dentro de esas trescientas religiones. Estos dioses han estado creando odio entre la gente. Hablan de amor, pero crean un contexto en el que sólo hay guerra. Las religiones han estado luchando entre sí, destruyéndose, asesinándose, masacrándose. Se ha derramado más sangre en nombre de la religión que en nombre de cualquier otra cosa. Ni siquiera la política es tan criminal como vuestras llamadas religiones.

Ahora bien, todos tus dioses son hindúes, mahometanos o cristianos. Yo no soy ni hindú ni cristiano, no soy nadie. Y ayudo a la gente a convertirse en nadie. Ayudo a la gente a liberarse de todas estas tonterías. Basta con ser... no hay necesidad de ser mahometano, hindú o cristiano. No hay necesidad de ir a ningún templo, mezquita o iglesia. Toda la existencia es su templo, y los árboles están continuamente en adoración, y las nubes están en oración, y las montañas están en meditación... sólo hay que empezar a mirar alrededor.

¡Mira bien! Mira sin creencia en tus ojos, mira sin prejuicios, y encontrarás a Dios. No puedes fallar porque está en todas partes. No es como una diana que puedes perder; golpea donde quieras y lo encontrarás, porque está en todas partes. Es imposible no verle. Todo lo que necesitas es un corazón inocente. Pero un hindú no puede ser inocente, un mahometano no puede ser inocente. Está lleno de basura: lleno de teorías, teologías, lleno de conocimientos prestados, eso es lo que yo llamo basura.

No estoy diciendo que Mahoma no tenga razón, no estoy diciendo que Buda no tenga razón; de lo contrario, ¿por qué debería hablar de Buda, de Mahoma, de Cristo? Son verdaderos, pero su verdad no puede ser tu verdad, tendrás que encontrarla por ti mismo. La verdad no se puede tomar prestada, la verdad es intransferible; nunca pasa a formar parte de tu patrimonio. Tienes que buscarla y buscarla por ti mismo; siempre tiene que ser individual.

Mi verdad es mi verdad. Es mi experiencia. Puedo hablar de ella, puedo cantar canciones alabándola, puedo bailarla. Puedo mostrarte mi éxtasis - pero aún así, lo que ha sido experimentado permanece inexpresado. Ninguna escritura ha sido capaz de expresarlo. Todas las escrituras son esfuerzos por expresarlo, pero todos los esfuerzos han fracasado: la verdad es inexpresable.

Las escrituras simplemente muestran la compasión de las personas que alcanzaron, pero no prueban que la compasión haya logrado expresar la verdad.

Rabindranath se estaba muriendo y alguien le dijo: "Deberías estar feliz, contento y agradecido a Dios: eres el poeta más grande que la tierra ha conocido. Has escrito seis mil poemas; nadie más lo ha hecho. Incluso Shelley, considerado el poeta más grande de Occidente, sólo ha escrito dos mil canciones. Usted es tres veces grande".

Pero de los ojos de Rabindranath empezaron a rodar lágrimas. El hombre se quedó perplejo; no entendía por qué lloraba Rabindranath. Le dijo: "¿Por qué lloras? Siéntete agradecido a Dios. Él ha realizado tu vida. Has alcanzado todo lo que uno aspira a alcanzar".

Rabindranath dijo: "¡No he logrado nada! Esas seis mil canciones son la prueba de mi fracaso". Escucha atentamente. Rabindranath dice: "Esas seis mil canciones son la prueba de mi fracaso. He intentado decir algo, pero no he sido capaz de decirlo. Cada vez que lo intentaba, fracasaba. Lo he intentado una y otra vez, seis mil veces lo he intentado, y he fracasado. La canción que había venido a cantar sigue sin cantarse. Me la llevo conmigo".

Es el caso de un Buda, de un Mahoma, de un Zaratustra, de todos los que han conocido. No se puede ser creyente y religioso a la vez. Si quieres ser religioso, tienes que abandonar todas las creencias. Ésa es mi tercera diferencia básica.

Os enseño a ser religiosos, pero no creyentes. Tenéis que ser indagadores, exploradores. No podéis dar las cosas por sentadas: como mucha gente lo dice, tiene que ser verdad.

La verdad tiene que convertirse en tu propia experiencia, tienes que ser testigo de ella. Y en el momento en que seas testigo de ella, no podrás decir que eres hindú, mahometano o cristiano. Todo eso son filosofías, conjeturas, teologías, lógica, cálculo, astucia, pero falta la experiencia.

Todo mi enfoque es existencial, experiencial. No te estoy dando ningún dogma; no estoy tratando de darte una doctrina determinada. Al contrario, intento eliminar todas las doctrinas. Me gustaría que estuvieras completamente vacío de doctrinas, creencias y prejuicios.

En ese vacío eres Dios, tanto como yo, tanto como Buda. Ese vacío abre las puertas a tu divinidad.

No soy un dios. Soy tan ordinario como tú, como todo el mundo; tan ordinario o tan extraordinario, significa lo mismo. No soy superior a nadie ni inferior a nadie. Nadie es superior ni inferior. Pertenecemos a una realidad, ¿cómo podemos ser inferiores y superiores?

La segunda pregunta:

Pregunta 2:

Amado maestro,

Hay una pregunta para la que nunca he encontrado respuesta. Es una pregunta estúpida y, sin embargo, tengo tantas ganas de saber la respuesta.

¿Puede decirnos cuál es el propósito de la creación, por qué existe la vida, por qué existe todo? No creo en los accidentes.

Prem Patrick, la pregunta es ciertamente estúpida, tienes toda la razón. Y la pregunta no tiene respuesta. Cualquiera que la responda sólo creará algunas preguntas más en ti. No has podido obtener ninguna respuesta porque no la hay. La vida es un misterio, de ahí que no se pueda responder a esta pregunta. No puedes preguntar "¿Por qué?". Si se responde al "¿Por qué?", la vida deja de ser un misterio.

Ese es todo el esfuerzo de la ciencia: destruir el misterio de la vida. Y el camino es encontrar la respuesta a todos los porqués. Y la ciencia cree -por supuesto, arrogante e ignorantemente- que un día será capaz de responder a todos los porqués. No es posible. Aunque respondamos a todos los porqués, el último por qué seguirá existiendo: ¿Por qué existe la vida? ¿Cuál es el sentido de la existencia? ¿Cuál es el propósito de todo esto? Esta pregunta es la última, no tiene respuesta.

Si alguien te da una respuesta, eso simplemente creará otra pregunta. Si alguien dice... por ejemplo, se han dado estas respuestas: algunas personas creen que Dios creó el mundo porque quería ayudar a la humanidad. ¿Qué clase de respuesta es esa? Creó a la humanidad para ayudar a la humanidad. ¿Qué necesidad había de crear? Otros dicen que Dios creó el mundo porque se sentía muy solo. Si Dios también se siente muy solo, entonces no hay posibilidad de que nadie llegue a ser un buda.

Y de repente Dios empezó a sentirse solo: ¿qué hacía antes de crear el mundo? Durante toda la eternidad había permanecido solo... y de repente, un día, una mañana, se volvió loco, ¿o qué? ¡De repente empezó a sentirse solo después del desayuno! ¿Y qué necesidad había de crear el mundo entero? Una sola mujer habría sido suficiente.

¿Y ahora cómo se siente hoy? ¿Demasiada gente? ¿Demasiado en el mercado? Debe estar planeando destruir el mundo pronto. ¿De qué clase de Dios estás hablando? ¿Es tu Dios una persona que puede sentirse sola?

Son respuestas tontas a preguntas tontas.

Luego hay algunas personas que dicen que es el juego de Dios - su leela. ¿No puede sentarse en silencio?

¿Y qué clase de obra es ésta? Adolf Hitler y Mussolini y Joseph Stalin y Mao Zedong, Genghis Khan, Tamerlane, Nadirshah... ¿el juego de Dios? ¿Millones de personas están siendo masacradas y es el juego de Dios? ¿Seis millones de judíos asesinados por Adolf Hitler y Dios está jugando un juego? ¿Por qué no puede jugar al golf o al ajedrez? ¿Por qué torturar a la gente? Tanta miseria en el mundo, ¿y estos tontos siguen diciendo que es un juego de Dios? Los niños nacen paralíticos, ciegos, sordos, mudos... ¿es un juego de Dios? ¿Qué clase de Dios es éste? O está loco o no es Dios en absoluto, al menos no piadoso. Debe ser muy malvado.

Ahora, estas respuestas no ayudan - crean más preguntas. Patrick, sólo puedo decir esto: que la vida no tiene ningún propósito, no puede tener ningún propósito.

Todos los propósitos están dentro de la vida. Sí, un coche tiene un propósito: puede llevarte de un sitio a otro. Y la comida tiene un propósito: nutrirte, mantenerte vivo. Una casa tiene un propósito: puede darte cobijo cuando llueve y cuando hace calor. Y la ropa tiene un propósito.... Todos los propósitos están dentro de la vida, pero la vida misma no puede tener ningún propósito porque no es un medio para algún fin. Un coche es un medio, una casa es un medio.

La vida no tiene meta, la vida no va a ninguna parte. La vida simplemente está aquí. Nunca ha sido creada, olvida esa idea de creación. Eso crea muchas preguntas estúpidas en la mente. Nunca ha sido creada, siempre ha estado aquí, y siempre estará aquí - en diferentes formas, de diferentes maneras, la danza continuará. Es eterna. *Aes Dhammo Sanantano* - asi es la ley suprema.

No hay ningún propósito. ¡Esa es la belleza de la vida! Si hubiera algún propósito, la vida no sería tan bella. Entonces habría una motivación, entonces sería como un negocio, entonces sería muy seria. Mira las rosas, los lotos y los lirios, ¿para qué? El loto se abre con el sol de la mañana y el cuco empieza a cantar... ¿para qué? ¿No es intrínsecamente bello? ¿Necesita todo un propósito fuera de sí mismo?

La vida es intrínsecamente bella. No tiene una finalidad extrínseca, no tiene propósito. Es como el canto de un pájaro en la oscuridad de la noche, o el sonido del agua, o el sonido del viento al pasar entre los pinos....

El hombre está orientado a objetivos porque su mente está orientada a objetivos. Crea preguntas como ésta:

"¿Cuál es el objetivo de la vida?" Debe haber alguna meta. Pero si alguien dice: "Este es el objetivo de la vida", entonces preguntarás: "¿Cuál es el objetivo de este objetivo? ¿Por qué debemos alcanzarla?

¿Para qué va a servir?". Y entonces alguien dice: "Este es el objetivo de este objetivo". Vuelve a surgir la misma pregunta, y caes en una regresión, ad infinitum.

Usted me pregunta: "¿Puede decirnos cuál es el propósito de la creación?".

El mundo nunca ha sido creado. La palabra "creación" no es correcta. Siempre ha estado aquí, es eterno. No hay creador. Dios no es el creador del mundo: Dios es la propia energía creadora de la existencia, creatividad más que creador. No es el poeta sino la poesía, no es el bailarín sino la danza, no es la flor sino la fragancia.

Me preguntas: "¿Por qué existe la vida?".

Estas preguntas parecen muy filosóficas y pueden torturarte mucho, pero son absurdas. Es como preguntar: "¿Qué sabor tiene el color verde?". Eso es irrelevante. El color verde no tiene sabor; el color y el sabor no están relacionados en absoluto. "¿Por qué existe la vida?" Basta con mirar las palabras: "vida" y "existencia" significan lo mismo; es una tautología. Si preguntas: ¿Por qué la vida es vida? entonces lo tendrás claro. Pero cuando preguntas: "¿Por qué existe la vida?", el lenguaje te engaña.

Usted se pregunta: ¿Por qué la vida es vida? Te preguntas: ¿Por qué una rosa es una rosa? ¿Estaría satisfecho si la rosa fuera una caléndula? Entonces preguntarías: ¿Por qué una caléndula es una caléndula? ¿Cómo vas a estar satisfecho?

Si la vida no existiera, ¿estarías satisfecho? Imagínate sin cuerpo, sin mente, un fantasma, haciéndote la pregunta: ¿Por qué no existe la vida? ¿Qué pasó con la vida? ¿Por qué desapareció? La misma pregunta persistirá y te perseguirá.

La vida es un misterio. No hay por qué, ni propósito, ni razón. Simplemente está aquí. Tómala o déjala, pero simplemente está aquí. Y cuando está aquí, ¿por qué no tomarla? ¿Por qué perder el tiempo filosofando? ¿Por qué no bailar, cantar, amar y meditar? ¿Por qué no profundizar más y más en esta cosa llamada "vida"? Quizá en el fondo conozcas la respuesta. Pero la respuesta llega de tal manera que no se puede expresar. Es como cuando un mudo prueba el azúcar. Sabe que es dulce, pero no puede decirlo.

Los budas saben pero no pueden decir. Y los idiotas no saben y siguen diciendo, y siguen dándote respuestas. Los idiotas son muy listos en eso: en encontrar, fabricar, manufacturar respuestas. Hazles cualquier pregunta y te responderán.

Cuando Gautama el Buda solía trasladarse en su país de un lugar a otro, algunos de sus discípulos se le adelantaban y declaraban en el pueblo: "Buda viene, pero por favor no hagan estas once preguntas". Y una de esas once preguntas era:

¿Por qué existe la vida? y otra era: ¿Quién creó el mundo? En esas once preguntas está contenida toda la filosofía. De hecho, si se dejan de lado esas once preguntas, no queda nada por preguntar.

Buda solía decir que son preguntas inútiles. No se pueden contestar, no porque nadie sepa la respuesta. No tienen respuesta por la propia naturaleza de las cosas.

Un gran filósofo, Maulingaputta, se acercó a Buda y empezó a hacerle preguntas... preguntas tras preguntas. Debía de ser una encarnación de Patrick. Buda escuchó en silencio durante media hora. Maulingaputta empezó a sentirse un poco avergonzado porque no contestaba, simplemente estaba allí sentado sonriendo, como si no hubiera pasado nada, y había hecho preguntas tan importantes, tan significativas.

Finalmente Buda dijo: "¿De verdad quieres saber la respuesta?".

Maulingaputta dijo: "Si no, ¿por qué habría venido a verte? He viajado al menos mil millas para verte". Y recuerda, en aquellos días, ¡mil millas eran realmente mil millas! No era subirse a un avión y llegar en cuestión de minutos o de horas. Mil millas eran mil millas. Había venido con gran anhelo, con gran esperanza. Estaba cansado, fatigado por el viaje, y debió seguir a Buda porque el propio Buda viajaba continuamente.

Debió de llegar a un lugar y la gente dijo: "Sí, estuvo aquí hace tres meses.

Se ha ido al norte" - por lo que debe haber viajado hacia el norte.

Poco a poco, se iba acercando más y más y entonces llegó el día, el gran día, en que la gente dijo: "Ayer mismo por la mañana se marchó; debe de haber llegado sólo hasta el pueblo de al lado. Si te apresuras, si corres, tal vez puedas alcanzarlo". Y entonces un día lo alcanzó, y estaba tan alegre que olvidó todo su arduo viaje y empezó a hacer todas las preguntas que había planeado durante todo el camino, y Buda sonrió, se sentó allí y preguntó: "¿De verdad quieres tener la respuesta?".

Maulingaputta dijo: "Entonces, ¿por qué he viajado tanto? Ha sido un largo sufrimiento -parece que he estado viajando toda mi vida, y tú preguntas: "¿Realmente quieres la respuesta?"". Buda dijo: "Vuelvo a preguntar: ¿Realmente quieres la respuesta? Di sí o no, porque mucho dependerá de ello".

Maulingaputta dijo: "¡Sí!".

Entonces Buda dijo: "Durante dos años siéntate en silencio a mi lado, sin preguntar, sin hacer preguntas, sin hablar. Siéntate en silencio a mi lado durante dos años. Y después de dos años puedes preguntar lo que quieras, y te prometo que te responderé".

Un discípulo, un gran discípulo de Buda, Manjushree, que estaba sentado debajo de otro árbol, empezó a reírse tan fuerte que casi rodó por el suelo. Maulingaputta dijo: "¿Qué le ha pasado a este hombre? De la nada, me está hablando a mí, no le ha dicho ni una sola palabra, nadie le ha dicho nada... ¿se está contando chistes a sí mismo?".

Buda dijo: "Ve y pregúntale".

Le preguntó a Manjushree. Manjushree dijo: "Señor, si de verdad quiere hacer la pregunta, hágala ahora mismo: esta es su forma de engañar a la gente. A mí me engañó. Yo era un filósofo tonto como usted. Su respuesta fue la misma cuando vine; tú has viajado mil millas, yo había viajado dos mil".

Manjushree fue sin duda un gran filósofo, más conocido en el país. Tenía miles de discípulos. Cuando había venido, lo había hecho con mil discípulos - un gran filósofo que venía con sus seguidores.

"Y Buda dijo: 'Siéntate en silencio durante dos años'. Y me senté en silencio durante dos años, pero entonces no pude hacer ni una sola pregunta. Esos días de silencio... poco a poco, todas las preguntas se fueron marchitando. Y una cosa te diré: él cumple su promesa, es un hombre de palabra. Al cabo de exactamente dos años, lo había olvidado por completo, había perdido la noción del tiempo, porque ¿quién se molesta en recordar? A medida que el silencio se hacía más profundo, perdí la noción del tiempo.

"Cuando pasaron dos años, ni siquiera fui consciente de ello. Disfrutaba del silencio y de su presencia. Bebía de él. Fue increíble. De hecho, en el fondo de mi corazón nunca quise que esos dos años terminaran, porque una vez terminados él me decía: 'Ahora deja tu sitio a otra persona para que se siente a mi lado, aléjate un poco. Ahora eres capaz de estar solo, no me necesitas tanto'. Igual que la madre aparta al niño cuando puede comer y digerir y ya no necesita alimentarse del pecho. Así que", dijo Manjushree, "simplemente esperaba que se olvidara de esos dos años, pero se acordó; exactamente después de dos años me preguntó: 'Manjushree, ahora puedes hacer tus preguntas'. Miré en mi interior; no había ninguna pregunta y tampoco ningún interrogador: un silencio total. Me reí, él se rió, me dio una palmadita en la espalda y dijo: "Ahora, vete".

"Así que, Maulingaputta, por eso me eché a reír, porque ahora vuelve a hacer el mismo truco. Y este pobre Maulingaputta se sentará durante dos años en silencio y estará perdido para siempre, nunca podrá hacer una sola pregunta. Así que insisto, Maulingaputta, si de verdad quieres preguntar, ¡PREGUNTA AHORA!".

Pero Buda dijo: "Mis condiciones tienen que cumplirse".

Y, Patrick, la misma es mi respuesta para ti: cumple mi condición - medita, siéntate en silencio, simplemente estate aquí, y todas las preguntas desaparecerán. No estoy interesado en responderte, estoy interesado en disolver tus preguntas. Y cuando todas las preguntas desaparecen, el que pregunta también desaparece - no puede existir sin preguntas. Cuando no hay pregunta ni preguntador, ¡qué dicha, qué éxtasis! No puedes imaginar, no puedes soñar, no puedes comprender en este momento. Entonces se abre todo el misterio de la vida, misterios sobre misterios... no tiene fin.

La tercera pregunta:

Pregunta 3:

Amado maestro, he escuchado a muchos santos espirituales en mi vida - ¿por qué todos ellos hablan un idioma muy difícil?

Kamla Kant, tienen que hacerlo, porque no saben nada. Si hablan un lenguaje sencillo como el que les estoy hablando, el lenguaje cotidiano, no podrán ocultar su ignorancia. Detrás del camuflaje de grandes palabras pueden ocultar su ignorancia; ese es uno de los secretos comerciales. Y la gente es tan tonta que si no puede entender lo que se le dice, piensa que debe ser algo grandioso.

Lo incomprensible les parece algo profundo. Lo comprensible les parece superficial. Por eso, a lo largo de los siglos, los llamados santos han utilizado un lenguaje muy complicado, complejo, difícil, con grandes palabras, con lenguas muertas, para que nadie lo entienda. Latín, sánscrito, árabe, eso es lo que utilizan los llamados santos.

Cuando los oyes no puedes entender de qué se trata y, naturalmente, no puedes decir: "No entiendo tu idioma", eso es humillante. Así que empiezas a asentir con la cabeza: "Sí, es verdad". Ellos ocultan su ignorancia, tú ocultas la tuya: es una conspiración mutua. Lo sabes perfectamente.

Cuando vas al médico, escribe la receta en latín o en griego. ¿Por qué no puede escribir en inglés, hindi o marathi? Si escribe en un inglés sencillo que tú entiendas, pensarás que es un tonto, porque escribe cosas tan sencillas, ¿cómo pueden ayudar a tu compleja enfermedad? Y si escribe en un lenguaje sencillo, no le darás al farmacéutico cincuenta rupias por ello; irás al mercado y comprarás las mismas cosas por dos rupias.

El médico escribe la receta en tal idioma... y siempre es ilegible.

Incluso si vuelves de nuevo al médico para preguntarle qué ha escrito, tendrá dificultades.

He oído que Mulla Nasruddin utilizaba la receta de un médico para muchas cosas: la ha utilizado como billete en un tren, porque el revisor no podía leerla; la ha utilizado en el cine, porque el revisor no podía leerla; la ha utilizado de muchas muchas maneras. Lo utilizó como pase para ver a cierto ministro. Me dijo: "Durante dos meses, esta receta me ha sido de gran ayuda; dondequiera que quiera entrar y lo que quiera hacer, sólo tengo que presentar esta receta, porque no pueden leerla y no pueden admitir que no pueden leerla. Simplemente me lo permiten, tienen que permitírmelo".

Este es un secreto bien conocido, que los santos que son falsos están obligados a utilizar un lenguaje muy difícil; de lo contrario, podrás ver que son tan ignorantes como tú, o a veces incluso más ignorantes que tú. Crean un gran camuflaje, una fachada, de grandes palabras de lenguas muertas. Citan escrituras, palabras altisonantes, y tú simplemente no sabes qué hacer. O aceptas tu ignorancia y les preguntas qué están diciendo, o simplemente dices que debe ser algo muy profundo - ¿cómo puede un hombre como tú, un pecador, ignorante, ignorante, irreligioso, entenderlo?

A un predicador le pidieron que dirigiera un reavivamiento en una pequeña ciudad del sur. Como no había hotel, se alojó con una de las hermanas de la iglesia, una joven viuda. Después del avivamiento, al despedirse, le dijo a la anfitriona: "Hermana Jones, nunca en toda mi carrera eclesiástica he encontrado una manifestación tan abundante, satisfactoria y perdurable de gratitud, gentileza, aprecio y hospitalidad como la que usted ha demostrado."

La hermana Jones sonrió, hizo una mueca y contestó: "¡Párroco, no sé lo que significan todas esas grandes palabras, pero quiero decir que usted es un auténtico batidor del mundo, un fuerte repetidor, y que lo hace de forma más pulcra, más dulce y más completa con menos peter que cualquier otra persona que haya tenido aquí!".

Se puede utilizar un lenguaje muy complejo, pero no se puede engañar a los que saben; sólo se puede engañar a los que no saben. Si lees los libros de Hegel te encontrarás con frases que se prolongan durante páginas. Cuando se llega al final de la frase, ya se ha olvidado el principio. Es casi imposible encontrarle sentido. Por eso, cuando Hegel vivía, se le consideraba el filósofo más grande que jamás había existido. Pero a medida que la gente estudiaba sus libros más de cerca -los eruditos trabajaban y analizaban las cosas- se descubrió que no decía nada muy especial. Muchas cosas eran tonterías, pero con grandes palabras.

Las grandes palabras atraen a la gente, las grandes palabras fascinan a la gente, hipnotizan a la gente.

Me preguntas: "¿Por qué hablan todos una lengua tan difícil?".

...Si no, ¿quién va a escucharles? ¿Para qué?

Un granjero con dos hijos vagos, les ordenó una vez que limpiaran el pozo de mierda. Se limitaron a cavar uno nuevo y a trasladar el cagadero unos metros más allá. Una noche, el viejo tuvo una llamada de la naturaleza y salió corriendo por el camino trillado, cayendo en el pozo. Con la mierda hasta el cuello, empezó a gritar: "¡Fuego! ¡Fuego!"

La gente vino corriendo, le sacaron y le limpiaron, luego le preguntaron por qué había gritado "¡Fuego!".

"¿Crees que alguien habría venido si hubiera gritado '¡Mierda!'?"

La razón por la que utilizan un lenguaje difícil es sencilla: si no, ¿quién va a venir?

No pueden hablar como yo, simplemente utilizo el lenguaje que utilizas tú. Simplemente les estoy hablando. Esto no es un sermón, sólo un diálogo entre amigos, cotilleando - no es un evangelio.

Y puedes utilizar palabras sencillas, palabras cotidianas, sólo si realmente tienes algo que transmitir; de lo contrario, no. Si no tienes nada que transmitir, entonces tendrás que utilizar grandes palabras por necesidad.

La última pregunta:

Pregunta 4:

Amado maestro, ¿no son todos los sacerdotes los peores enemigos de dios?

Deepesh, no todos los sacerdotes, sino sólo unos pocos: el Papa, los shankaracharyas. Éstos son los enemigos de Dios; por lo demás, los pobres sacerdotes sólo intentan ganarse el pan. No tienen nada que ver con Dios - no son amigos, no son enemigos. No tienen tiempo para Dios. Es sólo una profesión, y una profesión pobre. El pobre sacerdote no recibe más dinero que el empleado más bajo, y corre todo el día de un templo a otro, de una casa a otra - ¡es casi un mendigo! No, no es enemigo de Dios. Simplemente no conoce otra forma de ganarse el pan, sobre todo en la India.

En la India, los sacerdotes son brahmanes, y los brahmanes son la gente más pobre. No saben hacer otra cosa, y no pueden hacer otra cosa: la mente tradicional no se lo permite.

No pueden ser zapateros, no pueden ser carpinteros, no pueden ser barrenderos.... Los brahmanes a lo largo de los tiempos han vivido de una sola cosa: rezar a los dioses. Pero si te limitas a rezar a Dios, morirás, pasarás hambre. El dinero no te va a llover del cielo; nunca ha ocurrido. Así que tienes que usar tu capacidad de rezar, tu conocimiento de las escrituras, como una profesión.

Pero el pobre cura no es el enemigo ni nada de eso. No sabe nada de Dios, no le interesa Dios en absoluto.

Lo recuerdo:

Cuando era niño, un cura vivía justo detrás de mi casa. Solía torturarle con grandes preguntas: "¿Existe Dios? ¿Es el alma inmortal? ¿Cuál es la filosofía del karma?". Un día me dijo: "Por favor, no me molestes. Te digo la verdad: no sé nada. ¡Y usted es una especie de fastidio! Nadie me hace esas preguntas, soy un simple sacerdote. La gente sólo me pide que haga puja -adoración-, así que voy, y me pagan dos rupias, tres rupias, al día. De alguna manera me las arreglo. Tengo tres hijos, un padre anciano, una madre, una esposa, y además tengo que fingir que vivo perfectamente bien, porque así es como debe fingir un brahmán. Es la casta alta, así que tengo que fingir que todo va bien.

"Y después de todo el día de trabajo, cuando llego a casa, ¡estáis aquí sentados! Sólo he ganado tres rupias en todo el día, y casi nos morimos de hambre. Ahora, ¡a quién le importa si Dios existe o no! Y yo no lo sé en absoluto. Sólo sé cómo adorar, y puedo adorar a cualquier dios - sólo dame el dinero".

Así que, por favor, Deepesh, no pienses que todos los sacerdotes... no todos los sacerdotes, sólo unos pocos astutos están en contra de Dios. Son adoradores del Diablo, son la razón de que muy pocas personas hayan podido convertirse en budas. Pero los demás sacerdotes, el noventa y nueve por ciento de ellos, son sólo pobres personas que no saben qué hacer. Tradicionalmente, con solo saber una cosa, pueden mendigar. Pero ellos son de casta alta, así que mendigan con un método.

Ese método es su ritual de culto.

Un hombre ve carteles en la autopista que dicen que *hay una milla hasta la casa del gato de la abuela.*

Invadido por la curiosidad y la sorpresa de que alguien se atreva a anunciarse tan claramente, entra.

Una anciana lo admite y le suelta: "Dos dólares, por favor, y puede pasar por la puerta que tiene delante, al final del pasillo".

Paga, cruza la puerta, que se cierra de golpe tras él, y se encuentra en el patio, lleno de cajas de madera con frentes de alambre, dentro de las cuales hay unos gatos sarnosos. Encima hay un pequeño cartel escrito a mano: "La abuela te ha jodido. Por favor, no cuentes el secreto: sólo soy una anciana que intenta llegar a fin de mes".

Suficiente por hoy.

La sabiduría de la inocencia

¿Cómo puede una mente perturbada entender el camino? Si un hombre está perturbado nunca se llenará de conocimiento.

Una mente imperturbable, que ya no busca considerar lo que está bien y lo que está mal, una mente más allá de los juicios, observa y comprende.

Sabe que el cuerpo es una frágil vasija, y haz de tu mente un castillo. En cada prueba deja que el entendimiento luche por ti para defender lo que has ganado.

Porque pronto el cuerpo es desechado. Entonces, ¿qué siente? Un tronco de madera inútil, yace en el suelo. Entonces, ¿qué sabe?

Tu peor enemigo no puede hacerte tanto daño como tus propios pensamientos, sin vigilancia.

Pero una vez dominado, nadie puede ayudarte tanto, ni siquiera tu padre o tu madre.

Una vez me preguntaron: "¿Qué es la filosofía?". Respondí: "La filosofía es el arte de hacer las preguntas equivocadas". El ciego que pregunta "¿Qué es la luz?" - esto es filosofía. El sordo que pregunta "¿Qué es la música? ¿Qué es el sonido?" - esto es filosofía.

Si el ciego pregunta: "¿Cómo puedo recuperar mis ojos?", ya no se trata de filosofía, sino de religión. Si el sordo acude al médico para que lo trate para poder oír, entonces se está moviendo en la dirección de la religión y no en la dirección de la filosofía.

La filosofía es conjetura, es especulación; sin saber nada, se intenta inventar la verdad. Y la verdad no se puede inventar, y todo lo inventado no puede ser verdad. La verdad hay que descubrirla. Ya está ahí... todo lo que necesitamos son ojos abiertos - ojos para verla, un corazón para sentirla, un ser para estar presente en ella. La verdad siempre está presente, pero nosotros estamos ausentes, y porque estamos ausentes no podemos ver la verdad. Y seguimos preguntando por la verdad, y no hacemos la pregunta correcta: ¿Cómo estar presente? ¿Cómo llegar a estar presente?

Preguntamos por la verdad y ese preguntar también es alejarse de ella, porque el preguntar implica que es posible una respuesta de otra persona. Preguntar implica que otra persona puede decirte cual es la verdad. Nadie te la puede decir, no se puede decir.

Lao Tzu dice: La verdad que puede ser dicha ya no es verdad. Una vez dicha, se convierte en mentira.

¿Por qué? - Porque la persona que lo sabe, no lo sabe como información; de lo contrario, habría sido muy fácil transferir la información a cualquiera que estuviera preparado para recibirla. La verdad se conoce como una experiencia interior. Es como un sabor en la lengua. Si un hombre nunca ha probado lo que es la dulzura, no puedes explicárselo, es imposible.

Si un hombre no ha visto el color, no se le puede explicar lo que es.

Hay cosas que sólo pueden experimentarse y, a través de la experiencia, comprenderse.

Dios es esa experiencia última, que es totalmente inexpresable, intransferible. No se puede transmitir. A lo sumo, se pueden dar algunas pistas; pero esas pistas también deben ser recibidas con un corazón muy comprensivo, de lo contrario se perderán.

Si los interpretas con tu mente, te los vas a perder, porque ¿qué puede hacer tu mente en lo que a interpretación se refiere? Sólo puede traer su propio pasado. Sólo puede traer su propio caos. Puede traer sus conflictos, dudas, confusiones. Y todo eso lo impondrá a la verdad, a la pista que se te ha dado, e inmediatamente todo se distorsiona. Tu mente no está en condiciones de ver, de sentir.

Religión significa simplemente crear un espacio en tu mente que sea capaz de ver, que sea capaz de no entrar en conflicto, que sea capaz de ser uno sin ninguna división, que sea capaz de integridad, claridad, perceptividad. Una mente que está llena de pensamientos no puede percibir; esos pensamientos siguen interfiriendo. Esos pensamientos están ahí, capa sobre capa.

En el momento en que algo llega a lo más íntimo de uno, si es que llega, ya no es lo mismo que si lo hubiera transmitido alguien que lo hubiera conocido. Es un fenómeno totalmente distinto.

Buda solía repetir tres veces cada alusión. Alguien le preguntó: "¿Por qué repites una cosa tres veces?".

Dijo: "Ni siquiera tres veces es suficiente. Cuando lo digo por primera vez, sólo oyes las palabras. Son palabras vacías, huecas, sin contenido. La primera vez no puedes oír el contenido. La segunda vez, oyes el contenido con las palabras, llega una fragancia, pero estás tan aturdido, estás tan desconcertado por su presencia, que no estás en condiciones de comprender. Oyes, pero no entiendes. Por eso tengo que repetirlo tres veces".

Lo repito una y otra vez por la sencilla razón de que estás tan dormido que hay que repetirlo, machacarlo. Puede que en algún momento, en algún momento propicio, no estés tan profundamente dormido; puede que estés cerca, muy cerca del despertar, y puede que algo entre en ti. Puede que seas capaz de oír. Sí, hay momentos en los que estás muy cerca de despertar, ni despierto ni dormido, sólo en el medio, en algún punto intermedio.

Cada mañana sabes, hay unos momentos en los que el sueño ya no existe pero aún no estás despierto, no puedes decir que estás despierto. Puedes oír, de una manera muy vaga, los sonidos de los pájaros, y del lechero, y de la mujer hablando con el vecino y de los niños preparándose para ir a la escuela, y el ruido del tráfico, y un tren que pasa - pero de una manera muy vaga, no totalmente, parcialmente. Y sigues dormitando hasta quedarte dormido. En un momento oyes el ruido del tren que pasa y en otro te has quedado dormido.

Ahora los investigadores del sueño dicen que esto ocurre continuamente mientras duermes: si duermes ocho horas, no estás en el mismo nivel continuamente, tu nivel va cambiando, picos y valles. Durante toda la noche subes y bajas. A veces estás en un sueño muy profundo en el que incluso los sueños desaparecen - Patanjali lo ha llamado SUSHUPTI, sueño sin sueños - y a veces estás lleno de sueños. Y a veces estás a punto de despertar. Si ocurre algo estremecedor, impactante, estarás despierto, súbitamente despierto.

Ese es el esfuerzo de todos los budas: esperar ese momento justo en el que estás muy cerca del despertar. Entonces, un pequeño empujón y tus ojos se abren y puedes ver.

Dios no se puede explicar pero se puede ver, se puede experimentar - NO se puede explicar.

Cualquier explicación sobre Dios no es más que explicarlo; por lo tanto, cuantos más sacerdotes, teólogos y profesores haya, menos religión habrá en el mundo. Cuantos más papas y más shankaracharyas, menos religión hay en el mundo, porque esta gente sigue explicando y Dios no puede ser explicado. Han llenado sus mentes con tantas explicaciones, que ahora esas explicaciones están en conflicto. Ahora es casi imposible entender qué es qué, cuál es cuál. Estáis totalmente confundidos. El hombre nunca ha estado en tal confusión antes, porque la humanidad nunca ha estado tan cerca antes. La Tierra se ha convertido REALMENTE en una aldea, una aldea global.

Antiguamente, el budista sólo sabía lo que había dicho Buda, el mahometano sólo lo que había dicho Mahoma y el cristiano sólo lo que había dicho Jesús. Ahora nos hemos convertido en herederos de todo el patrimonio de la humanidad.

Ahora conoces a Jesús, conoces a Zaratustra, conoces a Patanjali, conoces a Buda, conoces a Mahavira, conoces a Lao Tzu y cientos de otras explicaciones, otros indicios - y todos están mezclados en ti. Ahora es muy difícil sacarte de esta confusión. La única manera posible es abandonar todo este ruido, no por partes sino in toto. Ese es mi mensaje.

Y al abandonarlo, no estarás abandonando a Jesús o a Mahoma o a Buda; al abandonarlo te acercarás más a ellos. Al abandonarlo, simplemente estarás abandonando a los sacerdotes y las tradiciones y las convenciones y la explotación que tiene lugar en nombre de la tradición y la convención. Al estar limpio de todo esto, olvidando la Biblia y los Vedas y el Gita, alcanzarás una claridad, una limpieza. Sí, necesitas una limpieza de primavera, necesitas un desahogo total del corazón. Sólo entonces, en ese silencio, serás capaz de comprender.

Buda dice:

¿Cómo puede una mente atribulada comprender el camino?

Miles de personas se habían reunido en torno a Buda, igual que vosotros os habéis reunido en torno a mí: miles de buscadores habían acudido a Buda y le hacían todo tipo de preguntas.

Y a Buda no le interesaban en absoluto sus preguntas; no le interesaba responderlas. Estaba interesado, ciertamente, en mostrarles el camino, pero el problema era que estaban tan preocupados con sus preguntas Y las respuestas que habían recogido, estaban tan perturbados por todo el conocimiento que habían estado cargando todo el tiempo, que era imposible, casi completamente imposible mostrarles el camino. De ahí este sutra: *¿cómo puede una mente perturbada comprender el camino?*

Así que en lugar de darles más respuestas, más explicaciones, más conocimientos, Buda empezó a quitarles sus conocimientos, sus respuestas prefabricadas, sus concepciones a priori, sus prejuicios. La India nunca ha podido perdonar a Buda por ello.

Inmediatamente después de su muerte, la mente tradicional de este país comenzó a arrancar todas las plantas que él había plantado; todos los rosales fueron quemados. Buda fue completamente expulsado de este país. El hijo más grande de esta tierra no tuvo refugio aquí; la enseñanza tuvo que buscar refugio en tierras extranjeras.

Esto no es accidental, esto ha sucedido siempre. Jesús fue condenado por los judíos, crucificado por los judíos, y Jesús fue el judío más grande que ha habido en la tierra, el mayor florecimiento de la conciencia judía, la máxima expresión, el crescendo, el Everest. Pero, ¿por qué lo negaron los judíos? Deberían haber sido felices, deberían haber bailado y celebrado, pero no pudieron, no pudieron perdonarle, porque su presencia les hizo sentirse muy mediocres; ése fue su crimen. Debía ser castigado por ello, por estar tan alto, por estar tan más allá, por ser tan superior, por ser tan agraciado, por traer tanto amor. Por su presencia tenía que ser castigado, porque su presencia hacía que la gente se sintiera fea por comparación. Había que eliminarlo para que la mente mediocre se sintiera tranquila.

A Jesús no lo mataron los judíos, lo mató la mente mediocre. Sucedió que fue la mente mediocre judía en el caso de Jesús. Lo mismo ocurrió con Buda. Buda no ha sido perdonado por los hindúes, y fue el hindú más grande de todos los tiempos. Era el hindú más puro posible, la quintaesencia misma del hinduismo. Lo que los Upanishads decían, él lo había actualizado. Él era la realización de los anhelos más profundos de esta tierra, pero fue desarraigado de aquí, fue expulsado de aquí.

El budismo desapareció de la India, no quedó ni rastro, totalmente arrasado. ¿Por qué? Era tremendamente respetado en el Tíbet, en China, en Corea, en Japón, en Tailandia, en Birmania, en Sri Lanka. Toda Asia amaba a este hombre, por lo singular de sus enseñanzas, por la fuerza de sus palabras. Pero la India simplemente se olvidó de él: la mente mediocre india. No tiene nada que ver con el indio - de nuevo la mente mediocre. La mente mediocre nunca permite al genio; la persona mediocre es feliz con otras personas mediocres. La gente estúpida es feliz con líderes estúpidos. Cuanto más estúpido es el líder, más feliz es la gente, porque se parece mucho a ellos.

Lo he oído:

Se nombró un nuevo superintendente en un manicomio. El antiguo dejaba su cargo, se jubilaba, y se organizó una pequeña fiesta para que el antiguo agradeciera todos sus servicios, para que el nuevo fuera recibido por los internos. Todos los locos se reunieron.

El viejo superintendente se quedó un poco perplejo; nunca los había visto tan felices. Todos los locos estaban tan contentos, tan alegres, que no pudo resistir la tentación de preguntarles... y él se iba a marchar ese mismo día, así que tenía que preguntar inmediatamente; de lo contrario, siempre quedaría como una curiosidad en su mente y nunca sabría la respuesta.

Preguntó a los locos. "¿Por qué se ven tan felices?"

Decían: "Por el nuevo superintendente, ¡se parece a nosotros! Era un extranjero entre nosotros, estaba cuerdo. ¡Parece loco!"

Y era verdad: el nuevo superintendente estaba casi loco. Pero los locos estaban muy contentos. Había llegado alguien que no les haría sentirse locos.

Esta ha sido siempre la situación en la tierra -esta tierra es el manicomio- y siempre que pasa una persona cuerda, nos portamos mal con ella. Miles de personas habían acudido a Buda para preguntarle: "¿Dónde está Dios? ¿Qué es Dios?" Y especialmente los brahmanes, los pundits, los eruditos, que estaban plenamente informados, bien informados sobre las escrituras, solían acudir a él para preguntarle: "¿Crees en Dios? Defina su creencia, explique su concepto".

Y Buda insistía una y otra vez *¿cómo puede una mente atribulada comprender el camino?* Solía decir: "Por favor, no preguntes por Dios. Tu pregunta sobre Dios es como si un ciego preguntara por la luz: no se puede explicar. Yo soy médico", insistía. "Puedo curarte los ojos, puedo devolverte la vista. Y entonces podrás ver por ti mismo, y la luz la tienes que ver tú. Que yo vea la luz no va a servir de nada. Puedo ver la luz, incluso describirla, pero no te va a dar ninguna idea de lo que es".

De hecho, no hay forma posible de explicar al ciego qué es la luz. La luz es una experiencia, algo existencial, inexplicable. Y Dios es la luz última, la luz de todas las luces, la luz detrás de todas las luces, la fuente de todas las luces. ¿Cómo se te puede explicar Dios si eres ciego?

De ahí que Buda nunca hablara de Dios. Y los eruditos y los brahmanes regresaban a sus lugares difundiendo rumores y diciendo: "Este hombre no responde a la pregunta porque no lo sabe; de lo contrario, ¿por qué no puede decir simplemente sí o no? Le hemos hecho una pregunta muy sencilla: "¿Crees en Dios?" Podía haber dicho sí o no; si lo sabe, la respuesta es sencilla. Pero habla con rodeos; le preguntamos por Dios y habla en parábolas. Dice: "¿Cómo se puede decir? ¿Cómo explicarlo?

Lo cierto es que no lo sabe. El hecho real es que es un ateo disfrazado; está engañando a la gente, corrompiendo a la gente".

Los hindúes han inventado una historia muy astuta sobre Buda. Dicen que Dios creó el mundo y, al mismo tiempo, creó el infierno y el cielo: el infierno para los que iban a ser castigados y el cielo para los que iban a ser recompensados por sus virtudes. Pero sucedió que pasaron miles de años y nadie entró en el infierno, porque nadie cometió un pecado. Por supuesto, el Diablo estaba muy cansado de esperar y esperar y esperar... ¡sin trabajo, sin negocio! ¡Ni siquiera había aparecido una sola alma!

Tremendamente enfadado, se acercó a Dios y le dijo: "¿Por qué has hecho este infierno, para qué? ¿Y por qué me has puesto allí al mando? Estamos cansados, todo mi personal está cansado.

Nunca aparece nadie. Abrimos la tienda y estamos sentados todo el día, ¡y ni un solo cliente! Mantenemos las puertas abiertas y no entra ni un alma. ¿Qué sentido tiene?

Por favor, libéranos de este trabajo".

Dios me dijo: "¿Por qué no has venido antes? Lo había olvidado por completo. Haré los preparativos. Pronto naceré en el mundo como Gautama el Buda, y corromperé las mentes de la gente. Corromperé tanto sus mentes que estarás superpoblado. Vuelve al infierno y espera".

Y así es como ocurrió. La historia dice que Dios vino al mundo como Gautama el Buda, corrompió las mentes de la gente, destruyó sus creencias, desarraigó sus convenciones, sacudió su fe, creó dudas en sus mentes, sospechas. Desde entonces el infierno está tan abarrotado que el Diablo va una y otra vez y le dice a Dios: "¡Para ya! Por favor, ¡para! Estamos cansados, ¡tanta gente! Estamos atendiendo un servicio de veinticuatro horas, día tras día; ni siquiera por la noche se pueden cerrar las puertas. La gente sigue viniendo".

Una historia muy astuta. ¿Ves la delicada astucia en ella? En cierto sentido Buda es reconocido como el AVATARA de Dios. Los hindúes son más astutos en ese sentido que los judíos. Ellos simplemente negaron que Jesús fuera el Hijo de Dios, rechazaron a Jesús. Los hindúes son más sofisticados en ese sentido, más pulidos, más cultos - por supuesto, una civilización más antigua. Y cuanto más antigua se vuelve la civilización, más astuta se vuelve.

Vean la astucia: Buda es aceptado como la décima encarnación de Dios, y sin embargo Dios toma esta encarnación en el mundo para corromper las mentes de la gente. Así que aunque Buda sea Dios, ¡ten cuidado, no le hagas caso! ¿Ves la estrategia, el truco? No niegan la divinidad de Buda - de hecho era casi imposible negar la divinidad de Buda.

H.G. Wells ha dicho que Gautama el Buda es una paradoja: el hombre más impío y, sin embargo, el más piadoso. Nunca habló de Dios, nunca dijo a la gente que creyera en Dios.

Dios simplemente falta en su enseñanza. No es una hipótesis necesaria, no es necesario. El más impío y, sin embargo, el más piadoso... nadie parece ser tan piadoso como Buda, tan elegante como Buda - sólo una flor de loto, la conciencia más pura concebible, tan fresca como las gotas de rocío en el sol de la mañana.

No podían negarlo, tenían que aceptar que era Dios. Pero no podían aceptar su planteamiento porque su planteamiento, si se aceptaba, destruiría toda la religión establecida, todo lo establecido. El quita todas las creencias; de hecho hace que sea una cosa muy importante, muy esencial, que un hombre de creencias no pueda saber nunca.

No quiere decir convertirse en incrédulo, porque la incredulidad es volver a creer de forma negativa. Ni ser creyente ni ser incrédulo.

El enfoque de Buda es el de un agnóstico. No es ni teísta ni ateo, es un indagador. Y quiere que permanezcas abierto a indagar. No vayas con prejuicios, no vayas con ideas preconcebidas, porque si vas con una idea determinada, proyectarás tu idea sobre la realidad. Y si tienes alguna idea muy arraigada en tu mente, verás que esa idea se cumple en la realidad y sólo será una alucinación, un sueño proyectado por ti.

Tienes que ir completamente vacío. Si realmente quieres conocer la verdad tienes que estar absolutamente vacío, no debes llevar ninguna idea, ninguna ideología; debes ir desnudo, desnudo, vacío. Debes funcionar desde el estado de no saber. El estado de no saber es el estado de asombro.

Hay un antiguo dicho de Jesús, no registrado en la Biblia, pero los sufíes lo han preservado. Los sufíes han conservado muchos dichos hermosos de Jesús. El dicho es tan tremendamente importante que uno se pregunta por qué no fue registrado en la Biblia, pero si reflexionas sobre él la razón se vuelve clara.

Dice el refrán: Bienaventurado el que se maravilla, porque suyo es el reino de Dios.

Bienaventurado el que se maravilla. Esto no se ha registrado en la Biblia. ¿Por qué? - Porque la Biblia quiere crear una determinada religión, una determinada secta; quiere propagar una determinada ideología. Y el hombre de maravilla tiene que abandonar toda ideología.

Bienaventurado el que se pregunta, porque sólo preguntándose puede ser como un niño, inocente. Y sólo en esa inocencia puedes conocer lo que es. *¿Cómo puede una mente atribulada comprender el camino?*

Así que cuando una persona acudía a Buda y le preguntaba grandes cuestiones sobre la vida y sus misterios, Buda le decía: "Espera, medita. Primero deja que tu mente perturbada se despeje. Deja que pase esta tormenta de tu mente. Deja que venga el silencio, porque el silencio te dará los ojos. Yo puedo mostrarte el camino para estar en silencio, y entonces no necesitarás la guía de nadie. Una vez que estés en silencio, podrás ver el camino y podrás alcanzar la meta".

Y nuestras mentes están realmente preocupadas. Hay mil y un problemas. En primer lugar, todo el mundo está en un estado de esquizofrenia, más o menos; las diferencias son sólo de grados. Todo el mundo está dividido porque los explotadores, tanto religiosos como políticos, han dependido de esta estrategia: divide al hombre, no permitas la integridad del hombre, y seguirá siendo un esclavo. Una casa dividida contra sí misma está destinada a ser débil. Así que te han enseñado a luchar con el cuerpo; ésa es la estrategia raíz de la división, de dividirte.

"Lucha contra el cuerpo, el cuerpo es tu enemigo. Es el cuerpo el que te arrastra hacia el infierno. ¡Lucha, daga en mano! ¡Luchad día y noche! ¡Luchad juntos por la vida! Sólo entonces, un día, podrás vencerlo. Y si no vences a tu cuerpo, no entrarás en el mundo de Dios".

Durante siglos se han enseñado estas tonterías a la gente. Y el resultado es que todo el mundo está dividido, todo el mundo está en contra de su cuerpo. Y si estás en contra de tu cuerpo, estás destinado a tener problemas. Lucharás con tu cuerpo, y tú y tu cuerpo sois una sola energía. El cuerpo es el alma visible, y el alma es el cuerpo invisible. El cuerpo y el alma no están divididos en ninguna parte, son partes el uno del otro, son partes de un todo.

Tienes que aceptar el cuerpo, tienes que amar el cuerpo, tienes que respetar el cuerpo, tienes que estar agradecido a tu cuerpo. Sólo entonces alcanzarás cierto tipo de integridad, se producirá una cristalización; de lo contrario, seguirás teniendo problemas. Y el cuerpo no te abandonará tan fácilmente; incluso después de cientos de vidas la lucha seguirá ahí.

No se puede vencer al cuerpo.

No digo que no se pueda vencer al cuerpo, pero no se puede vencer al cuerpo. No puedes vencerlo siendo hostil a él. Puedes vencerlo siendo amable, cariñoso, respetuoso, confiando en él. Ese es exactamente mi enfoque:

el cuerpo es el templo, tú eres la deidad del templo. El templo te protege, te abriga contra la lluvia, contra el viento, contra el calor. Está a tu servicio. ¿Por qué tienes que luchar?

Es tan estúpido como que el conductor se pelee con el coche. Si el conductor se pelea con su coche, ¿qué va a pasar? Destruirá el coche y se destruirá a sí mismo al luchar con él.

El coche es un vehículo precioso, puede llevarte a los viajes más lejanos.

El cuerpo es el mecanismo más complejo que existe. Es sencillamente maravilloso. - y bienaventurados los que se maravillan. Comienza el sentimiento de maravilla con tu propio cuerpo, porque es lo más cercano a ti. Lo más cerca que la naturaleza se ha acercado a ti, lo más cerca que Dios se ha acercado a ti, es a través del cuerpo. En tu cuerpo está el agua de los océanos, en tu cuerpo está el fuego de las estrellas y los soles, en tu cuerpo está el aire, tu cuerpo está hecho de tierra. Tu cuerpo representa toda la existencia, todos los elementos. Y ¡qué transformación! ¡Qué metamorfosis! Mira la tierra y luego mira tu cuerpo - ¡qué transformación, y nunca te has maravillado de ello! El polvo se ha vuelto divino - - ¿qué mayor misterio es posible? ¿Qué mayor milagro esperas? Y ves que el milagro ocurre cada día. Del barro surge el loto... y del polvo ha surgido nuestro hermoso cuerpo. Y un mecanismo tan complejo, funcionando tan suavemente - sin ruido. Y es realmente complicado.

Los científicos han fabricado máquinas muy complicadas, pero nada comparable con el cuerpo. Incluso el ordenador más sofisticado no es más que un juguete comparado con el mecanismo interno del cuerpo. Y te han enseñado a luchar con él. Eso crea una división, que te mantiene preocupado, que te mantiene en una constante guerra civil.

Y como te peleas contigo mismo -lo cual es completamente estúpido- tu vida se vuelve cada vez menos de inteligencia y cada vez más de estupidez. Y entonces quieres grandes transformaciones - quieres que los celos desaparezcan y que la ira desaparezca y que no haya codicia en ti. Es imposible. Con semejante incomprensión desde el principio, ¿cómo puedes crear el espacio en el que se produzcan las transformaciones, en el que la ira se convierta en compasión, en el que el odio se convierta en amor, en el que la codicia se convierta en compartir, en el que el sexo se convierta en samadhi? ¿Cómo puedes esperar transformaciones tan grandes en un estado tan problemático?

Lo fundamental es abandonar la división, convertirse en uno. Ser uno, y entonces todo lo demás es posible; incluso lo imposible es posible.

¿Cómo puede una mente atribulada comprender el camino?

El camino es muy sencillo y directo. Hasta un niño puede entenderlo. Es tan simple como que dos más dos son cuatro, o incluso más simple. Es tan simple como el canto de un pájaro, tan simple como una flor de rosa - simple y hermoso, simple y de tremenda grandeza. Pero sólo una mente no perturbada puede comprenderlo, sólo una mente no perturbada tiene la capacidad de verlo; de lo contrario, vivirás en la codicia y vivirás en la ira, y vivirás en los celos y la posesividad, y vivirás en el odio. Puedes fingir, puedes convertirte en un santo en la superficie, pero en el fondo seguirás siendo un pecador. Y el mayor pecado es dividirte. El mayor pecado no se comete contra los demás, siempre se comete contra uno mismo. Este es un estado de suicidio, crear esta división entre tu cuerpo y tú mismo. Condenando al cuerpo sólo puedes convertirte en un hipócrita, sólo puedes vivir una vida de pretensiones.

En un compartimento de ferrocarril de primera clase, dos damas bellamente vestidas discuten sobre ropa mientras un caballero en la esquina se hace el dormido. Cuando una de las damas dice que le parece imposible el coste de la ropa hoy en día, la otra le sugiere que siga su ejemplo y se eche un novio aparte: "Te dará quinientos al mes por un regalito; tu marido nunca haría eso".

"Pero, ¿y si no consigo un amigo con quinientos dólares?".

"Entonces toma dos con doscientos cincuenta cada uno."

El caballero toma la palabra: "Escuchen, señoras, ahora me voy a dormir. Despiértenme cuando lleguen a veinte pavos".

La gente finge de todas las formas posibles. El que finge ser un santo puede ser todo lo contrario, y el que finge estar despierto puede estar dormido, y el que finge estar dormido puede estar despierto... todo tipo de fingimientos, porque la sociedad crea el contexto en el que sólo te permite o vivir una vida totalmente condenada, la vida de un criminal, o la vida de un hipócrita, de un fingidor. La sociedad sólo te da dos alternativas: o ser honesto y ser un criminal, o ser deshonesto y ser respetable. No te permite la tercera alternativa. ¿Por qué no te permite la tercera alternativa? - Porque la tercera alternativa crea un Jesús, un Buda, un Krishna, y su presencia hace que la multitud se sienta muy mediocre, muy insultada, humillada.

Así que, por favor, no decidas mirando las apariencias de las personas. Son más las posibilidades, casi el noventa y nueve coma nueve por ciento, de que lo que parezcan en la superficie no lo sean en el fondo. Puedes estar seguro de ello; digo casi completamente seguro, porque sólo en un punto uno por ciento puedes fallar, que no es mucho. Sólo de vez en cuando te encontrarás con un Buda cuya apariencia sea igual a su interior; de lo contrario, te encontrarás con personas que son una cosa por fuera y otra por dentro.

No se deje engañar por las apariencias.

Una actriz recoge a un vagabundo sin trabajo y se lo lleva a su apartamento porque lleva unos zapatos muy grandes y a ella le han dicho que los hombres con pies grandes tienen pollas grandes.

Le da de cenar un filete con mucha pimienta y cerveza, y luego se lo lleva a rastras a la cama.

Por la mañana, el hombre se despierta solo y encuentra un billete de diez dólares sobre la repisa de la chimenea, con una breve nota: "Cómprate un par de zapatos que te queden bien".

Pero así es como todos seguimos decidiendo... desde fuera. De hecho, como ni siquiera conocemos nuestro interior, ¿cómo podemos mirar el interior de los demás? No conocemos el arte de mirar hacia dentro. Primero tienes que practicar el arte contigo mismo. Primero tienes que ir a tu interioridad, a tu mundo interior. Tienes que profundizar cada vez más en tu conciencia, hasta el centro mismo de ella. Una vez que hayas penetrado en el núcleo de tu ser, serás capaz de ver en el núcleo del ser de cualquier otra persona. Entonces nadie podrá engañarte, porque entonces no verás la apariencia, verás la realidad.

¿Cómo puede una mente atribulada comprender el camino?

La mente perturbada no puede comprender nada. No es un estado en el que la comprensión sea posible. Comprensión no significa conocimiento. Una mente perturbada puede llegar a ser muy sabia

-puedes ir a las universidades y ver a los profesores, muy sabios- pero ellos están más perturbados que tú, mucho más en conflicto interno que tú. Su conocimiento no les ayuda en absoluto. El conocimiento nunca ha ayudado a nadie, sólo es una carga. Te da respetabilidad, desde luego. Es un gran viaje del ego, y el ego se siente muy hinchado; pero cuanto más hinchado esté el ego, más problemas tendrás en tu interior, porque el ego es un fenómeno falso. Y cuando te apegas demasiado a lo falso, empiezas a perder el contacto con lo real. Cuando empiezas a echar raíces en lo falso, te olvidas de echar raíces en lo real.

El hombre de conocimiento es tan inconsciente como tú. El ignorante y el entendido no están en barcos diferentes; son compañeros de viaje. La diferencia entre ellos es sólo de información - que no es una diferencia en absoluto, que no es una diferencia que haga ninguna diferencia. Yo puedo saber sólo unas pocas cosas, tú puedes saber unas pocas más, alguien más puede saber mil y una cosas, y alguien más puede ser sólo una **Enciclopaedia Británica** andante - eso no hace ninguna diferencia en absoluto.

Un buda no es un hombre de conocimiento, es un hombre de entendimiento - no lleno de información sino lleno de perspicacia. Lleno de visión, no lleno de pensamientos - una claridad, una claridad como un espejo, y una gran conciencia.

Te mueves como un sonámbulo, como un sonámbulo. No sabes lo que haces, no sabes por qué lo haces; no sabes adónde vas, no sabes por qué vas. Tu vida es accidental, y una vida accidental es una vida inconsciente, es como un robot.

Un hombre que está en el teatro con su mujer sale al baño en el intermedio, pero se equivoca de puerta y se encuentra en el jardín. Como está demasiado bien cuidado para pensar en utilizar el suelo, saca una planta de una maceta y la utiliza, sustituyéndola a continuación.

Regresa y descubre que el siguiente acto ya ha comenzado. "¿Qué ha pasado hasta ahora en este acto?", pregunta a su mujer en un susurro.

"Deberías saberlo", dice fríamente. "¡Estabas en ella!"

El hombre vive en la inconsciencia. No es consciente, no es consciente en absoluto. Puedes observar a cualquier persona, puedes observarte a ti mismo, lentamente, lentamente, y verás que ocurren tantos actos inconscientes que será casi increíble cómo has vivido hasta ahora. ¡Mientes sin ninguna razón! Y cuando te pilles in fraganti mintiendo, te sorprenderás: ¿por qué mentías en primer lugar? - porque no hay ninguna razón, no vas a ganar nada con ello. Es sólo un hábito, una rutina mecánica. Te pones triste sin ninguna razón.

Ahora hay unos cuantos investigadores que dicen que puedes hacer un calendario de tus estados de ánimo, y sus investigaciones me parecen significativas: realmente puedes hacer un calendario de tus estados de ánimo. Simplemente anota durante un mes: Lunes por la mañana cómo te sientes, y por la tarde y por la noche... al menos ocho veces al día, anota cada día exactamente a la misma hora cómo te sientes. Y en tres o cuatro semanas te sorprenderás de que cada lunes a la misma hora te sientes exactamente igual.

Ahora bien, esto no puede deberse a ninguna circunstancia exterior, porque cada lunes son diferentes. Es algo interior, aunque fuera encontrarás excusas, porque nadie quiere sentirse responsable de su propia miseria. Se siente bien hacer que otros se sientan responsables de tu miseria. Y puedes encontrar excusas, puedes inventarlas si no están ahí.

Ahí es donde la gente se ha vuelto muy muy creativa. De hecho, toda su creatividad consiste en crear excusas: "¿Por qué estoy triste?" y se pueden encontrar mil y una razones. La mujer dijo esto y los niños no se portan bien y los vecinos y el jefe en la oficina y el tráfico y los precios están subiendo... y puedes encontrar mil y una cosas; siempre están ahí. Y puedes pintar el mundo entero muy sombrío, oscuro, y entonces puedes sentirte tranquilo de que no es tu responsabilidad que estés triste.

Pero el mismo mundo, y el martes por la mañana te sientes muy burbujeante, muy alegre, radiante - de nuevo puedes encontrar excusas: "Es una mañana preciosa, y el sol y los pájaros y los árboles y el cielo, y todo está tan lleno de luz... ¡qué mañana tan bonita!".

Puedes encontrar excusas para todo tipo de estados de ánimo, pero si haces un diario de cuatro a ocho semanas te sorprenderá mucho que todo lo que te ocurre depende casi por completo de ti. Tienes una rueda interior que no para de moverse, y los mismos radios siguen saliendo una y otra vez.

Sí, hay circunstancias externas, pero no son causas; a lo sumo son desencadenantes. Un determinado estado de ánimo que está destinado a producirse es desencadenado por una determinada circunstancia. Si esta circunstancia no existiera, el punto desencadenante habría sido otro, pero estaba destinado a desencadenarse.

Las personas que han vivido aisladas se han dado cuenta de este hecho. Buda solía enviar a sus discípulos a aislarse. En la nueva comuna vamos a tener cuevas subterráneas, así que puedo enviarte un mes de aislamiento, aislamiento absoluto. Desapareces del mundo, así que no puedes culpar a ninguna circunstancia exterior porque no hay nada fuera... tú y las paredes de la cueva. Y te sorprenderás: un día eres feliz, un día eres infeliz, un día te sientes muy codicioso, un día te sientes enfadado y no hay nadie que te haya insultado, irritado. Un día descubrirás que te estás mintiendo a ti mismo porque no puedes encontrar a nadie más.

"¿Puedo invitarte a una copa?", preguntó, a modo de entablar conversación.

"No, gracias", dijo ella. "Yo no bebo".

"¿Qué tal una pequeña cena conmigo en mi habitación?"

"No, no creo que sea apropiado", dijo.

Al no haber tenido éxito con los acercamientos más sutiles, el joven fue directamente al grano: "Estoy encantado con su refrescante belleza, mademoiselle, y le daré todo lo que su corazón desee si pasa la noche conmigo".

"Oh, no, no, monsieur, nunca podría hacer algo así".

"Dime", dijo el joven riendo, "¿nunca haces nada mínimamente impropio?".

"Oui", dijo la francesa, "digo mentiras".

Observa cuántas veces al día dices mentiras -y sin motivo alguno- y cuántas veces te enfadas, sin motivo alguno, y entonces verás que vives en un mundo interior, un mundo subjetivo propio. Comprender significa entender estos fundamentos del funcionamiento de la vida. Y si comprendes estos fundamentos, la transformación no es difícil. De hecho, la comprensión misma se convierte en la transformación.

¿Cómo puede una mente atribulada comprender el camino?
Si un hombre está perturbado nunca se llenará de conocimiento.

La palabra "conocimiento" no significa lo que TÚ entiendes por conocimiento. Cuando Buda utiliza la palabra "conocimiento", quiere decir sabiduría, no información; quiere decir saber, no conocimiento.

*Si un hombre está disturbido…*está en conflicto, está en confusión, está en una división, está dividido por dentro, si un hombre es una multitud por dentro…*nunca será lleno de sabiduría.*

La sabiduría necesita unidad, la sabiduría necesita integración, la sabiduría necesita una cristalización de la conciencia, de la vigilancia, de observar tus actos, tus estados de ánimo, tus pensamientos, tus emociones… de observar todo lo que ocurre en tu mundo interior. Con sólo observarlo, empieza a ocurrir un milagro. Si empiezas a ver que dices mentiras sin ninguna razón, esa misma conciencia se convertirá en un obstáculo. La próxima vez que estés a punto de decir una mentira, una voz en tu interior te dirá: "Observa, cuidado: estás cayendo en la trampa otra vez". La próxima vez que estés cayendo en la tristeza, algo dentro de ti te pondrá alerta, te alarmará.

Este es el camino de la transformación de tus energías - *Aes Dhammo Sanantano. Aes Maggo Visuddhya* - este es el camino de la purificación, esta es la ley eterna de la transformación.

Una mente imperturbable, que ya no busca considerar lo que está bien y lo que está mal, una mente más allá de los juicios, observa y comprende.

Así que el primer requisito para un sannyasin es: *una mente inquieta, que ya no busque considerar lo que es correcto y lo que es incorrecto….*

Una declaración tremendamente importante y revolucionaria. Buda está diciendo: No consideres lo que está bien y lo que está mal, porque si consideras lo que está bien y lo que está mal estarás dividido, te convertirás en un hipócrita. Fingirás lo correcto y harás lo incorrecto. Y en el momento en que consideras lo que está bien y lo que está mal, te apegas, te identificas. Ciertamente te identificas con lo correcto.

Por ejemplo, ves a un lado de la carretera un billete de cien rupias; puede que se le haya caído a alguien del bolsillo. Ahora surge la pregunta: ¿Cogerlo o no cogerlo? Una parte de ti dice: "Está bien cogerlo. Nadie está mirando, nadie sospechará.

Y no lo estás robando, ¡simplemente está ahí! Si no lo coges, otro se lo llevará. Así que, ¿por qué echarlo de menos? Es lo correcto".

Pero otra parte dice: "Esto está mal, este dinero no te pertenece, no es tuyo. En cierto modo, indirectamente, es un robo. Deberías informar a la policía, o si no quieres que te molesten, adelante, olvídalo todo. Ni siquiera mires atrás. Esto es codicia y la codicia es pecado".

Ahora, estas dos mentes están ahí. Una dice: "Está bien, tómalo", la otra dice: "Está mal, no lo tomes". ¿Con qué mente te vas a identificar? Sin duda te identificarás con la mente que dice que es inmoral, porque eso satisface más al ego. "Eres una persona moral, no eres ordinaria; cualquier otro habría cogido el billete de cien rupias". En tiempos de dificultades, la gente no piensa en esas delicadezas". Te identificarás con la mente moral. Pero hay muchas posibilidades de que cojas el billete. Te identificarás con la mente moral, y te desidentificarás de la mente que va a tomar el billete. La condenarás en lo más profundo; dirás: "No está bien, es la parte pecadora de mí, la parte inferior, la parte condenada". Te mantendrás alejado de ella. Dirás: "Yo estaba en contra. Fue mi instinto, fue mi inconsciente, fue mi cuerpo, fue mi mente, la que me persuadió a hacerlo; por lo demás, yo sabía que estaba mal. Yo soy el que sabe que estuvo mal".

Siempre te identificas con lo correcto, con la actitud moralista, y te desidentificas del acto inmoral, aunque lo cometas. Así surge la hipocresía.

San Agustín ha dicho en sus confesiones: Dios, perdóname, porque sigo haciendo cosas que sé que no debo hacer, y también no hago cosas que sé que debo hacer.

Este es el conflicto, así es como uno se vuelve problemático. De ahí que Buda te dé una clave secreta. Esta es la clave que puede sacarte de toda identificación: no te identifiques con la mente moral, porque eso también es parte de la mente. Es el mismo juego: una parte que dice el bien, otra parte que dice el mal - es la misma mente creando un conflicto en ti.

La mente es siempre dual. La mente vive en polos opuestos. Ama y odia a la misma persona; quiere hacer el acto y no quiere hacerlo. Es conflicto, la mente es conflicto. No te identifiques con ninguno de los dos.

Buda está diciendo: Conviértete en una simple vigilancia. Mira que una parte está diciendo esto, otra parte está diciendo aquello. "No soy ni - *Neti, Neti,* ni esto ni aquello - sólo soy un testigo". Sólo entonces existe la posibilidad de que surja la comprensión.

Una mente imperturbable, que ya no busca considerar lo que está bien y lo que está mal, una mente más allá de los juicios, observa y comprende.

Ir más allá de los juicios sobre lo bueno y lo malo es el camino de la vigilancia. Y es a través de la vigilancia como se producen las transformaciones. Esta es la diferencia entre la moral y la religión. La moral dice: "Elige lo correcto y rechaza lo incorrecto. Elige lo bueno y rechaza lo malo". La religión dice: "Simplemente observa ambas cosas. No elijas en absoluto. Permanece en una conciencia sin elección".

La religión es muy diferente de la moral. La moral es muy ordinaria, mundana, mediocre; la moral no puede llevarte a lo último, no es el camino de lo divino.

La moral es sólo una estrategia social. Por eso una cosa está bien en una sociedad y la misma cosa está mal en otra sociedad; una cosa se considera buena en la India y la misma cosa se considera mala en Japón. Una cosa se considera buena hoy y puede ser mala mañana. La moral es un subproducto social, una estrategia social de control. Es el policía que llevas dentro, el juez que llevas dentro: es un truco de la sociedad para hipnotizarte de acuerdo con ciertos conceptos que la sociedad quiere imponer a la gente. Si naces en una familia vegetariana, los no vegetarianos son los mayores pecadores.

Un monje jaina me dijo una vez: "Me encantan tus libros, pero ¿por qué mencionas a Jesús, Mahoma y Ramakrishna con Mahavira? No debería mencionarlos en la misma línea. Mahavira es Mahavira - ¿cómo puede ser comparado y puesto de la misma manera, en la misma categoría con Jesús, Mahoma y Ramakrishna?".

Le dije: "¿Por qué no?".

Dijo: "Jesús bebe vino, come carne, ¿qué mayor pecado se puede cometer?".

¡Mahoma comía carne y se casó con nueve mujeres! Hay que renunciar a la mujer, ¡y no sólo a una, sino a nueve! Un número perfecto.

De hecho, no hay más números; el nueve es el último número, luego vuelve a repetirse lo mismo....

"Mahoma se casó con nueve mujeres, era carnívoro... ¿cómo puedes poner a Mahoma con Mahavira? ¿Y cómo puedes poner a Ramakrishna con Mahavira? Comía pescado".

Un bengalí está obligado a comer pescado.

Su única crítica a mis libros es que he juntado a estas personas.

Ahora pregúntale a un cristiano.... Una vez le pregunté a un misionero cristiano: "¿Qué dice usted de este monje jaina? Ha dicho esto... ¿tienes alguna objeción?".

Él dijo: "¡Ciertamente! ¿Cómo puedes poner a Mahavira con Jesús? Jesús vivió por la humanidad, se sacrificó por la humanidad - ¿qué ha hecho Mahavira? Mahavira es totalmente egoísta, sólo piensa en su propia salvación. No le importan los demás. Nunca curó a un ciego, nunca resucitó a un muerto. Sólo estuvo meditando durante doce años en las montañas, en los bosques, ¿qué más egoísmo...? Y el mundo está sufriendo y la gente está sufriendo mucho, y él no vino a consolarlos. ¿Qué más lujo puede haber? Sólo meditar a la orilla de un río en el bosque - ¡qué más lujo! ¿Qué ha hecho por la pobre humanidad? Jesús se sacrificó, vivió y murió por los demás. Toda su vida fue puro sacrificio. ¿Cómo puedes poner a Mahavira con Jesús?".

Y él también parece tener razón. Ahora, ¿cómo se decide? Buda nunca curó a los enfermos, los ciegos, los sordos, los mudos - sólo meditaba. ¡Parece egoísta! Debería haber abierto hospitales, o al menos escuelas; debería haber distribuido medicinas, debería haber ido a las zonas inundadas y haber servido a la gente... nunca hizo nada de eso. ¿Qué clase de espiritualidad es ésta? Según un cristiano, es puro egoísmo.

Ahora bien, ¿quién tiene razón? ¿Y quién va a decidir? Vivimos según nuestros prejuicios.

El monje jaina se equivoca y el misionero cristiano también, porque ambos juzgan, y juzgar es un error. Jesús es Jesús, vive a su manera. Buda es Buda: vive a su manera. Personalidades únicas, expresiones únicas de Dios.

Ninguno es una copia del otro, y ninguno necesita ser una copia del otro. Y es hermoso que el mundo tenga variedad. Si sólo hubiera Jesuses y Jesuses una y otra vez, se parecerían a los coches Ford que salen de una cadena de montaje: cada segundo sale un coche Ford, igual, exactamente igual que el otro. Es hermoso que Jesús sea uno y simplemente uno e irrepetible. Y es bueno que Buda sea uno solo e irrepetible.

Una persona realmente religiosa no juzga. El moralista no puede evitar los juicios, se convierte en juez. Ahora, este monje Jaina, una persona ordinaria, estúpida, está listo para juzgar a Jesús, Ramakrishna, Mahoma. No sabe nada, no entiende nada, nunca ha meditado, aún no se ha conocido a sí mismo. Por eso había venido a mí.

Había venido a mí para entender qué es la meditación y cómo meditar. La meditación aún no se ha producido, pero el juicio está ahí - y está dispuesto a juzgar incluso a un hombre como Jesús, ni siquiera se avergüenza de lo que hace, no es tímido, es muy arrogante. Y lo mismo ocurre con el misionero cristiano. No sabe nada de meditación, de lo que hacía Buda, de lo que hacía Mahavira. No sabe nada de las formas sutiles en que funciona un Buda. Su mera iluminación es el mayor servicio posible a la humanidad, no puede hacer nada más. Ciertamente no ha curado los ojos físicos, pero es el hombre que ha curado los ojos espirituales de miles de personas, ¡y eso es un verdadero servicio!

Ha hecho que miles de personas oigan, escuchen, comprendan: ESO es verdadero servicio.

Pero este misionero cristiano, porque dirige una escuela primaria y un hospital, se cree alguien autorizado para juzgar. El moralista siempre juzga, la persona religiosa nunca juzga. Vive en una conciencia que no juzga.

Una mente más allá de los juicios, observa y comprende. Simplemente observa y comprende. Si Buda se hubiera encontrado con Jesús, habría comprendido; si Jesús se hubiera encontrado con Mahavira, habría comprendido. Simplemente observa, ve, y hay comprensión.

Sabed que el cuerpo es un frasco frágil, y haced de vuestra mente un castillo.

Por "mente", Buda entiende conciencia. Por "mente", Buda entiende Mente con mayúscula, no esta mente ordinaria que tienes, sino la Mente que se produce cuando todos los pensamientos han desaparecido, cuando la mente está completamente vacía de pensamientos. Haz un castillo de tu Mente porque este cuerpo va a morir - no dependas de él.

En cada juicio deja que la comprensión luche por ti para defender lo que has ganado.

Y recuérdalo continuamente, porque la lucha es larga y el viaje arduo.

Muchas veces caerás y olvidarás, muchas veces empezarás a juzgar. Muchas veces empezarás a identificarte con esto o aquello, muchas veces el ego se afirmará una y otra vez. Siempre que el ego se afirme, siempre que ocurra la identificación, siempre que surja el juicio, recuerda inmediatamente: observa, simplemente observa, y habrá comprensión.

Y la comprensión es el secreto de la transformación. Si puedes comprender la ira, inmediatamente te invadirá la compasión. Si puedes comprender el sexo, inmediatamente alcanzarás el samadhi. Comprensión" es la palabra más importante que hay que recordar.

Porque pronto el cuerpo es desechado. Entonces, ¿qué siente? Un tronco de madera inútil, yace en el suelo. Entonces, ¿qué sabe?

No dependas del cuerpo ni te quedes confinado en él. Úsalo, respétalo, ámalo, cuídalo, pero recuerda: algún día tendrás que dejarlo. Es sólo una jaula, será abandonada y el pájaro se irá. Antes de que eso ocurra, cuida también del pájaro. Limpia tu conciencia, porque se irá contigo. Tu entendimiento se irá contigo, no tu cuerpo.

Así que no pierdas demasiado tiempo en decorarlo con cosméticos, con ropa, con adornos - no pierdas demasiado tiempo con el cuerpo, porque el cuerpo pertenece a la tierra y la tierra lo reclamará. Polvo al polvo. No perteneces a la tierra, perteneces a algo más allá, a algo desconocido. Tu hogar está en lo desconocido, aquí sólo eres un visitante. Disfruta de la visita y aprovéchala al máximo para crecer en comprensión y madurez, para que puedas llevarte a casa tu madurez, tu comprensión, tu sabiduría.

Tu peor enemigo no puede hacerte tanto daño como tus propios pensamientos, sin vigilancia.

Cuando los pensamientos están desprotegidos, sin vigilancia, tu mente es tu mayor enemigo.

Pero una vez dominado, nadie puede ayudarte tanto, ni siquiera tu padre o tu madre.

Pero la misma mente, si se domina -dominada por la vigilancia, dominada por la meditación- se transforma. Se convierte en el mejor amigo. Nadie puede ayudarte tanto como ella.

La mente es una escalera: desprotegida te lleva hacia abajo, protegida te lleva hacia arriba. La misma escalera. La mente es una puerta: desprotegida te lleva hacia afuera, protegida te lleva hacia adentro. La misma mente sin vigilancia se convierte en ira, odio, celos; vigilada se convierte en compasión, amor, luz.

Vigila, despierta, alerta, no juzgues. No seas moralista: crea una conciencia religiosa. Y por "conciencia religiosa" se entiende una conciencia sin elección. Deja que esta frase cale hondo en tu corazón: conciencia sin elección. Esta es la esencia misma de la enseñanza de Buda: AES DHAMMO SANANTANO.

Suficiente por hoy.

Bebe hasta hartarte y baila

La primera pregunta:
Pregunta 1:

Amado maestro,

¿podría hablar más sobre la nueva fase de su trabajo? Sri ramakrishna, sri raman, e incluso j. Krishnamurti, parecen unidimensionales.

¿intentó gurdjieff un enfoque multidimensional? ¿fue la causa de que se le malinterpretara tanto?

Ajit Saraswati, es natural ser incomprendido si realmente quieres ayudar a la gente. Si no quieres ayudarles, nunca serás incomprendido - te adorarán, te alabarán. Si sólo hablas, si sólo filosofas, entonces no te temen. Entonces no tocas sus vidas.

Y es hermoso conocer teorías complejas, sistemas de pensamiento. Ayuda a sus egos, alimenta sus egos - se vuelven más conocedores. Y a todo el mundo le gusta saber más. Es el alimento más sutil para el ego.

Pero si REALMENTE quieres ayudarles, entonces surge el problema. Entonces empiezas a cambiar sus vidas, empiezas a traspasar sus egos; entonces empiezas a interferir con sus hábitos y mecanismos de siglos y siglos de antigüedad. Entonces creas antagonismo: te tienen miedo, te tienen animadversión. Y tratarán por todos los medios de malinterpretarte, de tergiversarte.

Las personas unidimensionales son flores hermosas, pero no sirven de mucho. Krishnamurti lleva hablando cuarenta años o más, y la gente le escucha. Las mismas personas llevan cuarenta años escuchándole... y ni un ápice de cambio en su conciencia.

Ciertamente, se han vuelto muy entendidos, argumentativos, lógicos. Si discutes con ellos -son las mejores personas con las que discutir cualquier cosa- se adentran en los mundos más sutiles y delicados del pensamiento. Pueden analizarlo todo: la conciencia, la meditación, la consciencia.... Se han vuelto muy eficientes, muy inteligentes, pero siguen siendo tan mediocres como siempre, tan estúpidos como siempre, con una sola diferencia: ahora su estupidez se disfraza detrás de su supuesto conocimiento que han obtenido de J. Krishnamurti.

Krishnamurti ha permanecido sólo como un fenómeno intelectual, porque nunca se tomó la molestia de entrar en la vida de la gente. Es peligroso entrar en la vida de la gente: estás jugando con fuego.

Sri Raman está perfectamente bien: sentado en silencio en su templo, la gente puede venir, ofrecer flores, adorar, y él se limitará a mirar. Y, por supuesto, tiene una belleza y una gracia, pero es unidimensional, no afecta a la vida en su totalidad. Como mucho, puede conmover emocionalmente a la gente. Así como J. Krishnamurti conmueve intelectualmente, Sri Raman conmueve emocionalmente.

Y lo mismo ocurrió con Ramakrishna. Muchas personas se emocionaban y lloraban de alegría. Pero eso no va a transformarte. Esas lágrimas de alegría son momentáneas; de vuelta a casa serás el mismo.

Gurdjieff es ciertamente un pionero. Con Gurdjieff comienza un concepto totalmente nuevo de la vida espiritual. De hecho él ha llamado a su camino "el cuarto camino" - así como yo llamo a mi camino "el cuarto camino" él también llama a su camino "el cuarto camino". Fue inmensamente incomprendido, porque no estaba interesado en impartirte conocimiento, no estaba interesado en consolarte. No le interesaba darte bellas teorías, visiones, alucinaciones. No le interesaban tus lágrimas, tus emociones y sentimientos.

No le interesaba que le adoraras, sino transformarte.

Y transformar a una persona significa que hay que coger un martillo en las manos, porque hay que cortar muchos trozos del ser de esa persona. La persona está tan patas arriba que todo está mal como está, y hay que arreglarlo. Y ha invertido tanto en su forma de vida equivocada que cualquiera que quiera cambiar su estilo de vida -no sólo la circunferencia, sino también el centro- le da miedo, le asusta. Solo unos pocos valientes pueden entrar en el mundo de un hombre como Gurdjieff. Se necesita un coraje tremendo, un coraje para morir, porque sólo entonces se renace.

Gurdjieff era un partero. No era un profesor, era un maestro. Krishnamurti siguió siendo un maestro. Raman siguió siendo un hermoso individuo - iluminado, pero sólo una estrella lejana, distante. Podías observarlo, apreciarlo y escribir poesía sobre él, pero eso era todo. Seguía siendo un fenómeno lejano. Nunca podías esperar alcanzarlo, la distancia era enorme. Y no había ningún esfuerzo por su parte para salvarla.

¿Y qué podrías hacer tú? ¿Cómo podías TÚ tender el puente? Si hubieras sido capaz de tenderte un puente a ti mismo con un hombre como Raman, no habría habido necesidad de hacer el puente. Un hombre con esa capacidad sería capaz de transformarse por sí mismo; no necesitaría un maestro. A menos que Raman intentara hacer el puente, el puente no era posible.

Y era distante, frío. No se implicaba. Sabía que toda miseria es falsa. Y, ciertamente, lo es - pero no para quien está en la miseria. El hombre que está despierto sabe que la persona que llora y llora en sueños está viendo un sueño, verdadero. En lo que concierne al hombre que está despierto, es perfectamente cierto. Pero aunque sea un sueño, una pesadilla, para la persona que está profundamente dormida es una verdad. Y el hombre que está profundamente dormido no puede hacer ningún esfuerzo para conectarse con el hombre despierto. Obviamente, es imposible. Ni siquiera puede ser consciente de que alguien está despierto; está tan absorto en su pesadilla. Sólo el despierto puede hacer el esfuerzo. Pero perturbar el sueño de alguien, aunque esté en una pesadilla, es peligroso. Nadie quiere ser molestado, nadie quiere ser interferido.

La gente tiene ideas extrañas - gente dormida, gente idiota, pero tienen ideas extrañas de la libertad. No tienen libertad; no pueden tenerla. No pueden tenerla mientras duermen. ¿Cómo puede un dormilón tener libertad? Pero tienen ideas, grandes ideas de libertad, y un hombre como Gurdjieff interfiere. Su compasión es mucho mayor que la compasión de J.

Krishnamurti, Raman y Ramakrishna.

Ramakrishna es hermoso - cantando alabanzas a Dios, rezando, adorando, bailando.

Es algo del más allá. Él te recuerda que en la vida es posible mucho más de lo que te está sucediendo, pero nada más. A través de él puede llegarte un pequeño recuerdo. Pero tu vida es tal que ese recuerdo no va a crear ninguna mutación; será olvidado. Lo disfrutarás. Una y otra vez te gustaría ir a ver al hombre y verlo bailar y cantar y rezar... y te sentirás bien.

Esto es lo que Buda llama "contar las ovejas de los demás". Es una hermosa flor, pero mirando una rosa no puedes convertirte en la rosa; tampoco puedes convertirte en un Ramakrishna mirando a Ramakrishna. Se necesita un gran esfuerzo. Hay que escalar la montaña contra viento y marea.

A menos que un maestro intente acercarse a ti en tu profundo sueño, a menos que agite tu ser, te sujete con fuerza y te saque de tu ignorancia, es imposible, es casi imposible. Pero te enfadarás con este hombre - ¿quién quiere ser molestado? Uno se ha acostumbrado a cierta forma de vida; a la mente siempre le gusta lo viejo, lo conocido, lo familiar. Aunque sea miserable, la mente sigue teniendo miedo de lo nuevo, porque con lo nuevo tienes que aprender de nuevo cómo comportarte, cómo ser. ¿Y quién quiere aprender?

Eres tan eficiente con lo viejo, tu ego está tan satisfecho con lo viejo... ¿para qué molestarse?

Y cuando te encuentras con un hombre como Gurdjieff, él destroza todas las tonterías que has acumulado. ¡Él destroza sin piedad! A veces tiene que decir cosas que no son realmente ciertas, pero sólo para destrozar tus ideas tiene que decirlas.

Un amigo me ha preguntado: "¿Cómo era posible que un hombre como Gurdjieff, un hombre de tan gran comprensión, no entendiera la idea de la energía kundalini?".

Lo llamó kundabuffer. Estaba muy en contra de la idea de la kundalini. Solía decir que lo peor que le puede pasar a una persona en la vida es que se despierte la kundalini.

El interrogador, naturalmente, se queda perplejo.

Pero no entiendes el verdadero significado de Gurdjieff. Lo llamó kundabuffer por las tonterías que los teósofos han creado en el mundo. Hablaban tanto de kundalini, el poder de la serpiente, y todo era un galimatías; no sabían nada al respecto. No hacían más que inventar teorías e ideas. Todo eran conjeturas.

De hecho, de cien libros que se han escrito sobre la kundalini, noventa y nueve son tonterías absolutas. Y la gente que se había reunido en torno a Gurdjieff había llegado a través de la filosofía teosófica, las hipótesis, las doctrinas. Él estaba destrozando su conocimiento; no estaba diciendo nada en contra de la kundalini. ¿Cómo podía decir eso? Él sabía mucho más que Blavatsky, Annie Besant, Alcott, Leadbeater, sabía mucho más que esa gente. Estas personas sólo eran expertos en crear doctrinas, y realmente eran grandes expertos. Habían creado casi un movimiento mundial - sobre auras y colores y kundalini... nuevas palabras del antiguo saber espiritual. Y crearon mundos, mundos imaginarios, alrededor de esas palabras.

Gurdjieff tiene razón al llamarlo kundabuffer. Y Gurdjieff tiene razón al decir que lo peor que le puede pasar a un hombre es la excitación de la kundalini. Pero recuerda siempre que estaba hablando a sus discípulos, en un contexto particular. Estaba destrozando el conocimiento de sus discípulos sobre el poder de kundalini - porque el primer paso de un maestro es destruir tu conocimiento, porque tu conocimiento es básicamente falso, prestado.

Antes de familiarizarte con la verdad, hay que quitarte lo falso.

A veces el maestro tiene que ser muy despiadado, y a veces el maestro tiene que decir cosas que en realidad no son así. Kundalini no es una idea equivocada, pero para el noventa y nueve por ciento de la gente, Gurdjieff tiene razón.

Ahora hay de nuevo personas como Gopi Krishna, que están escribiendo libros sobre kundalini y el poder de la serpiente, y el gran genio que viene a través de ella. ¡Ni siquiera le ha pasado a Gopi Krishna! ¿Qué clase de genio tiene? A lo sumo, la única prueba que ha dado de su genio es alguna poesía absolutamente sin valor, igual que la poesía que escriben los escolares. Ha sido un oficinista toda su vida. Su poesía huele a toda su vida de oficinista: ¡apesta! No tiene belleza, no tiene grandeza, no tiene nada de soberbio.

Y ahora pregona por todo el mundo que cuando surge la kundalini se manifiesta tu poder latente de genio. ¿Cuántos yoguis han ganado el Premio Nobel? ¿Y cuántos yoguis han contribuido al conocimiento científico del mundo, al arte, a la poesía, a la pintura, a la escultura? ¿Cuántas de tus personas cuya llamada kundalini ha surgido han contribuido de alguna manera a la riqueza del mundo?

De lo que habla Gopi Krishna no es de kundalini sino de kundabuffer. Gurdjieff le habría puesto en su sitio de un solo golpe. Pero atrae a la gente. La gente se siente muy atraída por tonterías místicas, por estupideces ocultas, por galimatías esotéricos. Basta con empezar a hablar con la gente sobre los chakras, los centros de energía y la kundalini que pasa a través de ellos, y todos están atentos. ¡Pruébalo! No hay necesidad de saber nada sobre ello - sólo inventa... porque los místicos Jaina no han hablado sobre kundalini, los místicos Budistas no han hablado sobre kundalini, los místicos Cristianos nunca han sabido nada sobre ello, los Sufis son absolutamente inconscientes de esta energía llamada kundalini. Sólo el yoga hindú habla de ella.

Hay algo en ello, pero no exactamente como se le cuenta a la gente. Los conocimientos que circulan sobre la kundalini son tonterías, y Gurdjieff tenía razón al condenarlas. Estaba condenando a todo el movimiento teosófico. Los teósofos estaban muy en contra de Gurdjieff. No sabían nada, pero crearon un gran movimiento. Eran gente más o menos política, eruditos, picadores de lógica, pero de ninguna manera almas realizadas.

Gurdjieff hizo añicos muchas creencias. Destrozó una de las creencias más fundamentales de toda la humanidad. Dijo: "No hay alma. No se nace con alma, el alma tiene que crearse mediante un gran esfuerzo. Y sólo muy pocas personas han sido capaces de crearla. Los millones de personas que caminan sobre la tierra no tienen alma".

Ahora, ¿puedes crear un mayor shock - simplemente diciéndole a la gente: "No tienes alma. No hay nada dentro de ti - hueco, nadie dentro de ti. Aún no has nacido; sólo eres un cuerpo, un mecanismo. Sí, tienes la posibilidad, la potencialidad de convertirte en un alma, pero entonces tienes que hacer mucho trabajo por ello, un gran trabajo por ello, y sólo entonces es posible tener un alma. Tener un alma es el máximo lujo".

Ahora bien, a lo largo de los siglos, los sacerdotes te han dicho que naces con alma. Eso ha creado una situación muy errónea. Como a todo el mundo se le ha dicho que nace con alma, piensa: "Entonces, ¿para qué molestarse? Ya tengo alma. Soy inmortal. El cuerpo morirá pero yo voy a vivir". Gurdjieff dijo: "Tú no eres más que el cuerpo, y cuando el cuerpo muera TÚ morirás". Sólo de vez en cuando una persona sobrevive - uno que ha creado alma en su vida sobrevive a la muerte - no todos. Un Buda sobrevive, un Jesús sobrevive, ¡pero tú no! Simplemente morirás, no quedará ni rastro".

¿Qué intentaba hacer Gurdjieff? Te estaba sacudiendo hasta las raíces; estaba tratando de quitarte todos tus consuelos y teorías tontas que te ayudan a posponer el trabajo sobre ti mismo. Decirle a la gente: "Ustedes no tienen alma, son sólo vegetales, sólo un repollo o tal vez una coliflor" -una coliflor es un repollo con educación universitaria- "pero nada más que eso". Realmente era un maestro por excelencia. Te quitaba la tierra de debajo de los pies. Te daba tal sacudida que tenías que reflexionar sobre toda la situación: ¿vas a seguir siendo una col? Estaba creando a tu alrededor una situación en la que tendrías que buscar y rebuscar el alma, porque ¿quién quiere morir?

Y la idea de que el alma es inmortal ha ayudado a la gente a consolarse pensando que no van a morir, que la muerte es sólo una apariencia, sólo un largo sueño, un sueño reparador, y volverás a nacer. Gurdjieff dice: "Todo son tonterías. Todo esto son tonterías.

Muerto, estás muerto para siempre - a menos que hayas creado el alma...."

Ahora ve la diferencia: te han dicho que ya eres un alma, y Gurdjieff lo cambia totalmente. Dice: "No eres ya un alma, sino sólo una oportunidad. Puedes usarla, puedes perderla".

Y me gustaría decirte que Gurdjieff sólo estaba usando un dispositivo. No es verdad.

Todo el mundo nace con alma. Pero, ¿qué hacer con las personas que han estado utilizando las verdades como consuelo? Un gran maestro a veces tiene que mentir -y sólo un gran maestro tiene derecho a mentir- para sacarte de tu sueño.

Por ejemplo, estás profundamente dormido y te sacudo y te sacudo y no te mueves.

Y entonces empiezo a gritar: "¡Fuego! ¡Fuego!" y tú empiezas a salir corriendo de casa. Afuera arreglaremos el asunto. Diré que no hay fuego... pero era la única manera de despertarte.

Una vez que hayas conocido el alma, Gurdjieff te susurrará al oído: "Ahora no te preocupes. Olvida todo lo que te estaba diciendo. Pero era necesario. Era un dispositivo. Tenía que gritar "¡Fuego!", de lo contrario no ibas a salir de tu sueño".

Pero estas personas están destinadas a ser malinterpretadas. Entender a un hombre como Gurdjieff es un trabajo casi imposible. Puedes entenderlo sólo si vas con él, si lo acompañas. Y el trabajo que Gurdjieff hizo fue un trabajo muy secreto - no puede ser de otra manera. El verdadero trabajo sólo puede hacerse en una escuela de misterio. Es oculto, es subterráneo. No es público y no puede ser público.

En la Edad Media, los místicos desaparecieron tras el ropaje de la alquimia; tuvieron que desaparecer por culpa de los cristianos. Los cristianos destruían todo tipo de fuentes que estuvieran en conflicto con la ideología cristiana. No permitían que nadie practicara otra cosa; ni siquiera hablar de otra cosa estaba permitido:

"El cristianismo y sólo el cristianismo es el camino".

Los místicos tuvieron que desaparecer. Crearon un hermoso engaño, crearon la idea de la alquimia. Empezaron a decir: "Somos alquimistas; no tenemos nada que ver con la espiritualidad. Todo eso es podredumbre. Estamos buscando y rebuscando el secreto de la vida inmortal, de la eterna juventud. Estamos tratando de encontrar formas y medios para transformar los metales comunes en oro". Y para engañar al público hicieron laboratorios de química. Si hubieras entrado en el mundo de un alquimista, habrías encontrado frascos y medicinas y hierbas y tubos de ensayo... y habrías visto una especie de laboratorio donde se realizaban muchos trabajos químicos. Pero esto era sólo una fachada, no era el verdadero trabajo; el verdadero trabajo tenía lugar en otro lugar, en lo más profundo de la escuela.

El verdadero trabajo era crear seres humanos integrales, cristalizados, crear vigilia.

El verdadero trabajo era la meditación. Pero el cristianismo no permite la meditación. Dice que la oración es suficiente. No permite la búsqueda interior. Dice que adorar a Dios es suficiente, que ir todos los domingos a la iglesia es suficiente, que leer la Biblia es suficiente. Te ha dado juguetes, y así es como ha sucedido también en otros países.

También en la India los místicos han vivido disfrazados.

Justo el otro día estaba leyendo una historia sufí, y Gurdjieff está básicamente enraizado en la tradición sufí. El es un Sufi. Aprendio sus secretos de los Sufis.

Estaba leyendo una historia sufí:

Un discípulo se acercó al maestro y le dijo: "Estoy en apuros. El problema es que el hombre más rico de la ciudad se va de peregrinación. Tiene una hija preciosa, y yo tengo una gran reputación gracias a toda la disciplina que he seguido y al carácter que he cultivado. Tengo tal reputación en el pueblo que quiere que cuide de su hermosa hija mientras él está de peregrinación. Y tengo miedo: conozco mis tentaciones. Y la chica es realmente hermosa; de hecho siempre he estado encaprichado de ella. ¡He estado evitando...! Esto es demasiado: durante seis o nueve meses vivirá conmigo. No puedo confiar en mí mismo. ¿Qué debo hacer?"

El maestro dijo: "Conozco a un hombre que conoce el secreto. Acude a él".

Y le dijo que fuera a otra aldea donde vivía un loco. Él dijo: "Pero, ¿qué puede hacer ese loco? Conozco a ese loco, he oído hablar mucho de él.

Está completamente loco. ¿Cómo puede ayudarme?"

El maestro dijo: "Tú ve, pero ve con mucho cuidado. Observa todo lo que ocurre allí".

Fue a ver al loco. Un joven muy hermoso estaba sirviendo vino y el loco bebía.

Ahora bien, los países mahometanos han sido, a lo largo de los tiempos, homosexuales, mucho, tanto que sólo el paraíso mahometano es gay. Es mucho más avanzado que cualquier otro paraíso. En el paraíso hindú no hay lugar para una persona gay. En el paraíso cristiano, no, en absoluto. Incluso el Dios judío está muy en contra de la homosexualidad, muy enfadado. Pero el Dios mahometano es muy indulgente. No sólo proporciona mujeres hermosas a los virtuosos, sino también muchachos hermosos.

Este hermoso joven sirviendo vino y el loco bebiendo - este hombre sintió gran odio, condena. Pero como el maestro le había dicho: "Observa y ve a pedirle consejo...", se olvidó de su problema. Primero preguntó: "Por favor, dime qué está pasando. ¿Qué estás haciendo?".

El loco se rió y dijo: "Este chico es mi hijo. Y acércate: mi vaso sólo contiene agua. Lo que está sirviendo no es vino".

El hombre le preguntó: "Entonces, ¿por qué finges que bebes vino? Nadie bebe agua a sorbos como tú. El frasco del que está vertiendo agua no sirve para guardar agua, ¿entonces por qué?".

El loco se rió y dijo: "Para que nadie me confíe a su hermosa hija cuando vaya en peregrinación. Esto es un ardid".

Debe haber leído el pensamiento, debe haber sido telepático. Debe haber visto a este hombre de principio a fin. "...Para que nadie me confíe a su hermosa hija, para que nadie se moleste. Para que me dejen en paz. Pero, por favor, no le cuentes mi secreto a nadie; de lo contrario, tendré que mudarme de esta ciudad a otra. Mi locura es un rumor creado por mí. Mi falta de carácter es un rumor creado por mí. Y si TÚ realmente quieres trabajar en ti mismo -dijo el loco-, deberías hacer lo mismo. Vuelve atrás. Empieza a comportarte como un tonto, un estúpido, un loco, un inmoral -¡al menos finge! - y nadie te molestará".

Gurdjieff vivió una vida muy misteriosa; no era pública. Su escuela era una escuela oculta. Lo que sucedía allí, la gente simplemente lo adivinaba.

Y eso es lo que va a ocurrir en la nueva fase de mi trabajo. Mi comuna se volverá oculta, subterránea. Tendrá una fachada en el exterior: los tejedores y los carpinteros y los alfareros... ésa será la fachada. La gente que venga de visita tendrá una bonita sala de exposiciones para comprar cosas. Podrán ver la creatividad de los sannyasins: pinturas, libros, trabajos en madera.... Se les enseñará todo: un hermoso lago, piscinas, un hotel de cinco estrellas para ellos, pero no sabrán lo que está ocurriendo realmente. Lo que ocurra será casi todo subterráneo. Tiene que ser subterráneo, de lo contrario no puede suceder.

Tengo algunos secretos que transmitirte, y no me gustaría morir antes de habértelos transmitido, porque no conozco a nadie más en el mundo que pueda hacer ese trabajo. Tengo secretos del taoísmo, secretos del tantra, secretos del yoga, secretos de los sufíes, secretos de la gente Zen. He vivido en casi todas las tradiciones del mundo; he sido un vagabundo en muchas vidas. He recogido mucha miel de muchas flores.

Y llegará el momento, tarde o temprano, en que tendré que partir, y no podré entrar de nuevo en el cuerpo. Esta será mi última vida. Toda la miel que he recogido me gustaría compartirla con vosotros, para que la compartáis con los demás, para que no desaparezca de la tierra.

Este va a ser un trabajo muy secreto; por lo tanto, Ajit Saraswati, no puedo hablar de ello. Creo que ya he hablado demasiado. Ni siquiera debería haber dicho esto. El trabajo será sólo para aquellos que sean completamente devotos.

Ahora mismo tenemos un gran gabinete de prensa para dar a conocer al mayor número posible de personas el fenómeno que está ocurriendo aquí. Pero en la nueva comuna el trabajo real simplemente desaparecerá de los ojos del mundo. La oficina de prensa funcionará, pero para otros fines. La gente seguirá viniendo, porque de los visitantes tenemos que elegir; tenemos que invitar a gente que pueda ser participante, que pueda disolverse en la comuna. Pero el verdadero trabajo va a ser absolutamente secreto. Será sólo entre tú y yo.

Y tampoco habrá mucha conversación entre tú y yo. Cada vez callaré más, porque la verdadera comunión es a través de la energía, no de las palabras. A medida que te vayas preparando para recibir la energía en silencio, yo me iré callando cada vez más. Pero os guardo un gran tesoro. Sé receptivo....

Y a medida que mi trabajo pasa a la clandestinidad y se vuelve más secreto y misterioso, más y más rumores y cotilleos se extienden por todo el mundo. La gente desconfía mucho de todo lo que es secreto y, como no encuentra ninguna pista, empieza a inventarse sus propias ideas sobre lo que ocurre allí. Así que prepárate para eso también.

Pero no te preocupes. Será una escuela de misterio. Tales escuelas existían cuando Zaratustra estaba vivo; él creó tal escuela. Muchas escuelas de este tipo existieron en Egipto, India, Tibet. Cuando Pitágoras vino y visitó este país notó el hecho de las escuelas de misterio. Fue iniciado en muchas escuelas de misterio en Egipto y en la India.

Jesús fue entrenado por los esenios, una escuela de misterios muy secreta.

Todo lo que es bello y todo lo que es grande en la historia de la humanidad ha ocurrido sólo a través de unas pocas personas que juntaron sus energías para la exploración interior. Mi comuna va a ser una escuela de misterio para la exploración interior. Es la mayor aventura que existe, y también la mayor danza.

La segunda pregunta:

Pregunta 2:

Amado maestro,

¿cuál es la clave de este rompecabezas? El buda dice, habla menos: y el silencio se siente hermoso, porque ¿qué tengo que decir?

Historias del pasado, sueños del futuro, cotilleos vertiginosos o argumentos razonados, todo sabe falso a la lengua.

El silencio es hermoso, y sin embargo....

El sonido de las alegres charlas sobre las tazas de té se hace eco del gorjeo despreocupado de los pájaros: la energía fluye en un cosmos alegre.

Amado maestro, dime, ¿cuál es la clave de este enigma?

Nirgun, no te tomes a Gautama el Buda demasiado en serio. El silencio ES bello, ciertamente es bello. Pero, ¿quién te ha dicho que cotillear no es hermoso? De hecho, cuanto más disfrutes cotilleando, más profundo será tu silencio.

Son polos opuestos y se equilibran mutuamente. Si trabajas duro durante el día, dormirás profundamente por la noche. Polos opuestos: el trabajo duro trae un sueño profundo.

¡Ilógico! Lo lógico hubiera sido que descansaras todo el día, practicaras el descanso todo el día, y luego durmieras un sueño profundo, profundo en la noche. Eso hubiera sido lógico - pero Dios es ilógico.

Eso parece perfectamente correcto: todo el día practicaste el descanso - ¡naturalmente deberías tener más descanso por la noche que cualquier otra persona que no lo haya practicado! Y el hombre que ha estado haciendo todo lo contrario - trabajo duro, labrar la tierra, cavar en la tierra, trabajar en el jardín, cortar leña, acarrear agua del pozo - todo el día estuvo transpirando, trabajando duro, un trabajo agotador, por la noche está completamente cansado. Lógicamente no debería poder dormir en absoluto porque practicaba lo contrario.

Pero la vida no funciona así.

La vida funciona a través de los polos opuestos. La vida no es lógica, la vida es dialéctica. Es una dialéctica: tesis, antítesis, y ambas se equilibran y se convierten en síntesis. Luego la síntesis vuelve a funcionar como tesis y crea su antítesis... y así sucesivamente.

La vida no es aristotélica, sino hegeliana.

Está muy bien cotillear. Y cuando cotillees, cotillea totalmente: ¡que sea una meditación! Sabiendo perfectamente que es cotilleo, aún así se puede disfrutar. De hecho, ¡se puede disfrutar más porque es sólo cotilleo! Y luego guarda silencio.

El piar de los pájaros es hermoso, pero ¿has observado que cuando de repente cesa se produce un gran silencio? El silencio se hace más profundo con el canto de los pájaros. El silencio que sigue a la tormenta es el más hondo, el más profundo.

Nirgun, no te tomes a Buda demasiado en serio. Se le puede tomar demasiado en serio - es un hombre unidimensional. Lo que estoy diciendo ... si hubieras hecho la misma pregunta a Buda, él no habría dicho lo mismo. El hubiera dicho, "Nirgun, estas llegando al punto correcto. Deja de cotillear y de hablar. Di sólo lo mínimo, lo absolutamente necesario". Habría sugerido ser muy telegráfico. Si se puede hacer en diez palabras, no lo hagas en once. Si puedes recortar palabras cada vez más, mucho mejor.

Pero mi propia experiencia es que si dejas de chismorrear, de hablar, tu silencio será superficial, tu silencio será sólo una especie de tristeza. No tendrá profundidad. ¿De dónde obtendrá profundidad? Sólo puede obtener profundidad de su polo opuesto.

Si realmente quieres descansar, primero baila - baila hasta el abandono. Deja que cada fibra de tu cuerpo y de tu ser baile, y entonces sigue una relajación, un descanso, que es total. No necesitas hacerlo, sucede por sí solo.

No estoy diciendo que cotillear deba hacerse para dañar a alguien. Entonces ya no es cotilleo, es violencia; entonces ya no es cotilleo, es otra cosa camuflada de cotilleo. El cotilleo debe ser un arte puro, sin motivación: bromear por bromear, cotillear por cotillear. Y entonces te mantendrá alegre. Y cuando se acaba... ¿hasta cuándo se puede cotillear? Todo tiene un límite natural. "El sonido de la alegre charla sobre las tazas de té" no puede continuar para siempre. Pronto las tazas de té se vaciarán y la charla desaparecerá... y entonces se hará un profundo silencio.

Es bueno que los pájaros no hayan oído a Buda, que los árboles no hayan oído a Buda.

Nirgun, no me gustaría que te hicieras budista. Conozco a los monjes budistas: se vuelven muy serios, demasiado serios, de modo que su seriedad es una especie de enfermedad. No pueden reír, no pueden bromear. De hecho, si leen mis discursos sobre Buda y se encuentran con chistes jugosos, simplemente cerrarán los ojos. Ni siquiera serán capaces de leerlos. Todo su ser se retraerá, se encogerá. No podrán perdonarme.

No te pongas demasiado serio. Mi mensaje es el de la alegría. En eso me diferencio de Buda. Buda es una persona seria; no existe ni una sola estatua en la que aparezca riendo, o incluso sonriendo. Sí, hay estatuas chinas y japonesas de Buda en las que se le muestra sonriendo y riendo a veces, a veces incluso con una carcajada, con el vientre temblando. Pero esos son budas chinos y japoneses.

De hecho, si ves una estatua china de Buda y una estatua india de Buda no podrás concebir ninguna relación entre ambas; son tan totalmente diferentes.

El Buda indio es muy serio. Su cuerpo es atlético: tiene un pecho grande y una barriga muy muy encogida, nada de barriga. Y si ves al Buda chino es justo lo contrario. No encontrarás el pecho grande en absoluto, está completamente perdido porque la barriga es muy grande. Incluso en las estatuas de mármol se puede ver que el vientre tiembla de risa.

Su rostro es totalmente diferente, es redondo y da la sensación de ser un niño. El rostro del Buda indio es muy romano -se hizo después de que Alejandro visitara la India-, es griego y romano. Los rasgos no son indios. Mira otra vez una estatua india de Buda, los rasgos no son indios. Alejandro y su belleza impresionaron tanto a la gente que impusieron el rostro de Alejandro en el cuerpo de Buda.

Y es muy serio, completamente serio. No se le puede concebir riendo. Pero cuando el budismo llegó a China se encontró con una filosofía muy profunda - el polo opuesto.

Allí se produjo la dialéctica. El budismo se convirtió en la tesis y el taoísmo en la antítesis: el encuentro de Buda y Lao Tzu. La estatua china de Buda es una cruz, es mitad Buda Gautam y mitad Lao Tzu: están mezclados el uno en el otro. Ese vientre pertenece a Lao Tzu, esa risa pertenece a Lao Tzu, y el silencio pertenece a Buda. Ha sido el mayor encuentro que se ha producido en el mundo. De él ha nacido el fenómeno más profundo, más significativo de toda la historia: El Zen.

El zen no es budista ni taoísta, o es ambas cosas a la vez. Es un encuentro extraño. De hecho, Lao Tzu y Buda, si se hubieran encontrado físicamente, no habrían coincidido en NINGÚN punto.

Lao Tzu era un hombre de risa. Solía ir de una aldea a otra sentado en su búfalo; debía de parecer un payaso. Y casi siempre se estaba riendo, rodando por el suelo, de todo lo ridículo de la existencia, de lo absurdo de la vida.

Buda y Lao Tzu son polos opuestos. Quizá por eso ambas filosofías se sintieron atraídas la una por la otra. Ambas estaban incompletas y el encuentro las hizo más completas. Ni Lao Tzu estará de acuerdo con el Zen ni Buda estará de acuerdo con el Zen.

He oído una historia:

En el cielo, en un café, Buda, Confucio y Lao Tzu, los tres están sentados, charlando. Y la mujer, la dueña del café, una hermosa mujer, llega. Trae el zumo de la vida. Buda cierra inmediatamente los ojos. Dice: "¡No puedo mirarla!

No merece la pena mirarlo: la vida es miseria. El nacimiento es miseria, la vida es miseria, la muerte es miseria.

Quítala de mi vista; si no, no podré abrir los ojos".

Confucio abre los ojos a medias -cree en la media de oro, en el término medio, sólo a medias-, mira con los ojos entreabiertos y dice: "No puedo negarlo sin probarlo."

Es un hombre de inclinaciones más científicas. "¿Cómo se puede decir algo si no se experimenta? No se deben declarar esas cosas de buenas a primeras. Así que", dice, "dame un sorbo". Lo prueba y dice: "Buda tiene razón: es amargo, es miserable, y estoy completamente de acuerdo y soy testigo de Buda. Pero volveré a decir que Buda se equivoca: sin probarlo, no hay nada que decir. Aunque tiene razón -puedo aprobarlo, en MI testimonio tiene razón- pero por sí mismo no tiene razón".

Lao Tzu coge la petaca entera y, antes de que la dueña pueda decir nada, se la bebe de un trago. Se bebe todo el frasco y se emborracha tanto que se pone a bailar. No dice ni una palabra, ni amarga ni dulce, ni de miseria ni de dicha. Cuando vuelve un poco en sí, Buda y Confucio le preguntan: "¿Qué dices?".

Dice: "No hay nada que decir. Hay que beberse la vida en su totalidad, sólo entonces se sabe. Y cuando se sabe, no hay nada que decir. No se puede clasificar en ninguna categoría.

Miseria o dicha son categorías, la vida está más allá de todas las categorías. Pero uno debe conocerla en su totalidad, y sólo yo la conozco en su totalidad. Ni siquiera la has probado.

Confucio sólo lo ha probado, pero no se debe decidir por la parte sobre el todo.

Sólo yo puedo decir lo que es, pero no lo voy a decir porque no se puede decir. Si de verdad quieres saberlo, puedo pedir otra petaca. Bébetelo todo y baila, ¡es la única manera!".

Es la única manera de saber algo.

El encuentro del budismo y el taoísmo es el fenómeno más extraño del mundo. Pero era inevitable que ocurriera, porque los polos opuestos se atraen, como se atraen los polos negativo y positivo del magnetismo o el negativo y el positivo de la electricidad.

El budismo viajó de la India a China. El taoísmo nunca viajó a la India, porque el taoísmo estaba tan borracho de éxtasis, de alegría... ¿a quién le importa? El budismo viajó, tuvo que viajar. La seriedad se hizo muy muy pesada. Una vez que Buda se fue, una vez que la luz se fue, entonces fue como una roca en el pecho de los seguidores - se volvió demasiado pesada. Tuvieron que buscar algo no serio para equilibrarlo.

Nirgun, no te lo tomes en serio. Disfruta de tus cotilleos, disfruta de las pequeñas cosas de la vida, de las pequeñas alegrías de la vida. Todas ellas contribuyen al enriquecimiento de tu ser. Y recuerda siempre: la falta de seriedad es una de las cualidades fundamentales de una persona realmente religiosa.

Un joven sincero acudió a un viejo rabino comprensivo en busca de consejo. "El problema es mi apetito sexual. Cuando le doy la mano a una mujer se excita - incluso cuando me cruzo con una mujer guapa por la calle se excita. Me molesta porque quiero mucho a mi mujer".

"No te preocupes, hijo", dijo el rabino. "No importa dónde se te abra el apetito mientras cenes en casa".

Este rabino es un hombre sabio, poco serio, que se toma la vida con alegría. Mis sannyasins tienen que tomarse la vida de forma muy juguetona - entonces puedes tener los dos mundos juntos. Puedes tener el pastel y comértelo también. Y eso es un verdadero arte. Este mundo y aquél, el sonido y el silencio, el amor y la meditación, estar con la gente, relacionarse y estar solo. Todas estas cosas tienen que vivirse juntas en una especie de simultaneidad; sólo entonces conocerás la máxima profundidad de tu ser y la máxima altura de tu ser.

La tercera pregunta:

Pregunta 3:

Amado maestro,

¿qué opina de la famosa afirmación de friedrich nietzsche de que dios ha muerto?

Neeraj, Friedrich Nietzsche dice que Dios está muerto, lo que significa que antes estaba vivo. Que yo sepa, nunca ha estado vivo. ¿Cómo puede Dios estar muerto si nunca ha estado vivo? Dios no es una persona, por lo que no puede estar vivo ni muerto. Para mí, Dios es la vida misma.

Dios es sinónimo de existencia; por tanto, no se puede decir que Dios esté vivo o que Dios esté muerto.

¡Dios es vida! Y la vida es para siempre... es un continuo, es eterna, sin principio ni fin.

En realidad, Nietzsche estaba diciendo que el Dios que la gente había adorado hasta entonces se había vuelto irrelevante. Pero él estaba muy acostumbrado a hacer declaraciones dramáticas.

En lugar de decir: "El Dios que la gente ha adorado hasta ahora ya no es relevante", dijo: "Dios ha muerto". Y en cierto modo, las declaraciones dramáticas penetran más en la conciencia de la gente. Si lo hubiera dicho de forma filosófica quizá habría errado el blanco, pero se convirtió en la declaración más importante hecha en estos cien años. Ninguna otra declaración ha tenido tanto significado, o ha tenido tanto impacto en el pensamiento humano, en el comportamiento, en la vida.

El Dios cristiano ha muerto, el Dios judío ha muerto: eso es lo que decía Nietzsche.

Pero ha habido tantos dioses y todos se han ido al garete. Si haces una lista te sorprenderás de cuántos dioses han sido adorados. Un hombre ha hecho una lista.

Estaba leyendo la lista: no se conoce ni uno solo de los nombres que menciona. Menciona cerca de cincuenta dioses. Los dioses egipcios ya no existen, ni siquiera en Egipto se sabe nada de ellos. Hubo un tiempo en que por esos dioses se sacrificaban incluso seres humanos, se libraban guerras, cruzadas, asesinatos, violaciones; se quemaban pueblos en nombre de esos dioses. Ahora ni siquiera se conocen sus nombres. He leído toda la lista; de los cincuenta no se conoce ni un solo nombre. Ha habido muchos dioses inventados por la gente, y cuando esa gente se cansa de esos dioses, inventan nuevos juguetes y tiran los viejos.

Estos dioses siguen naciendo y muriendo, pero no son el Dios verdadero. Dios verdadero

significa simplemente vida - AES DHAMMO SANANTANO - la ley inagotable de la existencia. ¿Cómo puede morir? No hay manera. Las formas cambian....

Parece que Dios visitó recientemente el metro de Nueva York. Alguien había garabateado en la pared: "Dios ha muerto - firmado Nietzsche," y debajo estaba escrito: "Nietzsche está muerto - firmado Dios".

Eso parece ser mucho más cierto. Pero un mensaje aún mejor para ti:

Un metro de Londres tiene este alegre mensaje: "Dios ha muerto, pero no te preocupes; ¡María está embarazada otra vez!".

La última pregunta:

Pregunta 4:

Amado maestro,

¿puede decir algo sobre la culpa y el miedo?

Latifa, el miedo es natural, la culpa es una creación de los sacerdotes. La culpa es artificial. El miedo es innato, y es muy esencial. Sin miedo no serás capaz de sobrevivir en absoluto. El miedo es normal. Por miedo no pondrás la mano en el fuego, por miedo caminarás a la derecha o a la izquierda, sea cual sea la ley del país. Es por miedo por lo que evitas el veneno. Es por miedo por lo que, cuando el camionero toca el claxon, sales corriendo.

Si el niño no tiene miedo, no hay posibilidad de que sobreviva. Su miedo es una medida de protección vital. Pero debido a esta tendencia natural a protegerse... y no hay nada malo en ello, tienes derecho a protegerte. Tienes una vida tan preciosa que proteger, y el miedo simplemente te ayuda. El miedo es inteligencia. Sólo los idiotas no tienen miedo, los imbéciles no tienen miedo; de ahí que tengas que proteger a los idiotas, de lo contrario se quemarán o saltarán de un edificio, o se meterán en el mar sin saber nadar o se comerán una serpiente... ¡o cualquier cosa que puedan hacer!

El miedo es inteligencia: cuando ves una serpiente cruzando el camino, te apartas de un salto. No es cobardía, es simplemente inteligencia. Pero hay dos posibilidades....

El miedo puede volverse anormal, patológico. Entonces tienes miedo de cosas de las que no hay necesidad de tener miedo, aunque puedes encontrar argumentos incluso para tu miedo anormal. Por ejemplo, alguien tiene miedo de entrar en una casa. Lógicamente, no se puede demostrar que esté equivocado. Dice: "¿Qué garantía hay de que la casa no se caerá?". Se sabe que las casas se caen, así que esta casa también puede caerse. Hay gente que ha sido aplastada por casas que se han caído. Nadie puede dar una garantía absoluta de que esta casa no se vaya a caer: puede ocurrir un terremoto... ¡todo es posible! Otro hombre tiene miedo: no puede viajar porque hay accidentes de tren. Otra persona tiene miedo: no puede ir en coche, porque hay accidentes de tráfico. Y otro tiene miedo de un avión....

Si tienes miedo de esta manera, no es inteligente. Entonces deberías tener miedo de tu cama también, porque casi el noventa y siete por ciento de las personas mueren en sus camas - así que ese es el lugar MÁS peligroso para estar. Lógicamente deberías permanecer lo más lejos posible de la cama, nunca acercarte a ella. Pero entonces te harás la vida imposible.

El miedo puede volverse anormal, entonces es patología. Y debido a esta posibilidad, los sacerdotes lo han utilizado, los políticos lo han utilizado. Todo tipo de opresores lo han utilizado. Lo hacen patológico, y entonces se vuelve muy simple explotarte. El sacerdote te hace temer el infierno. Solo mira las escrituras - con que alegria describen todas las torturas, con gran placer. Las escrituras describen en detalle, con gran detalle, todas y cada una de las torturas.

Adolf Hitler debe haber estado leyendo estas escrituras; debe haber encontrado grandes ideas de estas escrituras que describen el infierno. Él mismo no era un genio creativo como para inventar los campos de concentración y todo tipo de torturas. Debe haberlas encontrado en las escrituras religiosas - ya están ahí, los sacerdotes ya han hecho el trabajo. Él sólo practicó lo que los sacerdotes han estado predicando. Era realmente un hombre religioso.

Los sacerdotes sólo han hablado de un infierno que te espera después de la muerte. Él dijo: "¿Por qué esperar tanto? Voy a crear un infierno aquí y ahora. Puedes probarlo".

He oído que una vez un hombre murió, llegó al infierno y llamó a la puerta. El Diablo le miró -parecía alemán- y le preguntó: "¿De dónde vienes?".

El hombre dijo: "De Alemania".

Me dijo: "Entonces no hace falta que vengas aquí, ¡ya lo has vivido! Ahora puedes ir al cielo. Y encontrarán nuestro lugar muy aburrido porque ustedes tuvieron una edición mucho más mejorada del infierno. Seguimos viviendo en la época de los carros de bueyes, las viejas torturas. Vosotros conocéis instrumentos mucho más sofisticados, formas, medios".

Las cámaras de gas aún no se conocen en el infierno. En una sola cámara de gas, diez mil personas, en cuestión de segundos, pueden convertirse en humo. Y te sorprenderá saber que, aunque vivimos en el siglo XX, el hombre sigue siendo un animal. Miles de personas solían ir a ver. Se colocaban cristales, fijos, unidireccionales. Se podía ver lo que pasaba dentro, pero los de dentro no podían ver quién miraba desde fuera.

Miles de personas se quedaban fuera mirando a través de los cristales: personas que desaparecían en el humo -simplemente desaparecían en el humo-, miles de personas que morían en cuestión de segundos. Y la gente que estaba disfrutando fuera, ¿se les puede llamar seres humanos? Pero recuerde, no tiene nada que ver con Alemania, esto es así en todo el mundo.

El hombre es exactamente igual en todas partes.

Los sacerdotes se dieron cuenta muy pronto de que el instinto del miedo en el hombre puede ser explotado. Se le puede infundir tanto miedo que caiga rendido a los pies de los sacerdotes y les diga: "¡Sálvanos! Sólo vosotros podéis salvarnos". Y el sacerdote concederá salvarlos si siguen al sacerdote; si siguen los rituales prescritos por el sacerdote, el sacerdote los salvará.

Y por miedo la gente ha estado siguiendo a los sacerdotes, y todo tipo de estupideces, supersticiones.

El político también se dio cuenta pronto de que se puede meter mucho miedo a la gente. Y si se les mete miedo, se les puede dominar. Las naciones existen gracias al miedo. El miedo a América mantiene a los rusos esclavos de los comunistas, y el miedo a Rusia mantiene a los americanos esclavos del gobierno. El miedo a los demás... los indios tienen miedo de los pakistaníes, y los pakistaníes tienen miedo de los indios. Es un mundo tan estúpido. Tenemos miedo los unos de los otros, y debido a nuestro miedo el político se vuelve importante. Él dice: "Os salvaremos aquí, en este mundo", y el sacerdote dice: "Os salvaremos en el otro mundo". Y conspiran juntos.

Es el miedo el que crea la culpa, pero no el miedo en sí mismo. El miedo crea la culpa a través de los curas y los políticos. Los curas y los políticos crean en ti una patología, un temblor. Y, naturalmente, el hombre es tan delicado y tan frágil, que tiene miedo. Y entonces puedes decirle que haga cualquier cosa y lo hará -sabiendo perfectamente que es una estupidez, sabiendo perfectamente en el fondo que todo es una tontería, pero ¿quién sabe...? Por miedo, se puede obligar al hombre a hacer cualquier cosa.

Una joven que no puede evitar toser y estornudar en el teatro pide a un médico un remedio antes de ir a una primera velada. "Toma, bebe esto", le dice él, ofreciéndole un vaso. Ella lo bebe, con la boca desencajada, y pregunta qué era, imaginando algún tipo de medicamento para la tos de mal sabor.

"Es una dosis doble de agua de Plutón", responde. "Ahora no te atreverás a estornudar ni a toser".

...No lo entiendes. Nunca has probado el agua de Plutón - inténtalo, y tampoco te atreverás a estornudar o toser. Haz un experimento: puedes pedirle agua de Plutón a Ajit Saraswati, sólo entonces entenderás el chiste. Es muy existencial. Como no lo has entendido tendré que contarte otro:

Una mañana, una gran osa asaltó la cabaña de Joe, lo desparramó todo, se lo comió todo, lo destrozó todo y se marchó.

Joe la siguió, le disparó y, al notar lo mucho que se parecía a una mujer, satisfizo su pasión con su cadáver. Justo entonces se dio cuenta de que otro cazador estaba encogido entre las ramas de un árbol cercano. Al darse cuenta de que su hazaña había sido observada, Joe apuntó con su arma al hombre, le hizo bajar y le dijo: "¿Has hecho alguna vez el amor con un oso?".

Y el cazador dijo: "No, pero me estoy preparando para intentarlo".

El hombre puede ser obligado a hacer cualquier cosa - sólo para salvarse a sí mismo. Y como la patología que los curas han creado en ti es antinatural, tu naturaleza se rebela contra ella, y de vez en cuando haces algo que va contra ella -haces algo natural- entonces surge la culpa.

Latifa, la culpa significa que tienes una idea antinatural en tu mente sobre cómo debe ser la vida, qué debe hacerse, y entonces un día te encuentras siguiendo a la naturaleza y haces lo natural. Vas en contra de la ideología. Como vas en contra de la ideología, surge la culpa, te avergüenzas. Te sientes muy inferior, indigno.

Pero dando a la gente ideas antinaturales no se la puede transformar. De ahí que los sacerdotes hayan sido capaces de explotar a la gente, pero no de transformarla. A ellos tampoco les interesa transformarte a ti; toda su idea es mantenerte siempre esclavizado.

Te crean una conciencia. Tu conciencia no es realmente TU conciencia - es creada por los sacerdotes. Ellos dicen: "Esto está mal". Puede que sepas desde lo más profundo de tu ser que no parece haber nada malo en ello, pero ellos dicen que está mal. Y siguen hipnotizándote desde tu infancia. La hipnosis cala hondo, se filtra en ti, se hunde en ti, se convierte casi en parte de tu ser. Te retiene.

Te han dicho que el sexo es malo, pero el sexo es un fenómeno tan natural que te atrae. Y no hay nada malo en sentirse atraído por una mujer o un hombre. Forma parte de la naturaleza. Pero tu conciencia te dice: "Esto está mal". Así que te contienes. La mitad de ti va hacia la mujer, la otra mitad se retrae.

No puedes tomar ninguna decisión; siempre estás dividido, escindido. Si decides ir con la mujer, tu conciencia te torturará: "Has cometido un pecado". Si no vas con la mujer, tu naturaleza te torturará: "Me estás matando de hambre".

Ahora estás en un doble aprieto. Hagas lo que hagas, sufrirás. Y eso es lo que el sacerdote siempre ha querido: que sufras, porque cuanto más sufres, más acudes a él para que te aconseje. Cuanto más sufres, más buscas la salvación.

Bertrand Russell tiene toda la razón al afirmar que si al hombre se le da una libertad total y natural -libertad de esa supuesta conciencia y moral- y si se le ayuda a convertirse en un ser integrado y natural -inteligente, comprensivo, que vive su vida según su propia luz, no según los consejos de otro-, las llamadas religiones desaparecerán del mundo.

Estoy perfectamente de acuerdo con él. Las llamadas religiones ciertamente desaparecerán del mundo si la gente no sufre; no buscarán la salvación. Pero Bertrand Russell continúa y dice que la religión misma desaparecerá de la tierra. En eso no estoy de acuerdo con él. Las llamadas religiones DESAPARECERÁN, y como las llamadas religiones desaparecerán habrá, por primera vez en el mundo, una oportunidad para que exista la religión. Los cristianos no estarán allí, los hindúes no estarán allí, los mahometanos no estarán allí - sólo entonces un nuevo tipo de religiosidad se extenderá sobre la tierra. La gente vivirá según su propia conciencia. No habrá culpa, ni arrepentimiento, porque estas cosas nunca cambian a la gente. Las personas siguen siendo las mismas; sólo cambian su vestimenta externa, su forma. Sustancialmente, nada cambia a través de la culpa, a través del miedo, a través del cielo, a través del infierno. Todas estas ideas han fracasado por completo.

Ha llegado el momento de reconocer que todas las viejas religiones han fracasado. Sí, han creado unas cuantas personas hermosas -un Buda aquí y un Jesús allá-, pero de entre millones y millones de seres humanos, de vez en cuando ha florecido alguien. Es una excepción, no se puede contar. No debe tenerse en cuenta. Los Budas se pueden contar con los dedos de las manos.

Si un jardinero planta diez mil árboles y sólo uno florece en primavera, ¿le llamarás jardinero? ¿Qué pasa con los otros nueve mil novecientos noventa y nueve árboles? Si este árbol ha florecido, habrá florecido a pesar del jardinero. El mérito no puede ser suyo: se le habrá pasado por alto.

Hemos vivido en un mundo muy equivocado; hemos creado una situación equivocada. La gente sólo cambia superficialmente: el hindú se hace cristiano, el cristiano se hace hindú, y nada cambia. Todo sigue igual.

La prostituta reformada está dando testimonio con el Ejército de Salvación en una esquina de la calle un sábado por la noche, puntuando su discurso tocando un gran tambor de latón.

"¡Solía ser una pecadora!", grita (¡bum!) "¡Solía ser una mala mujer (¡bum!) Solía beber! (¡bum!) ¡Apostar! (¡bum!) ¡Puta! (¡Bum! ¡Bum!) ¡Solía salir los sábados por la noche y armar jaleo! (¿Qué hago ahora los sábados por la noche? Me paro en esta esquina, tocando este maldito tambor".

Suficiente por hoy.

Y sigue viajando

¿Quién conquistará este mundo y el mundo de la muerte con todos sus dioses? ¿quién descubrirá el camino luminoso de la ley?

Lo harás, como el hombre que busca flores encuentra las más bellas, las más raras.

Comprender que el cuerpo no es más que la espuma de una ola, la sombra de una sombra.

Rompe las flechas florales del deseo y luego, sin ser visto, escapa del rey de la muerte.

Y sigue viajando.

La muerte alcanza al hombre que recoge flores cuando con la mente distraída y los sentidos sedientos busca en vano la felicidad en los placeres del mundo. La muerte se lo lleva como una riada se lleva un pueblo dormido.

La muerte lo vence cuando con la mente distraída y los sentidos sedientos recoge flores.

Nunca se saciará de los placeres del mundo.

La abeja recoge el néctar de la flor sin estropear su belleza ni su perfume. Así que deja que el maestro se instale y vague.

Mira tus propios defectos, lo que has hecho o dejado de hacer. Pasa por alto los defectos de los demás.

Como una hermosa flor, brillante pero sin aroma, son las bellas pero vacías palabras del hombre que no quiere decir lo que dice.

Como una flor hermosa, brillante y fragante, son las palabras finas y veraces del hombre que siente lo que dice.

Como guirnaldas tejidas de un montón de flores, forma de tu vida otras tantas buenas acciones.

En realidad, Dios no es el centro de la investigación religiosa, sino la muerte. Sin la muerte no habría habido religión. Es la muerte la que hace que el hombre busque y rebusque el más allá, lo inmortal.

La muerte nos rodea como un océano rodea una pequeña isla. La isla puede inundarse en cualquier momento. El momento siguiente puede no llegar nunca, el mañana puede no llegar nunca. Los animales no son religiosos por la sencilla razón de que no son conscientes de la muerte. No pueden concebirse a sí mismos muriendo, aunque ven morir a otros animales. Es un salto cuántico de ver morir a otro a concluir que "yo también voy a morir".

Los animales no están tan alerta, conscientes, para llegar a tal conclusión.

Y la mayoría de los seres humanos también son infrahumanos. Un hombre es realmente un hombre maduro cuando ha llegado a esta conclusión: "Si la muerte le ocurre a todo el mundo, entonces yo no puedo ser una excepción". Una vez que esta conclusión cala hondo en tu corazón, tu vida ya no puede volver a ser la misma. No puedes seguir apegado a la vida como antes. Si te la van a quitar, ¿qué sentido tiene ser tan posesivo? Si un día va a desaparecer, ¿por qué aferrarse y sufrir? Si no va a permanecer para siempre, ¿para qué tanta miseria, angustia y preocupación? Si se va a ir, se va a ir, no importa cuándo se vaya. El tiempo no es tan importante - hoy, mañana, pasado mañana. Pero la vida se te va a escapar de las manos.

El día que tomas conciencia de que vas a morir, de que tu muerte es una certeza absoluta... de hecho la única certeza en la vida es la muerte. Nada más es tan absolutamente cierto.

Pero de alguna manera seguimos evitando esta cuestión, la cuestión de la muerte. Seguimos ocupándonos de otros asuntos. A veces hablamos de grandes cosas -Dios, el cielo y el infierno- sólo para evitar la cuestión REAL. La verdadera cuestión no es Dios, no puede ser, porque ¿qué relación tienes con Dios? ¿Qué sabes de Dios? ¿Cómo puedes preguntar sobre algo que te es absolutamente desconocido? Será una pregunta vacía. Será como mucho curiosidad, será juvenil, infantil, estúpida.

La gente estúpida pregunta por Dios, la persona inteligente pregunta por la muerte. La gente que sigue preguntando por Dios nunca encuentra a Dios, y la persona que pregunta por la muerte está destinada a encontrar a Dios - porque es la muerte la que te transforma, tu visión. Tu conciencia se agudiza porque has planteado una pregunta real, una pregunta auténtica, la pregunta más importante de la vida. Has creado un desafío tan grande que no podrás permanecer dormido durante mucho tiempo; tendrás que estar despierto, tendrás que estar lo suficientemente alerta como para encontrarte con la realidad de la muerte.

Así comenzó la investigación de Buda:

El día en que nació Buda... era hijo de un gran rey, e hijo único, y nació cuando el rey se estaba haciendo viejo, muy viejo; por eso hubo gran regocijo en el reino. El pueblo había esperado mucho tiempo. El rey era muy querido por el pueblo; les había servido, había sido amable y compasivo, había sido muy cariñoso y muy solidario. Había hecho de su reino uno de los más ricos y hermosos de aquellos días.

La gente rezaba para que su rey tuviera un hijo porque no había nadie que heredara. Y entonces Buda nació en la vejez del rey - inesperado fue su nacimiento. Gran celebración, gran regocijo. Todos los astrólogos del reino se reunieron para hacer predicciones sobre Buda. Su nombre era Siddhartha - se le dio este nombre, Siddhartha, porque significa realización. El rey estaba satisfecho, su deseo estaba satisfecho, su anhelo más profundo estaba satisfecho: quería un hijo, había querido un hijo toda su vida; de ahí el nombre de Siddhartha. Simplemente significa cumplimiento del deseo más profundo.

Este hijo hizo que la vida del rey tuviera sentido, significado. Los astrólogos, grandes astrólogos, predijeron - todos estaban de acuerdo excepto un joven astrólogo. Su nombre era Kodanna. El rey preguntó: "¿Qué va a pasar en la vida de mi hijo?". Y todos los astrólogos levantaron dos dedos, excepto Kodanna que sólo levantó un dedo.

El rey preguntó: "Por favor, no hables en símbolos - soy un hombre sencillo, no sé nada de astrología. Dime, ¿qué quieres decir con dos dedos?".

Y todos dijeron: "O se va a convertir en un *Chakravartin* -un gobernante del mundo- o renunciará al mundo y se convertirá en un buda, una persona iluminada. Estas dos alternativas están ahí, por eso levantamos dos dedos".

Al rey le preocupaba la segunda alternativa, que renunciara al mundo. "Así que de nuevo el problema: ¿quién heredará mi reino si renuncia al mundo?". Y entonces preguntó a Kodanna: "¿Por qué levantas sólo un dedo?".

Kodanna dijo: "Estoy absolutamente seguro de que renunciará al mundo: se convertirá en un buda, un iluminado, un despierto."

El rey no estaba contento con Kodanna. La verdad es muy difícil de aceptar. Ignoró a Kodanna; Kodanna no fue recompensado en absoluto - la verdad no es recompensada en este mundo. Al contrario, la verdad es castigada de mil y una maneras. De hecho, el prestigio de Kodanna cayó después de ese día. Al no ser recompensado por el rey, se extendió el rumor de que era un necio. Cuando todos los astrólogos estaban de acuerdo, él era el único que no lo estaba.

El rey preguntó a los demás astrólogos: "¿Qué me sugieren? ¿Qué debo hacer para que no renuncie al mundo? No quiero que sea un mendigo, no quiero que sea un sannyasin. Me gustaría que se convirtiera en un chakravartin: un gobernante de los seis continentes". La ambición de todos los padres. ¿A quién le gustaría que su hijo o hija renunciara al mundo y se trasladara a las montañas, que se adentrara en la propia interioridad, que buscara y rebuscara en el yo?

Nuestros deseos son extrovertidos. El rey era un hombre corriente, como todos los demás, con los mismos deseos y las mismas ambiciones. Los astrólogos dijeron: "Se puede arreglar:

dale todo el placer posible, mantenle en la mayor comodidad y lujo que sea humanamente posible. No le permitas conocer la enfermedad, la vejez y, sobre todo, la muerte. No le permitas conocer la muerte y nunca renunciará".

En cierto modo tenían razón, porque la muerte es la cuestión central. Una vez que surge en tu corazón, tu estilo de vida está destinado a cambiar. No puedes seguir viviendo como antes.

Si esta vida va a terminar en la muerte, entonces esta vida no puede ser la vida real, entonces esta vida debe ser una ilusión. La verdad tiene que ser eterna si es verdadera - sólo las mentiras son momentáneas. Si la vida es momentánea, entonces debe ser una ilusión, una mentira, un concepto erróneo, un malentendido; entonces la vida debe estar arraigada en algún lugar de la ignorancia. Debemos vivirla de tal manera que llegue a su fin.

Podemos vivir de un modo distinto para formar parte del flujo eterno de la existencia. Sólo la muerte puede darte ese cambio radical.

Así que los astrólogos dijeron: "Por favor, que no sepa nada de la muerte". Y el rey hizo todos los arreglos. Hizo tres palacios para Siddhartha para diferentes estaciones en diferentes lugares, para que nunca llegara a conocer la incomodidad de la estacion. Cuando hacia calor tenia un palacio en cierto lugar de las colinas donde siempre estaba fresco. Cuando hacía demasiado frío, tenía otro palacio junto a un río, donde siempre hacía calor. Hizo todos los arreglos necesarios para que nunca sintiera ninguna incomodidad.

Ningún anciano o mujer podía entrar en los palacios donde vivía, sólo los jóvenes. Reunió a su alrededor a todas las jóvenes hermosas del reino para que permaneciera seducido, fascinado, para que permaneciera en sueños, deseos. Se creó para él un dulce mundo de ensueño. A los jardineros se les dijo que las hojas muertas debían ser retiradas por la noche; las flores marchitas y marchitas debían ser retiradas por la noche, porque ¿quién sabe? - al ver una hoja muerta puede empezar a preguntarse qué le ha pasado a esta hoja, y puede surgir la cuestión de la muerte. Al ver una rosa marchita, con los pétalos cayendo, podría preguntarse: "¿Qué le ha pasado a esta rosa?", y podría empezar a cavilar, a meditar, sobre la muerte.

Se mantuvo absolutamente inconsciente de la muerte durante veintinueve años. Pero, ¿cuánto tiempo se puede evitar? La muerte es un fenómeno tan importante, ¿cuánto tiempo se puede engañar? Tarde o temprano tenía que entrar en el mundo. Ahora el rey se estaba haciendo muy viejo y el hijo tenía que conocer los caminos del mundo, así que poco a poco se le permitió, pero siempre que pasaba por cualquier calle de la capital, se retiraban ancianos, ancianas, se retiraban mendigos. A ningún sannyasin se le permitía cruzar mientras él pasaba, porque al ver a un sannyasin podría preguntarse "¿Qué tipo de hombre es éste? ¿Por qué va de naranja? ¿Qué le ha pasado? ¿Por qué parece diferente, distante? Sus ojos son diferentes, su sabor es diferente, su presencia tiene una cualidad diferente. ¿Qué le ha ocurrido a este hombre?". Y entonces la cuestión de la renuncia, y fundamentalmente la cuestión de la muerte.... Pero un día, tenía que suceder. No se puede evitar.

Nosotros también hacemos lo mismo. Si alguien muere y pasa el cortejo fúnebre, la madre mete al niño en casa y cierra la puerta.

La historia es muy significativa, simbólica, típica. Ningún padre quiere que sus hijos sepan de la muerte, porque enseguida empezarían a hacer preguntas incómodas. Por eso construimos los cementerios fuera de la ciudad, para que nadie tenga que ir allí. La muerte es un hecho central; el cementerio debería estar exactamente en el centro de la ciudad para que todo el mundo tenga que pasar por allí muchas veces al día: yendo a la oficina, yendo a casa, yendo a la escuela, a la universidad, yendo a casa, yendo a la fábrica... para que a uno le recuerden una y otra vez la muerte. Pero hacemos el cementerio fuera de la ciudad, y hacemos el cementerio muy bonito: flores, árboles. Intentamos ocultar la muerte, sobre todo en Occidente, ¡la muerte es un tabú! Igual que antes el sexo era un tabú, ahora la muerte es el tabú. La muerte es el último tabú.

Se necesita a alguien como Sigmund Freud, un Sigmund Freud que pueda devolver la muerte al mundo, que pueda exponer a la gente el fenómeno de la muerte. Cuando una persona muere en Occidente, su cuerpo es decorado, bañado, perfumado, pintado. Ahora hay expertos que hacen todo este trabajo. Y si ves a un muerto o a una muerta, te sorprenderás: ¡parece mucho más vivo de lo que parecía cuando estaba vivo! Pintado, sus mejillas están rojas, su rostro brillante; parece estar profundamente dormido en un espacio tranquilo y silencioso.

Nos engañamos a nosotros mismos. No le estamos engañando, ya no está ahí. No hay nadie, sólo un cuerpo muerto, un cadáver. Pero nos engañamos a nosotros mismos pintándole la cara, adornando su cuerpo con guirnaldas, poniéndole ropas bonitas, llevando su cuerpo en un coche costoso, y una gran procesión y mucho aprecio por la persona que ha muerto. Nunca se le apreció cuando estaba vivo, pero ahora nadie le critica, todo el mundo le alaba.

Intentamos engañarnos a nosotros mismos; hacemos que la muerte sea lo más bella posible para que no se plantee la cuestión. Y seguimos viviendo en la ilusión de que siempre es el otro el que muere; obviamente, no verás tu propia muerte, siempre verás morir a los demás. Una conclusión lógica: siempre es el otro el que muere, así que ¿para qué molestarse? Usted parece ser el excepcional, Dios ha hecho una regla diferente para usted.

Recuerda, nadie es una excepción. *Aes Dhammo Sanantano* - sólo una ley rige todo, una ley eterna. Lo que le ocurra a la hormiga le ocurrirá también al elefante, y lo que le ocurra al mendigo le ocurrirá también al emperador. Pobre o rico, ignorante o entendido, pecador o santo, la ley no hace distinción - la ley es muy justa.

Y la muerte es muy comunista: iguala a la gente. No tiene en cuenta quién eres. Nunca mira en las páginas de los libros publicados, como WHO'S WHO. Simplemente no se preocupa de si eres un mendigo o Alejandro Magno.

Un día Siddhartha TENÍA que tomar conciencia, y tomó conciencia. Iba a participar en un festival juvenil; iba a inaugurarlo. El príncipe, por supuesto, debía inaugurar el festival anual de la juventud. Era una hermosa noche; los jóvenes del reino se habían reunido para bailar y cantar y regocijarse toda la noche. El primer día del año - una celebración nocturna. Y Siddhartha iba a inaugurarla.

Por el camino se encontró con lo que su padre había temido que llegara a ver: se topó con esas cosas. Primero vio a un hombre enfermo, su primera experiencia de enfermedad. Preguntó: "¿Qué ha pasado?".

La historia es muy hermosa. Dice que el auriga iba a mentir, pero un alma incorpórea tomó posesión del auriga, le obligó a decir la verdad. Tuvo que decir, a pesar suyo: "Este hombre está enfermo".

Y Buda hizo inmediatamente la inteligente pregunta: "Entonces, ¿puedo yo también estar enfermo?".

El auriga iba a mentir de nuevo, pero el alma de un dios, un alma iluminada, un alma incorpórea, le obligó a decir: "Sí". El auriga se quedó perplejo porque quería decir que no, pero lo que salió de su boca fue: "Sí, tú también vas a enfermar".

Luego se encontraron con un anciano, y la misma pregunta. Luego se encontraron con un cadáver que llevaban al GHAT en llamas, y la misma pregunta... y cuando Buda vio el cadáver y preguntó: "¿También yo voy a morir algún día?", el auriga dijo: "Sí, señor. Nadie es una excepción. Siento decirlo, pero nadie es una excepción - incluso tú vas a morir".

Buda dijo: "Entonces da la vuelta al carro. Entonces no tiene sentido ir a un festival juvenil. Ya he enfermado, ya he envejecido, ya estoy al borde de la muerte. Si un día voy a morir, ¿para qué tanta tontería? - Vivir y esperar la muerte. Antes de que llegue, me gustaría conocer algo que nunca muere. Ahora dedicaré toda mi vida a la búsqueda de algo inmortal. Si hay algo inmortal, entonces lo único significativo en la vida puede ser la búsqueda de ello."

Y mientras decía esto, vieron la cuarta visión: un sannyasin, un monje, vestido de naranja, caminando muy meditabundo. Y Buda dijo: "¿Qué le ha pasado a este hombre?". Y el auriga dijo: "Señor, esto es lo que está pensando hacer. Este hombre ha visto suceder la muerte y ha ido en busca de lo inmortal".

Esa misma noche, Buda renunció al mundo; abandonó su hogar en busca de lo inmortal, en busca de la verdad.

La muerte es la cuestión más importante de la vida. Y quienes aceptan el reto de la muerte, se ven inmensamente recompensados.

Los sutras. Buda dice:

¿Quién conquistará este mundo y el mundo de la muerte con todos sus dioses? ¿quién descubrirá el camino luminoso de la ley?

Te está lanzando un reto. Está planteando una pregunta en tu corazón. Te está preguntando:

¿Quién conquistará este mundo y el mundo de la muerte con todos sus dioses?

Este mundo es el mundo de la muerte, y los dioses que has creado a partir de tu imaginación forman parte de este mundo: van a morir. Tú, tu mundo, tus dioses, todos van a morir, porque este mundo ha sido creado por tu deseo, y los dioses también han sido creados por tu deseo e imaginación.

Si no sabes quién eres, ¿cómo puedes conocer al verdadero Dios? ¿Y cómo puedes conocer el mundo real? Todo lo que conoces es una proyección, es una especie de sueño. Sí, cuando hay un sueño, parece real. Cada noche sueñas, y sabes que mientras estás en el sueño nunca lo sospechas, nunca lo dudas, nunca te planteas una pregunta.

Gurdjieff solía decir a sus discípulos: "Cada noche, cuando te vas a dormir, cuando estás justo al borde y la cortina del sueño está cayendo sobre ti, un poco recuerdas todavía, aún no ahogado en la oscuridad del sueño, un poco de consciencia, y el sueño está llegando... esos momentos, esos intervalos entre la vigilia y el sueño", solía decir Gurdjieff, "esos momentos son muy significativos. Plantea una pregunta en tu mente y repítela mientras te duermes. Una pregunta sencilla: ¿Es real? ¿Es real?

Sigue repitiendo la pregunta mientras te duermes, para que un día en sueños puedas preguntar: ¿Es real?". Ese día trae una gran bendición.

Si en un sueño puedes preguntar: "¿Es real?", el sueño desaparece inmediatamente. Aquí preguntas, y allí el sueño ya no existe. De repente se produce un gran despertar interior. En el sueño te vuelves alerta. El sueño continúa; de ahí la tremenda belleza de su experiencia.

El sueño continúa; el cuerpo sigue dormido, la mente sigue dormida, pero algo más allá del cuerpo y la mente se pone alerta; surge en ti un testigo. "¿Es real?" - si lo preguntas en sueños... muy difícil de recordar porque cuando estás soñando te has olvidado completamente de ti mismo. De ahí el recurso: mientras te duermes, repite esta pregunta: ¿Es real? ¿Es real? Duérmete repitiendo esta pregunta.

En algún momento entre los tres y los nueve meses, un día ocurre: en el sueño surge de repente la pregunta: ¿Es real? Y vives una de las experiencias más profundas de tu vida. En el momento en que se plantea la pregunta, el sueño desaparece inmediatamente y se produce un vacío y un silencio absolutos. El sueño está ahí y, sin embargo, se ha producido una pequeña luz de consciencia.

Y sólo entonces serás consciente de esta vida y de su ilusoriedad; entonces podrás ver que el mundo de los deseos, los celos, las ambiciones, es sólo un sueño visto con los ojos abiertos.

Y si puedes ver que este mundo también es un sueño, estás al borde de la iluminación.

Pero recuerda, creer no te ayudará. Puedes creer que este mundo es ilusorio - en India millones de personas creen y repiten continuamente, como loros: "Este mundo es MAYA, ilusión" - esto y aquello. Y lo que dicen es todo basura, tonterías, porque no es su experiencia auténtica. Han oído a la gente decirlo y lo repiten.

No lo SABEN por sí mismos, no son testigos de ello; por lo tanto, nunca cambia sus vidas. Siguen repitiendo: "Este mundo es irreal", y siguen viviendo en este mundo tanto como los que piensan que es real; no hay diferencia, no hay diferencia cualitativa.

¿Cuál es la diferencia entre el materialista y el llamado religioso? ¿Qué diferencia? ¿Porque va a la iglesia todos los domingos? o ¿porque va al templo de vez en cuando? Esa es la única diferencia; de lo contrario, en la vida real, los encontrarás exactamente iguales. A veces la persona irreligiosa puede ser más honesta, más auténtica, más sincera, más veraz, que la religiosa - porque la persona religiosa ya es deshonesta al ser religiosa sin ninguna experiencia propia. Su religiosidad se basa en la deshonestidad; ha cometido la mayor deshonestidad que un hombre puede cometer: cree en Dios y no sabe nada de Dios; cree en la vida eterna y no la ha probado. No ha visto nada y, sin embargo, sigue fingiendo. Su religiosidad es básicamente deshonesta; por lo tanto, no es una maravilla, no es una sorpresa que en los llamados países religiosos como la India, se encuentre a la gente más deshonesta que en los llamados países materialistas de Occidente.

El materialista occidental es más sincero. El religioso indio es muy mezquino, deshonesto, engañoso, porque si puedes incluso engañar a Dios, ¿a quién vas a dejar fuera? Si tu religión es pseudo, toda tu vida va a ser pseudo. La persona que tiene las agallas de decir: "A menos que conozca a Dios, no voy a creer", es tácitamente sincera, honesta. Esta es mi observación: que los ateos tienen más posibilidad de conocer a Dios que los llamados teístas.

¿Quién conquistará este mundo y el mundo de la muerte con todos sus dioses? ¿quién descubrirá el camino luminoso de la ley?

Aes Dhammo Sanantano - ¿quién va a descubrir la ley eterna, inagotable? *Aes Maggo Visuddhya* - ¿quién va a encontrar el camino de la pureza eterna, de la inocencia eterna? ¿Quién? Buda te lanza un reto y luego dice:

Lo harás, como el hombre que busca flores encuentra las más bellas, las más raras.

Sí, puedes conquistar este mundo de muerte, porque en lo más profundo de tu ser eres parte de la eternidad, no eres parte del tiempo. Existes en el tiempo, pero perteneces a la eternidad. Eres una penetración de la eternidad en el mundo del tiempo. Eres inmortal, viviendo en un cuerpo de muerte. Tu conciencia no conoce la muerte ni el nacimiento. Sólo tu cuerpo nace y muere. Pero no eres consciente de tu conciencia; no eres consciente de tu conciencia.

Y ése es todo el arte de la meditación: tomar conciencia de la conciencia misma. En el momento en que sabes quién reside en el cuerpo, quién eres, en esa misma revelación has trascendido la muerte y el mundo de la muerte. Has trascendido todo lo que es momentáneo.

VOSOTROS, al igual que el hombre que busca flores, encontraréis las más bellas, las más raras.

Jesús dice: Buscad y hallaréis, pedid y se os dará, llamad y se os abrirá la puerta.

Es necesaria una gran indagación, una gran búsqueda. Así como la ciencia indaga en el mundo objetivo, la religión es una indagación en lo subjetivo. La ciencia indaga sobre lo que ves, y la religión indaga sobre el propio vidente. La religión, por supuesto, es la ciencia de las ciencias.

La ciencia nunca puede ser más importante que la religión; es imposible que la ciencia pueda ser más importante que la religión, porque la ciencia, al fin y al cabo, es un esfuerzo humano. Es lo que haces, pero ¿quién es el hacedor dentro de ti? El hacedor nunca puede ser menos que lo que hace. El pintor nunca puede ser menos que su pintura, y el poeta nunca puede ser menos que su poesía. El científico conoce el mundo, pero no sabe nada de sí mismo.

Albert Einstein solía decir en sus últimos días: "A veces sospecho que mi vida ha sido un despilfarro. Indagué en la más lejana de las estrellas y olvidé por completo indagar en mí mismo... ¡y yo era la estrella más cercana!".

Sólo porque somos conscientes, lo damos por sentado; el meditador nunca lo da por sentado. Entra, llama a la puerta de su propio ser interior, busca y rebusca en su interior, no deja piedra sobre piedra. Entra en su propio ser. Y su realización es grande, la más grande, porque encuentra lo más raro. Sí, hay muchas flores, pero no hay flor como la flor de tu conciencia. Es la más rara - es el loto de mil pétalos, es un loto dorado. A menos que uno lo conozca, no sabe nada.

Si no se encuentra, toda riqueza es inútil, todo poder es vano.
Comprender que el cuerpo no es más que la espuma de una ola, la

sombra de una sombra.

Rompe las flechas florales del deseo y luego, sin ser visto, escapa del rey de la muerte.

El cuerpo es un fenómeno momentáneo. Un día no fue, un día no volverá a ser. Existe sólo por el momento - es como la espuma; se ve tan hermosa desde la orilla, la espuma, la blanca espuma de una ola. Y si ha salido el sol, alrededor de la espuma puede crearse un arco iris; parece tan hermoso, parece diamantes, parece tan blanco y tan puro. Pero si lo coges con las manos, empieza a desaparecer. Sólo tus manos quedan mojadas, eso es todo.

Lo mismo ocurre con el cuerpo. Parece hermoso, pero la muerte crece en él, la muerte se esconde en él, la vejez espera allí. Es sólo cuestión de tiempo.

No es que uno muera en una fecha determinada. De hecho, la realidad es que el día que naces, empiezas a morir. El niño que tiene un día ha muerto un poco, ha muerto un día.

Seguirá muriendo día a día. Lo que llamas tu cumpleaños no es realmente tu cumpleaños, deberías llamarlo tu día de muerte. El hombre que celebra su quincuagésimo cumpleaños en realidad está celebrando su quincuagésimo día de la muerte. La muerte se ha acercado. Ahora, si va a vivir setenta años, sólo le quedan veinte. A los cincuenta años ya ha muerto.

Nos morimos continuamente en lo que respecta al cuerpo... es espuma que desaparece.

No te dejes engañar por los setenta años, porque setenta años no significan nada en la extensión de la eternidad, ¿cuál es el significado de setenta años? Es espuma, es momentáneo.

Comprender que el cuerpo no es más que la espuma de una ola, la sombra de una sombra. Ni siquiera es la sombra, sino la sombra de la sombra.

Buda quiere subrayar su irrealidad. Es el eco del eco, muy muy alejado de la realidad. Dios es lo real - llámalo verdad. A Buda le gustaría llamarlo dhamma - la ley. Dios es la realidad última; luego el alma es su sombra y el cuerpo es la sombra de la sombra. Pasa del cuerpo al alma y del alma al dhamma - a Dios, a la ley eterna.

A menos que alcances la ley eterna, no descanses, porque nadie sabe - hoy estás aquí, mañana puede que no. No malgastes estos preciosos días anhelando cosas inútiles. La gente sigue coleccionando trastos, y un día ya no están. Y entonces toda la basura que recogieron durante toda su vida se queda atrás. No pueden llevarse ni una sola cosa con ellos.

Se cuenta que, cuando murió Alejandro Magno, pidió a sus ministros que, cuando llevaran su ataúd a la tumba, sus manos quedaran colgando fuera del féretro.

"¿Por qué?", preguntaron los ministros. "Nadie ha oído hablar de algo así. No se hace nunca. No es tradicional. ¿Por qué esta idea extraña y excéntrica? ¿Por qué dejar las manos colgando fuera del ataúd?".

Alejandro dijo: "Me gustaría que la gente supiera que incluso yo, Alejandro Magno, me voy con las manos vacías. No me llevo nada conmigo. Toda mi vida ha sido un puro despilfarro. Trabajé duro" - y realmente trabajó duro, luchó duro, era una persona realmente ambiciosa, loco por el poder, quería convertirse en el gobernante del mundo, y más o menos lo había conseguido, más o menos se había convertido en el gobernante del mundo entonces conocido.... Pero incluso él dice: "Me estoy muriendo y no puedo llevarme nada conmigo; por lo tanto, todo el esfuerzo ha sido un ejercicio inútil. Que la gente sepa, que tome conciencia, que comprenda mi estupidez, mi idiotez. Puede que les ayude a entender sus propios patrones de vida, sus estilos de vida".

Rompe las flechas florales del deseo y luego, sin ser visto, escapa del rey de la muerte.

Si te vuelves libre de deseos, la muerte no puede influir en ti. Es la mente deseante la que está atrapada en la red de la muerte, y todos estamos llenos de deseos: deseo de dinero, de poder, de prestigio, de respetabilidad... mil y un deseos. Los deseos crean codicia, y la codicia crea competencia, y la competencia crea celos. Una cosa lleva a la otra, y seguimos cayendo en el desorden, en la confusión del mundo.

Es un mundo de locos, pero la raíz de la locura es el deseo.

Una vez que siembras las semillas del deseo... desear significa tener más. Si tienes cierta cantidad de dinero, te gustaría tener el doble. Deseo significa anhelar más. Y nadie se lo piensa dos veces, cualquier cambio cuantitativo no te va a satisfacer.

Si no puedes estar satisfecho con diez mil rupias, ¿cómo vas a estar satisfecho con veinte mil rupias? Las rupias se duplicarán. Pero si diez mil rupias no pueden darte ninguna satisfacción, tu satisfacción no puede duplicarse; no ha habido satisfacción en primer lugar. De hecho, cuando tienes diez mil rupias tienes una cierta cantidad de ansiedad, miedo - esas ansiedades se duplicarán cuando tengas veinte mil rupias, se triplicarán cuando tengas treinta mil rupias, y así sucesivamente. Puedes seguir multiplicando....

Y tengas lo que tengas, siempre habrá alguien que tenga más que tú: el mundo es muy grande. De ahí los celos, y los celos son la fiebre del alma. Excepto la meditación, no hay medicina para ello. El médico puede ayudarte si tu cuerpo sufre de fiebre, pero sólo un maestro puede ayudarte, un buda puede ayudarte, si sufres de la fiebre del alma. Muy pocas personas padecen la fiebre física, y casi todo el mundo padece la fiebre espiritual: los celos.

Los celos significan que otro tiene más que tú. Y es imposible ser el primero en todo. Puedes tener la mayor cantidad de dinero del mundo, pero no tener una cara bonita. Y un mendigo puede ponerte celoso: su cuerpo, su cara, sus ojos, y te pones celoso. Un mendigo puede poner celoso a un emperador.

Napoleón no era muy alto, sólo medía un metro y medio. Yo mido 1,65 y nunca he sufrido por ello, porque tanto si mides 1,80 como si mides 1,50, tus pies llegan igual a la tierra. Entonces, ¿dónde está el problema? Si la persona de metro y medio colgara un pie por encima de la tierra, ¡entonces sí habría un problema! Pero Napoleón sufrió mucho. Era continuamente consciente de que no era alto. Y, por supuesto, estaba entre gente muy alta. Los soldados, los generales, todos eran altos y él era muy bajo.

Solía pararse sobre algo más alto.... Exactamente lo mismo ocurría con el primer primer ministro de la India, Jawaharlal Nehru. Él también medía 1,65 - ¡este 1,65 es algo! Y el último virrey de la India, Lord Mountbatten, era muy alto - Lady Mountbatten aún más alta. Ahora, cuando Lord Mountbatten le dio el juramento del primer primer ministro ... se puede ver en la foto, esas fotos están disponibles en todas partes:

Nehru está de pie en un escalón y Mountbatten está de pie en el suelo, sólo para parecer al menos igual, si no más alto que Mountbatten. Pero tampoco es más alto que Mountbatten, ni siquiera subido a un escalón... un profundo sentimiento de inferioridad.

Napoleón estaba continuamente acomplejado. Un día estaba arreglando un reloj y su mano no llegaba a él. El reloj estaba en lo alto de la pared. Su guardaespaldas -y los guardaespaldas suelen ser gente más alta, gente fuerte- su guardaespaldas le dijo: "Espera, yo soy más alto que tú, yo lo arreglaré".

Napoleón se enfadó mucho y dijo: "¡Estúpido! ¡Discúlpate! No eres más alto que yo, simplemente eres más alto. Cambia de palabra. ¿Más alto? ¿Qué quieres decir?" Se sintió muy ofendido. Y el pobre guardaespaldas no quería insultarle, ni siquiera sabía que decir "más alto" es ofensivo. Ahora bien, Napoleón lo tenía todo, pero la altura era el problema.

Es muy difícil tenerlo todo del mundo y ser el primero en todo. Es imposible. Entonces los celos persisten, continúan. Alguien tiene más dinero que tú, alguien tiene más salud que tú, alguien tiene más belleza que tú, alguien tiene más inteligencia que tú... y tú estás constantemente comparando. La mente deseosa continúa comparando.

Goldstein y Weinberg tenían negocios juntos y lo pasaban mal. Un día, Goldstein, mientras daba un paseo por el bosque, fue sorprendido de repente por un hada madrina de verdad que le dijo: "Te concederé tres deseos, pero recuerda, todo lo que desees, Weinberg lo conseguirá por partida doble".

De regreso, Goldstein reflexionó: "No me importaría tener una mansión espaciosa". Y antes de darse cuenta de lo que ocurría, allí estaba: su mansión. Pero al mismo tiempo vio a Weinberg al otro lado de la carretera contemplando orgulloso sus dos villas. Goldstein reprimió sus celos y entró a ver su nuevo hogar. Al entrar en el dormitorio, le asaltó un segundo deseo: "No me importaría tener una mujer como Sophia Loren".

Y, efectivamente, allí estaba: una pieza preciosa con el mismo aspecto que Sophia Loren. Pero cuando se asomó a la ventana del dormitorio, vio a Weinberg en su balcón con dos mujeres guapísimas.

"Bueno", suspiró al pensar en el hada madrina, "¡puedes cortarme una de las pelotas!".

Los celos son los celos.... Si no puedes tenerlo todo, al menos puedes impedir que otro lo tenga. Los celos se vuelven destructivos, los celos se convierten en violencia. Y los celos son la sombra del deseo. El deseo siempre compara y, debido a la comparación, hay sufrimiento. La gente malgasta su vida deseando, teniendo celos, comparando, y el tiempo precioso simplemente se pierde. Aunque Dios te conceda tres deseos, harás lo mismo que Goldstein, porque el judío existe en todos. Sólo un buda no es judío; de lo contrario, todo el mundo lo es.

La naturaleza del deseo es judía. Quiere más, está loco por más. Y los que viven en el deseo están destinados a ser víctimas de la muerte. Sólo la persona que comprende la estupidez de desear, de la codicia, de anhelar constantemente más, de los celos, de la comparación, la que se da cuenta de todas estas tonterías y las abandona, va más allá de la muerte. Se vuelve invisible. Buda utiliza una hermosa palabra. Dice: *y entonces, sin ser visto, escapa del rey de la muerte.*

La muerte sólo puede ver a una persona que vive vestida de deseo. La muerte sólo puede ver el deseo. Si se abandona el deseo, te vuelves invisible para la muerte; la muerte no puede tocarte, porque sin deseo eres simplemente pura consciencia y nada más. Ya no estás identificado con el cuerpo o la mente. Simplemente sabes una cosa, que eres un testigo. La muerte no puede verte, tú puedes ver a la muerte.

Ordinariamente, la muerte puede verte, tú no puedes ver a la muerte - porque el deseo es burdo, puede ser visto por la muerte. La conciencia es invisible, no es materia, es energía pura, es luz.

TÚ puedes ver a la muerte, pero la muerte no puede verte a ti. Y ver la muerte es de nuevo una gran experiencia, una experiencia hilarante. Uno empieza a reírse cuando ve la muerte - la muerte es tan impotente. Su poder no es suyo, su poder está en tu mente deseante. TÚ le das poder. Cuanto más deseas, más temes a la muerte. Cuanto más codicioso eres, más miedo tienes. Cuanto más tienes, naturalmente más ansioso estás - la muerte vendrá y todo te será arrebatado.

Rompe las flechas florales del deseo y luego, sin ser visto, escapa del rey de la muerte.

Y sigue viajando.

Recuerda esta frase: *y sigue viajando.*

Entonces comienza el verdadero viaje, el peregrinaje. Antes de eso sólo te movías en círculos - los mismos deseos: más dinero, más dinero, más poder, más poder... círculos viciosos, sin ir a ninguna parte. Una vez que has abandonado todos los deseos, tu conciencia se libera de la grosería del deseo. Ahora VIAJA - ahora puedes ir a la existencia infinita, puedes moverte a la eternidad de la existencia. Ahora, misterios y más misterios se abren ante ti. Ahora toda la existencia está disponible para ti, en su totalidad es tuya... ahora VIAJA.

La muerte alcanza al hombre que recoge flores cuando con la mente distraída y los sentidos sedientos busca en vano la felicidad en los placeres del mundo.

La muerte se lo lleva como una riada se lleva un pueblo dormido.

Si estás demasiado distraído por los deseos, los placeres, las gratificaciones, y si tus sentidos están demasiado sedientos de excitación, si estás buscando tontamente la felicidad en el mundo exterior, entonces llega la muerte y te arrastra como una riada que se lleva un pueblo dormido.

El hombre que busca la felicidad en el mundo exterior es un hombre profundamente dormido. No es consciente de lo que hace, porque nunca ha encontrado la felicidad en el exterior.

Y todo lo que parece felicidad resulta ser, en última instancia, fuente de infelicidad y nada más. El mundo exterior sólo promete, pero nunca cumple. Cuando estás lejos, las cosas parecen muy hermosas. Cuanto más te acercas, más desaparecen. Cuando las consigues después de un largo y arduo esfuerzo, te quedas perplejo. No puedes creer lo que ha ocurrido: ha sido un espejismo.

Las cosas son bellas sólo desde la distancia. Cuando las tienes, no tienen nada. El dinero sólo es importante para quien no lo tiene. Los que lo tienen conocen su inutilidad. La fama es significativa sólo para aquellos que no la tienen. Aquellos que la tienen... pregúntales: están cansados de ser famosos, están completamente cansados de ser famosos.

Quieren ser anónimos. Quieren ser nadie.

Voltaire ha escrito en sus memorias que, cuando no era famoso, su único deseo era serlo; estaba dispuesto a sacrificarlo todo por la fama. Y si sigues buscando una cosa determinada, estás destinado a conseguirla, recuérdalo. Un día se hizo famoso, y entonces escribió: "Estaba tan cansado de mi fama, porque desapareció toda intimidad en mi vida, desaparecieron todas las relaciones íntimas: era tan famoso que siempre estaba atestado de gente, en todas partes, dondequiera que fuera. Si salía a pasear por el jardín, me seguía una multitud. Era casi como un espectáculo, una especie de circo ambulante".

Su fama alcanzó tales cotas que llegó a poner en peligro su vida. Una vez, cuando volvía de la estación a su casa después de un viaje, llegó a casa casi desnudo, con arañazos por todo el cuerpo y sangre supurando por muchos sitios, porque en Francia en aquella época existía la superstición de que si conseguías un trozo de la ropa de un hombre famoso también podías llegar a ser famoso. Así que la gente le rasgaba la ropa y, al rasgársela, le arañaban el cuerpo.

Aquel día lloró y dijo: "Qué tonto fui al querer ser famoso.

Qué hermoso era cuando nadie me conocía y yo era un hombre libre. Ahora ya no soy un hombre libre".

Luego quiso ser un don nadie. Y también ocurrió que la fama desapareció. En esta vida nada es permanente: un día eres famoso, otro no eres nadie. El día que murió, sólo cuatro personas le siguieron a la tumba; y de esas cuatro una era su perro, así que en realidad sólo tres. La gente se había olvidado completamente de él, se habían olvidado de que estaba vivo. Sólo se enteraron cuando los periódicos publicaron que Voltaire había muerto. Entonces la gente se dio cuenta y empezó a preguntarse: "¿Seguía vivo?".

Si tienes fama, te cansas de ella. Si tienes dinero, no sabrás qué hacer con él. Si la gente te respeta, te conviertes en un esclavo, porque entonces tienes que seguir cumpliendo sus expectativas; de lo contrario, tu respetabilidad desaparecerá. Sólo cuando no eres famoso piensas que es algo importante. Cuando no te respetan, lo anhelas. Cuando te respetan, tienes que pagar por la respetabilidad.

Cuanto más te respetan, más te vigilan, tanto si cumples sus expectativas como si no. Toda tu libertad desaparece. Pero así es como vive la gente.

Buda dice que es como una aldea dormida: llega la inundación y se apodera de toda la aldea, llega la inundación de la muerte.

La muerte lo vence cuando con la mente distraída y los sentidos sedientos recoge flores.

Nunca se saciará de los placeres del mundo.

Y nadie puede estar contento en el mundo, eso es imposible. Puedes estar cada vez más descontento, eso es todo, porque la satisfacción sólo se produce cuando vas hacia dentro. La satisfacción es tu naturaleza más íntima. La satisfacción no pertenece a las cosas. Puedes estar a gusto con las cosas: una casa bonita, un jardín precioso, sin preocupaciones por el dinero... Sí, puedes estar a gusto, pero sigues siendo el mismo:

cómodamente descontento. De hecho, cuando tienes todas las comodidades y no tienes nada que hacer para ganar dinero, las veinticuatro horas del día eres consciente de tu descontento, porque no te queda otra ocupación.

Por eso los ricos están más descontentos que los pobres. No debería ser así - lógicamente no debería ser así - pero así es la vida. La vida no sigue la lógica de Aristóteles. Los ricos que vienen de Occidente se quedan muy perplejos cuando ven a los indios pobres con caras de satisfacción. No pueden creer lo que ven. Estas personas no tienen nada, ¿por qué parecen contentas? Y los llamados santos y mahatmas indios y los líderes políticos siguen presumiendo ante el mundo de que "Nuestro país es espiritual, ¡mira! la gente está tan contenta aunque sea pobre, porque son ricos interiormente".

Todo esto son tonterías. No son ricos interiormente. La satisfacción que se ve en las caras de los indios pobres no es de realización interior. Es simplemente porque están tan preocupados por el dinero, el pan y la mantequilla, que no pueden permitirse ningún tiempo para estar descontentos. No pueden permitirse el lujo de sentarse y rumiar sus miserias. Son tan miserables que no tienen tiempo para sentirse miserables. Son tan miserables y nunca han conocido ningún placer, por lo que no pueden tener ninguna comparación.

Cuando una sociedad se enriquece, tiene tiempo de pensar: "¿Y ahora qué?". Y parece que no queda nada. Cuando todas las cosas exteriores están disponibles, empiezas a pensar: "¿Qué hago yo aquí? Todas las cosas están ahí, pero yo estoy tan vacío como siempre". Uno empieza a volverse hacia dentro.

Los mendigos parecen contentos porque no tienen ningún gusto por la riqueza. Pero una persona rica se vuelve muy descontenta. A causa de su riqueza se da cuenta de la futilidad de todas las riquezas. *La muerte lo vence cuando con la mente distraída y los sentidos sedientos recoge flores. Nunca se saciará de los placeres del mundo.*

No puedes saciarte. Es imposible. No puedes estar satisfecho con las cosas; la mente seguirá pidiendo más. Cuanto más tengas, más problemas te crearás, porque puedes permitirte problemas, tienes tiempo. De hecho, tienes tanto tiempo libre que no sabes qué hacer con él. Empezarás a hacer el tonto.

Te crearás más miserias, más ansiedades. Y al no encontrar satisfacción fuera, puedes llegar a estar tan insatisfecho que puedes empezar a pensar en suicidarte.

Mucha más gente se suicida en los países ricos que en los pobres. O puede que te sientas tan insatisfecho que te vuelvas loco. Mucha más gente se vuelve loca en los países ricos que en los pobres.

Ser rico es en cierto modo muy peligroso: puede llevarte al suicidio, puede llevarte a algún tipo de locura - pero también es muy significativo porque puede llevarte hacia la religión, hacia tu interioridad, interioridad, puede convertirse en una revolución interior. Depende de ti, las alternativas están abiertas. Una persona rica tiene que volverse neurótica, suicida, o tiene que convertirse en meditador; no hay una tercera alternativa disponible para él.

El pobre hombre no puede ser suicida, no puede ser neurótico; ni siquiera tiene suficiente pan, ¿qué decir de la mente? Por la noche está tan cansado que no puede pensar, no tiene energía para pensar... se queda dormido. Por la mañana, de nuevo la vieja rutina de ganarse el pan. Cada día tiene que ganar algo para seguir vivo, para sobrevivir. No puede permitirse los lujos de la neurosis, no puede permitirse los lujos del psicoanálisis, ¡son lujos que sólo pueden permitirse los ricos! Y tampoco puede ser realmente un meditador. Irá al templo, pero pedirá algo mundano. Su esposa está enferma, sus hijos no son admitidos en la escuela, él está desempleado. Va al templo a pedir estas cosas. La calidad de la religión de los pobres es muy pobre.

Hay dos tipos de religiosidad en el mundo: la religiosidad de los pobres, que es muy mundana, muy materialista, y la religiosidad de los ricos, que es muy espiritual, muy no materialista. Cuando un rico reza, su oración no puede ser por dinero.

Si sigue rezando por dinero, es que aún no es lo suficientemente rico.

Había un santo sufí, Farid. Una vez los aldeanos le preguntaron: "Farid, el gran rey Akbar acude a ti tantas veces, ¿por qué no le pides que abra una escuela para los pobres de nuestro pueblo? No tenemos escuela".

Farid dijo: "Bien, ¿para qué voy a esperar a que venga? Yo iré".

Fue a Delhi, le recibieron; todo el mundo sabía que Akbar le respetaba enormemente. Akbar estaba rezando en su mezquita privada; a Farid se le permitió entrar. Entró y vio a Akbar rezando. Estaba de pie detrás de Akbar, podía oír lo que decía. Con las manos extendidas, Akbar estaba terminando su oración, su NAMAZ, y le decía a Dios: "¡Todopoderoso Compasivo, derrama más riquezas sobre mí! Dame un reino más grande!"

Farid se dio la vuelta inmediatamente. Era el final de la oración, así que Akbar se dio cuenta de que alguien había estado y se había marchado. Miró hacia atrás, vio a Farid bajando los escalones, corrió, tocó los pies de Farid y le preguntó: "¿Por qué has venido?". - porque por primera vez había venido-: "¿Y por qué te vas?".

Farid dijo: "Había venido con la idea de que eras rico, pero al escuchar tu oración me di cuenta de que sigues siendo pobre. Y si sigues pidiendo dinero, más poder, entonces no es bueno que yo pida dinero, porque había venido a pedir un poco de dinero para abrir una escuela en mi pueblo. No, no puedo pedírselo a un pobre. Tú mismo necesitas más. Recogeré algo en el pueblo y te lo daré. Y en cuanto a la escuela, si se lo pides a Dios, yo puedo pedírselo directamente a Dios, ¿por qué iba a utilizarte como mediador?".

La historia la cuenta el propio Akbar en su autobiografía. Dice: "Por primera vez fui consciente de que, sí, aún no soy lo bastante rico, aún no estoy insatisfecho con todo este dinero. No me ha dado nada y sigo pidiendo más, ¡casi de forma totalmente inconsciente! Ya es hora de que termine con él. La vida ha volado y yo sigo pidiendo basura. Y he acumulado mucho, pero no me ha dado nada".

Pero uno sigue preguntando casi mecánicamente. Recuerda, la religión que surge cuando has vivido en el mundo y conocido el mundo y su futilidad, tiene un sabor totalmente diferente a la religión que surge en ti porque tus necesidades físicas no están satisfechas.

La religión del pobre es pobre, la del rico es rica. Y a mí me gustaría que en el mundo hubiera una religión rica; por eso no estoy en contra de la tecnología, de la industrialización. No estoy en contra de crear una sociedad opulenta, estoy totalmente a favor, porque esta es mi observación:

que la religión alcanza su clímax sólo cuando la gente está completamente frustrada con las riquezas mundanas, y la única manera de hacer que estén completamente frustradas es dejar que las experimenten.

La abeja recoge el néctar de la flor sin estropear su belleza ni su perfume.

Así que deja que el maestro se asiente y vague.

Buda ha llamado a sus monjes "mendigos", **Madhukari.** Madhukari significa recolectar miel como una abeja. El BHIKKHU, el sannyasin budista, va de casa en casa; nunca pide en una sola casa porque eso puede ser demasiada carga. Así que pide en muchas casas, sólo un poco en una casa, un poco en otra, para no ser una carga para nadie. Y nunca vuelve a la misma casa. Esto se llama madhukari, como una abeja melífera. La abeja va de una flor a otra, y sigue moviéndose de flor en flor - no es posesiva.

La abeja recoge el néctar de la flor sin estropear su belleza ni su perfume. Toma tan poco de una flor que no estropea su belleza ni destruye su perfume. La flor nunca se da cuenta de la presencia de la abeja; llega tan silenciosamente y se va tan silenciosamente.

Buda dice: El hombre consciente vive en este mundo como una abeja. Nunca estropea la belleza de este mundo, nunca destruye el perfume de este mundo. Vive en silencio, se mueve en silencio. Sólo pide lo necesario. Su vida es simple, no es compleja. No recoge para mañana. La abeja nunca recoge para mañana, el hoy se basta a sí mismo.

...asentarse, y vagar. Una afirmación muy extraña: *...fijarse, y vagar.*

Establécete dentro, céntrate dentro, y fuera sé un errante: dentro completamente arraigado, y fuera no te quedes mucho tiempo en ningún lugar, no te quedes con una persona durante mucho tiempo, porque surgen los apegos, surge la posesividad. Así que sé como una abeja.

La otra noche estaba leyendo las memorias de un poeta. Dice: "He descubierto una cosa muy extraña: cuando me enamoro de una persona realmente bella, no puedo poseerla. Y si poseo, inmediatamente veo que estoy destruyendo la belleza de la persona. Si me apego, de alguna manera estoy hiriendo a la otra persona, su libertad".

Los poetas son personas sensibles; pueden darse cuenta de muchas cosas de las que la gente corriente nunca se da cuenta. Pero es una visión hermosa, de una profundidad profunda: si estás realmente enamorado de una persona hermosa no te gustaría poseer, porque poseer es destruir. Serás como una abeja; disfrutarás de su compañía, de su amistad, compartirás su amor, pero no poseerás. Poseer es reducir a la persona a una cosa. Es destruir su espíritu, es convertirla en una mercancía - y esto sólo puede hacerse si no amas. Esto sólo puede hacerse si tu amor no es más que odio disfrazado de amor.

Buda dice: Como una abeja, muévete en la vida -disfrutando, celebrando, bailando, cantando, pero como una abeja- de una flor a otra flor. Ten todas las experiencias, porque sólo a través de las experiencias te vuelves maduro. Pero no seas posesivo, no te quedes atascado en ningún sitio. Sigue fluyendo como un río, no te estanques. Establécete en tu interior, ciertamente, cristalízate en tu interior, pero por fuera sigue siendo un vagabundo.

Mira tus propios defectos, lo que has hecho o dejado de hacer. Pasa por alto los defectos de los demás.

El modo ordinario de los seres humanos es pasar por alto los propios defectos y resaltar, magnificar, los defectos de los demás. Este es el camino del ego. El ego se siente muy bien cuando ve: "Todo el mundo tiene tantos defectos y yo ninguno". Y el truco es: pasar por alto tus defectos, magnificar los defectos de los demás, para que ciertamente todo el mundo parezca un monstruo y tú parezcas un santo.

Buda dice: Invierte el proceso. Si realmente quieres transformarte, pasa por alto las faltas de los demás: no es asunto tuyo. No eres nadie, no se te pide que interfieras, no tienes derecho, así que ¿para qué molestarse? Pero no pases por alto tus propias faltas, porque hay que cambiarlas, superarlas.

Cuando Buda dice: *mira tus propios fallos, lo que has hecho o dejado de hacer*, no quiere decir que te arrepientas si has hecho algo mal; no quiere decir que presumas, que te des palmaditas en la espalda si has hecho algo bueno. No. Simplemente quiere decir que mires para que puedas recordar en el futuro que no debe repetirse el mal, para que puedas recordar en el futuro que el bien debe ampliarse, realzarse, y el mal debe reducirse - no para arrepentirse sino para recordar.

Esa es la diferencia entre la actitud cristiana y la actitud budista. El cristiano los recuerda para que se arrepientan; de ahí que el cristianismo cree una gran culpa. El budismo nunca crea ninguna culpa, no es para arrepentirse, es para recordar. El pasado es pasado; se ha ido y se ha ido para siempre - no hay necesidad de preocuparse por ello. Sólo recuerda no repetir los mismos errores otra vez. Sé más consciente.

Como una hermosa flor, brillante pero sin aroma, son las bellas pero vacías palabras del hombre que no quiere decir lo que dice.

Aquellos que repiten las escrituras mecánicamente, sus palabras son buenas pero vacías.

Son como flores, hermosas, brillantes, pero sin perfume. Son como flores de papel o flores de plástico - no pueden tener perfume, no pueden tener vitalidad. La vitalidad, el perfume, sólo son posibles cuando hablas por ti mismo, no con la autoridad de las escrituras; cuando hablas con tu propia autoridad, cuando hablas como testigo de la verdad, no como un erudito, no como un experto, sino cuando hablas como alguien que ha despertado.

Como una flor hermosa, brillante y fragante, son las palabras finas y veraces del hombre que siente lo que dice.

Recuerda no repetir las palabras de los demás. Experimenta, y sólo di lo que has experimentado, y tus palabras tendrán sustancia, peso; y tus palabras tendrán un resplandor, tus palabras tendrán perfume. Tus palabras atraerán a la gente; no sólo atraerán - influirán. Tus palabras estarán preñadas de gran significado, y aquellos que estén dispuestos a escucharlas serán transformados a través de ellas. Tus palabras respirarán, estarán vivas; habrá un latido en ellas.

Como guirnaldas tejidas de un montón de flores, forma de tu vida otras tantas buenas acciones.

Deja que tu vida se convierta en una guirnalda, una guirnalda de buenas acciones. Pero las buenas acciones, según Buda, sólo surgen si te vuelves más atento, más alerta, más consciente. Las buenas acciones no deben cultivarse como carácter; las buenas acciones tienen que ser subproductos de tu ser más consciente.

El budismo no hace hincapié en el carácter, sino en la conciencia: ésa es su mayor contribución a la humanidad y a su evolución.

Suficiente por hoy.

¡Que corra el rumor!

La primera pregunta:
Pregunta 1:

Amado maestro,

Todo parece muy paradójico: tener que ser total y, sin embargo, tener que seguir siendo testigo, observador; tener que estar ahogado en el amor y, sin embargo, estar solo. Suena muy misterioso, y me siento totalmente perdido y confuso. ¿me están timando?

Prem Urja, la vida es bella porque es paradójica. Tiene sal porque es paradójica: no es sólo dulce, también tiene sal. Si sólo fuera dulce, se volvería demasiado azucarada, sacarina.

La vida encierra un enorme misterio porque se basa en la paradoja. Te sientes confuso porque tienes una idea fija de cómo debería ser la vida, no permites que la vida sea como es. Quieres imponerle un cierto concepto, una cierta lógica.

La confusión es de tu propia creación.

Intenta imponer algún patrón lógico a la vida y te confundirás mucho, porque la vida no tiene ninguna obligación de cumplir tu lógica. La vida es como es. Tienes que escucharla.

Tiene todos los colores, todo el espectro, es un arco iris. Pero tú tienes la idea de que debería ser sólo azul o sólo verde o sólo rojo, pero son los siete colores. Entonces, ¿qué vas a hacer con los otros seis colores que no forman parte de tu concepción? Tienes que ignorarlos, bloquearlos, para no ser consciente de ellos; reprimirlos, simplemente negarlos.... Pero hagas lo que hagas, la vida no abandonará sus colores; seguirán ahí, negados, rechazados, reprimidos, esperando el momento adecuado para explotar en tu conciencia.

Y cada vez que exploten estarás confundido. La confusión es tu responsabilidad.

La vida no es confusa en absoluto. La vida es misteriosa, pero nunca confusa. Porque no quieres que sea misteriosa, quieres que sea matemática, quieres que sea muy clara para poder calcular y medir, de ahí la dificultad. La vida no lo ha creado. Abandona tus concepciones y luego mira.... Entonces descubrirás que la tormenta que llega trae consigo un silencio, ¡lo cual es ilógico! El silencio que se siente después de la tormenta es el más profundo. Si no hay tormenta, el silencio sigue siendo superficial, el silencio sigue siendo aburrido, no tiene profundidad. Después de la tormenta... cuanto mayor es la tormenta, más profundo es el silencio.

Ahora bien, es paradójico.

Es paradójico sólo porque se quiere imponer una cierta lógica. ¿La tormenta y la creación del silencio? No encaja con tu idea -eso es cierto-, entonces te confundes. Pero, ¿por qué debería encajar con tu idea? La vida hay que percibirla, no concebirla. Observa el caso, no tengas respuestas prefabricadas. No vayas por la vida con prejuicios, con una mente prejuiciosa, no tengas concepciones a priori. Ve inocente, desnudo, ve ignorante. Funciona desde el estado de no saber. Y entonces... entonces la vida no es confusa. Es una tremenda alegría, es éxtasis. Entonces lo que hoy aparece como confuso, te sentirás agradecido por ello, agradecido de que sea así, de que no sea lógico.

La vida habría sido completamente aburrida si Dios hubiera seguido a Aristóteles. Es un gran alivio que no sea aristotélico; es un gran alivio que Dios no sepa nada de Aristóteles, que no haya leído sus libros, que no crea en la lógica, que crea en la dialéctica.

De ahí estas paradojas.

Uno puede estar profundamente enamorado y, sin embargo, estar solo. De hecho, sólo se puede estar solo cuando se está profundamente enamorado. La profundidad del amor crea un océano a tu alrededor, un océano profundo, y te conviertes en una isla, completamente solo. Sí, el océano sigue lanzando sus olas a tu orilla, pero cuanto más choca el océano con sus olas en tu orilla, más integrado estás, más arraigado, más centrado estás.

El amor sólo tiene valor porque te da soledad. Te da espacio suficiente para estar solo.

Pero tienes una idea del amor; esa idea está creando problemas, no el amor en sí, sino la idea.

La idea es que, en el amor, los amantes desaparecen el uno en el otro, se disuelven el uno en el otro. Sí, hay momentos de disolución, pero esa es la belleza de la vida y de todo lo existencial:

que cuando los amantes se disuelven el uno en el otro, son los mismos momentos en que se vuelven muy conscientes, muy alerta. Esa disolución no es una especie de embriaguez, esa disolución no es inconsciente. Aporta una gran consciencia, libera una gran conciencia.

Por un lado, se disuelven; por otro, ven por primera vez la belleza absoluta de estar solos. El otro les define, su soledad; ellos definen al otro. Y se agradecen mutuamente. Gracias al otro han podido verse a sí mismos; el otro se ha convertido en un espejo en el que se reflejan.

Los amantes son espejos el uno del otro. El amor te hace consciente de tu rostro original.

Por lo tanto, parece muy contradictorio, paradójico, cuando se afirma de tal manera: "El amor trae soledad". Todo el tiempo has pensado que el amor trae unión. No digo que no traiga unión, pero a menos que estés solo no puedes estar junto. ¿Quién va a estar unido? Se necesitan dos personas para estar juntos, se necesitan dos personas independientes para estar juntos. La unión será rica, infinitamente rica, si ambas personas son totalmente independientes. Si dependen el uno del otro, no es una unión, es una esclavitud, una atadura.

Si dependen el uno del otro, se aferran, son posesivos, si no se permiten estar solos, si no se dejan espacio suficiente para crecer, son enemigos, no amantes; son destructivos el uno para el otro, no se ayudan a encontrar su alma, su ser. ¿Qué clase de amor es éste? Puede que sólo sea miedo a estar solo; de ahí que se aferren el uno al otro. Pero el amor verdadero no conoce el miedo. El amor verdadero es capaz de estar solo, completamente solo, y de esa soledad surge la unión.

Kahlil Gibran dice: Dos amantes son como dos pilares de un templo - sostienen el mismo techo, pero se mantienen separados; juntos en lo que respecta a sostener el mismo techo, pero completamente separados en lo que respecta a su propio ser. Sed pilares de un templo, sosteniendo el mismo templo de amor, el mismo tejado de amor, pero enraizados en vuestro propio ser, sin distraeros de él. Y entonces conoceréis tanto la belleza, la pureza, la limpieza, la salud, la plenitud de la soledad, como también conoceréis la alegría, la danza, la música de estar juntos.

Hay una belleza tremenda cuando alguien toca un instrumento en solitario: un flautista solista. Y también hay belleza en una orquesta. Y el amor conoce ambas cosas a la vez: sabe tocar la flauta en solitario y también sabe estar en ritmo, en armonía con los demás.

No hay contradicción en la realidad, la contradicción sólo aparece porque tienes una idea determinada. Abandona la idea y entonces ¿dónde está la confusión? La confusión sólo surge de las conclusiones. Si ya tienes una conclusión y luego la vida aparece como otra cosa, estás confundido. En lugar de intentar arreglar la vida, abandona tus conclusiones.

¡Nunca funciones sin conclusiones! - eso es lo que sigo repitiéndote cada día:

no funcionan desde el estado del conocimiento. El conocimiento significa conclusiones, y todas las conclusiones son prestadas. La vida es tan vasta que no puede condensarse en una conclusión.

Todas las conclusiones son parciales. Y siempre que la parte pretende ser el todo, crea una especie de fanatismo, de ortodoxia; crea una mente embotada y estúpida.

Urja, dices: "Tener que ser total y a la vez tener que seguir siendo testigo, vigilante... parece muy paradójico".

Sólo parece, la paradoja es sólo aparente; por lo demás, ser total es ser observador.

Siempre que estás totalmente metido en algo, se libera en ti una gran conciencia: te conviertes en testigo. ¡De repente! No es que practiques ser testigo. Si estás totalmente en ello... un día, baila totalmente y verás lo que digo.

No son conclusiones lógicas las que te doy: son indicaciones existenciales, pistas. Baila totalmente - y entonces te sorprenderás. Sentirás algo nuevo. Cuando la danza se vuelva total, y el bailarín se disuelva casi por completo en la danza, surgirá en ti un nuevo tipo de conciencia. Estarás totalmente perdido en la danza: el bailarín se ha ido, sólo queda la danza. Sin embargo, no estás inconsciente, en absoluto, sino todo lo contrario. Eres muy consciente, más consciente que nunca.

Pero si empiezas a pensar en ello, entonces vendrá la paradoja. Entonces no serás capaz de manejarlo y te sentirás muy confuso.

Experiméntalo. Todo lo que se dice aquí es para ayudarte a experimentar. No te estoy entregando ningún conocimiento, ninguna información - sólo algunas pistas para saborear las cualidades multidimensionales de la vida.

Dices: "Parece paradójico... tener que estar ahogado en amor y a la vez estar solo". No lo es, sólo lo parece. Pero pareces estar demasiado apegado a tus conclusiones; de ahí surge la idea: "¿Me están estafando?"

En cierto modo, sí, te están estafando con todos tus prejuicios, con todas tus conclusiones, con todos tus conocimientos. Intento llevarte de nuevo al mundo de la inocencia. Intento que vuelvas a nacer, para que vuelvas a ser un niño, lleno de asombro y maravilla.

El niño nunca ve ninguna paradoja en ninguna parte, y ésa es la belleza del niño. El niño puede estar tremendamente enamorado de ti y decir: "No puedo vivir sin ti ni un solo instante", y al momento siguiente se enfada y dice: "No volveré a ver tu cara". Ambas afirmaciones son totales, y al cabo de unos instantes vuelve a sentarse en tu regazo con gran alegría, y eso también es total.

El niño es total en cada momento, y el niño nunca ve ninguna contradicción. Cuando está enfadado, es realmente enfadado; y cuando está amando, es realmente amor. Pasa de un momento a otro sin crearse ninguna confusión. Nunca se confunde. Nunca trae esta paradoja, porque todavía no ha llegado a conclusiones.

No sabe cómo hay que ser. Simplemente se permite ser lo que sea: fluye con la vida.

Urja, te has estancado en alguna parte. Tienes demasiado conocimiento, y eso está funcionando como una barrera. No te permitirá fluir conmigo, y no te permitirá fluir con mi gente. No te permitirá fluir con la vida, no te permitirá fluir con Dios.

Dios es día y noche, verano e invierno, nacimiento y muerte... y tienes que ser capaz de absorber todas estas llamadas paradojas. Si puedes absorber todas estas llamadas paradojas, sin confundirte, la iluminación no está lejos.

La iluminación es el estado en el que han desaparecido todas las paradojas. Uno simplemente toma nota de la vida tal como es. Uno no tiene conclusiones con las que comparar, ni ideas con las que juzgar. Entonces, ¿cómo puedes estar confundido? No puedes confundirme, es imposible, porque no tengo conclusiones. Sin conclusiones, sin conocimiento, simplemente saborea la vida tal como es. Es un misterio, no una paradoja.

La segunda pregunta:

Pregunta 2:

Amado maestro,

No me creo nada de este misterio. Nada de eso existe! Mi suposicion es que usted esta anunciando su nueva comuna porque la oficina de prensa es demasiado perezosa, y no tan inteligente como usted puede ser.

Sarjano, no es cuestión de creer o no creer - es así. La cuestión de creer surge sólo porque no eres consciente de ello. Creer es importante, y no creer también, cuando no eres consciente de la realidad. Entonces o crees o no crees.

No digo creer en el misterio del que hablo. Tampoco digo que no creas: ¡Venid conmigo! Así es. Deja que te despierte... es así.

Dices: "No creo ni una palabra sobre este misterio". Está muy bien. Por favor, no creas ni una palabra, porque si empiezas a creer no podrás experimentar. No me interesan los creyentes, me interesan los indagadores. Pero por favor, tampoco empieces a adivinar, porque una suposición es una suposición. Una suposición no va a ayudar. Si sigues adivinando durante mucho tiempo y repitiendo la misma suposición una y otra vez, se convertirá en una creencia. Entonces creas tu propia creencia, y eso se convertirá en una barrera.

Y las creencias son barreras tan sutiles, y las incredulidades también. Recuerda, siempre que digo creencia incluyo la incredulidad, porque es la otra cara de la moneda. Creencia e incredulidad, ambas son barreras. Una vez que has creado un sistema de creencias a tu alrededor - ya sea prestado de otros o adivinado por ti mismo; ya sea prestado de la Biblia, **Mein Kampf, Das Kapital, Bhagavadgita,** o adivinado por ti mismo, hecho en casa, no importa - una creencia se convierte en una barrera, una barrera invisible. Y una vez que se asienta, no te permitirá ver nada más que vaya en contra de ella.

El otro día leía sobre un experimento. Sarjano, medita sobre ello.

Cierto naturalista hizo el siguiente experimento: dividió un tarro de cristal en dos mitades mediante un tabique de cristal perfectamente transparente. En un lado del tabique colocó un lucio; en el otro, una serie de peces pequeños que constituyen la presa del lucio.

El lucio no se dio cuenta del tabique, y se lanzó sobre su presa con, por supuesto, el resultado de sólo una nariz magullada. Lo mismo ocurrió muchas veces, y siempre con el mismo resultado. Por fin, al ver que todos sus esfuerzos terminaban tan penosamente, el lucio abandonó la caza; de modo que a los pocos días, cuando se hubo quitado el tabique, siguió nadando entre los alevines sin atreverse a atacarlos..... ¿No ocurre lo mismo con nosotros?

Ahora la partición ya no está ahí -se ha eliminado-, pero en la mente del lucio ha surgido un sistema de creencias. Ahora cree que existe un tabique transparente. Ahora la creencia es suficiente; él nunca va más allá de esa partición que ya no está allí. Ahora puede ir. Ahora no hay nada que se lo impida excepto su creencia... ha creado una creencia. Y, por supuesto, de su experiencia, Sarjano - ni siquiera conjeturas - fue su experiencia, una experiencia repetida. Lo intentó una y otra y otra vez, y cada vez una nariz magullada y dolor - por supuesto, una creencia ha surgido.

Hay que perdonarle: un pobre lucio ha llegado a la conclusión de que es inútil: "Hay una barrera, transparente, así que no puedo ir..." y no vuelve a intentarlo. No volverá a intentarlo en toda su vida. Ahora puede ir y comerse los peces, están disponibles, pero irá sólo hasta cierta línea, y de esa línea volverá.

Esta es también la situación de los seres humanos. Un hindú tiene una barrera a su alrededor, un mahometano otra, un jaina aún otra - todas las personas viven ocultas tras barreras transparentes, y debido a esas barreras no pueden ver más allá.

La vida es un misterio, Sarjano. Y mi comuna va a ser sólo un experimento de vida total, un experimento de entrar en la vida más allá de todas las barreras - barreras de creencias, barreras de ideologías, barreras del catolicismo y del comunismo... ir más allá de las palabras.

El hombre no es lo que parece: es mucho más. Tampoco las flores son sólo lo que parecen ser: depende de ti. Cuando un científico se acerca a una flor, sólo ve una parte de ella, la parte científica; tiene una barrera, una barrera transparente. Nunca va más allá. Verá la parte científica, la parte material de la flor. La rosa ya no es bella, porque la belleza no es su concepto. Pesará, medirá; mirará los componentes de la flor, cuánto color, cuánta agua, cuánta tierra, etc., pero nunca pensará en la belleza.

Cuando el poeta va, nunca se preocupa por el peso, la medida, la tierra, el agua y otros elementos que constituyen la rosa. Para él, la rosa está constituida de pura belleza; es algo del más allá que ha descendido a la tierra. Tiene otro tipo de visión, mucho más grande que la del científico, mucho más significativa que la del científico.

Pero cuando un místico se acerca a la misma flor, baila - baila con tremenda alegría, porque una rosa no es otra cosa que Dios. Una rosa contiene todo el universo para él - todas las estrellas y todos los soles y todas las lunas, todos los mundos posibles y los mundos imposibles están contenidos en la pequeña flor de rosa. Es equivalente a Dios, ni más ni menos, exactamente equivalente a Dios. Puede rezar, puede inclinarse.

El científico se reirá, el poeta se sentirá un poco desconcertado.... El científico se reirá de la estupidez del místico: "¿Qué está haciendo? - ¿Rezar a una rosa, rezar a un árbol, rezar a un río o rezar a una montaña? Todo son tonterías, supersticiones". Lo rechaza.

Simplemente niega el mundo de lo místico.

El poeta se sentirá un poco desconcertado. Disfrutar de la belleza de la rosa es comprensible, pero rezarle a la rosa, inclinarse ante ella, gritarle "¡Aleluya! Eso no lo entiende. Eso está más allá de su perspectiva. Se sentirá desconcertado. Pensará que este místico está un poco loco.

El científico lo considerará supersticioso, ignorante. El poeta pensará que es un poco excéntrico, un poco loco, porque va más allá de su barrera, el místico va más allá de la barrera del poeta. El místico va más allá de todas las barreras, por eso se le llama místico, porque vive en lo misterioso.

Sarjano, lo que digo sobre la nueva comuna es absolutamente cierto.

Y no digo mucho al respecto, porque es peligroso decir mucho al respecto. No quiero atraer a la gente equivocada. Así que sólo unas pocas pistas para aquellos que sean capaces de entenderlas. Hablo en un código especial que sólo pueden entender los que buscan lo misterioso y lo milagroso. Otros serán excluidos - no por mí, por sus propios prejuicios, por su propia barrera transparente.

Puedes verlo aquí. Viene gente de todo el mundo, ¿quién está excluyendo a los poonitas? Son bienvenidos, pero no vendrán por su cuenta, sus barreras transparentes son suficientes. Y es bueno que no vengan, porque sólo serán una molestia aquí. Sólo vendrán algunas personas de entre ellos que sean capaces de comprender el más allá, lo incomprensible, que sean capaces de comprender algo de lo incomprensible.

Pero tanto si crees en ello como si no, escucha esta anécdota:

Dos homosexuales están hablando. Primer homosexual: "¿Has oído hablar del último descubrimiento científico? Las relaciones sexuales normales provocan cáncer".

Segundo homosexual: "¿Es así?"

Primer homosexual: "¡No, claro que no! Pero difunde el rumor".

Sarjano, creas o no en él, por favor, difunde el rumor. El rumor tiene que llegar hasta el último rincón de la tierra. ¡Que sea un rumor! No te preocupes. De mí depende que sea verdad o no. Si encuentro a las personas adecuadas -y las estoy encontrando-, se materializará.

Este misterio del que estoy hablando se va a materializar. Pero se materializará sólo para aquellos que estén dispuestos a arriesgar todos sus prejuicios, que estén dispuestos a sacrificar todas sus conclusiones. Sarjano es una de esas personas. Confío en él. No se ha hecho esta pregunta para sí mismo, sino para los demás, porque sé que está perfectamente loco. No es sólo un poeta, sino que está a punto de convertirse en un místico. Ha hecho esta pregunta para otros, no es la pregunta de su propio corazón. Su corazón está totalmente de acuerdo conmigo.

No podéis ocultarme vuestros corazones. En cuanto os acercáis a mí, lo único que me interesa es vuestro corazón. Hablo con tu cabeza y sigo mirando en tu corazón. Incluso en el primer encuentro conmigo, sé lo que es posible contigo y lo que es imposible contigo.

Sarjano me ha encantado desde el primer momento. En su cabeza puede tener muchas teorías y mucho conocimiento e información - eso no me preocupa en absoluto. Lo que me preocupa es que tiene un corazón hermoso, un corazón que puede transformarse en el corazón de un místico.

La tercera pregunta:

Pregunta 3:

Amado maestro,

Entiendo que todo lo que hago surge del deseo de comunicarme. Incluso el pensamiento más sutil es una conversación, un intento de que los demás experimenten y verifiquen mi existencia.

Al darme cuenta de que soy el único que puede experimentar mis experiencias y darles validez, todo este hacer innecesario debería desaparecer. Es tan simple y obvio. ¿por qué no llega esta comprensión hasta lo más profundo de mi ser?

Prem Steven, todavía no es una realización - todavía es información, todavía es conjetura, todavía es pensamiento; en la pista correcta, ciertamente, en la dirección correcta, verdad, pero no es una realización todavía. Realización" es una gran palabra. Uno debe usar esa palabra con mucha cautela.

Puedes tener grandes pensamientos, pero no se convierten en tu realización por pensar. Puedes pensar en Dios y puedes llegar a la conclusión de que Dios existe, y puedes sentir que ahora no hay duda en tu mente acerca de la existencia de Dios - aún así no es una realización.

Realización significa precisamente realización: debe convertirse en una realidad para ti, ¡no sólo en una idea! Aunque sea una buena idea, no deja de ser una idea. La idea no puede transformarte, y la idea no puede llegar al núcleo mismo de tu ser. Se queda en la circunferencia.

Todas las ideas son periféricas, igual que todas las olas permanecen en la superficie. La ola no puede adentrarse en el océano; no tiene forma de hacerlo. En lo más profundo no hay olas.

En la superficie puede haber tormenta, pero en lo más profundo del océano reina la calma y la tranquilidad, y siempre será así. Sólo la superficie puede alterarse.

Todo pensamiento es una perturbación en la circunferencia de tu ser. Las malas ideas, las buenas ideas, todas son periféricas. La gente tiene la creencia de que las malas ideas son periféricas y las buenas ideas son centrales - eso no es así. Buenas o malas, no hay diferencia. Una idea es una idea, y la idea sigue siendo periférica.

Sólo el testimonio puede estar en el centro.

Así que lo primero es darte cuenta de que aún no te has dado cuenta. Una vez que algo se realiza, está destinado a transformarte - instantáneamente te transforma. Entonces no puede surgir la pregunta: "Es tan simple y obvio. ¿Por qué esta realización no llega a mi núcleo más íntimo?". Este "¿por qué?" no es posible entonces. Si te das cuenta de algo, tu carácter cambia inmediatamente. Tu carácter es una sombra de tu conciencia. Una vez que la conciencia es nueva, todo el carácter se vuelve nuevo.

Si preguntas por qué, si preguntas cómo cambiar, entonces la realización es sólo una idea - y no confíes en las ideas. Te engañan, son grandes engañadores, son monedas falsas. Puedes seguir acumulándolas creyendo que te enriqueces, pero un día te harán añicos. El arrepentimiento será grande y la miseria será grande, porque todo ese tiempo que estuviste acumulando esas monedas falsas es simplemente un desperdicio. Y no se puede recuperar: se ha ido para siempre.

Lo segundo... dices, Steven: "Mi comprensión sobre mí mismo es que todo lo que hago surge del deseo de comunicarme. Incluso el pensamiento más sutil es una conversación, un intento de que otros experimenten y verifiquen mi existencia."

¿Por qué? ¿Por qué quieres que otros verifiquen tu existencia, que den validez a tu existencia? Porque desconfías de ello, dudas de tu existencia.

Realmente no sabes que lo eres; sólo sabes que lo eres cuando los demás dicen que lo eres.

Dependes de las opiniones de los demás.

Si te dicen que eres guapa, piensas que eres guapa. Si dicen que eres inteligente, piensas que eres inteligente. Por lo tanto, quieres impresionar a la gente, con tu inteligencia, con tu belleza, con todo tipo de cosas, porque si puedes ver algo en sus ojos, eso se convierte en una validez para ti.

Por eso es tan enfurecedor cuando alguien te insulta, tan perjudicial para la imagen cuando alguien te llama idiota; si no, ¿por qué deberías molestarte? No es asunto tuyo. Si te llama idiota, es SU problema. Por el mero hecho de que te llame idiota, no te conviertes en idiota. Pero te conviertes, porque dependes de las opiniones de los demás.

Así es como vivimos en la sociedad. Intentamos continuamente impresionarnos unos a otros.

Por eso vivimos como esclavos, porque si quieres impresionar a los demás tienes que seguir sus ideas; sólo así quedan impresionados. Tienes que ser bueno como ellos quieren que seas bueno. Si son vegetarianos, tienes que ser vegetariano, entonces estarán impresionados, dirán que eres un santo. Si llevan un cierto estilo de vida, tienes que llevarlo; sólo entonces te reconocerán.

Sólo puedes ganar respetabilidad si sigues las ideas de la gente. Se trata de un entendimiento mutuo en el que tú apoyas sus ideas para que ellos se sientan bien porque sus ideas son correctas; por lo tanto, tienen razón. Y entonces te apoyan y te respetan porque sigues las ideas correctas, eres una persona correcta. Te aprecian, te colman de honores, te llaman santo, sabio... es muy gratificante para ti. Es gratificante para ellos porque tú respetas su ideología y ellos respetan tu personalidad. Es un acuerdo mutuo. Y ambos están en la ilusión. Tú apoyas su ilusión y ellos apoyan la tuya. Son socios en el mismo negocio de la alucinación.

¿Por qué querría uno ser verificado, validado por otros? Si lo sabes por ti mismo, si has experimentado tu ser y su belleza y su alegría y su grandeza y su gloria, ¿a quién le importa lo que digan los demás?

Buda pasaba por una aldea, y la gente de esa aldea estaba muy en contra de Buda. ¿Por qué estaban en contra de Buda? - Porque Buda había nacido en esa aldea, había vivido en ella durante muchos años, y los aldeanos no podían creer que un hombre que había nacido entre ellos se hubiera iluminado. Era una ofensa para sus egos.

Por eso dice Jesús: Un profeta no es respetado, no es amado, por su propio pueblo. Jesús mismo fue expulsado de su lugar de nacimiento. Fue solo una vez - después de que se iluminó, fue solo una vez. Y la gente se enfureció tanto por su afirmación: "Me he iluminado, soy el Hijo de

Dios", que lo llevaron a las colinas para arrojarlo desde las montañas. Querían matarle. Tuvo que escapar de alguna manera de sus garras, de sus manos. Y nunca volvió allí.

Buda pasaba por la aldea en la que nació, justo en algún lugar de la frontera entre India y Nepal, y la gente se reunió y empezó a insultarle, a vejarle, a insultarle. Él escuchó en silencio durante media hora, y luego dijo: "Empieza a hacer calor y tengo que llegar a la otra aldea, y la gente me estará esperando.

Esta vez no puedo darte más tiempo. Si tiene algo más que decirme, espere. Cuando vuelva, tendré un poco más de tiempo. Podéis reuniros y comunicarme lo que queráis. Pero esta vez, disculpadme. Tengo que irme".

Tan tranquilo, tan calmado, y realmente le estaban insultando. No daban crédito a lo que veían. Le decían: "No te estamos diciendo algo, te estamos insultando, ¡te estamos maltratando! ¿No entiendes lo que decimos?".

Buda dijo: "Puedo oír, puedo entender todo lo que dices, ¡pero ése no es mi problema! Si estás enfadado, ése es tu problema. No es asunto mío inmiscuirme en tu vida. Si quieres enfadarte, si lo estás disfrutando, ¡disfrútalo! Pero no te voy a aguantar ninguna tontería.

"De hecho, has llegado un poco tarde. Si realmente querías molestarme, deberías haber venido hace diez años. Entonces sí que me habría enfadado contigo. Habría reaccionado, ¡te habría pegado! Pero ahora me he dado cuenta de que mi ser no depende de las opiniones de los demás. Lo que piensas de mí sólo muestra algo sobre ti, ¡no sobre mí! Me conozco a mí mismo; por eso no dependo de las opiniones de nadie sobre mí. La gente que es ignorante de sí misma, tiene que depender de los demás".

Steven, toda esta mente de comunicarse con la gente en un intento de ser verificado por ellos simplemente muestra una profunda oscuridad interior; de lo contrario, no hay necesidad. Y no estoy diciendo que cuando un hombre se llena de luz deja de comunicarse - no. Sólo él puede comunicarse, porque tiene algo que comunicar. ¿Qué tienes tú que comunicar? ¿Qué puedes compartir con la gente? Eres un mendigo, estás mendigando. Cuando quieres ser verificado, validado, certificado, estás mendigando. Les estás diciendo: "Por favor, dime algo bueno, algo agradable, para que pueda sentirme bien conmigo mismo. Me siento muy deprimido, me siento muy inútil, ¡dame algo de valor!

Hazme sentir importante". Estás suplicando, no es comunicación.

La comunicación sólo es posible cuando ha estallado una canción en tu ser, cuando ha surgido una alegría, cuando se ha experimentado una dicha... entonces puedes compartir. Entonces, no sólo la comunicación, no sólo la comunicación verbal, sino a un nivel mucho más profundo, la comunión también comienza a suceder. Entonces no eres un mendigo, eres un emperador.

Sólo los budas pueden estar en comunión y comunicarse. Los demás no tienen nada que decir, nada que dar. De hecho, lo que estás haciendo mientras hablas con la gente... y la gente está continuamente hablando, parloteando, si no realmente, sí en sus mentes -igual que dices que en lo profundo de tu mente también estás siempre hablando con alguien, alguna persona imaginaria.... Estás diciendo algo desde tu lado, y también estás respondiendo desde el otro lado; un continuo parloteo, un diálogo dentro de ti.

Este es un estado de UNsanity. No lo llamaré estado de locura, sino de insania. Toda la humanidad existe en el estado de insania. La persona demente ha ido más allá de los límites normales. El demente también está loco, pero dentro de unos límites. Permanece loco por dentro, pero por fuera se comporta de forma sana. Así que para él tengo la palabra "insano".

La cordura sólo se produce cuando te vuelves tan totalmente silencioso que todo el parloteo interior desaparece. Cuando la mente desaparece, estás cuerdo. La mente o bien está loca, es decir, normalmente loca, o bien está loca, es decir, anormalmente loca. No-mente es cordura. Y en la no-mente comprendes, te das cuenta, no sólo de tu propio ser, sino del ser -el ser mismo- de la existencia. Entonces tienes algo que compartir, comunicar, estar en comunión, bailar y celebrar.

Antes de eso, es un esfuerzo desesperado por recoger de algún modo una imagen de ti mismo a partir de la de los demás.

opiniones. Y tu imagen seguirá siendo un caos porque estarás recogiendo opiniones de tantas fuentes... que seguirán siendo contradictorias.

Una persona piensa que eres feo, te odia, no te gusta; otra persona piensa que eres tan hermoso, tan agraciado, que no hay nadie que pueda compararse contigo - eres incomparable. ¿Qué vas a hacer con estas dos opiniones? No sabes quién eres; ahora tienes estas dos opiniones, ¿cómo puedes juzgar cuál es la correcta?

Te gustaría que fuera correcta la opinión que dice que eres guapa; no te gusta la opinión que dice que eres fea. Pero no se trata de que te guste o no. No puedes hacer oídos sordos a la otra opinión, que también está ahí. Puedes reprimirla en el inconsciente, pero seguirá ahí.

Vas a recoger opiniones de tus padres, de tu familia, de tu barrio, de la gente con la que trabajas, de los profesores, de los curas... miles de opiniones clamando en tu interior. Y así es como vas a crear una imagen de ti mismo. Será un desastre. No tendrá ningún rostro, ninguna forma, será un caos. Así es todo el mundo, un caos. No hay orden posible, porque falta el centro mismo que puede crear el orden.

A ese centro lo llamo conciencia, meditación - ***Aes Dhammo Sanantano.*** Esta es la ley inagotable, la ley última, que sólo aquellos que se vuelven conscientes saben quiénes son. Y cuando lo saben, entonces nadie puede sacudir su saber. Nadie puede. El mundo entero puede decir una cosa, pero si sabes, si te has realizado, no importa.

El mundo entero decía que Jesús estaba loco. El día que fue crucificado, no había ni una sola persona... miles se habían reunido - ni una sola persona que estuviera a favor de él. Todos pensaban que estaba loco.

Era costumbre en aquella época que en determinados días festivos se perdonara a un criminal. Aquel día era festivo y crucificaban a tres personas: dos ladrones y Jesús. Poncio Pilato preguntó al pueblo: "Podemos perdonar a uno de los tres.

¿A cuál queréis que os perdone?". Él pensaba que pedirían perdón a Jesús, pero no pidieron a Jesús. Pidieron que perdonaran a un ladrón - no a Jesús, sino a un ladrón, un ladrón muy conocido - toda la ciudad lo conocía. Pero no podían perdonar al inocente Jesús. ¿Por qué?

Pero Jesús no tiembla. El mundo entero puede estar contra él; él sabe que Dios está con él. Muere con una mente tranquila y sosegada, sin distracciones, con una oración en los labios, una oración que es única. Las últimas palabras de Jesús son: "Padre, perdónalos, porque no saben lo que hacen. Amén...." Perdónalos, porque no saben lo que hacen. Le están crucificando, pero su corazón está lleno de compasión por toda esa gente.

Cuando lo sabes, lo sabes absolutamente. Cuando te das cuenta, es tan definitivo que incluso si todo el mundo está en contra, no hay ninguna diferencia. No necesitas ninguna validez de nadie más.

La última pregunta:

Pregunta 4:

Amado maestro,

¿por qué siempre tengo la sensación de que el sexo y el dinero están profundamente relacionados?

Nirmal, están conectados. El dinero es poder, por lo que puede utilizarse de muchas maneras. Puede comprar sexo, y así ha sido a lo largo de los siglos. Los reyes han tenido miles de esposas. Sólo en este siglo, el siglo XX, hace sólo treinta años, hace cuarenta años, ¡el nizam de Hyderabad tenía quinientas esposas!

Se dice que Krishna tuvo dieciséis mil esposas. Yo solía pensar que eso era demasiado, pero cuando supe que el nizam de Hyderabad tenía quinientas esposas hace sólo cuarenta años, ya no me pareció tanto: ¡sólo treinta y dos veces más! Parece humanamente posible. Si puedes con quinientas, ¿por qué no con dieciséis mil?

Todos los reyes del mundo hacían eso. Las mujeres eran utilizadas como ganado. En los palacios de los grandes reyes se numeraba a las mujeres. Era difícil recordar los nombres, así que el rey podía decir a sus sirvientes: "Traed el número cuatrocientos uno", porque ¿cómo recordar quinientos nombres? Números... igual que los soldados están numerados; no tienen nombres sino sólo números. Y eso hace mucha diferencia.

Los números son absolutamente matemáticos. Los números no respiran, no tienen corazón. Los números no tienen alma. Cuando muere un soldado en la guerra, en el tablón de anuncios simplemente se lee: "Murió el número 15". Ahora bien, "Murió el número 15" es una cosa; si se dice exactamente el nombre de la persona, es totalmente diferente. Entonces era marido y la mujer ahora será viuda; era padre y los hijos ahora serán huérfanos; era el único sustento de sus ancianos padres, ahora no habrá sustento. Una familia está abandonada, la luz de una familia ha desaparecido. Pero cuando el número quince muere, el número quince no tiene esposa, recuerda; el número quince no tiene hijos, el número quince no tiene padres ancianos. El número quince es sólo el número quince. Y el número quince es reemplazable - otra persona vendrá y se convertirá en el número quince. Pero ningún ser humano es reemplazable. Es un truco, un truco psicológico, dar números a los soldados. Ayuda... nadie se da cuenta de que los números desaparecen; siguen apareciendo nuevos números que sustituyen a los antiguos.

Las esposas estaban contadas, y dependía de cuánto dinero tuvieras. De hecho, antiguamente, esa era la única forma de saber lo rico que era un hombre; era una especie de medida. ¿Cuántas esposas tiene?

Ahora bien, los hindúes, en particular los *Arya Samajis*, critican mucho a Hazrat Mahoma por tener nueve esposas, y no piensan en Krishna, que tenía dieciséis mil esposas.

Y no es una excepción, es la regla. En este país, como en otros, a lo largo de los tiempos, se ha explotado a la mujer, ¡y la forma de explotar es el dinero! El mundo entero ha sufrido con la prostitución, degrada al ser humano. ¿Y qué es una prostituta? Se la ha reducido a un mecanismo, y se la puede comprar con dinero.

Pero recuerden perfectamente que sus esposas tampoco son muy diferentes. Una prostituta es como un taxi, y tu mujer es como tu propio coche, es un acuerdo permanente. Los pobres no pueden hacer arreglos permanentes, tienen que usar taxis. Los ricos pueden hacer arreglos permanentes: pueden tener sus propios coches. Y cuanto más ricos son, más coches pueden tener.

Conozco a una persona que tenía trescientos sesenta y cinco coches: un coche para cada día.

Y tenía un coche hecho en oro macizo....

El dinero es poder, y el poder puede comprar cualquier cosa. Así pues, Nirmal, no te equivocas al afirmar que existe cierta relación entre el sexo y el dinero.

Hay que entender una cosa más. La persona que reprime el sexo se vuelve más dependiente del dinero, porque el dinero se convierte en un sustituto del sexo. El dinero se convierte en su amor.

Mira al avaricioso, al maníaco del dinero: la forma en que toca los billetes de cien rupias - los toca como si acariciara a su amada; la forma en que mira el oro, mira sus ojos - tan romántico. Incluso los grandes poetas se sentirán inferiores. El dinero se ha convertido en su amor, en su diosa. En la India, la gente incluso adora el dinero. Hay un día en particular para venerar el dinero - dinero real - billetes y monedas, rupias, que adoran. ¡Gente inteligente haciendo cosas tan estúpidas!

El sexo puede desviarse de muchas maneras. Puede convertirse en ira si se reprime. De ahí que haya que privar al soldado del sexo, para que la energía sexual se convierta en su ira, su irritación, su destructividad y así pueda ser más violento de lo que nunca fue. El sexo puede desviarse hacia la ambición. Reprimir el sexo: una vez reprimido el sexo, tienes energía disponible, puedes canalizarla en cualquier dirección. Puede convertirse en una búsqueda de poder político, puede convertirse en una búsqueda de más dinero, puede convertirse en una búsqueda de fama, nombre, respetabilidad, ascetismo, etcétera.

El hombre sólo tiene una energía: esa energía es el sexo. No hay muchas energías dentro de ti.

Y sólo una energía ha sido utilizada para todo tipo de accionamientos. Es una energía tremendamente potencial.

La gente va detrás del dinero con la esperanza de que, cuando tengan más dinero, podrán tener más sexo. Pueden tener mujeres u hombres mucho más guapos, pueden tener mucha más variedad. El dinero les da libertad de elección.

La persona que está libre de sexualidad, cuya sexualidad se ha convertido en un fenómeno transformado, también está libre de dinero, también está libre de ambición, también está libre del deseo de ser famoso. Inmediatamente todas estas cosas desaparecen de su vida. En el momento en que la energía sexual comienza a elevarse hacia arriba, en el momento en que la energía sexual comienza a convertirse en amor, oración, meditación, entonces todas las manifestaciones inferiores desaparecen.

Pero el sexo y el dinero están profundamente asociados. Tu idea, Nirmal, tiene algo de verdad.

Se oye gritar desde el piso superior a una clienta de un prostíbulo de lujo:

"¡No! ¡Así no! Lo quiero a mi manera, como lo hacemos en Brooklyn. ¡Así que déjalo! ¡Hazlo a mi manera u olvídalo!"

La madame sube las escaleras e irrumpe en la habitación de la chica. "¿Qué te pasa, Zelda?", dice. "Dáselo a su manera".

Ella se va, la chica se tumba y el hombre le hace el amor de forma perfectamente rutinaria. Ella se levanta, se pone la bata, enciende un cigarrillo y dice,

"Esa es tu manera, Hymie, ¿eh?"

"Eso es", dice orgulloso desde la cama.

"¿Así es como lo hacen en Brooklyn?"

"¡Tienes razón!"

"¿Qué tiene de diferente?"

"En Brooklyn me sale gratis".

La gente puede estar tan obsesionada con el dinero como con el sexo. La obsesión puede desviarse hacia el dinero. Pero el dinero te da poder adquisitivo y puedes comprar cualquier cosa. No puedes comprar amor, por supuesto, pero puedes comprar sexo. El sexo es una mercancía, el amor no.

No se puede comprar oración, pero sí sacerdotes. Los sacerdotes son mercancías, la oración no es una mercancía. Y lo que se puede comprar es ordinario, mundano.

Lo que no se puede comprar es sagrado. Recuérdalo: lo sagrado está más allá del dinero, lo mundano está siempre al alcance del dinero.

Y el sexo es la cosa más mundana del mundo.

Un hombre entra en un moderno prostíbulo-club de Chicago regentado por el sindicato del hampa que ahora planea modernizar su imagen. El prostíbulo ocupa varias plantas de un hotel rascacielos, y es recibido por una encantadora y joven recepcionista vestida con un sexy uniforme, que le sienta en un mostrador de entrevistas de madera de teca y le pregunta cuánto dinero quiere gastarse. Ella le explica que los precios oscilan entre cinco dólares y mil dólares, dependiendo de la calidad y el número de chicas deseadas. Todo se muestra por el interfono de la televisión. Los precios más altos son para los pisos inferiores, que tienen techos más altos, espejos sobre las camas, tres y cuatro chicas en la cama a la vez, etcétera. Los precios más bajos son para delicias menores, terminando con cinco dólares por una "mamita negra como el carbón con grandes fosas nasales", como explica la encantadora y joven recepcionista.

El cliente se lo piensa. "¿No tiene nada más barato que cinco?", pregunta al fin.

"Por supuesto", dice la recepcionista. "Séptimo piso - jardín de la azotea. Un dólar el chupito. Autoservicio".

No cabe duda de que el dinero está asociado al sexo, porque el sexo se puede comprar. Y todo lo que se puede comprar forma parte del mundo del dinero.

Recuerda una cosa: tu vida permanecerá vacía si sólo conoces cosas que se pueden comprar, si sólo conoces cosas que se pueden vender. Tu vida será completamente inútil si sólo conoces mercancías. Familiarízate con las cosas que no se pueden comprar ni vender, entonces por primera vez te crecerán alas, por primera vez empezarás a volar alto.

Un gran rey, Bimbisara, llegó hasta Mahavira. Había oído que Mahavira había alcanzado *Dhyana* - meditación, samadhi. En la terminología Jaina se llama *Samayik* - el último estado de oración o meditación. Bimbisara tenía todo lo de este mundo. Se preocupó: "¿Qué es este samayik? ¿Qué es este samadhi?". No podía estar tranquilo, porque ahora, por primera vez, era consciente de que había algo que no había conseguido, y no era un hombre que se conformara con no conseguir nada que le apeteciera.

Viajó a las montañas, encontró a Mahavira y le dijo: "¿Cuánto quieres por tu samayik? He venido a comprarlo. Puedo darte todo lo que desees, pero dame este samayik, este samadhi, esta meditación, ¿qué es esto? ¿Dónde está? Primero déjame verlo".

Mahavira se sorprendió de toda la estupidez del rey, pero era un hombre muy educado, suave, agraciado. Dijo: "No es necesario que hayas viajado tan lejos. En tu propia capital tengo un seguidor que ha alcanzado el mismo estado, y es tan pobre que puede estar dispuesto a venderlo. Yo no estoy dispuesto, porque no necesito dinero. Puedes ver que estoy desnudo, no necesito ropa, estoy completamente satisfecho, no tengo necesidades, así que ¿qué voy a hacer con tu dinero? Aunque me des todo tu reino no lo voy a aceptar. Yo tenía mi propio reino, al que he renunciado. ¡Tenía todo lo que tú tienes!"

Y Bimbisara lo sabía, que Mahavira lo había tenido todo y había renunciado, por lo que era difícil persuadir a este hombre para que vendiera. Ciertamente, el dinero no significaba nada para él. Así que dijo: "Bien, ¿quién es este hombre? Dame su dirección".

Y Mahavira le dijo: "Es muy pobre, vive en la parte más pobre de tu ciudad. Puede que nunca hayas visitado esa parte. Esta es la dirección... ve y pregúntale. Es tu súbdito, puede vendértelo y está muy necesitado. Tiene mujer e hijos y una gran familia y es realmente pobre".

Era una broma. Bimbisara regresó feliz, fue directamente a las partes pobres de su capital donde nunca había estado. La gente no podía creer lo que veían sus ojos: su carro dorado y miles de soldados siguiéndole.

Se detuvieron ante la choza del pobre. El pobre se acercó, tocó los pies del rey y dijo: "¿Qué puedo hacer? Sólo ordéname".

El rey dijo: "He venido a comprar la cosa llamada samadhi, meditación, y estoy dispuesto a pagar cualquier precio que me pidas".

El pobre hombre empezó a llorar, las lágrimas rodaban por sus mejillas, y dijo: "Lo siento. Puedo darte mi vida, puedo morir por ti ahora mismo, puedo cortarme la cabeza, pero ¿cómo puedo darte mi samadhi? No se puede vender, no se puede comprar, no es una mercancía en absoluto. Es un estado de conciencia. Mahavira debe haberte gastado una broma".

A menos que conozcas algo que no se puede vender ni comprar, a menos que conozcas algo que está más allá del dinero, no has conocido la vida real. El sexo no está más allá del dinero, el amor sí. Transforma tu sexo en amor, y transforma tu amor en oración, para que un día incluso reyes como Bimbisara sientan celos de ti. Conviértete en un Mahavira, en un Buda, en un Cristo, en un Zaratustra, en un Lao Tzu. Sólo entonces habrás vivido, ¡sólo entonces habrás conocido los misterios de la vida!

El dinero y el sexo son lo más bajo, y la gente vive sólo en el mundo del dinero y el sexo, y creen que están viviendo. No viven, sólo vegetan, sólo mueren. Esto no es vida. La vida tiene muchos más reinos que revelar, un tesoro infinito que no es de este mundo. Ni el sexo ni el dinero pueden dártelo. Pero puedes alcanzarlo.

Puedes utilizar tu energía sexual para conseguirlo, y puedes utilizar tu poder monetario para conseguirlo.

Por supuesto, no se puede conseguir con dinero ni con sexo, pero puedes utilizar tu energía sexual, tu poder del dinero, de una forma tan artera que puedas crear un espacio en el que el más allá pueda descender.

No estoy en contra del sexo, y no estoy en contra del dinero, recuérdalo. Recuérdalo siempre. Pero sí que estoy a favor de ayudarte a ir más allá de ellos, sí que estoy a favor de ir más allá.

Utiliza todo como un paso. No niegues nada. Si tienes dinero, puedes meditar más fácilmente que una persona pobre. Puedes tener más tiempo para ti. Puedes tener un pequeño templo en tu casa; puedes tener un jardín, rosales, donde la meditación será más fácil. Puedes permitirte unas vacaciones en la montaña, puedes aislarte y vivir sin preocupaciones. Si tienes dinero, utilízalo para algo que el dinero no pueda comprar, pero para lo que el dinero pueda crear un espacio.

La energía sexual es un despilfarro si sólo se limita al sexo, pero se convierte en una gran bendición si empieza a transformar su cualidad: el sexo no por el sexo: utiliza el sexo como comunión de amor. Utiliza el sexo como un encuentro de dos almas, no sólo de dos cuerpos. Utiliza el sexo como una danza meditativa de las energías de dos personas. Y la danza es mucho más rica cuando el hombre y la mujer bailan juntos, y el sexo es lo último en danza: dos energías que se encuentran, se funden, bailan, se regocijan.

Pero úsalo como un trampolín, como un trampolín para saltar. Y cuando llegues al clímax de tu orgasmo sexual, sé consciente de lo que está ocurriendo y te sorprenderás: el tiempo ha desaparecido, la mente ha desaparecido, el ego ha desaparecido. Por un momento hay un silencio absoluto. ¡Este silencio es el verdadero!

Este silencio también puede conseguirse por otros medios y con menos derroche de energía.

Este silencio, esta ausencia de mente, esta intemporalidad, pueden alcanzarse a través de la meditación. De hecho, si una persona se adentra conscientemente en su experiencia sexual, tarde o temprano se convertirá en un meditador. Su conciencia de la experiencia sexual le hará darse cuenta de que lo mismo puede ocurrir sin que haya sexualidad de por medio. Lo mismo puede ocurrir sentado en silencio, sin hacer nada. La mente puede ser abandonada, el tiempo puede ser abandonado, y en el momento en que abandonas la mente, el tiempo y el ego, eres orgásmico.

El orgasmo sexual es muy momentáneo, y todo lo que es momentáneo trae frustración a su paso, trae miseria e infelicidad y tristeza y arrepentimiento. Pero la cualidad de ser orgásmico puede convertirse en una continuidad en ti, un continuo - puede convertirse en tu propio sabor. Pero sólo es posible a través de la meditación, no sólo a través del sexo.

Usa el sexo, usa el dinero, usa el cuerpo, usa el mundo, pero tenemos que llegar a Dios. Que Dios siga siendo siempre la meta.

Suficiente por hoy.

En la hojarasca del camino

El perfume del sándalo, la rosa o el jazmín no puede viajar contra el viento.

Pero la fragancia de la virtud viaja incluso contra el viento, hasta los confines del mundo.

¡cuánto más fina es la fragancia de la virtud que la del sándalo, la rosa, el loto azul o el jazmín!

La fragancia del sándalo o de la rosa no llega lejos. Pero la fragancia de la virtud se eleva a los cielos.

El deseo nunca se cruza en el camino de los hombres virtuosos y despiertos. Su brillo los libera.

Qué dulcemente crece el loto en la hojarasca del camino. Su fragancia pura deleita el corazón.

Sigue a los despiertos y de entre los ciegos brillará pura la luz de tu sabiduría.

El hombre no es un ser, sino sólo un devenir. El hombre es un proceso, un crecimiento, una posibilidad, una potencialidad. El hombre aún no es real. El hombre tiene que ser, todavía tiene que llegar. El hombre no nace como una esencia, sino como una existencia... un gran espacio en el que puede suceder mucho o nada, todo depende de ti.

El hombre tiene que crearse a sí mismo. No está hecho, no le viene dado. Y la creación tiene que ser una creación propia: nadie más puede crearte. No eres una cosa, una mercancía; no puedes ser producido o fabricado. Tienes que crearte a ti mismo, tienes que despertar por ti mismo, nadie puede despertarte.

Esta es la grandeza del hombre, su gloria, que es el único ser sobre la tierra que no es un ser sino una libertad de ser. Todos los demás seres ya están fijados, modelados. Traen un plano, y simplemente siguen el plano.

El loro será un loro, el perro será un perro, el león será un león; no se trata de que el león sea otra persona. Pero con el hombre es pertinente preguntarse si es realmente un hombre.

Cada león es realmente un león, y cada elefante también es un elefante, pero el hombre es una incógnita. Un hombre puede ser un hombre, puede no serlo. Un hombre puede caer por debajo de los animales, y un hombre puede elevarse por encima de los dioses. Ese estado último por encima de los dioses es la budeidad: el despertar, el despertar último, la realización de tu potencial en su totalidad.

El buda está por encima de los dioses. Esta fue una de las razones por las que los hindúes no pudieron perdonar a Gautama el Buda, porque dijo que el buda está por encima de los dioses. Los dioses también están dormidos; por supuesto, sus sueños son agradables, sus sueños no son pesadillas, viven en el cielo. Sus vidas son solo de placer. El cielo no es mas que puro hedonismo, la idea misma es hedonista. El infierno es todo lo contrario. El infierno es dolor, el cielo es placer; el infierno es una pesadilla, el cielo un dulce sueño. Pero los sueños SON sueños; dulces o amargos, no importa.

Los dioses también están dormidos y soñando hermosos sueños. El buda ha despertado, ya no sueña. Las escrituras budistas dicen: El día que Siddhartha Gautam se convirtió en buda los dioses vinieron del cielo a adorarle, a lavarle los pies. Los hindúes no podían perdonar esta idea, porque para ellos los dioses del cielo -Indra y otros dioses- son los supremos. Y mira la arrogancia de los budistas que dicen que los dioses vinieron del cielo a lavar los pies de un ser humano.

El budismo elevó a la humanidad a su cima más alta. Ninguna otra religión lo ha hecho. El hombre se convierte en el centro de la existencia. Dios no es el centro de la existencia, según Buda, sino el hombre que ha despertado. La periferia consiste en aquellos que están dormidos y ciegos, y el centro consiste en aquellos que tienen ojos, que están despiertos. Los dioses simplemente se abandonan; ya no son relevantes. Lo que Nietzsche hizo después de dos mil años, Buda ya lo había hecho.

Un gran poeta, Chandidas, quedó muy impresionado por Gautam Buda, y ¿quién no quedará impresionado por este hombre? Él ha dicho: ***Sabar Upar Manus Satya, Tahar Upar Nahin*** - la verdad del hombre es la verdad más elevada, no hay otra verdad más elevada que esa. Pero permíteme recordarte de nuevo: cuando Buda habla del hombre, habla del hombre realizado, no de ti - tú sólo estás en el camino, sólo estás en el proceso.

Eres una semilla.

La semilla puede tener cuatro posibilidades. La semilla puede seguir siendo semilla para siempre, cerrada, sin ventanas, sin comunión con la existencia, muerta, porque la vida significa comunión con la existencia. La semilla ESTÁ muerta, aún no se ha comunicado con la tierra, con el cielo, con el aire, con el viento, con el sol, con las estrellas. Aún no ha intentado dialogar con todo lo que existe. Está completamente sola, encerrada, encapsulada en sí misma, rodeada por una Muralla China. La semilla vive en su propia tumba.

La primera posibilidad es que la semilla siga siendo una semilla. Eso es muy lamentable: un hombre puede quedarse simplemente en una semilla. Con todo el potencial a su disposición, con todas las bendiciones listas para derramarse sobre él, puede que nunca abra sus puertas.

La segunda posibilidad es que la semilla sea lo suficientemente valiente, que se sumerja profundamente en la tierra, que muera como ego, que abandone su armadura, que inicie una comunión con la existencia, que se haga una con la tierra. Se necesita mucho valor, porque ¿quién sabe? - esta muerte puede ser definitiva, puede que no haya nacimiento tras ella. ¿Cuál es la garantía? No hay garantía; es una apuesta. Sólo unos pocos hombres reúnen el valor suficiente para apostar, para arriesgarse.

Ser sannyasin es el principio de la apuesta. Arriesgas tu vida, arriesgas tu ego. Arriesgas porque abandonas todas tus seguridades, todas tus medidas de seguridad. Estás abriendo ventanas... ¿quién sabe quién va a entrar, el amigo o el enemigo? ¿Quién lo sabe? Te vuelves vulnerable. De eso se trata sannyas. Eso es lo que Buda estuvo enseñando toda su vida. Cuarenta y dos años ininterrumpidos transformando semillas en plantas, ese fue su trabajo: transformar a seres humanos corrientes en sannyasins.

Un sannyasin es una planta, un brote - suave, delicado. La semilla nunca está en peligro, recuerda.

¿Qué peligro puede haber para la semilla? Está absolutamente protegida. Pero la planta siempre está en peligro, la planta es muy blanda.

La semilla es como una piedra, dura, escondida detrás de una costra dura. Pero la planta tiene que pasar por mil y un peligros. Esa es la segunda etapa: la semilla disolviéndose en la tierra, el hombre desapareciendo como ego, desapareciendo como personalidad, convirtiéndose en planta.

La tercera posibilidad, que es aún más rara, porque no todas las plantas van a alcanzar esa altura en la que pueden florecer, mil y una flores..... Muy pocos seres humanos llegan a la segunda etapa, y muy pocos de los que llegan a la segunda etapa llegan a la tercera, la etapa de la flor. ¿Por qué no pueden alcanzar la tercera etapa, la etapa de la flor? Por avaricia, por tacañería, por no estar dispuestos a compartir... por un estado de falta de amor.

Se necesita valor para convertirse en planta y amor para convertirse en flor. Una flor significa que el árbol está abriendo su corazón, liberando su perfume, entregando su alma, vertiendo su ser en la existencia. La semilla PUEDE convertirse en planta, aunque es difícil soltar la coraza, pero en cierto modo es sencillo. La semilla sólo irá recogiendo más y más, acumulando más y más; la semilla sólo toma de la tierra. El árbol sólo toma del agua, del aire, del sol; su codicia no se ve perturbada, al contrario, su ambición se ve colmada. Sigue haciéndose cada vez más grande. Pero llega un momento en que ha tomado tanto que ahora tiene que compartir. Te has beneficiado tanto que ahora tienes que servir. Dios te ha dado tanto, ahora tienes que agradecer, ser agradecido - y la única manera de ser agradecido es derramar tus tesoros, devolvérselos a la existencia, ser tan desinteresado como la existencia ha sido contigo. Entonces el árbol se convierte en flores, florece.

Y la cuarta etapa es la de la fragancia. La flor sigue siendo burda, sigue siendo material, pero la fragancia es sutil, es casi algo inmaterial. No se puede ver, es invisible. Sólo se puede oler, no se puede agarrar, no se puede captar. Se necesita una comprensión muy sensible para dialogar con la fragancia. Y más allá de la fragancia no hay nada. La fragancia desaparece en el universo, se convierte en uno con él.

Estas son las cuatro etapas de la semilla, y estas son también las cuatro etapas del hombre. No sigas siendo una semilla. Reúne coraje: coraje para abandonar el ego, coraje para abandonar las seguridades, coraje para ser vulnerable. Pero no sigas siendo un árbol, porque un árbol sin flores es pobre. Un árbol sin flores está vacío, a un árbol sin flores le falta algo muy esencial. No tiene belleza: sin amor no hay belleza. Y sólo a través de las flores el árbol muestra su amor. Ha tomado tanto del sol, de la luna y de la tierra; ¡ahora es el momento de dar!

La vida tiene que alcanzar siempre un equilibrio. Has tomado mucho, ahora dalo. Conviértete en una flor. Sólo cuando te conviertes en una flor existe la posibilidad de desaparecer como una fragancia. Pero entonces también, recuerda, no permanezcas como una flor cerrada, no permanezcas como un capullo; de lo contrario tu fragancia no se liberará. Y a menos que tu fragancia se libere, no eres libre, estás en una esclavitud.

A esta esclavitud Buda la llama SANSARA: el mundo. Y llama a la libertad, la libertad de la fragancia, nirvana: cesación total, desaparición, disolución. La parte desaparece en el todo, la gota de rocío se desliza en el océano y se convierte en el océano. El día en que desapareces y te conviertes en el océano es el día en que, en un sentido, ya no eres y, en otro sentido, eres por primera vez: has alcanzado la condición de ser.

Este ser es la divinidad real. Este ser, esta experiencia oceánica cristalizada, es liberación, salvación, MOKSHA, KAIVALYA, nirvana. Puedes usar cualquier palabra que quieras usar pero todas significan lo mismo: libertad absoluta del alma, sin fronteras, sin limitaciones.

Los sutras:

El perfume del sándalo, la rosa o el jazmín no puede viajar contra el viento.

Evidentemente. La fragancia del sándalo, la rosa o el jazmín forma parte del mundo material. Sólo puede viajar con el viento, no contra el viento. Tiene que seguir las leyes de la materia. ES materia. Como tiene que seguir las leyes de la materia, no es realmente libre, sólo es libre en un sentido relativo. La fragancia es más libre que la flor, la flor es más libre que el árbol, el árbol es más libre que la semilla. Pero estas libertades son sólo relativas, no absolutas.

Y Buda dice, recuerda: el objetivo es la libertad absoluta, la trascendencia de todas las leyes.

Sólo trascendiendo todas las leyes llegarás a formar parte de la ley última: *Aes Dhammo Sanantano*. Sólo trascendiendo todas las limitaciones de la materia bruta podrás llegar a ser tan infinito como el cielo.

A menos que os convirtáis en universales, no habréis alcanzado vuestro potencial. Estáis destinados a convertiros en universales, y os habéis convertido en personas pequeñas, confinadas, casi como si vivierais en una celda de prisión, oscura y lúgubre, sin puertas ni ventanas, una existencia fea, rodeados de todo tipo de patologías: ego, codicia, ira, lujuria, celos, posesividad. Estos son tus compañeros. ¿Qué fragancia has experimentado en la vida?

Aún no has conocido el amor sin lujuria. Aún no has conocido ningún estado en el que no exista ninguna limitación. Estás atado a ciertas leyes muy burdas. Eres parte de la gravitación, aún no has conocido nada de la gracia. Sigues y sigues hacia abajo, porque esas leyes de la gravitación siguen tirando de ti hacia abajo. No sabes cómo elevarte, remontarte hacia arriba. No sabes nada de levitación.

En la ciencia no se habla de levitación, sólo se habla de gravitación, de la atracción hacia abajo. Pero se trata de un fenómeno tan sencillo de comprender que, en la naturaleza, todo está equilibrado por su polo opuesto. Si hay una atracción hacia abajo, la gravitación, tiene que haber una atracción hacia arriba que la equilibre, es decir, la levitación. En un lenguaje más poético se llama gracia.

Hay dos leyes: la ley de la gravitación, la ley terrestre, grosera, material; y la ley de la gracia, la ley divina, lo que Buda llama la ley divina - *Aes Dhammo Sanantano* - la ley eterna, inagotable, la ley divina, que tira de ti hacia arriba.

El perfume del sándalo, la rosa o el jazmín no puede viajar contra el viento.

Tiene ciertas limitaciones absolutas, sólo puede cabalgar sobre el viento. No puede tener voluntad propia, no es realmente libre. A menos que puedas existir en total libertad, te falta algo. Si tienes que seguir las leyes, entonces eres un prisionero. Las leyes pueden darte suficiente cuerda, pero sigues siendo un prisionero.

Así son las cosas: si te dan suficiente cuerda, te olvidas de la prisión. Por ejemplo, estas llamadas naciones -India, Pakistán, Japón, Alemania- son todas grandes prisiones, pero son tan grandes que no puedes ver los límites de tu prisión. Cruza los límites de tu nación y verás que eras un prisionero. Pero la prisión es lo suficientemente grande; puedes moverte en la prisión donde quieras. Pero sal de la prisión, intenta entrar en otra prisión, y entonces verás la limitación.

Estas son prisiones hechas por el hombre; lo suficientemente grandes para que puedan darte una falsa sensación de libertad, pero no hay libertad. A menos que todas las naciones desaparezcan del mundo, la tierra seguirá siendo esclava, la humanidad seguirá en prisiones, pequeñas y grandes. Pero no importa si la prisión es muy grande y no puedes ver el muro que la rodea....

Los muros pueden ser muy sutiles -de pasaportes y visados- los muros pueden ser MUY sutiles, puede que no los veas, pero están ahí. No eres libre de moverte.

Casi todas las constituciones del mundo dicen que la libertad de movimiento es el derecho de nacimiento de todo ser humano, pero sólo está escrito en los libros, no es verdad. No puedes moverte libremente. Si quieres ir a Rusia, imposible; si quieres entrar en China, imposible.

Las naciones se han convertido en grandes prisiones, y vuestros presidentes y vuestros supuestos primeros ministros no son más que carceleros. Los que hablan de libertad no son más que policías. Dicen que os vigilan por vuestra propia seguridad, pero en realidad son carceleros que vigilan para que no podáis escapar.

Lo he oído:

Un viejo ruso se estaba muriendo y oyó que llamaban a la puerta. Preguntó: "¿Quién es?".

Y una voz muy fantasmal dijo: "Muerte".

El viejo ruso dijo: "¡Gracias a Dios! Pensaba que era la policía secreta".

Y hay prisiones dentro de prisiones como cajas chinas - cajas dentro de cajas.... La India es una gran prisión; luego están los hindúes, los mahometanos, los cristianos, los sijs, los jainas y los budistas, que son pequeñas prisiones. El cristiano puede ir a la iglesia, no puede ir al templo; el hindú puede ir al templo, no puede ir a la iglesia.

Se le ha enseñado y condicionado que la iglesia no es un lugar religioso; al cristiano se le ha dicho que la iglesia es el único lugar correcto al que ir - todas las demás religiones son falsas, y todas las demás religiones te llevan por mal camino. A menos que seas cristiano, no puedes salvarte. Y luego dentro del cristianismo hay católicos y protestantes, y luego entre protestantes y católicos hay subsectas cada vez más pequeñas. Y las cárceles son cada vez más pequeñas.

Luego están las prisiones políticas: alguien es comunista y alguien es socialista, y alguien es capitalista... y así sucesivamente. Y no estáis satisfechos ni siquiera con esto: entonces hacéis Clubes Rotarios y Clubes de Leones.... Tu sed de ser prisionero es tal que no puedes ser simplemente un ser humano. Tienes que ser rotario y declaras con orgullo: "Soy rotario", "Soy León". No te conformas con ser simplemente un ser humano, tienes que ser un León. Y luego hay confines cada vez más pequeños.

En lugar de salir de estas celdas, seguimos decorándolas y haciéndolas cada vez más cómodas. Vivimos bajo la ley de la gravitación, vivimos como prisioneros. No podemos ir contra el viento: nuestra vida es grosera. Buda dice: Sé consciente de ello: ¿qué estás haciendo con tu vida? Reconsidera, medita sobre ello, lo que has hecho de ti mismo.

Pero la fragancia de la virtud viaja incluso contra el viento, hasta los confines del mundo.

Buda dice: Pero hay un florecimiento de tu ser interior, que es mucho más hermoso que el sándalo, la rosa o el jazmín. Su belleza es su absoluta libertad. Puede ir contra el viento. El hombre realmente virtuoso vive en libertad; no sigue mandamientos, no sigue escrituras, no sigue a nadie más que a su propia luz interior. Vive según su corazón: es un rebelde.

Pero Buda está hablando de la fragancia de la verdadera virtud. No está hablando de los llamados justos, no está hablando de las llamadas "personas de carácter", los llamados santos y mahatmas, no está hablando de ellos. No son personas libres. De hecho, la fragancia del sándalo, la rosa y el jazmín es mucho más libre que la de los llamados santos. Ellos viven de acuerdo a leyes hechas por el hombre. La fragancia del palo de rosa, la fragancia del sándalo, la fragancia de otras flores, al menos siguen las leyes de la naturaleza. Pero vuestros santos, vuestra llamada gente virtuosa, siguen leyes hechas por el hombre - leyes hechas por gente ciega, leyes hechas por gente ignorante, leyes hechas por gente que aún no ha despertado, que no sabe nada de la consciencia.

¿Quién hace sus leyes? ¿Quién elabora sus Constituciones? ¿Quién se encarga de dirigir la sociedad y de organizarla y gestionarla? Sólo gente tan ciega como tú, quizá más culta, quizá más informada. Pero da igual que un ciego esté más o menos informado sobre la luz: un ciego es un ciego.

Observa a tus santos, ¡y te sorprenderás! - viven en una esclavitud mucho más profunda que la gente común.

Un monje jaina quería venir a verme. Envió un mensaje diciendo que llevaba muchos años deseando verme y que ahora estaba en la ciudad y quería verme. Pero sus seguidores no se lo permitieron, los jainas no le permiten venir a esta comuna. Ahora bien, ¿qué clase de santo es este hombre cuyos seguidores deciden dónde debe ir y dónde no? Pero hay un acuerdo mutuo: los seguidores lo llaman santo, lo veneran, ahora tiene que ceder, comprometerse. Tiene que seguir a sus seguidores.

Vuestros supuestos santos y líderes son seguidores de sus propios seguidores. Es un mundo tan estúpido, tan ridícula, toda la situación. A primera vista parece que el santo es el factor decisivo; aconseja a la gente que le siga. Pero si miras en el fondo, te sorprenderás: el santo sigue a sus propios seguidores. De hecho, ellos deciden. Y tienen un poder decisivo porque pueden adorarte y pueden insultarte. Pueden adorarte si les sigues, si vas de acuerdo con las ideas, los prejuicios, que llevan en sus mentes; de lo contrario, ya no eres un santo. Pueden degradarte - tienen el poder de elevarte a la santidad o degradarte a ser un pecador. Si quieres ser santo tienes que seguir todo tipo de estupideces. Puede que en el fondo sepas que es una estupidez.

Le envié un mensaje diciendo: "¡Esto es estúpido, ridículo! ¿Por qué tienes que preguntar a tus seguidores? ¿Quién es el seguidor, tú o ellos? ¿Por qué deberías preguntarles a ellos?".

Me dijo: "Tienes razón, pero tengo que depender de ellos. A mi edad no puedo dejarlos porque nunca he trabajado en mi vida. Dependo de ellos para mi comida, para mi ropa, para todo".

Ahora ves el arreglo. Esto se llama espiritualidad, ¡y el arreglo es financiero!

Un hombre realmente virtuoso es ciertamente libre, y es tan libre que puede ir contra el viento, puede ir contra toda la sociedad, puede ir contra todo el pasado, puede ir contra todas las convenciones. De hecho, lo hace, porque al ir contra todas las convenciones y el pasado muerto afirma su libertad.

Por eso me están condenando en todo el país y ahora, poco a poco, en todo el mundo. La única razón es que querían que me fuera con el viento, querían que fuera convencional, ortodoxo. Estaban dispuestos a adorarme, habían venido muchas veces a decirme que si simplemente pudiera seguir la religión tradicional me adorarían como a un santo. Yo les dije: "No me interesa que me veneren ni ser un santo. Simplemente quiero ser yo mismo. Y no voy a transigir con nadie, sea quien sea. El compromiso no es mi camino".

Como voy contra el viento se ofenden mucho. Pero si eres virtuoso... ¿y qué es la virtud? No es un carácter cultivado desde el exterior.

La virtud es la fragancia de la meditación, la virtud es la fragancia de la flor de la meditación; por eso digo que no es rectitud, no es moralismo.

Lo he oído:

La puta del pueblo de Jerusalén está siendo apedreada. Cuando Jesús dice: "El que de vosotros esté libre de pecado, que tire la primera piedra", una anciana se acerca con una enorme piedra, la deja caer sobre la cabeza de la prostituta y le saca brillo.

Jesús baja la mirada y dice: "Sabes, madre, a veces me cabreas de verdad".

El justo, el moralista, el puritano, siempre está listo... de hecho toda su alegría es cómo condenar, cómo enviar más y más gente al infierno, cómo crucificar a la gente, cómo matar y destruir. Está listo para sufrir, está listo para ser masoquista, está listo para pasar por todo tipo de austeridades tontas, sólo para disfrutar del sentimiento de superioridad, el sentimiento de ser más santo que tú, el sentimiento de que "Todos ustedes son pecadores y yo soy un santo".

El verdadero santo tiene una cualidad totalmente distinta. No es moralista; sabe perdonar, porque sabe que Dios le ha perdonado mucho. Conoce las limitaciones humanas, porque él mismo ha sufrido esas limitaciones humanas. Sabe perdonar. Es comprensivo.

El moralista nunca es comprensivo, nunca perdona; no puede perdonar porque ha sido muy duro consigo mismo. Ha alcanzado su supuesto carácter con tanta dificultad que la única alegría, el único placer que puede obtener es el de ser más santo que tú.

¿Cómo puede perdonar? Si perdona, no podrá disfrutar del viaje egoísta en el que ha estado.

El asceta es la persona más egoísta del mundo. La persona virtuosa no es un asceta.

Se cuenta la historia del propio Buda:

Durante seis años, cuando abandonó su palacio, vivió sometido a grandes austeridades, que era la forma tradicional de buscar y rebuscar la verdad. Torturó su cuerpo, ayunó, ayunó tanto que se dice que llegó a estar absolutamente delgado, sólo huesos; se podrían haber contado sus costillas. Adelgazó tanto que el estómago le tocaba la espalda, no le quedaba nada entre el estómago y la espalda. Se debilitó tanto que no pudo cruzar un pequeño río, el Niranjana. Yo había estado allí sólo para verlo. El Niranjana es un río tan pequeño, y no era la estación de las lluvias, pero no pudo cruzarlo, no pudo nadar el río. Debía de estar muy débil.

Ese día, le ocurrió una gran revelación: "Me he estado haciendo violencia innecesaria a mí mismo". Tenía cinco seguidores; todos eran ascetas y se habían convertido en seguidores de Buda porque él estaba muy por delante de ellos. Ellos no podían hacer mucho, pero él hacía mucho más; por eso eran seguidores. Aquella tarde Buda decidió: "Es estúpido torturar el cuerpo, y ¿cómo se puede alcanzar el alma torturando el cuerpo?

No parece haber ninguna relación lógica". Y vio: "Si ni siquiera puedo cruzar el río, el pobre río Niranjana, ¿cómo voy a cruzar este inmenso océano del mundo? El cuerpo necesita alimento, el cuerpo necesita nutrición, el cuerpo necesita fuerza, para que pueda meditar, para que pueda contemplar, para que pueda indagar, con ganas, entusiasmo, energía."

Decidió abandonar todas las austeridades. Sus cinco discípulos le abandonaron inmediatamente. Dijeron: "Gautam ha caído de su estado santo, ya no es un santo". Le abandonaron inmediatamente; no estaban con ÉL. Sólo estaban con él a causa de su estilo de vida masoquista; ellos mismos debían de ser masoquistas.

Y Gautam Buda se iluminó al día siguiente. Abandonando todas las austeridades, abandonando todo ese innecesario conflicto interior, esa guerra civil, se volvió tan tranquilo, tan silencioso, que a la mañana siguiente pudo ver, se volvió perceptivo. En su silencio, toda la agitación, todo el parloteo se disolvió. Por la mañana temprano, mientras salía el sol, él empezó a elevarse dentro de su ser. Se despertó, se convirtió en un buda.

La virtud surgió del silencio, de la meditación, de la relajación, no del esfuerzo, ni de la tensión, ni de la lucha. Fue en busca de sus cinco antiguos seguidores para darles el mensaje: "No os torturéis más. Esto no tiene nada que ver con la santidad. Esto no tiene nada que ver con la religión".

La meditación tiene que ocurrir primero, luego el carácter viene como una sombra de ella. Y si la meditación no ocurre, entonces tu carácter es sólo una hipocresía y nada más.

Vuestros santos son grandes hipócritas; dicen una cosa, piensan otra, tal vez justo lo contrario. Hacen una cosa, pero quieren hacer exactamente lo contrario. En la superficie muestran una cosa, pero en el fondo son todo lo contrario.

Una chica confiesa que dejó que su novio le pusiera la mano en la rodilla. "¿Y eso es TODO lo que hizo?", pregunta el cura.

"No. También deslizó su dedo bajo el elástico de mis bragas".

"¿Y después qué?"

"Y entonces me abrió la pelusa y empezó a hacerme cosquillas en el culo".

"¿Y después? ¿Y después?"

"Y entonces entró mi madre".

"¡Oh, mierda!", dice el cura.

Estos sacerdotes, estos santos, son mucho más feos de lo que tú eres, mucho más feos de lo que tú nunca podrás ser, porque están mucho más escindidos, divididos. Están tan reprimidos que su consciente y su inconsciente se han separado. Predican una cosa y practican otra. En su puerta principal encontrarás una persona, en la puerta trasera encontrarás una persona totalmente diferente. Ni siquiera podrás reconocerlos, llevan máscaras.

Éstas no son personas virtuosas. Buda no está hablando de tal virtud, está hablando de la virtud que surge del florecimiento de la meditación. Buda insiste en el DHYANA, la meditación. Esa es su contribución básica al mundo. Su enfoque más fundamental es que primero tienes que despertar en el centro, entonces tu circunferencia se llenará de luz, por sí misma, no al revés.

El sacerdote te ha dicho que primero practiques el carácter y luego tu centro cambiará. Eso no tiene sentido. El centro nunca puede seguir a la circunferencia, porque el centro es mucho más importante, mucho más básico: es el centro, NO PUEDE seguir a la circunferencia. Pero la circunferencia siempre sigue al centro. Transforma primero el centro y no te preocupes por la circunferencia. Esa es mi insistencia también, ahí estoy absolutamente de acuerdo con Buda. Primero la meditación, y luego todo lo demás vendrá por sí solo.

Jesús dice: Buscad primero el reino de Dios, y todo lo demás se os dará por añadidura.

Lo que Jesús dice con "reino de Dios" Buda lo dice con "meditación". Las palabras de Buda son mucho más científicas que las de Jesús. Jesús es más poeta que Buda; Jesús habla más en parábolas que Buda. Buda habla de forma clara, lógica, matemática.

Es un hombre que no quiere decir nada que pueda interpretarse de muchas maneras. No quiere utilizar la poesía, porque la poesía es vaga, puede tener muchas interpretaciones. Habla como un matemático, como un lógico, de modo que cada palabra tiene un significado y una connotación fijos.

...La fragancia de la virtud viaja incluso contra el viento, hasta los confines del mundo.

¡cuánto más fina es la fragancia de la virtud que la del sándalo, la rosa, el loto azul o el jazmín!

La fragancia del loto azul o del jazmín o del sándalo es fina, sutil, pero comparada con la fragancia de la virtud es muy burda. La virtud realmente tiene una fragancia, y viaja hasta los rincones más lejanos del mundo.

¿Cómo has llegado hasta mí? Desde distintos rincones del mundo has viajado, a veces sin saber muy bien por qué; pero algo ha estado tirando de ti, alguna fuerza desconocida ha movido tu corazón, algo ha sentido lo más profundo de tu ser. A veces te has enfrentado incluso a ti mismo. Tu mente te decía: "¡No vayas! No hay necesidad de ir a ninguna parte". Aun así, has venido. Habrás olido un perfume, un perfume que no tiene nada que ver con lo visible. Es un fenómeno invisible.

Pronto llegarán muchas, muchas más personas. La fragancia les llega, les llegará. Cualquiera que busque la verdad vendrá. Es irresistible, tiene que suceder. Así es como ha estado sucediendo todo el tiempo, a través de los tiempos. Miles de personas viajaron a Buda, miles de personas viajaron a Mahavira, a Lao Tzu, a Zaratustra, sin ninguna razón, porque lo que decían estaba disponible en las escrituras.

Lo que estoy diciendo aquí lo puedes leer en el Bhagavadgita, en la Biblia, en el Corán, en el **Dhammapada**, lo que estoy diciendo lo puedes encontrar fácilmente en los Upanishads, en el **Tao Teh Ching** - pero no encontrarás la fragancia. Son flores viejas, muertas, secas. Puedes guardar una flor de rosa en tu Biblia; pronto se secará, la fragancia desaparecerá, será sólo un cadáver, un recuerdo de la verdadera flor. Así son las Escrituras.

Tienen que ser revividos por otro buda; de lo contrario, no pueden respirar.

Por eso hablo del **Dhammapada**, del Gita y de la Biblia, para que vuelvan a respirar. Puedo insuflarles vida. Puedo compartir mi fragancia con ellos, puedo derramar mi fragancia en ellos. Así, el cristiano que lo sea de verdad, no sólo por condicionamiento social sino por un gran amor a Cristo, encontrará a Cristo vivo de nuevo en mis palabras. O si alguien es budista, encontrará en mis palabras a Buda hablando de nuevo, en el lenguaje del siglo XX, con la gente del siglo XX.

¡Cuánto más fina es la fragancia de la virtud que la del sándalo, la rosa, el loto azul o el jazmín! Es tan fina que puede viajar contra el viento, puede viajar contra todas las leyes. Puede ir contra la gravedad, puede elevarse hacia arriba, puede alcanzar los cielos más altos.

La fragancia del sándalo o de la rosa no llega lejos. Pero la fragancia de la virtud se eleva a los cielos.

La fragancia de las flores no puede ir muy lejos. Es momentánea, es finita; sólo puede llegar hasta cierto punto y luego desaparece. Pero la fragancia de la budeidad puede viajar hasta los confines del mundo porque es infinita, Y es algo que está más allá del tiempo, más allá del espacio.

De hecho, incluso cuando el cuerpo de un buda desaparece, la fragancia continúa viajando.

Aquellos que son realmente perceptivos, sensibles, pueden captarlo incluso cuando un buda lleva siglos desaparecido. Es posible ser contemporáneo de Buda incluso ahora, tener una comunión con Jesús incluso ahora. La flor ya no existe, pero su fragancia ha pasado a formar parte del universo: la tienen los árboles, la tienen los vientos, la tienen las nubes.

Ahora Jesús no está en el cuerpo físico, pero Jesús se ha convertido en universal. Si sabes beber de lo universal, si sabes contactar con lo universal, te sorprenderás: todos los budas se vuelven vivos porque todos son contemporáneos, el tiempo no hace diferencia.

Ese es todo mi esfuerzo aquí: haceros contemporáneos de Jesús, de Buda, de Zaratustra, de Lao Tzu. Si podéis ser contemporáneos de estas almas despiertas, ¿qué sentido tiene seguir siendo contemporáneos de vuestro mundo ordinario y de sus ciudadanos ordinarios, los llamados seres humanos, que no tienen nada de humanidad en ellos, que aún no se han convertido en seres, que sólo son huecos, vacíos, sin sentido? ¿Qué sentido tiene vivir en el vecindario de las células vacías cuando puedes ser vecino de Gautama el Buda?

Sí, eso es posible, es posible trascendiendo el tiempo y el espacio. Y en la meditación trasciendes ambos. En la meditación no sabes dónde estás, no conoces el tiempo, no conoces el espacio. En la meditación, el tiempo y el espacio desaparecen, simplemente eres.

En ese momento, cuando simplemente eres, Buda está a tu lado; estás rodeado de budas de todas las épocas. Vivirás por primera vez una vida que merece la pena, una vida significativa: cuando puedas cogerte de la mano con budas y krishnas, cuando puedas bailar con Krishna y cantar con Meera y sentarte con Kabir. Es posible, porque sólo las flores han desaparecido, pero la fragancia es eterna. No puede desaparecer.

Y entonces todas las Escrituras cobran vida para ti. Cuando lees la Biblia, no estás leyendo sólo un libro, sino que Moisés te habla, Abraham te habla, Jesús te habla, ¡cara a cara!

El deseo nunca se cruza en el camino de los hombres virtuosos y despiertos. Su brillo los libera.

Deseo significa codicia de más y más. Deseo significa descontento, descontento con lo que es, descontento con el presente; por eso buscas satisfacción en tus esperanzas para el futuro. El hoy está vacío; sólo puedes vivir de la esperanza del mañana. El mañana traerá algo... aunque muchos mañanas han ido y venido y ese algo nunca sucede, pero tú sigues esperando contra toda esperanza. Sólo llegará la muerte.

Los deseos nunca se cumplen. Por la propia naturaleza de las cosas, no pueden cumplirse. La persona despierta mira a la mente deseante y se ríe. La mente deseosa es la mente más estúpida, porque está deseando algo que no puede cumplirse en la naturaleza misma de las cosas. Del mismo modo que no puedes obtener petróleo a través de la arena -puedes seguir y seguir trabajando en la arena, pero no obtendrás petróleo de ella, no existe en la arena, es imposible- exactamente así, el deseo es sólo un engaño.

Te mantiene ocupado -obviamente, ése es todo su propósito-, te mantiene ocupado, te mantiene esperando, te mantiene prometiéndote. El deseo es un político: sigue prometiéndote: "Espera, cinco años más y todo estará absolutamente bien. Sólo cinco años más y el mundo se convertirá en un paraíso". Y los políticos llevan miles de años diciéndolo. Y mira a la humanidad poco inteligente: sigue creyendo en los políticos. Cambia de políticos; cuando se cansa de uno, empieza a escuchar a otro. Pero eso no es un cambio en absoluto. Un político es sustituido por otro; de ahí que las democracias vivan como sistemas bipartidistas.

Un partido permanece en el poder durante cinco años; según las promesas sigues esperando, luego te frustras: no pasa nada. Las cosas empeoran. Pero para entonces, el otro partido que no está en el poder empieza a prometerte cosas. Y la estupidez es tal que empiezas a creer al otro partido. Llevas al poder al otro partido; durante cinco años te engañará. Para entonces, el primer partido que te ha engañado antes ha vuelto a ser digno de crédito; de nuevo ha alcanzado crédito, de nuevo ha criticado al partido gobernante y de nuevo se ha ganado el respeto a tus ojos. Y OTRA VEZ ha agitado tu mente esperanzada. Y la memoria de la gente es muy corta, de ahí que los políticos sigan engañando.

El deseo es un político. Un deseo te mantiene ocupado durante muchos años; luego, con la frustración en tus manos, te cansas de él, lo abandonas, pero inmediatamente entras en otro deseo. Otro político te está esperando. Ibas tras el dinero; luego, cansado, te olvidas de él y empiezas a correr tras el poder o la fama.

El deseo es tan astuto que incluso puede tomar la forma de religión, puede volverse religioso. Está dispuesto a tener cualquier máscara. Puede empezar a pensar en el cielo y en placeres celestiales. Puede darte la idea de que esta vida no es posible, pero que en la proxima vas a estar en el paraiso, y en el paraiso todo tipo de satisfacciones... arboles que satisfacen deseos. Te sientas debajo del árbol, pides un deseo y se cumple. ¿Qué vas a desear? Tus deseos serán estúpidos porque saldrán de tu mente. ¿Qué placeres vas a buscar en el cielo? Piensa un día que has llegado al cielo: ¿ahora qué quieres? Empezarás a pedir un hotel, un cine, una mujer, un hombre... ¿qué más? Las mismas cosas. Y seguirán las mismas frustraciones.

El deseo nunca se cruza en el camino de los hombres virtuosos y despiertos. Buda dice: Llamo virtuoso a aquel hombre que se ha vuelto totalmente consciente del engaño del deseo y, por lo tanto, el deseo nunca cruza su mente. Su mente permanece sin deseos. La única manera de no tener deseos es estar despierto, vigilante. La vigilancia crea una luz en ti, y en esa luz la oscuridad del deseo no puede entrar.

SU LUMINOSIDAD LOS LIBERA. Y cuando eres vigilante hay una luminosidad en tu ser; surge en ti una gran inteligencia. El hombre ordinario vive en la estupidez; el hombre ordinario vive de una manera muy tonta. En el momento en que te sintonizas con tu música interior, te sintonizas con la meditatividad, se libera una gran inteligencia. En esa inteligencia te es imposible ser engañado por el deseo. En esa inteligencia, por primera vez empiezas a comprender las cosas tal como son, dejas de malinterpretarlas. Normalmente toda tu comprensión no es más que incomprensión. Puedes pensar que eres muy inteligente, pero sólo la gente estúpida piensa que es inteligente. La inteligencia en sí misma es muy inconsciente. Funciona, funciona perfectamente, pero no crea ninguna autoconciencia, no trae ninguna idea del ego, ninguna superioridad. Es muy humilde, muy simple.

Pero como el hombre ordinario existe, sigue malentendiendo. Lee la Biblia y malinterpreta. Incluso los discípulos más cercanos de Jesús nunca le entendieron. Digo una y otra vez que Jesús es uno de los maestros más desafortunados que ha caminado sobre la tierra - no sólo porque fue crucificado y sólo tuvo tres años de tiempo para trabajar, sino porque tuvo un montón de seguidores muy estúpidos.

El día en que Jesús va a ser apresado, y ya es absolutamente seguro que ha sido traicionado por uno de sus discípulos, Judas, pregunta a sus otros once apóstoles: "¿Tenéis algo que preguntarme?". ¿Y sabes lo que le preguntaron? Preguntaron tonterías. Jesús debió llorar. Es posible que haya orado en lo profundo de su corazón, como lo hizo más tarde de nuevo en la cruz: "Padre, perdónalos, porque no saben lo que piden".

¿Qué preguntaban? Preguntaban: "Maestro, ahora que te vas, hay que aclarar algunas cosas. En el mundo de Dios, en el reino de Dios, del que tanto has hablado una y otra vez, estarás ciertamente a la derecha de Dios; entonces, ¿quién estará a tu derecha? Entre nosotros, ¿quién será el segundo después de ti y quién será el tercero y el cuarto? ¿Cuál será la jerarquía?".

¡Vean la pregunta! El Maestro va a ser crucificado mañana, y esta gente insensata está preocupada por la jerarquía, por quién será el más alto. Están dispuestos a conceder a Jesús: "De acuerdo, eso lo aceptamos, que tú serás el segundo después de Dios, pero ¿quién será el tercero y el cuarto y el quinto? Que se decida claramente, porque ahora te vas y puede que no volvamos a vernos pronto, ¡así que todo tiene que estar seguro!".

La mente deseosa, la mente ambiciosa - no han entendido a Jesús en absoluto. Y se dice que Jesús cayó de rodillas y oró y las lágrimas rodaron por sus mejillas. Nadie sabe lo que rezó, pero debe haber estado rezando: "Perdona a esta gente, no saben lo que piden". Y debe haber estado llorando porque este era el trabajo de toda su vida, esta gente. Y les ha estado diciendo que no deseen, que no sean ambiciosos. Les ha estado diciendo: "Los que son los primeros en este mundo serán los últimos en mi reino de Dios, y los que son los últimos serán los primeros". Pero no han entendido que les está diciendo que no sean ambiciosos.

El otro día, Premgeet me envió una pequeña anécdota sobre la mala interpretación:

La enfermera, frenética, corrió tras un paciente que gritaba por el pasillo de la sala, llevando un cuenco. El cirujano la detuvo y le dijo: "¡Enfermera! ¡Enfermera! Te he dicho que le pinches el forúnculo".

¿Entiendes? ¡Ella le estaba hirviendo la polla! Pero esto es exactamente lo que sigue ocurriendo: la mente de la masa no puede entender. El malentendido es inevitable, porque la mente de la masa es sorda. Cuando hablas con la gente, no te escuchan de verdad, sólo fingen que te escuchan. Mil y un pensamientos cruzan por sus mentes; no están realmente ahí, nunca están presentes en ninguna situación, siempre están ausentes.

No están donde están, siempre están en otra parte. Cuando están en Poona, están en Pekín; cuando están en Pekín, están en Poona. ¡Qué gente más rara!

Dondequiera que estén puedes estar seguro de que allí al menos no están; en cualquier otro lugar del mundo pueden estar. ¿Cómo pueden entenderlo?

Y sólo escuchan las palabras, nunca escuchan el significado - porque el significado sólo puede ser escuchado por el corazón. Las palabras pueden ser escuchadas por la cabeza. No saben escuchar a través del corazón. Escuchar a través del corazón es el significado de ser discípulo; escuchar a través del corazón significa escuchar con amor, con confianza, con profunda simpatía y, finalmente, con profunda empatía. Escuchar a través del corazón significa escuchar como si te hubieras convertido en uno con lo que se te está diciendo, cuando el discípulo se sintoniza tanto con el maestro que incluso antes de que se pronuncien las palabras las oye, y no sólo las palabras sino el significado, la fragancia que llevan las palabras. Pero es muy invisible. La cabeza es burda.

Lo invisible sólo puede ser atrapado en la red del corazón.

La gente incluso sigue, pero entonces también siguen por incomprensión. Convertirte en un seguidor no cambia nada en tu vida. No se trata de seguir a alguien, sino de comprender a alguien que ha despertado. Por eso no os llamo seguidores, sino amigos. Si podéis ser mis amigos, si podéis estar en profundo amor y confianza aquí en mi presencia, si podéis estar presentes a mi presencia, si podemos enfrentarnos y reflejarnos mutuamente, cosas tremendamente importantes empezarán a suceder por sí mismas - porque vuestro corazón comprenderá, y cuando el corazón comprende, INMEDIATAMENTE ocurren transformaciones.

Cuando la cabeza comprende, entonces pregunta: "¿Cómo? Sí, ES correcto; ahora, ¿cómo se puede hacer?". Recuerda esta diferencia: en la cabeza, el conocimiento y la acción son dos cosas distintas; en el corazón, el conocimiento ES acción.

Sócrates dice: El conocimiento es virtud - y no ha sido comprendido a través de los tiempos.

Ni siquiera sus propios discípulos, Platón y Aristóteles, le han entendido bien. Cuando dice que el conocimiento es virtud, quiere decir que hay una forma de escuchar y comprender en la que en el momento en que comprendes una cosa no puedes hacer otra cosa. Cuando ves que ésta es la puerta, entonces no puedes intentar salir por la pared, saldrás por la puerta. Ver significa actuar, ver trae acción.

Si cuando te digo: "Esta es la puerta. Siempre que quieras salir, por favor, sal por esta puerta, porque ya bastante te has hecho daño en la cabeza intentando salir por la pared", dices: "Sí, señor, lo entiendo perfectamente, pero ¿cómo salir por la puerta?", tu pregunta mostrará que el corazón no ha escuchado, sólo la cabeza. La cabeza siempre pregunta "¿Cómo?".

La cabeza siempre hace preguntas que parecen muy pertinentes a primera vista, pero que son absolutamente ridículas. El corazón nunca pregunta, escucha y actúa. Escuchar y actuar son una sola cosa en el corazón; el amor sabe y actúa en consecuencia. Nunca pregunta "¿Cómo?". El corazón tiene inteligencia propia. La cabeza es intelectual, el corazón es inteligencia.

Qué dulcemente crece el loto en la hojarasca del camino. Su fragancia pura deleita el corazón.

Recuérdalo una y otra vez porque olvidarás una y otra vez que es una cuestión del corazón. Si el corazón se deleita en algo, entonces puedes estar seguro de que tu vida está creciendo, expandiéndose; tu conciencia se está volviendo más clara, tu inteligencia se está liberando de sus ataduras.

Qué dulcemente crece el loto en la hojarasca del camino. La palabra que Buda utiliza para loto es *Pankaj*; es una de las palabras más bellas. Pankaj significa lo que nace del lodo, del barro sucio. El loto es uno de los fenómenos más milagrosos que existen; de ahí que en Oriente se haya convertido en el símbolo de la transformación espiritual. Buda está sentado sobre un loto, Vishnu está de pie sobre un loto.

¿Por qué un loto? - Porque el loto tiene un significado muy simbólico: crece del barro sucio. Es un símbolo de transformación, de metamorfosis. El barro está sucio, quizá apesta; el loto es fragante, y ha salido del barro apestoso.

Buda está diciendo: Exactamente de la misma manera, la vida ordinariamente es sólo barro apestoso - pero la posibilidad de convertirse en un loto está oculta allí. El barro puede transformarse, puedes convertirte en un loto. El sexo puede transformarse y convertirse en samadhi. La ira puede transformarse y convertirse en compasión. El odio puede transformarse y convertirse en amor. Todo lo que tienes que parece negativo ahora mismo, como barro, puede transformarse. Tu mente ruidosa puede vaciarse y transformarse, y se convierte en música celestial.

Sigue a los despiertos y de entre los ciegos brillará pura la luz de tu sabiduría.

Pero la única manera posible de salir de este lío es estar en sintonía con alguien que ya esté despierto. Estás dormido; sólo alguien que esté despierto puede sacudirte de tu sueño, puede ayudarte a salir de él.

Gurdjieff solía decir: Si estás en una cárcel, sólo alguien que está fuera de la cárcel puede manejarlo, puede arreglarlo para que puedas escapar de la cárcel; de lo contrario es imposible. Y no sólo estás en una cárcel, te han hipnotizado y te han dicho que esto no es una cárcel, que es tu casa. No sólo estás en una cárcel, sino que has creído que es tu casa y la estás decorando. Toda tu vida no es más que decorar la cárcel, y estás compitiendo con otros presos que están decorando sus oscuras celdas.

Sólo alguien que es libre, que ha estado una vez en la cárcel y ya no está en la cárcel, puede conseguir despertarte, hacerte consciente de la realidad. Puede conseguir deshipnotizarte, puede ayudarte a descondicionarte y puede idear métodos y medios para que puedas escapar de la cárcel. Puede sobornar al alcaide, al carcelero; puede acercar una escalera a la pared, puede tirar una cuerda dentro. Puede hacer un agujero en la pared desde fuera... mil y una posibilidades.

Pero la única esperanza para ti es estar en contacto profundo con alguien que esté despierto. El despierto se llama el maestro - *Satguru*. Si puedes encontrar un maestro, no pierdas la oportunidad - entrégate, relájate en su ser, empápate de su conciencia, deja que su fragancia te rodee. Y no está lejos el día en que tú también estarás despierto, tú también serás un buda.

Sigue recordándote a ti mismo que, a menos que seas un buda, tu vida es un desperdicio. Sólo siendo un buda la vida de uno tiene gracia, belleza, inteligencia, significado, bendición.

Suficiente por hoy.

Aquí es

La primera pregunta:
Pregunta 1:
Amado maestro,
Siempre has señalado que la mayoría de las cosas y estados son dos extremos de un mismo estado, polos opuestos. Entonces el odio es el otro extremo del amor. ¿significa esto que es tan fácil odiar como amar? El amor es tan hermoso. El odio es tan feo, y sin embargo también ocurre.

Zareen, el amor es un estado natural de conciencia. No es ni fácil ni difícil. Esas palabras no se le aplican en absoluto. No es un esfuerzo; por lo tanto, no puede ser ni fácil ni difícil. Es como respirar. Es como el latido de tu corazón, es como la sangre que circula por tu cuerpo.

El amor es tu propio ser... pero ese amor se ha vuelto casi imposible. La sociedad no lo permite. La sociedad te condiciona de tal manera que el amor se hace imposible y el odio se convierte en lo único posible. Entonces el odio es fácil, y el amor no sólo es difícil sino imposible. El hombre ha sido distorsionado. El hombre no puede ser reducido a la esclavitud si antes no es distorsionado. El político y el sacerdote han estado en una profunda conspiración a lo largo de los siglos. Han estado reduciendo a la humanidad a una multitud de esclavos. Están destruyendo toda posibilidad de rebelión en el hombre - y el amor ES rebelión, porque el amor sólo escucha al corazón y no le importa nada más.

El amor es peligroso porque te convierte en un individuo, y el Estado y la Iglesia no quieren individuos, en absoluto. No quieren seres humanos, quieren ovejas. Quieren personas que sólo parezcan seres humanos, pero cuyas almas han sido aplastadas tan completamente, dañadas tan profundamente, que parece casi irreparable.

Y la mejor manera de destruir al hombre es destruir su espontaneidad de amor. Si el hombre tiene amor, no puede haber naciones; las naciones existen sobre el odio. Los indios odian a los pakistaníes, y los pakistaníes odian a los indios: sólo así pueden existir estos dos países. Si aparece el amor, desaparecerán las fronteras. Si aparece el amor, ¿quién será cristiano y quién judío? Si aparece el amor, las religiones desaparecerán.

Si aparece el amor, ¿quién va a ir al templo? ¿Para qué? Es porque te falta el amor por lo que buscas a Dios. Dios no es más que un sustituto del amor que te falta.

Porque no eres dichoso, porque no eres pacífico, porque no eres extático, de ahí que busques a Dios... si no, ¿a quién le importa? ¿A quién le importa? Si tu vida es una danza, Dios ya ha sido alcanzado. El corazón amoroso está lleno de Dios. No hay necesidad de ninguna búsqueda, no hay necesidad de ninguna oración, no hay necesidad de ir a ningún templo, a ningún sacerdote.

Por lo tanto, el sacerdote y el político, estos dos son los enemigos de la humanidad. Y están en una conspiración, porque el político quiere gobernar tu cuerpo y el sacerdote quiere gobernar tu alma. Y el secreto es el mismo: destruir el amor. Entonces el hombre no es más que un vacío, una existencia sin sentido. Entonces podrás hacer lo que quieras con la humanidad y nadie se rebelará, nadie tendrá el valor suficiente para rebelarse.

El amor da valor, el amor quita todo miedo - y los opresores dependen de tu miedo.

Te crean miedo, mil y un tipos de miedo. Estás rodeado de miedos, toda tu psicología está llena de miedos. En el fondo tiemblas. Sólo en la superficie mantienes una cierta fachada; de lo contrario, en tu interior hay capas y capas de miedo.

Un hombre lleno de miedo sólo puede odiar: el odio es un resultado natural del miedo. Un hombre lleno de miedo también está lleno de ira, y un hombre lleno de miedo está más en contra de la vida que a favor de la vida. La muerte parece ser un estado de descanso para el hombre lleno de miedo. El hombre temeroso es suicida, es negativo para la vida.

La vida le parece peligrosa, porque para vivir hay que amar, ¿cómo se puede vivir? Igual que el cuerpo necesita respirar para vivir, el alma necesita amar para vivir. Y el amor está totalmente envenenado.

Envenenando tu energía de amor han creado una división en ti, han creado un enemigo dentro de ti, te han dividido en dos. Han creado una guerra civil, y siempre estás en conflicto. Y en el conflicto tu energía se disipa; por lo tanto tu vida no tiene alegría. No rebosa energía, es aburrida, insípida, poco inteligente.

El amor agudiza la inteligencia, el miedo la embota. ¿Quién quiere que seas inteligente? Los que están en el poder, no. ¿Cómo pueden querer que seas inteligente? - Porque si eres inteligente, empezarás a ver toda la estrategia, sus juegos. Quieren que seas estúpido y mediocre. Ciertamente quieren que seas eficiente en lo que se refiere al trabajo, pero no inteligente; de ahí que la humanidad viva en lo más bajo, en el mínimo de su potencial.

Los investigadores científicos afirman que el hombre corriente sólo utiliza el cinco por ciento de su inteligencia potencial en toda su vida. El hombre corriente, sólo el cinco por ciento. ¿Y el extraordinario? ¿Y un Albert Einstein, un Mozart, un Beethoven? Los investigadores dicen que incluso los que tienen mucho talento no utilizan más del diez por ciento. Y los que llamamos genios, sólo utilizan el quince por ciento.

Piensa en un mundo en el que todo el mundo utilice el cien por cien de su potencial... entonces los dioses estarán celosos de la Tierra, entonces a los dioses les gustaría nacer en la Tierra. Entonces la tierra será un paraíso, un superparadiso. Ahora mismo es un infierno.

Zareen, dices que debería ser más fácil amar que odiar. Si al hombre se le deja en paz, sin envenenar, entonces el amor será simple, muy simple. No habrá ningún problema. Será como el agua fluyendo hacia abajo, o el vapor subiendo hacia arriba, los árboles floreciendo, los pájaros cantando. Será tan natural y tan espontáneo.

Pero al hombre no se le deja solo. A medida que el niño nace, los opresores están listos para saltar sobre él, para aplastar sus energías, para distorsionarlas hasta tal punto, para distorsionarlas tan profundamente, que la persona nunca se dará cuenta de que está viviendo una vida falsa, una pseudo vida, que no está viviendo como estaba destinado a vivir, como nació para vivir; que está viviendo algo sintético, plástico, que ésta no es su alma real. Por eso millones de personas se encuentran en tal miseria, porque sienten en algún lugar que han sido distraídas, que no son ellas mismas, que algo ha ido básicamente mal....

El amor es simple si al niño se le permite crecer, se le ayuda a crecer, de forma natural, en el camino del dhamma. Si se ayuda al niño a estar en armonía con la naturaleza y consigo mismo, si se le apoya, alimenta y anima en todos los sentidos a ser natural y a ser él mismo, una luz en sí mismo, entonces el amor es sencillo. Uno será simplemente amoroso.

El odio será casi imposible, porque antes de que puedas odiar a otra persona, primero tienes que crear el veneno dentro de ti. Sólo puedes dar algo a alguien si tú lo tienes. Solo puedes odiar si estas lleno de odio. Y estar lleno de odio es sufrir el infierno. Estar lleno de odio es estar en el fuego. Estar lleno de odio significa que primero te hieres a ti mismo. Antes de herir a otro, tienes que herirte a ti mismo. El otro puede no estar herido, dependerá del otro. Pero una cosa es absolutamente cierta: antes de que puedas odiar, tienes que pasar por un largo sufrimiento y miseria. Puede que el otro no acepte tu odio, que lo rechace. El otro puede ser un buda, puede simplemente reírse de ello. Puede que te perdone, puede que no reaccione. Puede que no seas capaz de herirle si no está preparado para reaccionar. Si no puedes molestarle, ¿qué puedes hacer? Te sentirás impotente ante él.

Así que no es necesariamente así, que el otro va a ser herido. Pero una cosa es absolutamente cierta, que si odias a alguien, primero tienes que herir tu propia alma de muchas maneras; tienes que estar tan lleno de veneno que puedas arrojar veneno sobre los demás.

El odio es antinatural. El amor es un estado de salud; el odio es un estado de enfermedad. Al igual que la enfermedad, es antinatural. Ocurre sólo cuando pierdes el rastro de la naturaleza, cuando ya no estás en armonía con la existencia, ya no estás en armonía con tu ser, con tu núcleo más íntimo; entonces estás enfermo, psicológicamente, espiritualmente enfermo. El odio es sólo un símbolo de enfermedad, y el amor uno de salud y plenitud y santidad.

Zareen, el amor debería ser una de las cosas más naturales, pero no lo es. Al contrario, se ha convertido en lo más difícil, casi lo imposible. El odio se ha convertido en algo fácil; estás entrenado, estás preparado para el odio. Ser hindú es estar lleno de odio hacia los mahometanos, hacia los cristianos, hacia los judíos; ser cristiano es estar lleno de odio hacia otras religiones. Ser nacionalista es estar lleno de odio hacia otras naciones.

Sólo conoces una forma de amar: odiar a los demás. Sólo puedes mostrar tu amor por tu país odiando a otros países, y sólo puedes mostrar tu amor por tu iglesia odiando a otras iglesias. ¡Estás en un lío!

Estas supuestas religiones siguen hablando de amor, y lo único que hacen en el mundo es crear más y más odio. Los cristianos hablan de amor y han estado creando guerras, cruzadas. Los mahometanos hablan de amor y han estado creando JIHADS - guerras religiosas. Los hindúes hablan de amor, pero puedes mirar en sus escrituras - están llenas de odio, odio hacia otras religiones. Puedes estudiar el llamado gran libro de Dayanand, *Satyarth Prakash*, y encontrarás odio en cada página, en cada frase. Y se piensa que estos libros son libros espirituales.

Y aceptamos todas estas tonterías. Y lo aceptamos sin ninguna resistencia, porque hemos sido condicionados a aceptar estas cosas, nos han enseñado que así son las cosas. Y entonces sigues negando tu propia naturaleza.

El otro día leía un chiste:

Una mujer se confesaba - era monja - se confesaba a la madre superiora, llorando, con lágrimas rodando por sus mejillas; parecía tremendamente perturbada. Y decía: "He cometido un pecado, algo imperdonable. Este hombre entró anoche en mi habitación, y yo estaba sola. Y a punta de revólver me hizo el amor. Sólo me dio dos alternativas: 'O te mueres o me haces el amor'. Estoy arruinada", decía. "¡Mi vida entera está arruinada!"

La madre superiora dijo: "No te inquietes, no te preocupes, la compasión de Dios es infinita. Y en las antiguas escrituras se dice que un hombre puede hacer cualquier cosa si se trata de sobrevivir, excepto escupir sobre la Biblia. A un hombre se le permite hacer cualquier cosa si es una cuestión de supervivencia, y era una cuestión de supervivencia para ti.

Así que no te preocupes: ¡estás perdonado!".

Pero la mujer, turbada, se echó a llorar de nuevo y dijo: "No. ¡No servirá de nada!".

La madre superiora dijo: "¿Por qué no sirve de nada?".

La monja levantó la vista y dijo: "Porque me gustó".

Puedes negar la naturaleza, pero no puedes destruirla. Permanece en algún lugar de lo más profundo de tu ser, viva. Y esa es la única esperanza.

El amor ha sido envenenado, pero no destruido. El veneno puede ser expulsado, fuera de tu sistema - puedes ser limpiado. Puedes vomitar todo lo que la sociedad te ha impuesto.

Puedes abandonar todas tus creencias y todos tus condicionamientos: puedes ser libre. La sociedad no puede mantenerte esclavo para siempre si decides ser libre.

De eso se trata sannyas.

Zareen, ha llegado el momento: conviértete en sannyasin. Es hora de abandonar todos los viejos patrones y comenzar una nueva forma de vida, una forma de vida natural, una forma de vida no represiva, una vida no de renuncia sino de regocijo.

Normalmente, si observas a los seres humanos, el amor es imposible, sólo el odio es posible. Pero el espacio que estoy creando aquí es totalmente diferente: aquí el amor es la única posibilidad.

El odio será cada vez más imposible. El odio es el polo opuesto del amor, como la enfermedad es el polo opuesto de la salud. Pero no hace falta que elijas la enfermedad.

La enfermedad tiene algunas ventajas que la salud no puede tener; no te apegues a esas ventajas. El odio también tiene algunas ventajas que el amor no puede tener. Y tienes que estar muy atento. El enfermo recibe la simpatía de todos los demás; nadie le hace daño, todo el mundo tiene cuidado con lo que le dicen, está tan enfermo. Sigue siendo el foco, el centro de todo el mundo -la familia, los amigos-, se convierte en la persona central. Se vuelve importante. Ahora bien, si se apega demasiado a esta importancia, a esta realización del ego, nunca querrá volver a estar sano. Él mismo se aferrará a la enfermedad.

Y los psicólogos dicen que hay mucha gente que se aferra a las enfermedades por las ventajas que tienen las enfermedades. Y han invertido tanto tiempo en sus enfermedades que han olvidado por completo que se aferran a ellas. Temen que si se ponen sanos volverán a no ser nadie.

Eso también se enseña. Cuando un niño pequeño se pone enfermo, toda la familia está muy atenta. Esto no tiene nada de científico. Cuando el niño está enfermo, cuida de su cuerpo pero no le prestes demasiada atención. Es peligroso, porque si la enfermedad y tu atención se asocian... lo que sucederá si ocurre una y otra vez. Cada vez que el niño está enfermo se convierte en el centro de toda la familia: papá viene y se sienta a su lado y pregunta por su salud, y viene el médico, y empiezan a venir los vecinos, y los amigos preguntan, y la gente trae regalos para él .... Ahora puede apegarse demasiado a todo esto; puede ser tan nutritivo para su ego que no le guste volver a estar bien.

Y si esto sucede, entonces es imposible estar sano. Ya no hay medicina que pueda ayudar. La persona se ha comprometido decididamente con la enfermedad. Y eso es lo que le ha ocurrido a mucha gente, a la mayoría.

Cuando odias, tu ego se realiza. El ego sólo puede existir si odia, porque al odiar te sientes superior, al odiar te separas, al odiar te defines, al odiar alcanzas cierta identidad. En el amor el ego tiene que desaparecer. En el amor ya no estás separado, el amor te ayuda a disolverte con los demás. Es un encuentro y una fusión.

Si estás demasiado apegado al ego, entonces el odio es fácil y el amor es muy difícil. Estate alerta, atento: el odio es la sombra del ego, y el amor necesita un gran coraje. Necesita gran valor porque necesita el sacrificio del ego. Sólo aquellos que están dispuestos a convertirse en nadie son capaces de amar. Sólo aquellos que están dispuestos a convertirse en nada, completamente vacíos de sí mismos, son capaces de recibir el don del amor del más allá.

Si estás atenta, Zareen, el amor se volverá muy simple y el odio se volverá imposible. Y el día que el odio se vuelva imposible y el amor se vuelva natural, habrás llegado a casa. Entonces no hay a donde ir - Dios ha sido alcanzado.

Ser absolutamente natural es todo lo que significa encontrar a Dios.

La segunda pregunta:

Pregunta 2:

Amado maestro,

¿qué es?

Prabhati, hay dos clases de cosas en la existencia: una, la que puede ser explicada; y la otra, la que sólo puede ser experimentada. Las cosas que pueden explicarse son mundanas, ordinarias, no tienen valor intrínseco. Y las cosas que no se pueden explicar son realmente significativas, tienen valor intrínseco.

Por ejemplo, el sexo se puede explicar, el amor no. Por lo tanto, el sexo se convierte en una mercancía: se puede vender, se puede comprar. El amor no es una mercancía; no se puede vender, no se puede comprar, no hay manera. El sexo puede explicarse porque forma parte de la fisiología. El amor no se puede explicar, forma parte de tu misterio interior.

A menos que tu sexualidad se eleve y llegue al amor, es mundana, no tiene nada de sagrado. Cuando tu sexo se convierte en amor, entonces entra en una dimensión totalmente diferente: la dimensión de lo misterioso y lo milagroso. Ahora se vuelve religioso, sagrado, ya no es profano.

Y hay una etapa aún más elevada del amor -yo la llamo oración- que es absolutamente inexplicable, que es absolutamente inefable. No se puede decir nada al respecto.

Cuando un discípulo preguntó a Jesús: "¿Qué es la oración?". Jesús cayó de rodillas y se puso a rezar. ¿Qué otra cosa puede hacer? La oración no se puede explicar, no se puede decir nada sobre ella, pero se puede mostrar. ¿Qué se puede decir de la muerte, qué se puede decir de la vida?

Lo que digas se quedará corto; no puede elevarse a las alturas de la vida y la muerte. Eso son experiencias.

¿Qué se puede decir de la belleza? Aunque el lago esté lleno de hermosos lotos y sea una noche de luna llena, y todo sea bendición, alguien puede preguntar: "¿Qué es la belleza?". ¿Qué puedes decir? Puedes mostrarlo. Puedes decir: "¡Esto es!". Pero él dirá: "Estoy pidiendo una definición".

Rabindranath, uno de los más grandes poetas de este país, vivía en una pequeña casa flotante.

Solía vivir durante meses en esa casa flotante; le encantaba vivir en la casa flotante. Era una noche de luna llena y estaba leyendo en su habitación, un pequeño camarote, a la luz de una pequeña vela, sobre estética: ¿qué es la belleza? Y la luna llena afuera, y el cucú llamando desde la orilla lejana, y la luna reflejándose en todo el lago, ¡y todo el lago era plateado...! Era una noche tremendamente silenciosa, no había nadie alrededor, excepto ese cuco que llamaba. De vez en cuando un pájaro sobrevolaba la barca, o un pez saltaba al lago, y esos sonidos ahondaban aún más el silencio. Y reflexionaba sobre grandes libros de estética en busca de la definición de lo que es la belleza.

Cansado, exhausto, en mitad de la noche, apagó la vela... y se quedó estupefacto, sorprendido. Al apagar la vela, los rayos de la luna entraron por la ventana, por la puerta, dentro de la cabaña. La pálida luz de la vela había estado impidiendo la entrada de la luna. De repente, oyó el cuco que llamaba desde la lejana orilla.

De repente, fue consciente del tremendo silencio, de la profundidad del silencio que rodeaba el barco. Un pez saltó, y salió.... Nunca había visto una noche tan hermosa. Unas nubes blancas flotando en el cielo, y la luna y el lago y el cucú llamando... se sintió transportado a otro mundo.

Escribió en su diario: "¡Soy un insensato! He estado buscando en los libros qué es la belleza, ¡y la belleza estaba delante de mi puerta, llamando a mi puerta! Estaba buscando la belleza, buscando la belleza, con una pequeña vela, y la pequeña luz de la vela mantenía fuera la luz de la luna". Escribió en su diario: "Parece que mi pequeño ego está manteniendo a Dios fuera - el pequeño ego, como una pequeña y pálida luz de vela, manteniendo la luz de Dios fuera. Y Él está esperando fuera. Todo lo que tengo que hacer es cerrar los libros, apagar la vela del ego y salir... ¡Y VER!".

Prabhati, me preguntas, "¿Qué es?"

Este... thisness... este momento estás rodeado por el es. Está dentro y fuera de ti. El piar de los pájaros... y este silencio... ¿y me preguntas qué es?

No es una pregunta que pueda responderse. También es una pregunta peligrosa, peligrosa en el sentido de que puedes encontrar a algún insensato que la responda, y entonces puedes aferrarte a esa respuesta. Alguien dirá: "Dios es", y te aferrarás a esa respuesta.

Y entonces surgirá otra pregunta: "¿Qué es Dios?". Y ahora estás listo para caer en una regresión infinita.

Un hombre que una vez hizo un favor a Dios recibió como recompensa la promesa de una respuesta a una pregunta, cualquier pregunta. Pero Dios le advirtió que algunas cosas sólo pueden experimentarse y no pueden explicarse. Mientras reflexionaba y empezaba a formular su única pregunta cósmica, Dios le advirtió de nuevo sobre la experiencia frente a las explicaciones.

El hombre no pudo contener más su pregunta y exigió saber: "¿Qué hay después de la muerte?" Y Dios lo mató allí mismo.

¿Qué otra cosa podía hacer Dios? Lo mató donde estaba, inmediatamente lo mató, porque si quieres saber lo que hay después de la muerte, ¡tienes que morir! Tened mucho cuidado. Te pueden dar explicaciones sobre cosas que pertenecen al mundo, al mundo objetivo. Para eso debes preguntarle al científico; él lo sabe, es de su incumbencia. No preguntes al místico sobre cosas que pueden ser explicadas; eso no le concierne. Su preocupación son las cosas que se pueden experimentar.

No me preguntes nada que no se pueda explicar. Estén en mi presencia, sientan mi presencia, sean abiertos y vulnerables. Estamos aquí para experimentar algo. Todas las explicaciones sobre los misterios de la vida no son más que explicaciones.

El significado básico de la palabra "explicación" es "aplanar una cosa", pero aplanar una cosa es destruirla. Si alguien pudiera responder: "¿Qué es Dios? ¿Qué es el amor? ¿Qué es la oración? ¿Qué es?", habría aplanado una experiencia hermosa, tremendamente hermosa, increíble, convirtiéndola en palabras feas. Todas las palabras son inadecuadas.

¡Sé y conoce! ¡Estate quieto y conoce! No estás aquí para aprender más palabras; estás aquí para profundizar en el silencio. Utiliza mis palabras como pistas hacia una existencia sin palabras.

¡Aquí es! ¿Por qué preguntas? Siente este momento... en su totalidad, en toda su dimensionalidad, y una gran belleza descenderá, una gran beatitud, una gran bendición te rodeará; una gracia, un éxtasis muy silencioso empezará a surgir en ti. Te sentirás ebrio de existencia.

Embriágate de existencia: es la única forma de conocerla.

La tercera pregunta:

Pregunta 3:

Amado maestro, ¿cuál es su opinión sobre la cienciología?

Aida, es fantástico... ¡Quiero decir una estupidez, una absoluta estupidez! Cuidado con esas estupideces. Se mueven en el mundo en nombre de la ciencia porque la ciencia tiene crédito, así que cualquier estupidez puede pretender ser científica. Y a la gente le impresionan mucho las palabras: "cienciología". La gente está muy impresionada por aparatos brillantes, instrumentos.... El hombre es tan inconsciente de sí mismo que cae víctima de cualquier cosa. Y nuestro siglo tiene los medios de comunicación más eficaces para hacer publicidad, para propagar cosas.

La Cienciología no es más que una especie de hipnosis: puede hipnotizarte. Y la verdadera religión es justo lo contrario: es la deshipnosis. Tú ya estás hipnotizado, ya no necesitas ninguna cienciología. Necesitas un proceso de deshipnosis, necesitas descondicionarte, necesitas salir de todo tipo de ideologías. La Cienciología es una ideología. Habla en términos de ciencia, y la ciencia tiene un gran atractivo. La ciencia es la superstición moderna.

El hombre moderno se impresiona inmediatamente si se introduce la ciencia. Así que todo y cualquier cosa tiene que ser probado científicamente. Y hay charlatanes que incluso siguen probando a Dios científicamente y que intentan medir los estados de meditación, como si la meditación pudiera medirse. Todo lo que puedas medir será mente; la no-mente no puede medirse. Todas tus ondas alfa, etcétera, no van a ayudar. Sólo pueden ir hasta cierto punto DENTRO de la mente. Pero la meditación comienza sólo donde termina la mente.

La mente es mensurable, porque la mente ES una máquina. Pero la no-mente es inconmensurable, no tiene límites. Así que todas las tonterías que ocurren en nombre de la medición... y la gente está muy impresionada. Están sentados ante aparatos muy brillantes -da una impresión de ciencia-, cables conectados a la cabeza, a las manos, igual que un cardiograma.

Intentan descifrar el silencio interior. ¡Es imposible! Todo lo que vienen a grabar es mente. Todas las ondas son de la mente.

La meditación no tiene ondas porque no tiene pensamientos. La meditación no puede ser registrada; no puede haber un cardiograma, no puede haber una máquina que pueda registrarla. Es muy evasiva, muy subjetiva, no puede reducirse a un objeto. Pero como la mente occidental es muy objetiva, está entrenada en la ciencia, ahora hay charlatanes que se aprovechan de esta atracción y de este entrenamiento.

La Cienciología es una de esas pseudo religiones. La verdadera religión no necesita nada de eso. Y la Cienciología está destruyendo la mente de muchas personas.

El hombre moderno se encuentra en una situación especial: las viejas religiones han perdido su asidero, su credibilidad, y la nueva religión aún no ha llegado: hay un vacío. Y el hombre no puede vivir sin religión, es imposible; la religión es una necesidad. Así que si la verdadera no está disponible, la falsa se impone, la falsa se convierte en un sustituto. La cienciología es una religión falsa, y hay muchas como la cienciología.

La verdadera religión consiste en volverse totalmente silencioso, incondicionado, deshipnotizado. Es ir más allá de la mente, más allá de la ideología; es ir más allá de las escrituras y más allá del conocimiento. Es simplemente caer en tu propia interioridad, volverte completamente silencioso, no saber nada, y funcionar desde ese estado de no saber, desde esa inocencia.

Cuando actúas desde la inocencia, tus actos tienen una belleza propia. Eso es la virtud - *Aes Dhammo Sanantano*.

La cuarta pregunta:

Pregunta 4:

Amado maestro, ¿el psicoanálisis no puede resolver los problemas del hombre? ¿es realmente necesaria la religión?

Neelima, el psicoanálisis es algo superficial, útil pero muy superficial. Sólo analiza los rumores superficiales de tu mente. Es mucho mejor que la cienciología ciertamente, porque al menos analiza la realidad REAL. Se ocupa de la mente que tienes. Intenta penetrar en tu inconsciente, en la parte reprimida de tu mente. Puede ayudarte, pero no puede resolver todos tus problemas porque su alcance es muy limitado. Por lo tanto, Freud no podía satisfacer, sólo podía tocar una parte de tu mente. Adler tocó otra parte de tu mente, pero tampoco pudo satisfacerte. Jung tocó aún otra parte de tu mente - no pudo satisfacer, porque las partes son partes y el problema pertenece al todo.

Assagioli va un poco más allá que estos tres. Abandona el psicoanálisis y empieza a llamar a su empresa "psicosíntesis". Es un poco mejor: sintetiza. Freud es un fanático; afirma que todo lo que dice es la verdad, la única verdad y toda la verdad. Y cualquiera que esté en contra, está en contra de la verdad. No puede haber otra posibilidad: ésta es la única manera. El fanático siempre afirma: "Éste es el único camino". El fanático no permite a la vida su riqueza, su variedad.

Y también Adler. Todos ellos fueron básicamente discípulos de Freud, aunque rechazaron sus conocimientos. Pero nunca pudieron rechazar su fanatismo básico. Rechazaban lo que decía, pero nunca pudieron rechazar la impresión que había dejado en sus seres.

Jung también fue un seguidor, un discípulo, y luego se rebeló contra él. Pero incluso en su rebelión siguió siendo, en el fondo, la misma persona: el mismo énfasis en reclamar el todo, en conocer el todo.

Assagioli es mucho mejor, porque dice que todas estas tres personas tienen sentido, pero son parciales: hay que sintetizarlas. Se necesita un enfoque sintético que combine todos los esfuerzos. Pero Assagioli comete un error que es muy fundamental. Puedes diseccionar el cuerpo de un hombre para saber lo que hay dentro; una vez que lo hayas diseccionado, no encontrarás ningún alma; esa no es la forma de encontrar un alma. Encontrarás manos y piernas y cabeza y ojos y corazón y riñones, y miles de cosas encontrarás, y puedes hacer una larga lista... pero no encontrarás el alma. Y naturalmente concluirás que no hay alma.

Eso es lo que hicieron Freud, Adler y Jung. Luego vino Assagioli. Dijo: "Esto no está bien. La disección no es el camino, el análisis no es el camino - intentaré la síntesis". Así que vuelve a juntar todas esas partes, las cose; hace un buen trabajo de costura, pero aun así el hombre no está vivo, el alma no está ahí. Una vez que el alma se ha ido, no se puede recuperar con sólo unir el cuerpo. Así que ahora es un cadáver, mejor que Freud, Adler y Jung, porque sólo eran como los proverbiales ciegos, los cinco ciegos, que habían ido a ver al elefante. Cada uno afirmaba: "Mi experiencia del elefante ES el elefante". El que había tocado la pata del elefante decía que el elefante no es más que un pilar... y así sucesivamente. Freud, Jung y Adler son partes ciegas y sensibles del elefante. Y el elefante de la vida es realmente enorme, enorme.

Ahora bien, lo que Assagioli ha hecho es que ha recogido las opiniones de los cinco ciegos y ha puesto todas esas opiniones juntas, y dice: "Esto es lo correcto. He hecho la síntesis, esta es la verdad". Esta no es la manera de encontrar la verdad. Juntando las opiniones de cinco ciegos, no se llega al verdadero elefante.

El verdadero elefante necesita OJOS para ser visto. El psicoanálisis es ciego y la psicosíntesis también, un poco más sabia pero ciega. No pueden resolver los problemas del hombre porque el problema básico del hombre no es psicológico sino espiritual, no psicológico sino existencial. El hombre no es sólo el cuerpo; de lo contrario, el fisiólogo habría resuelto todos sus problemas. Y el hombre no es sólo psique; de lo contrario, el psicólogo habría resuelto sus problemas. El hombre es mucho más: el hombre es una unidad orgánica: cuerpo, mente, alma... estos tres más algo misterioso: el cuarto. Los místicos de la India lo han llamado simplemente el cuarto - TURIYA. No le dan ningún nombre porque no se le puede dar ningún nombre.

Cuerpo, mente, alma, estos tres son nombrables. El cuerpo se puede observar objetivamente. La mente está disponible tanto para la observación objetiva como para la subjetiva: puedes observarla desde fuera como comportamiento y desde dentro como ideas, pensamientos, imaginación, memoria, instinto, sentimiento, etcétera, etcétera. El alma sólo está disponible como experiencia subjetiva. Y más allá de estos tres está el cuarto que los mantiene a todos juntos: turiya - el cuarto, innombrable. A ese cuarto se le ha llamado Dios, al cuarto se le ha llamado nirvana, al cuarto se le ha llamado iluminación.

El problema del hombre es complejo. Si sólo fuera el cuerpo, las cosas habrían sido sencillas; la ciencia lo habría resuelto todo. Si sólo fuera la mente, habría bastado con la psicología. Pero él es un fenómeno muy complejo, de cuatro dimensiones. Y a menos que conozcas la cuarta, a menos que entres en la cuarta, no conoces al hombre en su totalidad. Y sin conocerlo en su totalidad, no se puede resolver el problema.

El psicoanálisis puede darte un enfoque filosófico, pero no una transformación existencial.

Durante los últimos días de una convención de psiquiatras, uno de los médicos presentes en la conferencia de clausura se percató de que una atractiva doctora era manoseada por el hombre sentado a su lado.

"¿Te está molestando?", preguntó el galán a la mujer.

"¿Por qué debería molestarme?", respondió ella. "Es SU problema".

El psicoanálisis, la psiquiatría y la psicología pueden darte un enfoque filosófico de la vida. Pueden darte la cualidad de estar alejado de los problemas de la vida, pero los problemas no se resuelven. Y el psiquiatra ni siquiera ha resuelto sus propios problemas, ¿cómo puede ayudar a los demás a resolver los suyos?

Ni siquiera Sigmund Freud es un buda, está lleno de problemas, de hecho más que los llamados seres humanos. Tenía mucho miedo a la muerte, demasiado miedo a la muerte, hasta el punto de que sus discípulos ni siquiera pronunciaban la palabra "muerte" delante de él, porque una o dos veces, con sólo oírla, se había desmayado. La palabra "muerte" era suficiente. Se desmayaba, quedaba inconsciente, se caía de la silla.

Freud sacó el sexo a la luz. Hizo una gran obra: destruyó un tabú, el tabú que había permanecido durante siglos. El sexo era un tema tabú, del que no se podía hablar. Él lo sacó a la luz. Hizo un gran trabajo pionero: debe ser respetado por ello.

Pero la muerte era tabú para él; ni siquiera podía oír la palabra. Parece haber una conexión.

Esta es MI observación: que ha habido dos tipos de sociedades en el mundo - una sociedad que hace del sexo un tabú, entonces no tiene miedo a la muerte; y la otra sociedad que elimina el tabú contra el sexo, entonces inmediatamente tiene miedo a la muerte. Aún no hemos sido capaces de crear una sociedad en la que ni el sexo ni la muerte sean tabúes.

Mi sannyasin tiene que hacer eso.

¿Por qué ocurre esto?

Por ejemplo, en la India, el sexo es tabú, no se debe hablar de él, pero la muerte no es tabú. Se puede hablar de ella; de hecho, todos los maestros religiosos hablan de la muerte. Hacen que la gente tenga tanto miedo a la muerte, hablando de ella una y otra vez. Crean tanto miedo en la gente que por miedo la gente empieza a hacerse religiosa. Todas las escrituras indias están llenas de descripciones de la muerte. La muerte parece ser uno de los temas de los que más se habla en la India, no el sexo. El sexo es tabú. El sexo es vida, y si eliges la muerte no puedes elegir el sexo.

Freud prestó un gran servicio a la humanidad; sacó el sexo de los rincones oscuros del alma al mundo abierto. Pero inmediatamente la muerte se convirtió en tabú; él mismo le cogió miedo a la muerte. Son polos opuestos, y el hombre total será capaz de comprender ambos.

Y el hombre total, el hombre completo, es mi definición de hombre santo. Podrá hablar de sexo, observar, analizar, diseccionar, profundizar, meditar... y podrá hacer lo mismo con la muerte. ...Porque no eres ni sexo ni muerte: eres testigo de ambos. No eres ni la vida ni la muerte: eres testigo de ambas. Este ser testigo te llevará al cuarto: turiya. Y sólo cuando entras en el cuarto, todos los problemas desaparecen, se disuelven. Antes de eso, los problemas permanecen.

Puedes volverte muy muy experto en analizar problemas, pero eso no te va a ayudar.

Una hermosa mujer visita a un psicoanalista. "Quítese la ropa", le dice el psicoanalista nada más entrar.

"Pero en realidad era...."

"Te digo que te quites la ropa", insiste el psiquiatra sin darle tiempo a responder.

"Pero, doctor, he venido porque tengo un problema y he pensado...."

"No pienses. Quítate la ropa y no me hagas perder el tiempo", insiste el psiquiatra de forma aún más grosera.

La mujer, atónita y avergonzada, se quita la ropa e inmediatamente el psiquiatra salta sobre ella.

Al cabo de media hora, el psiquiatra, subiéndose la cremallera de los pantalones, mira a la mujer, que sigue sin entender lo que ocurre, y le dice con más calma: "Bueno, ahora que he resuelto mi problema, veamos si puedo resolver el tuyo".

Sólo puede ayudarte a resolver tus problemas un buda que no tenga problemas propios.

La religión no puede abandonarse, no puede abandonarse nunca. La religión no es algo superficial y accidental: es una necesidad intrínseca, es absolutamente necesaria.

Neelima, me preguntas: "¿No puede el psicoanálisis resolver los problemas del hombre?". No. Puede ayudarte a comprender tus problemas un poco más, y comprendiendo tus problemas puedes controlar tu vida de cierta manera, hasta cierto punto. El psicoanálisis puede ayudarte a ser un poco más normal de lo que eres; puede reducir tu acalorada y excitada anormalidad a un espacio un poco más tranquilo y frío, eso es todo. Puede bajarte un poco la temperatura, pero no puede resolver. Sólo puede ayudar, consolar.

He oído hablar de un hombre que fumaba tres cigarrillos a la vez: era su obsesión. Ahora bien, era muy embarazoso; la gente le miraba, lo que estaba haciendo, y él se sentía muy tímido y avergonzado. Pero era imposible, no podía evitarlo, tenía que hacerlo así; de lo contrario, seguiría muy insatisfecho.

Lo había intentado de todas las maneras posibles, todo lo que le habían sugerido. Nada le ayudó.

Entonces alguien sugirió: "Ve a un psicoanalista".

Tras un año de psicoanálisis y miles de dólares malgastados, un amigo le preguntó: "¿Te ha ayudado el psicoanálisis?".

Él respondió: "¡Por supuesto!"

Pero el hombre no podía creerlo, porque vio que seguía fumando tres cigarrillos.

Entonces preguntó: "Pero sigues fumando tres cigarrillos, así que no entiendo cómo te ha ayudado el psicoanálisis".

Me dijo: "¡Ahora ya no me avergüenzo! Mi psicoanalista me ha ayudado a comprender que esto es normal. ¿Qué hay de malo en ello? Algunas personas fuman uno, he oído de una persona que fuma dos, ¡yo fumo tres! La diferencia es sólo de cantidad, ¿y qué hay de malo en fumar tres cigarrillos? Durante un año mi psicoanalista me ha dicho insistentemente que no hay nada malo en ello; ahora no me siento avergonzado. De hecho, ¡soy la única persona en el mundo que fuma tres cigarrillos simultáneamente! Ahora me siento muy superior".

El psicoanálisis puede darte muchos consuelos. Puede ayudarte a racionalizar, puede ayudarte a normalizar, puede ayudarte a no sentir vergüenza... pero no resuelve. No puede.

Los problemas nunca se resuelven si permaneces en el mismo plano de existencia. Esto es algo muy fundamental que hay que comprender.

Si quieres resolver un problema tienes que elevarte por encima del plano. No se puede resolver en el mismo plano. En el momento en que alcanzas un plano superior, los problemas del plano inferior simplemente desaparecen. Ese es el camino de la religión: ayudarte a ir más y más y más alto. En el momento en que has alcanzado el cuarto estado, turiya, todos los problemas desaparecen, se disuelven, pierden sentido. No es que hayas encontrado soluciones, no, en absoluto; a la religión no le interesan las soluciones. Ninguna solución puede resolver un problema; puede ayudarte a resolver un problema, pero creará otro. La propia solución puede convertirse en el problema.

Puede que te vuelvas muy apegado y dependiente de la solución....

Ocurre casi todos los días de tu vida: estás enfermo, tomas un determinado medicamento, te ayuda, y luego te vuelves dependiente del medicamento; luego eres adicto, luego no puedes dejar el medicamento. Ahora el medicamento tiene sus propios efectos secundarios, que empiezan a torturarte. Ahora para ellos necesitarás otras medicinas... y así sucesivamente. Esto no tiene fin.

Ninguna solución puede convertirse realmente en una solución. La religión tiene un enfoque totalmente diferente. No te da una solución, simplemente te ayuda a elevar el nivel de tu conciencia. La religión eleva la conciencia. Te eleva por encima del problema, te da una vista de pájaro. Ahora estás en lo alto de una colina mirando al valle... y los problemas del valle simplemente no tienen sentido. No tienen ningún significado para el hombre que está de pie en la cima de la colina iluminada por el sol. Simplemente han perdido toda relevancia.

La quinta pregunta:

Pregunta 5:

Amado maestro,

Llevo aquí nueve meses y estoy dando a luz a mi primera pregunta.

Hoy en clase has dicho: "el sexo cansa...." para mí, el sexo es la más dulce explosión de música, color, luz, rebosando y reventando cada célula de mi ser. Es deslizar la red de mi piel, derretirme con amor en los brazos de dios, estar exquisitamente perdido, fuera del tiempo, fuera de la mente - ser dios. Y esas palabras no lo dicen todo. Son estas experiencias las que me llevaron a ti. Ni siquiera vislumbro la "estupidez del sexo". El sexo es mi fuente de relajación más profunda y de energía ilimitada, así como de la dicha más elevada: lo contrario del cansancio.

¿a los hombres les cansa más el sexo que a las mujeres, o es que me falta mucho para dejarlo? ¿o qué?

Por favor, coméntelo.

Apurna, tu experiencia es perfectamente válida, pero al ser tal éxtasis, tal excitación, ¿cuánto tiempo puedes seguir repitiéndola? Tarde o temprano llega un momento en que se vuelve repetitiva, igual, y entonces empezará a perder su alegría. Ese momento se vuelve agotador.

Tu experiencia es perfectamente válida, pero muy limitada. La vida es mucho más. Empieza en el sexo, pero no acaba en él. Me alegro de que disfrutes del sexo: disfrútalo todo lo que puedas mientras dure. Y cuanto más lo disfrutes, antes te cansarás de él.

Pero no hay que preocuparse por eso. Estaba respondiendo a la pregunta de otra persona, que está cansada. Ha vivido todas estas alegrías, ha jugado con todos estos juguetes. Usted está dando grandes nombres a esos juguetes - todos son osos de peluche. Puedes llamar a tu osito de peluche "Dios", y nada está mal.... Cuando un niño lleva su osito de peluche y le llama "Dios" y no puede dormirse sin él, se relaja mucho, ¡y si le quitas el osito se pone muy tenso! Incluso los osos de peluche sucios... y él los llevará. Incluso los padres se avergüenzan porque si se van de vacaciones él lleva su osito de peluche, sucio, maloliente... pero el niño no puede vivir sin él. Es su vida. Pero un día, con suerte, se cansará de él, lo tirará a un rincón y se olvidará de él para siempre.

Es realmente difícil responder a tus preguntas, porque la pregunta de una persona sólo es relevante para ella, y la respuesta que yo doy sólo es relevante para ella. Puede que no sea tu experiencia.

Un día dije que la homosexualidad es una perversión. Inmediatamente llegaron unas cuantas cartas, muy enfadadas, porque aquí hay unos cuantos homosexuales. Y me dijeron: "¿De qué estás hablando? Hemos venido aquí sólo porque pensábamos que ustedes lo aceptan todo, que no rechazan, que no condenan nada". Yo no he condenado. Pero la pregunta y la respuesta eran para una persona en particular. No debes preocuparte por ello; puede que no sea relevante para ti.

Para un homosexual, la homosexualidad es religión - su religión - no cree en la heterosexualidad. Piensa que los heterosexuales son un poco pervertidos, o al menos muy ortodoxos, gente anticuada... ya no deberían existir, ya no son contemporáneos - - ¿qué tonterías dicen?

Al heterosexual, el homosexual le parece muy pervertido, animal, incluso por debajo de los animales. Y para el homosexual, el heterosexual es animal, porque la homosexualidad es una invención del hombre, del hombre superior. Los animales no son homosexuales - - al menos no en su estado salvaje. En los zoológicos a veces, sí, pero allí se ven afectados por los seres humanos, aprenden de los seres humanos. Pero en estado salvaje no son homosexuales.

Así que la homosexualidad es algo especial que el hombre ha descubierto. Es un fenómeno definitorio. Igual que Aristóteles dice que el hombre es un ser racional, el homosexual dice que el hombre es un ser homosexual: sólo el hombre tiene la capacidad de elevarse a tales alturas. La heterosexualidad es algo ordinario: los perros lo hacen y... ¡no es nada especial! No hay que presumir de ello.

Dos camellos se acercan lentamente en el desierto, sus jinetes idénticamente vestidos con bermudas excesivamente largas y cascos topi. Se detienen y los jinetes hablan con un exagerado acento británico:

"¿Inglés?"

"De cawss."

¿"Ministerio de Asuntos Exteriores"?

"Fotografía cinematográfica".

"¿Oxford?"

"Cambridge".

"¿Homosexual?"

"¡Claro que no!"

"¡Lástima!"

Y los dos camellos siguen sus caminos separados a través del desierto.

Tengo que hablar con muchos tipos de personas: los camellos están ahí. Así que si no es tu pregunta, no te molestes por mi respuesta, olvídalo todo. Se trata de otra persona, que es mucho más madura que tú....

La última pregunta:

Pregunta 6:

Amado maestro, ¿cuáles van a ser tus últimas palabras al mundo?

Me recuerda una historia que George Gurdjieff solía contar a sus discípulos más cercanos. La historia trata de un gran maestro del pasado, un buda, que tenía una mano derecha autoproclamada que era un fiel seguidor año tras año. Y cuando el maestro estaba en su habitación, en su lecho de muerte, todos los seguidores esperaban en silencio junto a la puerta sin saber qué hacer e incapaces de creer que su maestro místico se estuviera muriendo de verdad.

Por fin, en medio de la triste quietud, se oyó débilmente la voz del maestro llamando al hombre de la derecha, y todos los seguidores le miraron atentamente mientras se dirigía a la puerta del maestro. Al llegar al pomo, miró las caras que le rodeaban e imaginó la envidia y el respeto que le profesaban por ser el único que había sido llamado al lado del maestro en sus últimos momentos. Ya se imaginaba cómo, tras la muerte del maestro, emergería lentamente de la habitación como el nuevo jefe del sistema, un auténtico Peter-of-the-Rock.

En silencio, entró en la oscura habitación, se abrió paso lentamente y se arrodilló junto a la cama. El viejo amo le hizo un gesto con la cabeza para que se acercara, y él se inclinó con la oreja expectante junto a la boca del viejo, y el amo le susurró: "Vete a la mierda".

Suficiente por hoy.

¿La cuchara prueba la sopa?

Qué larga es la noche para el centinela, qué largo el camino para el viajero cansado, qué largo el errar de muchas vidas para el necio que pierde el camino.

Si el viajero no puede encontrar amo o amigo que le acompañe, que viaje solo antes que con un tonto por compañía.

"¡mis hijos, mis riquezas!" así se preocupa el necio. Pero ¿cómo tiene hijos o riquezas? Ni siquiera es dueño de sí mismo.

El necio que sabe que es necio es mucho más sabio. El necio que cree que lo es de verdad es un necio de verdad.

¿acaso la cuchara prueba la sopa? Un tonto puede vivir toda su vida en compañía de un maestro y aun así perder el camino.

La lengua prueba la sopa. Si estas despierto en presencia de un maestro un momento te mostrara el camino.

El necio es su propio enemigo. El mal que hace es su perdición. ¡cuánto sufre!

¿por qué hacer lo que lamentarás? ¿por qué derramar lágrimas sobre ti? Haz sólo lo que no lamentes y llénate de alegría.

El hombre es un puente entre lo conocido y lo desconocido. Permanecer confinado en lo conocido es ser un necio. Ir en busca de lo desconocido es el principio de la sabiduría. Hacerse uno con lo desconocido es convertirse en el despierto, el buda.

Recuerda, una y otra vez, que el hombre aún no es un ser: está en camino, es un viajero, un peregrino. Todavía no está en casa, está en busca de la casa. El que piensa que está en casa es un tonto, porque entonces la búsqueda se detiene, entonces la búsqueda ya no existe. Y en el momento en que dejas de buscar y de buscar, te conviertes en un charco de energía estancada, empiezas a apestar. Entonces sólo mueres, entonces no vives en absoluto.

La vida está en fluir, la vida está en seguir siendo un río, porque sólo el río llegará al océano. Si te conviertes en un estanque estancado, no irás a ninguna parte. Entonces no estás realmente vivo. El tonto no vive, sólo finge vivir. No sabe, sólo finge saber. No ama, sólo finge amar. El tonto es una pretensión.

El sabio vive, ama, el sabio indaga. El sabio está listo, siempre listo, para adentrarse en el mar inexplorado. El sabio es aventurero. El necio tiene miedo.

Cuando Buda utiliza la palabra "tonto", hay que recordar todos estos significados de la palabra. No es el significado ordinario que Buda da a la palabra "tonto". Para él, el necio significa aquel que vive en la mente y no sabe nada de la no-mente; aquel que vive en la información, el conocimiento, y no ha probado nada de la sabiduría; aquel que vive una vida prestada, imitativa, pero no sabe nada de nada de lo que surge en su propio ser.

Por "el necio", Buda entiende a aquel que conoce bien las escrituras, pero que no ha saboreado ni un solo momento de la verdad. Puede ser un gran erudito, muy culto; de hecho, los necios SON eruditos; tienen que serlo porque es la única manera de ocultar su necedad.

Los necios son personas muy cultas; tienen que serlo, porque sólo aprendiendo palabras, teorías, filosofías, pueden ocultar su ignorancia interior, pueden ocultar su vacío, pueden creer que también saben.

Si quieres encontrar a los tontos, ve a las universidades, a las academias. Allí los encontrarás, en su más absoluta ignorancia, pero fingiendo saber. Ciertamente saben lo que otros han dicho, pero eso no es saber de verdad. Un ciego puede reunir toda la información que exista sobre la luz, pero seguirá ciego. Puede hablar sobre la luz, puede escribir tratados sobre la luz; puede ser muy inteligente adivinando, fabricando teorías, pero seguirá siendo un ciego y no sabrá nada de la luz. Pero la información que recoge no sólo puede engañar a los demás, sino también a sí mismo. Puede empezar a pensar que sabe, que ya no está ciego.

Cuando Buda utiliza la palabra "tonto" no se refiere simplemente al ignorante, porque si la persona ignorante es consciente de que es ignorante, no es tonta. Y es más posible que la persona ignorante sea consciente de que es ignorante que la llamada gente culta. Sus egos están tan hinchados; es muy difícil para ellos ver - va en contra de su inversión. Han dedicado toda su vida al conocimiento, y ahora, reconocer el hecho de que todo este conocimiento no tiene sentido, es inútil, porque ellos mismos no han probado la verdad, es difícil, es duro.

El ignorante puede recordar que es ignorante - no tiene nada que perder; pero el entendido, no puede reconocer que es ignorante - tiene mucho que perder. El entendido es el verdadero tonto. La persona ignorante es inocente; sabe que no sabe, y porque sabe que no sabe, porque es ignorante, está justo en el umbral de la sabiduría. Porque sabe que no sabe, puede indagar, y su indagación será pura, sin prejuicios. Indagará sin sacar conclusiones. Indagará sin ser cristiano, mahometano o hindú. Simplemente indagará como un indagador. Su investigación no saldrá de respuestas prefabricadas, su investigación saldrá de su propio corazón. Su indagación no será un subproducto del conocimiento, su indagación será existencial. Indagará porque para él es una cuestión de vida o muerte. Pregunta porque realmente quiere saber. Sabe que no sabe, por eso pregunta. Su indagación tiene belleza propia. No es un tonto, simplemente es un ignorante. El verdadero tonto es el que cree que sabe sin saber en absoluto.

Sócrates estaba tratando de hacer lo mismo en Atenas: estaba tratando de hacer que estos tontos eruditos se dieran cuenta de que todo su aprendizaje era falso, que en realidad eran tontos, simuladores, hipócritas. Naturalmente, todos los profesores y todos los filósofos y todos los llamados pensadores... y Atenas estaba llena de ellos. Atenas era la capital del conocimiento en aquellos días. Así como hoy la gente mira hacia Oxford o Cambridge, la gente solía mirar hacia Atenas. Estaba llena de sabios tontos, y Sócrates intentaba hacerlos caer a la tierra, destrozaba sus conocimientos, planteaba preguntas sencillas en cierto modo, pero difíciles de responder por quienes sólo han adquirido conocimientos de otros.

Atenas se enojó mucho con Sócrates. Envenenaron a este hombre. Sócrates es uno de los hombres más grandes que ha pisado la tierra; y lo que él hizo muy poca gente lo ha hecho. Su método es un método básico. El método socrático de investigación es tal que expone a los tontos como tontos. Exponer a un tonto como tonto es peligroso, por supuesto, porque se vengará. Sócrates fue envenenado, Jesús fue crucificado, Buda fue condenado.

El día que Buda murió, el budismo fue expulsado del país. Los eruditos, los pundits, los brahmanes, no podían permitir que permaneciera. Era demasiado incómodo para ellos. Su ataque básico fue contra los brahmanes, los tontos eruditos, y naturalmente se sintieron ofendidos. No podían enfrentarse a Buda, no podían encontrarse con él. Esperaron su oportunidad de forma astuta: cuando Buda murió, entonces empezaron a luchar contra los seguidores. Cuando la luz desapareció, llegó el momento de que los búhos, los tontos eruditos, volvieran a reinar sobre el país. Y desde entonces han reinado hasta ahora, siguen en el poder. Los mismos tontos.

El mundo ha sufrido mucho. El hombre podría haberse convertido en la gloria de la tierra, pero por culpa de estos necios... y porque son poderosos pueden hacer daño, y porque son poderosos pueden destruir cualquier posibilidad, cualquier oportunidad para que el hombre evolucione. El hombre se ha estado moviendo en circulos, y a estos tontos no les gustaria que el hombre se volviera sabio, porque si el hombre se vuelve sabio estos tontos no estaran en ningun lado. Ya no estarán en el poder - religiosamente, políticamente, socialmente, financieramente, todo su poder habrá desaparecido. Pueden permanecer en el poder sólo si pueden seguir destruyendo todas las posibilidades de sabiduría para el hombre.

Mi esfuerzo aquí es crear de nuevo una indagación socrática, plantear de nuevo las preguntas fundamentales que Buda planteó.

En la nueva comuna vamos a tener siete círculos concéntricos de personas. El primero, el círculo más superficial, estará formado por los que vienen sólo por curiosidad infantil, o por prejuicios ya acumulados, que son, en el fondo, antagónicos: los periodistas, etcétera.

Sólo se les permitirá ver la parte superficial de la comuna -no es que se vaya a ocultar nada, sino que sólo por su enfoque no podrán ver nada más que lo más superficial. Sólo verán la ropa. Aquí también pasa lo mismo. Vienen y sólo ven lo superficial.

El otro día leía el reportaje de un periodista que estuvo aquí cinco días. Escribe "cinco días", como si fuera mucho tiempo; cinco días, como si hubiera estado aquí cinco vidas. Como ha estado aquí cinco días, se ha convertido en una autoridad.

Ahora sabe lo que pasa aquí porque ha visto a gente meditando.

¿Cómo puedes ver a la gente meditando? Puedes meditar o no, pero no puedes ver a la gente meditando. Sí, puedes observar los gestos físicos de la gente, sus movimientos, su danza, o cómo se sientan en silencio bajo un árbol, ¡pero no puedes VER la meditación! Puedes ver la postura física del meditador, pero no puedes ver su experiencia interior. Para eso, tienes que meditar, tienes que convertirte en un participante.

Y la condición básica para ser un participante es que abandones esta idea de ser un observador. Incluso si participas, si bailas con los meditadores, con esta idea de que estás participando sólo para observar lo que ocurre, entonces no ocurrirá nada.

Y, por supuesto, llegarás a la conclusión de que todo son tonterías: no pasa nada. Y te sentirás perfectamente dentro de ti mismo que no pasa nada, porque incluso participó y no pasó nada.

Ese hombre escribe que estaba en darshan y que a los sannyasins les ocurrían muchas cosas -tantas cosas que después de un profundo contacto energético conmigo ni siquiera eran capaces de volver andando a sus lugares- tenían que ser llevados. Y luego menciona: "Pero a mí no me pasó nada". Eso es prueba suficiente de que todo lo que estaba ocurriendo era hipnosis, o la gente estaba fingiendo sólo porque el periodista estaba allí, o era sólo un espectáculo arreglado, algo manejado - porque a él no le ocurría nada.

Hay cosas que sólo pueden suceder cuando estás disponible, abierto, sin prejuicios.

Hay cosas que sólo pueden suceder cuando dejas a un lado tu mente.

El periodista vuelve a escribir: "La gente que va allí deja la mente donde deja los zapatos, pero yo no pude hacerlo". Por supuesto", dice, "si hubiera dejado atrás mi mente, también me habría impresionado". Pero piensa que la mente que tiene es algo tan valioso, ¿cómo podría dejarla atrás? Se siente muy inteligente porque no ha abandonado su mente.

La mente es la barrera, no el puente. En la nueva comuna, el primer círculo concéntrico será para los que vienen como periodistas: gente prejuiciosa, que ya sabe que sabe. En resumen, para los tontos.

El segundo círculo concéntrico será para aquellos que sean indagadores, sin prejuicios, ni hindúes ni mahometanos ni cristianos, que vengan sin ninguna conclusión, que vengan con la mente abierta. Serán capaces de ver un poco más profundo. Algo misterioso se agitará en sus corazones. Cruzarán la barrera de la mente. Serán conscientes de que algo de inmensa importancia está ocurriendo; no serán capaces de averiguar qué es exactamente de inmediato, pero serán vagamente conscientes de que algo de valor ESTÁ ocurriendo. Puede que no sean lo suficientemente valientes como para participar en ello; puede que su indagación sea más intelectual que existencial, puede que no sean capaces de formar parte, pero serán conscientes -por supuesto, de una manera muy vaga y confusa, pero ciertamente conscientes- de que está ocurriendo algo más de lo que parece.

El tercer círculo será para aquellos que simpaticen, que simpaticen profundamente, que estén dispuestos a moverse un poco con la comuna, que estén dispuestos a bailar y cantar y participar, que no sólo sean indagadores sino que estén dispuestos a cambiar ellos mismos si la indagación lo requiere. Tomarán conciencia más claramente de reinos más profundos.

Y el cuarto será el empático. Simpatía significa que uno es amistoso, uno no es antagónico. Empatía significa que uno no sólo es amistoso; uno siente una especie de unidad, unicidad.

Empatía significa que uno siente con la comuna, con la gente, con lo que está pasando.

Uno se encuentra, se fusiona, se funde, se convierte en uno.

El quinto círculo será el de los iniciados, los sannyasins: alguien que no sólo siente en su corazón, sino que está dispuesto a comprometerse, a implicarse. El que está dispuesto a arriesgar. Uno que está listo para comprometerse, porque siente un gran y loco amor - loco, loco amor - surgiendo en él. El sannyasin, el iniciado.

Y el sexto será de los que han empezado a llegar: los adeptos. Aquellos cuyo viaje se está acercando al final, que ya no son sólo sannyasins sino que se están convirtiendo en SIDDHAS, cuyo viaje está llegando a su fin, se está acercando cada vez más a la conclusión. El hogar no está lejos, unos pasos más. En cierto modo, ya han llegado.

Y el séptimo círculo estará formado por *Arhatas Y Bodhisattvas.* Los arhatas son aquellos sannyasins que han llegado pero no están interesados en ayudar a otros a llegar.

El budismo tiene un nombre especial para ellos: arhata - el viajero solitario que llega y luego desaparece en lo último. Y los bodhisattvas son los que han llegado pero sienten una gran compasión por los que aún no han llegado. El bodhisattva es un arhata con compasión. Aguanta, sigue mirando hacia atrás y sigue llamando a los que aún tropiezan en la oscuridad. Es un ayudante, un servidor de la humanidad.

Hay dos tipos de personas. El que está a gusto sólo cuando está solo; se siente un poco incómodo en la relación, se siente un poco perturbado, distraído, en la relación.

Ese tipo de persona se convierte en un arhata. Cuando ha llegado, ha terminado con todo. Ahora no mira hacia atrás.

El bodhisattva es el segundo tipo de persona: el que se siente a gusto en las relaciones, de hecho mucho más cómodo cuando se relaciona que cuando está solo. Se inclina más hacia el amor. El arhata se inclina más hacia la meditación. El camino del arhata es el de la meditación pura, y el camino del bodhisattva es el del amor puro. El amor puro contiene meditación, y la meditación pura contiene amor - pero la meditación pura contiene amor sólo como un sabor, un perfume; no es la fuerza central en ella. Y el amor puro contiene la meditación como un perfume; no es el centro de ella.

Estos dos tipos existen en el mundo. El segundo tipo, el seguidor del camino del amor, se convierte en bodhisattva. El séptimo círculo estará formado por arhatas y bodhisattvas.

Ahora, el séptimo círculo será consciente de los otros seis círculos, y el sexto círculo será consciente de los otros cinco círculos - el superior será consciente del inferior, pero el inferior no será consciente del superior. El primer círculo no será consciente de nada que no sea el primer círculo. Verá los edificios y el hotel y la piscina y el centro comercial y el tejido y la cerámica y la carpintería. Verá los árboles, todo el paisaje... verá todas estas cosas. Verá miles de sannyasins y se encogerá de hombros: "¿Qué hace esta gente aquí?" Se quedará un poco perplejo, porque no pensaba que se pudiera encontrar a tantos locos en un mismo lugar: "¡Todos están hipnotizados!" Encontrará explicaciones. Se irá perfectamente satisfecho de haber conocido la comuna. No será consciente de lo superior - lo inferior no puede ser consciente de lo superior. Esa es una de las leyes fundamentales de la vida - *Aes Dhammo Sanantano* - sólo lo superior conoce lo inferior, porque ha pasado de lo inferior.

Cuando estás en la cima de una montaña iluminada por el sol, lo sabes todo en el valle. La gente del valle puede que no te conozca en absoluto, no es posible para ellos. El valle tiene sus propias ocupaciones, sus propios problemas. El valle está preocupado por su propia oscuridad.

El necio puede acudir a un maestro, pero no obtendrá ningún beneficio porque sólo verá lo exterior. No podrá ver lo esencial, no podrá ver el núcleo. El necio también viene aquí, pero sólo escucha las palabras y las interpreta según sus propias ideas. Se va perfectamente satisfecho de saber lo que está pasando.

Hay muchos tontos que no vienen aquí, no sienten la necesidad. Simplemente dependen de los informes de otros tontos. Con eso basta. Un solo tonto puede convencer a miles de tontos, porque su lenguaje es el mismo, sus prejuicios son los mismos, sus concepciones son las mismas... ¡no hay problema! Un tonto ha visto, y todos los demás tontos están convencidos. Un tonto informa en el periódico y todos los demás tontos lo leen por la mañana temprano, y se convencen.

Los sutras:

Qué larga es la noche para el centinela, qué largo el camino para el viajero cansado, qué largo el errar de muchas vidas para el necio que pierde el camino.

La noche es muy larga para el vigilante, ¿por qué? No puede relajarse, tiene que mantenerse despierto de algún modo. Es una lucha. Tiene que mantenerse despierto en contra de la naturaleza, porque la noche es para relajarse, descansar y dormir. Está luchando contra la naturaleza, igual que el tonto. El tonto sigue luchando contra la naturaleza. Intenta nadar contra la corriente; por eso su miseria es larga, innecesariamente larga. La multiplica por mil porque no puede dejarse llevar, no puede relajarse.

El primer indicio de una mente necia es que no puede relajarse, siempre está tensa, siempre está en guardia, siempre tiene miedo.

Qué larga es la noche para el vigilante.... No es tan larga para los que descansan, se relajan y han entrado en un sueño profundo. ¡Pasa tan rápido! En un momento estabas despierto, luego te quedas dormido... y al momento siguiente estás despierto, es por la mañana.

No puedes creer que la noche haya volado tan rápido. Si has descansado de verdad... cuanto más descansas, más rápido vuela la noche. Si tu descanso es total, el tiempo desaparece. Esto hay que entenderlo.

El tiempo es un fenómeno psicológico. No me refiero al tiempo que se ve en el reloj, sino al tiempo psicológico. Cuando estás feliz, relajado, tranquilo, el tiempo vuela rápido. Cuando sientes dolor, miseria, angustia, el tiempo pasa muy despacio; parece interminable.

¿Te has sentado al lado de un moribundo por la noche? Parece como si nunca fuera a amanecer. La noche parece tan larga... es la misma noche. La misma noche puedes sentarte con tu amado, y vuela tan rápido que no puedes creerlo - porque estabas feliz y estabas relajado y estabas disfrutando y estabas moviéndote con la naturaleza, no luchando. Amor significa entrega, amor significa relajación.

A Albert Einstein le preguntaron una y otra vez a lo largo de su vida: "¿Qué es la teoría de la relatividad?".

Es una teoría complicada y no se puede explicar fácilmente a personas que no conozcan las matemáticas superiores. De hecho, se dice que sólo doce personas en todo el planeta entendieron exactamente lo que Einstein quería decir con la teoría de la relatividad. ¿Cómo explicársela a un profano?

Así que él había hecho esta hermosa explicación. Decía: "Siéntate en una estufa caliente y entonces un segundo parece ser casi como una eternidad, interminable - es tan caliente, es tan doloroso.

Y entonces coges la mano de tu amada y te sientas a su lado en la orilla del río en una noche de luna llena, y las horas pasan como momentos". Esto, solía decir, es la teoría de la relatividad.

Todo depende de ti, de tu estado psicológico. El tiempo no es un fenómeno físico, material; es psicológico. Por lo tanto, en la meditación profunda el tiempo desaparece totalmente. Y esto no es algo nuevo, los místicos lo han sabido a lo largo de los tiempos. Han dicho, todos los místicos de todos los países, que el tiempo se detiene cuando comienza realmente la meditación.

Alguien le pregunta a Jesús: "Hablas tanto del reino de Dios, ¿qué tendrá de especial, que no conozcamos? Dinos algo del reino de Dios que sea absolutamente especial".

¿Y sabes lo que dijo? Una respuesta muy extraña: dijo: "Ya no habrá tiempo".

Sí, en el reino de Dios ya no puede haber tiempo, porque el tiempo sólo existe en proporción al dolor, a la angustia, a la ansiedad. Si toda la ansiedad, todo el dolor, todas las pesadillas desaparecen, el tiempo desaparece. El tiempo es un fenómeno de la mente: si no hay mente, no hay tiempo. Y tú también lo sabes. Esta relatividad la has sentido.

Vivek decía el otro día, y lo ha dicho muchas veces, que aquí el tiempo pasa tan rápido que no puede creer que lleve aquí siete años. Parece como si hubiera llegado hace solo siete días.

¡Y seguimos en medio del mundo! Una vez que nos hayamos alejado del mundo, una vez que tengamos nuestro propio pequeño mundo, una vez que dejemos caer todos los puentes, el tiempo empezará a desaparecer.

Mi esfuerzo consiste en darte a probar la intemporalidad. Una vez que la hayas probado, puedes volver al mundo y permanecerá contigo. Lo más importante es probarlo al menos una vez -sin tiempo- y de repente te transportas a otro mundo.

Este mundo se compone de tiempo y espacio. Así lo define Albert Einstein: espacio-tiempo.

Hace una palabra de las dos, porque dice que el tiempo no es más que la cuarta dimensión del espacio. Así que este mundo consiste en espacio y tiempo, y en la meditación desapareces de ambos, o ambos desaparecen de tu ser. No sabes dónde estás. ERES, ciertamente, más de lo que nunca has sido; estás totalmente ahí pero no hay espacio que te confine ni tiempo que te defina. Una existencia pura. Una vez saboreada, toda tontería desaparece.

El necio vive en el tiempo, el sabio vive en la intemporalidad.

El necio vive en la mente, el sabio vive en la no-mente.

Qué larga es la noche para el vigilante, qué largo el camino para el viajero cansado.... Fíjate en las caras de la gente: qué cansadas, agotadas y frustradas parecen. Y no sólo lo parecen, sino que lo están. Sus almas están cansadas, sus seres se han convertido en una especie de aburrimiento. Se están arrastrando - sin alegría, sin baile en sus pasos, sin canción en sus corazones, sin gratitud, sin agradecimiento por ser... al contrario, tantas quejas.

Uno de los personajes de Dostoievski en *Los Hermanos Karamazov* dice: "Me gustaría devolver esta vida a Dios si lo encuentro. No quiero vivir más. La vida es una angustia". Quiere devolver el billete. ¿Cómo puede estar agradecido?

Piensa: si algún día te encuentras con Dios, ¿qué le vas a decir? Será difícil incluso decirle "¡Hola!". Estarás tan enfadado con él, tan completamente molesto, irritado, ¡que éste es el hombre que te creó, éste es el hombre que creó el mundo! Simplemente por eso Dios sigue escondiéndose; de lo contrario, la gente lo mataría. No le dejarán con vida; tiene que esconderse, sólo para sobrevivir tiene que esconderse.

Qué largo es el camino para el viajero cansado, qué largo el vagar de muchas vidas para el necio que pierde el camino. Y el necio está destinado a perder el camino. ¿Por qué? - Porque cree que ya conoce el camino, porque cree que está en el camino. Todos los demás están equivocados, él tiene razón. Cree que si todos le siguen, todo irá bien en el mundo. Es un fanático. Tiene la Biblia, el Corán, los Vedas, ¿qué más necesita? Conoce todos los bellos dogmas de todas las religiones, ¿qué más se necesita? Conoce el camino.

Pero cuando Buda usa la palabra "camino", quiere decir dhamma - *Aes Dhammo Sanantano*. Quiere decir el camino que te saca de tu ego, el camino que te saca de tu mente, el camino que te saca de tus identidades, el camino que te convierte en una nada absoluta... el camino que te ayuda a disolverte en el todo.

No habla de religiones, no habla de las llamadas técnicas, dispositivos o métodos. Cuando utiliza la palabra "camino", quiere decir exactamente lo que Lao Tzu entiende por "tao".

Tao significa exactamente "el camino", ¿el camino hacia qué? El camino más allá de ti mismo, el camino que te lleva fuera de tu estado confinado, aprisionado, hacia lo abierto.

Cuán largo es el deambular de muchas vidas.... Y es realmente un largo largo vagar - no de un día o de una vida, sino de muchas vidas, de millones de vidas. Y si la gente está cansada, no es sorprendente. Si sus ojos parecen llenos de polvo, no es sorprendente. Si sus almas están cubiertas de capas de polvo, no es sorprendente. Si ya no reflejan, si sus espejos se han perdido, no es un accidente, es comprensible, aunque imperdonable, porque nadie más que tú es responsable de esta situación. Si lo decides, puedes soltar todas las capas de polvo en ESTE mismo instante, y en el momento en que sueltes todo el polvo de tus pensamientos, estarás en el camino. ¡Tú ERES el camino!

Jesús dice: "Yo soy el camino, yo soy la verdad, yo soy la puerta". Los cristianos siguen interpretándolo como si Jesús fuera el camino; eso no es verdad, eso es falsificar totalmente a Jesús. Cuando Jesús dice: "Yo soy el camino", está diciendo: "Quien pueda decir "Yo soy", ahí está el camino". No está hablando de Jesús, el hijo de José y María; está hablando de este "Yo-soy".

En el momento en que, en profunda meditación silenciosa, te encuentras con este Yo-soy, tú eres el camino.

No se trata de ser cristiano. No es lo que los cristianos siguen diciendo al mundo entero: "A menos que vengas a Jesús, no encontrarás el camino a Dios". ¡Eso es pura tontería! - Porque Buda lo ha encontrado sin ser cristiano, y Mahoma lo ha encontrado sin ser cristiano, y Mahavira lo ha encontrado y Krishna lo ha encontrado y Lao Tzu lo ha encontrado... Yo lo he encontrado sin ser cristiano. Eso no tiene sentido.

Pero lo que Jesús quiere decir realmente ES verdad.

Moisés preguntó a Dios cuando se encontró con él... una bella historia; recuerda, es una historia, no la historia. La historia es algo muy ordinario; la historia consiste en Tamerlán, y Genghis Khan y Adolf Hitler y Joseph Stalin y Mao Zedong - la historia es muy ordinaria. Consiste en todo lo que es feo. No es historia, es una parábola, una metáfora, de tremenda poesía y belleza.

Dice que cuando Moisés se encontró con Dios le preguntó: "¿Quién eres?". Y se cuenta que Dios respondió: "Yo soy el que soy".

A eso se refiere Jesús cuando dice: "Yo soy el camino".

Si puedes sentir tu propio ser, tu propia "amidad", encontrarás el camino. El necio no puede encontrarlo. Sigue y sigue... viviendo en los mismos deseos, en los mismos pensamientos estúpidos, en los mismos recuerdos. El necio es repetitivo; sólo repite lo que sabe - nunca se esfuerza por ir más allá de su conocimiento. Y la verdad es desconocida.

Observa tu mente y podrás comprender lo que intento transmitirte. Tu mente es repetitiva. Dice: "Ayer la comida estaba muy buena, vayamos al mismo hotel otra vez.... Ayer ese hombre era muy simpático, busquémosle otra vez". Quiere repetir los ayeres, y no permite que el hoy tenga su propio ser. Ni siquiera permite que el mañana tenga su propio ser; también para el mañana tiene planes de repetir justo lo que ha conocido en el pasado. ¿Y qué has conocido en el pasado excepto la miseria? Pero te has familiarizado con ella y sigues repitiéndola.

El necio es repetitivo: el sabio vive cada momento de nuevo.

Todos los soldados de un regimiento estadounidense en Corea ponen un dólar cada uno y sortean cuál de ellos se llevará el dinero resultante y pasará una noche en el mejor burdel de Oriente.

Hymie Kaplowitz, el terror de Brooklyn, naturalmente gana, y a su regreso del legendario burdel describe a sus compañeros de litera reunidos lo sucedido: las cortinas de oro colgantes, la sensual música oriental, la exótica comida afrodisíaca servida previamente por niñitas de doce años desnudas, etcétera, terminando cada pasaje con "...¡nada como Brooklyn!".

Por último, describe cómo la mujer más hermosa que había visto en su vida baja lentamente por la ornamentada escalera, llevando sólo un tocado de pagoda con velos de encaje blanco, y le lleva de la mano escaleras arriba hasta su perfumada cama "...¡nada como Brooklyn!".

"¿Y después?", preguntan febrilmente los demás soldados.

"¿Y entonces?", responde Hymie. "Oh, entonces era como Brooklyn".

La mente del necio sigue haciendo repetidamente lo mismo una y otra vez. La mente del necio es un círculo vicioso: se mueve en círculos. El sabio no es nada repetitivo. Vive cada momento de nuevo, nace de nuevo cada momento. Muere al pasado en cada momento y nace de nuevo.

Toda la vida del sabio es un proceso de renacimiento. El sabio no nace una vez, nace a cada instante una y otra vez. Lo viejo nunca se apodera de él. Pero el necio nace sólo una vez, y luego sigue repitiendo.

Si sigues repitiendo te perderás el camino, porque tu amplitud, tu ser, es absolutamente fresco y siempre joven. Nunca envejece. La mente envejece, el cuerpo envejece, pero el ser no conoce el tiempo, ¿cómo puede envejecer? Siempre es joven, siempre es juvenil. Es tan fresco como las gotas de rocío en el sol de la mañana, es tan fresco como las hojas de loto en el lago.

Si el viajero no puede encontrar amo o amigo que le acompañe, que viaje solo antes que con un tonto por compañía.

Lo mejor es encontrar un maestro, porque el maestro es el mayor amigo posible; de ahí que Buda diga *Maestro o Amigo.*

Si el viajero no puede encontrar amo o amigo que le acompañe, que viaje solo antes que con un necio por compañía. Pero evita a los tontos. Y eso es lo que nunca haces. Colecciona tontos a tu alrededor. Hay un secreto en ello: cuando estás rodeado de tontos, pareces superior. Es muy satisfactorio para el ego; por eso nadie quiere vivir con alguien que es superior. La gente quiere vivir con sus inferiores, porque tus inferiores te dan la idea de que eres grande.

Para estar con un maestro tendrás que soltar esa idea de que eres grande, tendrás que soltar toda esa basura, tendrás que soltar todo tu ego, tendrás que rendirte.

Tendrás que disolverte en el maestro; por eso la gente evita a los maestros. ¿Cuántas personas fueron a Jesús? Muy pocas, se pueden contar con los dedos de la mano. ¿Cuántas personas fueron a Buda? Muy pocas.... Esto siempre ha sido así. Pero la gente es muy feliz yendo al Rotary Club. Se siente muy bien cuando estás rodeado de tontos - se siente muy bien:

todos los tontos disfrazados, y cada tonto sintiéndose mejor que los demás, y cada tonto presumiendo de sí mismo, y cada tonto siendo apoyado por otros tontos.

A la gente le encanta estar en la multitud, porque en la multitud puedes olvidar tu inferioridad.

Por eso la gente no abandona las multitudes. Una multitud es la de los hindúes, otra es la de los mahometanos, la tercera es la de los cristianos y así sucesivamente. Nadie quiere abandonar la multitud.

Y aunque a veces la gente abandona una multitud, inmediatamente se une a otra. Escapan de algún modo de una prisión para entrar en otra:

no pueden vivir solos.

Buda dice que es mejor vivir solo que con tontos. Si puedes encontrar un maestro o un amigo, bien; si no puedes, entonces es mejor estar solo. Por supuesto, será difícil estar solo, será difícil porque la multitud te creará muchas dificultades. La multitud no ama a los individuos, no quiere que nadie sea independiente; quiere que todo el mundo dependa de la multitud. Te creará problemas. Pero todos esos problemas son limpiadores, todos esos problemas son desafíos. Agudizan tu inteligencia, te harán sabio.

"¡Mis hijos, mis riquezas!" así se preocupa el necio. Pero ¿cómo tiene hijos o riquezas? Ni siquiera es dueño de sí mismo.

El necio vive en torno a la idea de "lo mío" y "lo mío": mi nación, mi religión, mi raza, mi familia, mi riqueza, mis hijos, mis padres... vive en torno a "lo mío" y "lo mío". Y ha venido solo y se irá solo; nadie trae nada al mundo y nadie toma nada del mundo. Solos, con las manos vacías venimos; solos, con las manos vacías nos vamos. El sabio lo sabe; por eso el sabio no reclama nada como "mío". Utiliza las cosas, pero no las posee. Usar es perfectamente bueno - usa todas las cosas del mundo, ellas SON para ti. El mundo es un don de Dios - utilízalo, pero no lo poseas. En el momento en que te conviertes en un poseedor, no puedes usar las cosas - las cosas empiezan a usarte a ti.

En el momento en que te conviertes en un poseedor, de hecho eres poseído por tus cosas, te conviertes en un esclavo. Y la idea misma de poseer es estúpida. ¿Cómo puedes poseer algo? Ni siquiera posees tu propio ser. ¿Qué más puedes poseer? Ni siquiera eres dueño de ti mismo.

Buda dice: *"¡mis hijos, mi riqueza!" así que el tonto se preocupa.*

¿Y cuántas angustias surgen de este asunto de "lo mío", "lo mío"? Totalmente falso. Básicamente falso, pero puede crear muchas muchas miserias. Es como cuando en la noche oscura ves una cuerda y piensas que es una serpiente. Ahora corres, gritas, tiemblas, te puede dar un infarto. Y no había ninguna serpiente, ¡sólo había una cuerda! Pero el infarto será real, recuerda: una serpiente irreal puede provocar un infarto real.

Son problemas irreales. Reclamar "mío" - ¡cualquier cosa! El país, la iglesia, los hijos, la riqueza, lo que sea, cuando afirmas "¡Es mío!" estás creando una gran fuente de ansiedad, de angustia para ti mismo. Estás creando un infierno a tu alrededor.

¿Pero cómo tiene hijos o riquezas? pregunta Buda. ***Ni siquiera es su propio maestro.***

Un tonto se ha caído por la ventana de un sexto piso. Está tendido en el suelo con una gran multitud a su alrededor. Un policía se acerca y le pregunta: "¿Qué ha pasado?".

El tonto dice: "No lo sé. Acabo de llegar".

¿Qué sabes de cómo has llegado hasta aquí? ¿Qué sabes de dónde vienes? ¿Qué sabes de tu destino? ¿Qué sabes sobre quién eres? Las preguntas más fundamentales permanecen en la oscuridad, y aun así sigues afirmando: "Esta es mi casa....".

Cuando Buda se iluminó, volvió a casa. El padre estaba muy enfadado, obviamente - este era su único hijo y se convirtió en un desertor. El padre estaba envejeciendo, y había administrado un gran reino. Estaba muy preocupado: "¿Quién va a ser el dueño? ¿Quién lo gobernará? Ese tonto, mi hijo, se ha escapado".

Se hicieron muchos esfuerzos para persuadir a Buda de que volviera, pero todos fracasaron. Cuando se iluminó, vino por sí mismo; ese encuentro es uno de los más hermosos de la historia de la humanidad.

El anciano padre de Buda está muy enfadado, tanto que de la ira empiezan a brotar lágrimas de sus viejos ojos. Grita, chilla, abusa, y Buda permanece allí, totalmente tranquilo y callado, como si no pasara nada. Tal vez durante media hora, o durante una hora... entonces el padre, el anciano, queda exhausto. Entonces se da cuenta de que el hijo no ha pronunciado ni una sola palabra, no ha reaccionado en absoluto. "¡Y parece tan tranquilo y callado! ¿Qué le pasa? ¿Está sordo o qué? ¿Se ha vuelto loco o algo así?". Y pregunta: "¿Por qué no me contesta?".

Buda dice: "El hombre que te había abandonado ya no existe. No estás hablando conmigo, estás hablando con tu hijo, que ya no existe". Mucha agua ha bajado por el Ganges desde entonces. Han pasado doce años. Soy una persona totalmente diferente".

Buda, por supuesto, quiere decir metafóricamente. Quiere decir: "Ya no soy la misma conciencia, ya no estoy en la misma mente. Mis actitudes han desaparecido, mis prejuicios se han ido. Soy un ser totalmente nuevo. Ahora sé quién soy. Aquella vez fui un tonto. Ahora la luz ha entrado en mi alma. Por eso", dice, "ya no soy el mismo".

El anciano padre de Buda vuelve a enfurecerse. Le dice: "¿Cómo que no eres el mismo? ¿No puedo reconocer a mi hijo? ¿No te conozco? Te he dado a luz, mi sangre corre por tus venas, estás hecho de mi sangre y mis huesos... ¿y no te conozco? Tienes valor para decir esto".

Y Buda vuelve a decir: "Perdona, pero te repito que mi cuerpo puede ser parte de tu cuerpo, pero yo no lo soy. Ahora sé que no soy mi cuerpo, ni mi mente. Ahora sé quién soy. Y tú no tienes nada que ver con mi ser; tú no has creado mi ser, tú no has dado a luz a mi ser. He sido antes de mi nacimiento y seré después de mi muerte. Por favor, intenta comprenderme; no te irrites, no te enfades. Sólo he venido a compartir la alegría que he encontrado".

Pero los padres creen que los hijos son suyos, los hijos creen que los padres son suyos. En este mundo, tu ser está absolutamente solo. Sí, comparte tu alegría con los demás, pero nunca poseas. Sólo el necio posee, el sabio no tiene posesividad.

El necio que sabe que es necio es mucho más sabio. El necio que se cree sabio es un necio de verdad.

Reflexiona sobre ello: ¿qué piensas de ti mismo? Va a ser doloroso ver tu estupidez. Es fácil ver a los demás como tontos -de hecho, todo el mundo sabe que los demás son tontos-, pero ver tu propia estupidez es un gran paso hacia la sabiduría. Ver tu propia estupidez ya está transformando tu ser, tu conciencia.

Un hombre está de visita en Francia. Se pasea un poco la primera noche. Hace el amor con la mujer del anfitrión, su hija, la cocinera, la segunda criada, etcétera. El anfitrión le riñe por la mañana.

"¿Cuál es la gran idea? Aquí eres mi invitado. Te recibo como a un amigo. ¿Y qué haces? Le haces el amor a mi esposa, a mi hija y a la mitad de los sirvientes, ¿y para mí, nada?".

El tonto siempre se preocupa por una sola cosa: su ego. Cualquier cosa que sea para él es buena, cualquier cosa. Y está dispuesto a aferrarse a ello. El tonto incluso se aferra a la miseria, porque es SU miseria. Sigue acumulando todo lo que puede conseguir, porque el necio no tiene ni idea de su reino interior, de sus tesoros internos; sigue acumulando chatarra porque piensa que eso es todo lo que puede poseer. Basura por fuera y basura por dentro; eso es lo que la gente sigue coleccionando: cosas que coleccionan y pensamientos que coleccionan. Las cosas son basura fuera, los pensamientos son basura dentro, y tú estás ahogado en tu basura.

Echa un vistazo, una mirada desapasionada y desapegada a tu vida, a lo que has estado haciendo con ella y a lo que has sacado de ella. Y no trates de engañarte a ti mismo, porque así es como actúa la mente. Dice: "¡Mira todo lo que tienes! Tanto dinero en el banco, tanta gente te conoce, te respeta, te honra; tienes un puesto tan grande, políticamente eres poderoso... ¿qué más? ¿Qué más se puede esperar? La vida ha dado todo lo que uno puede esperar".

Pero el dinero o el poder o el prestigio no son nada, porque llegará la muerte y todas tus grandes ciudadelas de riqueza, poder, prestigio, respetabilidad, empezarán a caer como si las hubieras hecho con naipes. Sólo un golpe de muerte y todo se hace añicos.

A menos que tengas algo que puedas llevar más allá de la muerte, recuerda, no tienes nada en absoluto: tus manos están vacías. A menos que tengas algo inmortal, eterno, eres un tonto. Buda llama sabio a aquel hombre que ha alcanzado algún tesoro real: de meditación, de compasión, de iluminación.

¿Acaso la cuchara prueba la sopa? Un tonto puede vivir toda su vida en compañía de un maestro y aun así perder el camino.

La cuchara no puede probar la sopa, la cuchara está muerta - así es el tonto. Sólo aparenta estar vivo; por lo demás, su corazón está muerto, casi muerto, porque su corazón no funciona.

Sólo vive a través de la cabeza, y la cabeza es sólo una cuchara.

A través de la cabeza no puedes saborear la alegría de vivir. ¿Puedes ver la belleza a través de la cabeza? Puedes ver la flor, pero te perderás la belleza; verás la luna, pero te perderás la belleza; verás la puesta de sol, pero te perderás la belleza. Tu cabeza no puede saber nada de la belleza.

Tu cabeza puede saber algo sobre el sexo, pero no puede saber nada sobre el amor. Tu cabeza puede entender la parte en prosa de la vida, tu cabeza es una máquina calculadora, pero no puede conocer la poesía de la existencia. Y la poesía de la existencia contiene la verdad. La música de la existencia contiene la verdadera bendición. Sólo el corazón puede conocerla.

Sólo el corazón puede experimentarlo.

Recuerda, todo lo que no tiene sentido, la cabeza es eficiente con ello; y todo lo que es significativo, sólo el corazón es capaz de hacerlo. Y todos vivimos en la cabeza. Nuestras escuelas, colegios, universidades, existen sólo para un único propósito, para un único crimen existen, y ese crimen es: desviar las energías de la gente del corazón a la cabeza para que todos puedan convertirse en máquinas calculadoras, eficientes oficinistas y recaudadores adjuntos, jefes de estación.... Pero el sistema educativo no te permite convertirte en un amante, un poeta, un cantante. No te permite conocer el verdadero significado de la vida. No te permite entrar en el templo, te mantiene fuera.

La cabeza es superficial, el corazón está en el centro. Y si el corazón no funciona, eres una cuchara, una cuchara de madera. No probarás la sopa. *Un tonto puede vivir toda su vida en compañía de un maestro y aun así perderse el camino.*

Estar en compañía de un maestro es la mayor bendición posible, porque al estar en compañía de alguien que ha despertado, se abre la posibilidad de que tú también despiertes. Alguien que está despierto puede hacer que tú despiertes, porque el despertar es contagioso.

Puede sacarte de tus sueños y pesadillas. Pero el tonto puede vivir en compañía de un maestro toda su vida y fallar. ¿Cómo puede fallar? Porque con el maestro tambien esta conectado a traves de la cabeza - esa es su manera de extrañar al maestro.

Ahora bien, aquí hay algunas personas que ESTÁN desaparecidas y que seguirán desaparecidas si siguen orientadas hacia la cabeza. Este no es un lugar para vivir en la cabeza. No tengas cabeza. Un verdadero sannyasin no tendrá cabeza. Tendrá corazón, porque sólo a través del corazón puedo penetrar en ti. Sólo a través del corazón existe la posibilidad de comunión. De lo contrario, escucharéis mis palabras y las recogeréis, y os convertiréis en loros y repetiréis mis palabras - y todo eso es inútil... a menos que saboreéis, a menos que bebáis de mí.

La lengua prueba la sopa. Por favor, no seáis cucharas, sed lenguas. Cuando estéis cerca de un buda, no seáis cucharas, sed lenguas: sed vivos, sed sensibles, sed sinceros, sed cariñosos, sed confiados.

La lengua prueba la sopa. Si estas despierto en presencia de un maestro un momento te mostrara el camino.

Un SOLO momento es suficiente. No se trata de estar con un maestro durante mucho tiempo; el tiempo no entra en juego. No es una cuestión de cantidad, de cuánto tiempo has vivido con el maestro. La cuestión es lo profundo que has amado al maestro, no cuánto tiempo has vivido con el maestro, sino lo intensa y apasionadamente que te has involucrado con el maestro... no la cantidad de tiempo, sino la profundidad de tus sentimientos. Entonces un solo momento de consciencia, de despertar del corazón, un solo momento de silencio... y la transmisión, la transmisión más allá de todas las escrituras.

El necio es su propio enemigo. El mal que hace es su perdición. ¡cuánto sufre!

El tonto es su propio enemigo, dice Buda. ¿Por qué? - Porque es simplemente por su propia voluntad que sigue perdiendo todo lo que es significativo en la existencia. Nadie le impide el camino. La poesía de la vida está al alcance de todos. El tonto permanece sordo, mantiene sus oídos cerrados.

La vida está llena de luz, pero el necio mantiene los ojos cerrados. La vida está continuamente regando alegría divina, las flores siguen lloviendo, pero el necio permanece completamente ajeno. Incluso si a veces, a pesar suyo, se encuentra con una flor, no cree en ella. Dice: "Debo de estar engañado".

Ocurre casi todos los días. La gente me escribe que en su meditación ocurre algo extraño: se sienten muy felices - ¡no puede ser verdad! Nadie me escribe nunca: "Me siento infeliz, ¡no puede ser verdad!". Pero cada vez que sienten felicidad, que surge la alegría, se asustan, no pueden creerlo. Empiezan a sospechar. Empiezan a sospechar y empiezan a teorizar que debe ser la hipnosis del lugar, debe ser la gran cantidad de gente naranja que hay alrededor, por eso les está afectando. ¡¿Cómo pueden ser felices?! Sólo han conocido la miseria toda su vida, se han acostumbrado a ella, la miseria se ha convertido en su ser. Ahora, ¿éxtasis? No, estas flores no pueden ser verdad, algo va mal.

En casi todas las lenguas del mundo existen proverbios como éste en inglés:

dices: "No puede ser verdad porque es muy bueno". ¿Lo bueno no puede ser verdad? Nadie cree en lo bueno. "Demasiado bueno para ser verdad", dices. Nadie dice: "Demasiado malo para ser verdad". No existe un proverbio así en ningún idioma del mundo: "Demasiado malo para ser verdad". Se acepta lo malo, se acepta lo feo, se acepta lo mundano... y se niega lo sagrado.

E incluso si aceptas lo sagrado, sólo lo aceptas formalmente. Vas al templo y a la iglesia como una formalidad social; no crees realmente en Dios, no crees realmente en el templo. Es bueno, mantiene las cosas suaves, es como un lubricante. Si vas al templo y a la iglesia, la gente piensa que eres un buen hombre, honesto, religioso; y si la gente piensa que eres religioso, honesto y bueno, puedes engañarles mejor de lo que podrías hacerlo de otra manera. Confiarán en ti, y sólo podrás engañarles si confían en ti. Es una formalidad social, tal vez una estrategia social para engañar a la gente. Pero tú no crees.

Cuando algo inmenso, enorme, más grande que tú, desciende sobre ti, simplemente te encoges, cierras los ojos, te conviertes en un avestruz. Simplemente lo niegas. No puede ser así. No es que Dios no se haya cruzado en tu camino: ha venido muchas veces, ha llamado a tus puertas muchas veces, pero tú no abres las puertas. Al contrario, sigues encontrando racionalizaciones. A veces dices: "Debe ser el viento, debe ser la lluvia, debe ser algún niño del vecindario jugando en los escalones, llamando a la puerta".

Te vas explicando a ti mismo... pero nunca abres la puerta y ves quién está ahí.

El tonto es su propio enemigo. Las travesuras que hace son su perdición. ¡cuán amargamente sufre!

¿por qué hacer lo que lamentarás? ¿por qué hacerte llorar?

Por su gran compasión, plantea esta pregunta -se dirige a TI-: *¿por qué hacer lo que te arrepentirás? ¿por qué traer lágrimas sobre ti mismo?*

Haz sólo aquello de lo que no te arrepientas, y llénate de alegría.

Recuerda, que este sea el criterio: todo lo que trae alegría y dicha y bendición ES verdad - porque la dicha es la naturaleza de Dios. La verdad es otro nombre para la dicha. La falsedad trae miseria. Si vives en la mentira, vivirás en la miseria. Y si vives en la miseria, recuerda y averigua en qué mentiras has basado tu vida. Retírate de esas mentiras. No pierdas el tiempo y no lo pospongas. Retírate inmediatamente. A esa retirada la llamo sannyas.

No es retirarse del mundo, es retirarse de las mentiras que has estado viviendo hasta ahora. No es renunciar al mundo, es renunciar a las mentiras en las que has basado tu vida. En el momento en que te retiras de las mentiras, ellas empiezan a caer, empiezan a morir, porque dependen de ti, se alimentan de ti, no pueden vivir sin tu apoyo. Retira tu cooperación, y todas las mentiras desaparecerán. Y cuando todas las mentiras desaparecen, lo que queda es la verdad.

La verdad es tu naturaleza más íntima. La verdad no tiene que ser encontrada en ningún otro lugar. *Aes Dhammo Sanantano* - esta es la ley última, la ley inagotable, la verdad última, que está dentro de ti. No necesitas ir a ninguna parte. Puedes encontrarla dentro de ti si cumples una sola condición: retira las mentiras en las que tanto has invertido - retírate de ellas. Renuncia a todo lo que es falso. La miseria es un indicio de falsedad.

Siempre que ocurra alguna dicha, confía en ella, y ve en esa dirección... y te estarás moviendo hacia Dios. La dicha es su fragancia. Si puedes seguir la dicha, nunca te extraviarás. Si sigues la dicha, estarás siguiendo la naturaleza. Y si eres natural, dichoso, relajado, surge la sabiduría.

La sabiduría es un estado de ser muy relajado. La sabiduría no es conocimiento, no es información; la sabiduría es tu ser interior despierto, alerta, vigilante, testigo, lleno de luz. Llénate de luz: es tu derecho de nacimiento. Si fallas, eres un tonto. Esta vez, por favor, sé un poco más compasivo contigo mismo.

Suficiente por hoy.

Dios ama la risa

La primera pregunta:
Pregunta 1:

Amado maestro,

En occidente me formé como asistente social. Me enseñaron que es importante que una persona se respete y se quiera a sí misma y se sienta valiosa. Me enseñaron que es importante dar apoyo para ayudar a fortalecer el ego. Usted dice que hay que matar al ego. Estoy confundido.

Prem Aradhana, el ego es necesario porque el verdadero yo no se conoce. El ego es un sustituto, es una pseudo entidad. Porque no te conoces a ti mismo tienes que crear un centro artificial; de lo contrario funcionar en la vida será imposible. Como no conoces tu verdadero rostro, tienes que llevar una máscara. Al no conocer lo esencial, tienes que confiar en la sombra.

Sólo hay dos formas de vivir la vida. Una es vivirla desde lo más profundo de tu ser - esa ha sido la manera de los místicos. La meditación no es más que un dispositivo para hacerte consciente de tu verdadero yo, que no has creado, que no necesitas crear, que ya eres. Naces con él, lo ERES. Hay que descubrirlo. Si esto no es posible, o si la sociedad no permite que suceda... y ninguna sociedad permite que suceda, porque el yo real es peligroso -peligroso para la iglesia establecida, peligroso para el estado, peligroso para la multitud, peligroso para la tradición- porque una vez que un hombre conoce su yo real, se convierte en un individuo. Ya no pertenece a la psicología de la multitud; no será supersticioso y no podrá ser explotado. No puede ser conducido como ganado, no puede ser ordenado ni mandado. Vivirá según su luz, vivirá desde su interioridad. Su vida tendrá una tremenda belleza, integridad. Pero ese es el miedo de la sociedad.

Las personas integradas se convierten en individuos, y la sociedad quiere que no sean individuos.

En lugar de individualidad, la sociedad te enseña a ser una personalidad. Hay que entender la palabra "personalidad". Viene de una raíz, "persona" - persona significa una máscara. La sociedad te da una idea falsa de quién eres; te da sólo un juguete, y tú sigues aferrándote al juguete toda tu vida.

La única manera es vivir a través de la meditación - entonces vives una vida de rebelión, de aventura, de coraje. Entonces vives de verdad. La otra forma de vivir, o de fingir vivir, es el camino del ego: fortalecer el ego, alimentar el ego, para que no necesites mirar dentro de ti, aferrarte al ego. El ego es un artefacto creado por la sociedad para engañarte, para distraerte.

El ego está hecho por el hombre, fabricado por nosotros. Y como es fabricado por la sociedad, la sociedad tiene poder sobre él. Como está fabricado por el Estado y la Iglesia, y los que están en el poder, pueden destruirlo en cualquier momento; depende de ellos. Tienes que estar constantemente atemorizado, y tienes que estar constantemente obedeciéndoles, conformándote con ellos, para que tu ego permanezca intacto. La sociedad te respeta si no eres un individuo. La sociedad te honra si no eres un Jesús, ni un Sócrates, ni un Buda. Sólo te respeta si eres una oveja, no un hombre.

Occidente ha olvidado completamente cómo meditar, y el cristianismo ha sido la razón. El cristianismo ha creado una religión muy falsa, que no sabe nada de meditación. El cristianismo es muy formal; es un ritual. Forma parte de la sociedad y de la estructura política de la sociedad. Karl Marx tiene toda la razón al decir que es el opio del pueblo. A causa del cristianismo, Occidente ha perdido la noción de su propio ser. Y no se puede vivir sin ALGUNA idea de uno mismo - y si no se puede descubrir, entonces hay que crear algo. Será falso, pero algo es mejor que nada.

Aradhana, lo que te han dicho es un completo disparate. No importa quién te lo haya dicho: las universidades, los políticos, los sacerdotes. Ciertamente, te sentirás confundido, porque yo te estoy diciendo justo lo contrario: Te estoy diciendo que te deshagas del ego, porque si te deshaces del ego, te deshaces de la roca que está impidiendo el flujo de tu conciencia.

Tu conciencia está ahí, justo detrás de la roca; no tiene que ser traída de otra parte. Quita la roca - la verdadera religión consiste sólo en quitar lo que es innecesario, y entonces lo necesario empieza a fluir. Hay que eliminar lo que no es esencial. Y lo esencial ya está ahí, ¡ya es el caso! Retira la roca y te sorprenderás: no necesitas crear el ser real - se te revela por sí mismo.

Y lo real tiene belleza, y lo real es inmortal. Porque es inmortal, no tiene miedo.

Lo irreal tiembla constantemente. El ego siempre está en peligro: cualquiera puede destruirlo. Como te lo han dado otros, pueden quitártelo. Hoy te respetan, mañana pueden no respetarte. Si no sigues su idea de la vida, si no confirmas su estilo de ser, te retirarán su respeto. Y te quedarás tirado en el suelo... y no sabrás quién eres.

Borges escribe:

"Soñé que despertaba de otro sueño -lleno de cataclismos y agitación- y que me despertaba en una habitación que no reconocía. Amanecía: una débil luz difusa perfilaba el pie del somier de hierro, la mesa. Pensé con temor: "¿Dónde estoy?", y me di cuenta de que no lo sabía. Pensé: "¿Quién soy?", y no pude reconocerme. El miedo creció en mí. Pensé: 'Este angustioso despertar es ya el infierno, este despertar sin futuro será mi eternidad'. Entonces desperté de verdad, temblando".

No conocerse a sí mismo, no conocer su destino, eso es ciertamente el verdadero infierno. Y el hombre no se conoce a sí mismo. Ahora, la forma más barata es crear el ego, y Occidente ha estado siguiendo la forma más barata. Y no sólo Occidente: la mayoría de la gente de Oriente también ha estado haciendo lo mismo. Basta con dejar de lado a unos pocos iluminados, y el mundo entero ha estado haciendo lo mismo.

Occidente está formado por el noventa y nueve coma nueve por ciento de las personas del mundo; Oriente está formado sólo por unas pocas personas, se pueden contar con los dedos de la mano. Para mí, Oriente y Occidente no son dimensiones geográficas, sino espirituales. Gautam Buda, Lao Tzu, Zaratustra, Abraham, Moisés, Cristo, San

Francisco... Oriente está formado por estas personas. Dónde nacieron es irrelevante. Ciertamente, San Francisco no nació en Oriente, pero yo lo considero parte de Oriente.

La dimensión espiritual, la dimensión donde sale el sol interior, es el Este. Y la noche oscura del alma, que no conoce el amanecer, es Occidente. No te vuelves religioso sólo por haber nacido en la India. La religión no es tan barata. Es lo más caro que existe, porque es lo más precioso. No hay atajos para llegar a ella, y los que buscan atajos están destinados a ser engañados por alguien. Les darán juguetes, y pueden seguir creyendo en juguetes porque no quieren arriesgarse a una aventura hacia lo desconocido.

Lo más desconocido existe dentro de ti. El mar más inexplorado es tu conciencia, y el más peligroso también, porque cuando empiezas a moverte hacia dentro, empiezas a caer en un vacío, y surge un gran miedo, el miedo a volverte loco, el miedo a perder tu identidad. ...Porque te has conocido como un nombre, te has conocido como una persona en particular -te has conocido como médico, como ingeniero, como hombre de negocios; te has conocido como indio, alemán, chino; te has conocido como blanco o negro; te has conocido como hombre o mujer; te has conocido como educado o inculto- todas estas categorías empiezan a desaparecer.

A medida que te mueves hacia el interior, no eres ni hombre ni mujer: *Neti, Neti* - ni esto ni aquello, ni blanco ni negro, ni hindú ni mahometano, ni indio ni pakistaní. A medida que te desplazas hacia el interior, todas estas categorías empiezan a escapársete de las manos.

Entonces, ¿quién eres? Empiezas a perder la pista de tu ego y surge un gran miedo: el miedo a la nada. Estás cayendo en el infinito. ¿Quién sabe si podrás volver o no? ¿Y quién sabe cuál será el resultado de esta exploración?

El cobarde se aferra a la orilla y se olvida del mar. Eso es lo que ocurre en todo el mundo. La gente se aferra al ego porque el ego te da una cierta idea de quién eres, te da una cierta claridad. Pero el ego es falso, y la claridad es falsa.

Es mejor confundirse con la realidad que ser claro con la irrealidad.

Aradhana, tienes razón: conmigo se producirá una gran confusión

- porque todo tu conocimiento, poco a poco, se demostrará simple ignorancia y nada más.

Detrás de tus conocimientos se esconde tu ignorancia. Detrás de tu inteligencia se esconde tu mente estúpida. Y detrás del ego no hay nada, es una sombra.

Una vez que esto se vuelve claro para ti, que has estado aferrado a la sombra, un gran miedo y una gran confusión, un gran caos está destinado a suceder. Pero del caos nacen las estrellas. Uno tiene que pasar por tal caos - eso es parte del crecimiento espiritual. Hay que perder lo falso para llegar a lo real. Pero entre ambos habrá un intervalo en el que lo falso habrá desaparecido y lo verdadero aún no habrá llegado. Esos son los momentos, los momentos más críticos... esos son los momentos en los que necesitas un maestro o un amigo.

El otro día, Buda decía: "Se necesita un maestro o un amigo". Estos son los momentos en los que necesitarás la mano de alguien que pueda sostenerte, que pueda apoyarte, que pueda decirte: "No tengas miedo. Este vacío va a desaparecer. Pronto estarás rebosante: sólo un poco más de espera, un poco más de paciencia". El maestro no puede darte nada, pero puede darte valor. Puede darte su mano en esos momentos críticos en los que tu mente quisiera volver atrás, dar marcha atrás, aferrarse de nuevo a la orilla.

La alegría del maestro, su confianza, su autoridad... recuerda, cuando digo "su autoridad" no quiero decir que un maestro sea autoritario. Un maestro nunca es autoritario, pero tiene autoridad, porque es testigo de sí mismo. Conoce la otra orilla, ha ESTADO en la otra orilla. Tú sólo has OÍDO hablar de la otra orilla, has leído sobre ella; sólo conoces esta orilla, y la comodidad y la seguridad de esta orilla. Y cuando las tormentas arrecian y empiezas a perder de vista esta orilla, y no eres capaz de ver la otra orilla, tu mente dirá: "¡Vuelve! ¡Vuelve lo más rápido posible! La antigua orilla está desapareciendo y la nueva no aparece. Tal vez no haya nada en la otra orilla, tal vez no haya otra orilla en absoluto. Y la tormenta es grande".

En esos momentos, si estás con un maestro, y alguien está sentado en el barco en silencio, totalmente tranquilo y callado, riendo y diciendo: "No te preocupes", tocando la flauta, o cantando una canción, o contándote un chiste, y te dice: "No te preocupes. La otra orilla es... Lo sé, he pasado por eso. Sólo un poco de paciencia...."

Mirarle a los ojos... en su absoluta confianza será la única ayuda. Viendo su calma, su tranquilidad, su integridad.... No mira atrás, no tiene miedo: debe haber visto la otra orilla, debe haber estado allí. Todo su ser lo dice, todo su ser lo demuestra. Y cuando te coge de la mano puedes sentir que su mano no tiembla; puedes sentir que todo lo que dice lo dice por su propia experiencia, no porque esté escrito en la Biblia, en el Gita, en *El Dhammapada.*

¡Él lo SABE por sí mismo! - esa es su autoridad.

Cuando te contagie su confianza, tú también empezarás a reírte.

Por supuesto, tu risa tendrá algo de nerviosismo, pero empezarás a reír.

Puede que empieces a cantar con él, quizá sólo para evitar el miedo, igual que la gente silba en la oscuridad. Puede que te unas a su baile, sólo para olvidar todo lo que está pasando. No quieres ver la tormenta que te rodea, no quieres recordar el pasado y no quieres pensar en el futuro. Todo te parece oscuro y lúgubre. Puedes unirte a su baile....

Baila con él, aunque sea por miedo, canta con él aunque tu canto esté destinado a ser nervioso, ríe con él aunque tu risa no sea total, la tormenta pasará pronto. Cuanto más profunda sea tu paciencia, antes ocurrirá: podrás ver la otra orilla, porque cuando los ojos no están turbados, cuando los ojos no están llenos de miedo, se vuelven perceptivos. Surge en ti una visión, te conviertes en vidente.

La otra orilla no está lejos; sólo que tus ojos están tan llenos de humo que no puedes ver.

De hecho, esta misma orilla ES la otra orilla. Si tus ojos están claros, si tu percepción no está nublada, si tu percepción ha surgido en tu ser, si puedes ver y oír, esta misma orilla es la otra orilla. Cuando uno lo sabe, se ríe de toda la ridiculez de la vida, porque ya tenemos aquello que anhelamos. El tesoro está con nosotros y corremos de aquí para allá.

El ego no tiene que ser creado, porque tienes el ser supremo dentro de ti.

Pero puedo entender tu confusión. Sigue confundido. No vuelvas a tu antigua claridad: es engañosa. Permanece en esta confusión, permanece conmigo un poco más, y pronto la confusión se dispersará y desaparecerá. Y entonces vendrá un tipo de claridad totalmente nueva.

Hay dos clases de claridad - una, que es simplemente intelectual, que en cualquier momento puede ser arrebatada, la duda puede ser creada en cualquier momento.... El intelecto está lleno de dudas.

Todo lo que habías oído y todo lo que te habían dicho te lo he quitado tan fácilmente; no tenía mucho valor. El entrenamiento de toda tu vida, y yo te he quitado la tierra de debajo de tus pies tan fácilmente... y estás confundido. ¿Qué valor puede tener tanta claridad? Si puedo confundirte tan fácilmente, eso significa que no era verdadera claridad. Te daré un nuevo tipo de claridad que no puede ser confundida.

Una vez, un gran filósofo fue a ver a Ramakrishna. El filósofo argumentaba contra Dios, y lo hacía realmente bien. Se llamaba Keshav Chandra Sen. Ramakrishna era completamente analfabeto; no sabía nada de filosofía, nunca había ido a la universidad, sólo había leído hasta el segundo curso. Sabía escribir y leer un poco en bengalí.

El filósofo era muy culto, mundialmente famoso, había escrito muchos libros. Discutía y Ramakrishna se reía. Y cada vez que el filósofo daba un argumento hermoso y profundo contra Dios, Ramakrishna saltaba y lo abrazaba. Una gran multitud se había reunido para ver la escena, lo que estaba ocurriendo. El filósofo estaba muy avergonzado, porque había venido a discutir, ¿y qué clase de argumento es éste?

Este hombre ríe, baila y a veces abraza.

El filósofo dijo: "¿No te molestan mis argumentos?".

Ramakrishna dijo: "¿Cómo puedo molestarme? Estoy disfrutando mucho con tus argumentos. Eres listo, eres inteligente, tus argumentos son hermosos, pero ¿qué puedo hacer? Conozco a Dios. No es una cuestión de argumentos, no es que crea en Dios. Si hubiera creído, me habrías perturbado, me habrías quitado toda claridad y me habrías confundido. Pero ¡SÉ que existe!"

Si sabes, sabes - no hay forma de distraerte. Te daré ESE tipo de claridad - que sabe, y no depende de ningún argumento sino que surge de la experiencia existencial. Entonces no necesitas que te enseñen a respetarte o a quererte o a sentirte valioso. Conociéndose a uno mismo, uno sabe que es Dios. Ahora, ¿qué más respeto puedes darte a ti mismo?

Cuando surge en ti esta experiencia: *"¡Aham Brahmasmi!*

Yo soy Dios". - ¿qué más respeto puedes darte a ti mismo?

¿Y quién está ahí para dar respeto? Sólo Dios. Cuando en lo más profundo de tu ser se produce la realización: ¡"ANA'L HAQ! - Yo soy la verdad!", ¿qué más dignidad necesitas sentir? Has llegado a lo último, y has llegado a conocer lo último como tu ser más íntimo, tu interioridad.

Sí, te han dicho que seas respetuoso contigo mismo porque no sabes quién eres. Te han dicho que te sientas valioso porque te sientes inútil. Te han dicho que te ames porque te odias. Y lo extraño, lo irónico, es que son las MISMAS personas las que te han estado haciendo ambas cosas.

Las mismas personas primero te hacen sentir que no vales nada; este es el secreto comercial de todas las iglesias, de todas las llamadas religiones, de todas las ideologías políticas, de todas las sociedades, civilizaciones y culturas que han existido hasta ahora. Este es el secreto comercial: primero te hacen sentir que no vales nada, a todos los niños se les hace sentir que no valen nada. Le dicen: "A menos que te conviertas en esto o aquello, no vales nada". Cuando empieza a sentirse inútil, empezamos a decirle: "Siente que vales, siente que vales". Si no puedes sentir que vales, tu vida es un desperdicio".

Primero le decimos que se odie a sí mismo y se condene; todo lo que hace está mal, de ahí que empiece a odiarse porque no es una persona bella. Los padres, los profesores, los sacerdotes, todos participan en la conspiración. Cada niño es reducido a un estado tan condenable que empieza a sentir: "Debo de ser la persona más fea del mundo, porque hago cosas que no se deben hacer y no hago cosas que se deben hacer". Y entonces un día empezamos a decirle al niño: "¿Por qué no te quieres a ti mismo?

Si no, ¿cómo sobrevivirás?".

Le quitamos todo el respeto al niño, y cuando se vuelve irrespetuoso consigo mismo empezamos a decirle que se cree respeto. Es una situación absurda. Cada niño nace con un gran respeto por sí mismo. Cada niño conoce su valor, su valor intrínseco. No es digno porque sea como Buda, Krishna o Cristo, simplemente sabe que vale porque es, porque tiene el ser. Eso es suficiente. Y cada niño se ama a sí mismo, se respeta.

Eres tú quien le enseña justo lo contrario. Primero destruyes todo lo que hay de bello en él, y luego empiezas a pintar un cuadro falso. Destruyen la belleza natural y luego pintan su rostro, lo hacen absolutamente falso. ¿Pero por qué se hace esto? - Porque sólo la gente falsa puede ser esclava, sólo la gente falsa puede seguir a los políticos estúpidos, sólo la gente falsa puede ser víctima de sacerdotes absolutamente ignorantes. Si la gente es real, no puede ser explotada ni oprimida.

Aradhana, permanece confuso - es bueno. Es bueno que hayas llegado a este punto en el que ha surgido en ti una gran confusión. Ya no puedes confiar en tu ego - ¡bien! Es tremendamente importante, porque ahora se hace posible un segundo paso. Te devolveré tu infancia, tu valor interior, que no es un fenómeno creado; tu amor natural, que no se cultiva; tu respeto espontáneo, que surge sólo cuando empiezas a sentir que eres parte de Dios, que eres divino.

Recuerda, el ego es comparativo -siempre se compara con los demás- y el yo es no-comparativo. Cuando te conoces a ti mismo no eres inferior ni superior en comparación con nadie, simplemente eres tú mismo. Pero el ego es comparativo. Y recuerda, si te sientes superior a alguien, estás obligado a sentirte inferior a otra persona. Así que el ego es un fenómeno muy tramposo: por un lado te hace sentir superior, por otro te hace sentir inferior. Te mantiene en un doble aprieto, sigue separándote. Te vuelve loco.

Por un lado, sabes que eres superior a tu sirviente, pero ¿qué pasa con tu jefe? Obligas al siervo a rendirse ante ti, y tú te rindes ante tu jefe. Obligas a tu criado o a tu mujer o a tus hijos a ser esclavos tuyos. ¿Y luego a tu jefe? Ahí meneas el rabo.

¿Cómo puedes ser dichoso? Ambas cosas están mal. Hacer que los demás se sientan inferiores es violento, es un crimen contra Dios; y hacerte sentir inferior ante alguien es de nuevo un crimen contra Dios. Cuando conoces tu verdadero yo, ambas cosas desaparecen. Entonces tú eres tú, y el otro es el otro, y no hay comparación: nadie es superior y nadie es inferior.

Esto es lo que yo llamo comunismo espiritual real, pero esto sólo es posible cuando se ha producido el autoconocimiento. Karl Marx o Friedrich Engels, Joseph Stalin o Mao Zedong, estos no son los verdaderos comunistas. Viven en el ego. Los verdaderos comunistas son Gautam Buda, Jesús, Lao Tzu - nadie los conoce como comunistas pero son verdaderos comunistas, porque si entiendes su visión, toda comparación desaparece. Y cuando no hay comparación, hay comunismo. La igualdad sólo es posible cuando la comparación desaparece del mundo.

Sin conocerte a ti mismo, estás casi profundamente dormido; sin conocerte a ti mismo, eres como un borracho que pregunta a los demás: "¿Dónde está mi casa?". El borracho a veces incluso pregunta: "¿Puede decirme, señor, quién soy?".

Una vez, un borracho se acercó al camarero y le preguntó: "¿Has visto a mi amigo?

¿Ha estado aquí?"

El camarero dijo: "Sí, unos minutos antes estuvo aquí".

Y el borracho preguntó: "¿Serías tan amable de decirme si yo también estaba con él?".

Un día había un borracho en un bar. Se volvió hacia el hombre de su derecha y le dijo: "¿Me has echado cerveza en el bolsillo?".

"Desde luego que no", dijo el hombre.

Entonces el borracho se volvió hacia el hombre de su izquierda y le dijo: "¿Me has echado cerveza en el bolsillo?".

El hombre le dijo: "Desde luego, no te he echado cerveza en el bolsillo".

El borracho dijo: "Justo como pensaba: un trabajo desde dentro".

La segunda pregunta:

Pregunta 2:

Amado maestro, ¿cuál es tu visión de la nueva comuna?

Krishna Prem, la nueva comuna es un experimento de comunismo espiritual. La palabra "comunismo" viene de "comuna". Sólo hay una posibilidad de comunismo en el mundo y esa posibilidad es a través de la meditación. El comunismo no es posible cambiando las estructuras económicas de las sociedades.

El cambio de las estructuras económicas de las sociedades sólo traerá nuevas clases; no puede traer una sociedad sin clases. El proletariado puede desaparecer, la burguesía puede desaparecer, pero entonces el gobernante y los gobernados... eso es lo que ha ocurrido en la Rusia soviética, eso es lo que ha ocurrido en China. Han surgido nuevas distinciones, nuevas clases.

El comunismo es básicamente una visión espiritual. No se trata de cambiar las estructuras económicas de la sociedad, sino de cambiar la visión espiritual de las personas. La nueva comuna va a ser un espacio donde podamos crear seres humanos que no estén obsesionados con la comparación, que no estén obsesionados con el ego, que no estén obsesionados con la personalidad.

La nueva comuna va a ser un contexto en el que un nuevo tipo de hombre puede llegar a ser posible. Sócrates dice que el maestro es un partero, y tiene razón: todos los maestros son parteros. Siempre traen a la existencia nuevas humanidades. A través de ellos nace un hombre nuevo.

El viejo hombre está acabado. El anciano ya no es válido. Y con el viejo, todo lo que pertenecía al viejo también se ha vuelto inválido, irrelevante. El viejo hombre era negativo para la vida. La nueva comuna creará una religiosidad afirmativa de la vida. El lema de la nueva comuna es: Este mismo cuerpo el Buda, esta misma tierra el Paraíso del Loto.

La nueva comuna va a santificar la tierra, a hacer que todo sea sagrado. No vamos a dividir la existencia en este mundo y aquel mundo: vamos a vivir la existencia en su totalidad. Vamos a vivir como científicos, como poetas, como místicos... ¡todos juntos!

El científico es parcial. Sólo cree en el cuerpo, no puede ir más allá; su visión es muy limitada, miope. El poeta se aferra a otro aspecto de la humanidad, la parte del sentimiento. Puede ver la belleza, pero su belleza es muy momentánea. No tiene idea de lo eterno. El místico vive en el ser, vive en el estado inmortal, intemporal. Como vive en el estado inmortal e intemporal, se vuelve indiferente al mundo del tiempo y del espacio. Se vuelve indiferente tanto a la ciencia como a la poesía. Estos son los tres aspectos de la realidad, las tres caras de Dios, la trinidad, *Trimurti.*

Mi esfuerzo en la nueva comuna es crear un hombre que no sea parcial... que sea total, entero, santo. Un hombre debe ser las tres cosas juntas. Debería ser tan preciso y objetivo como un científico; y debería ser tan sensible, tan lleno de corazón, como el poeta; y debería estar tan enraizado en lo más profundo de su ser como el místico. No debe elegir.

Debe permitir que estas tres dimensiones existan juntas.

Oriente sufrió porque nos preocupamos demasiado por el ser; perdimos de vista la ciencia, perdimos de vista el arte. Occidente ha sufrido, está sufriendo, porque ha perdido de vista el ser. Oriente se hizo interiormente rico, pero exteriormente pobre; Occidente se ha hecho exteriormente rico, interiormente pobre. La nueva comuna será rica en ambos sentidos.

Creo en la riqueza. No soy un adorador de la pobreza. Eso es simplemente estúpido. Me gustaría que la humanidad fuera rica de todas las formas posibles: rica en ciencia, rica en tecnología, rica en poesía, rica en música, rica en meditación, rica en misticismo. La vida debería vivirse en su multidimensionalidad. Hay que acercarse a Dios por todas las vías posibles. ¿Por qué empobrecer tu alma?

La nueva comuna va a crear un espacio, un contexto, para que nazca este ser humano multidimensional. Y el futuro pertenece a este nuevo hombre.

El viejo creía en la renuncia; el viejo creía que si quieres acercarte a Dios tienes que alejarte del mundo, como si hubiera un conflicto entre Dios y el mundo. Evidentemente, es un error. El mundo existe a través de Dios. El mundo es el cuerpo de Dios, ¡no puede haber ningún conflicto! Si hubiera algún conflicto, el mundo habría desaparecido hace mucho tiempo.

El mundo respira, está vivo, y la vida es Dios. El árbol es divino porque está vivo, y la roca es divina porque la roca también está viva a su manera, la roca también crece. Toda la existencia está llena de vida, rebosa de vida. Dios no está en contra del mundo - ¿cómo puede estar el pintor en contra de su pintura? y ¿cómo puede estar el poeta en contra de su poesía? y ¿cómo puede estar el músico en contra de su música? El mundo es su poesía, su pintura, su música, es su danza.

El viejo vivía renunciando, se escapaba del mundo a las cuevas, a los monasterios, al Himalaya. El viejo era escapista, el viejo tenía miedo de vivir, estaba más dispuesto a morir. El viejo era en cierto modo suicida.

Mi nuevo hombre estará profundamente enamorado de la vida. Y mi religión no es la renuncia, sino la alegría. La nueva comuna creará todas las oportunidades posibles para regocijarse, cantar, bailar.

La nueva comuna va a ser de un tipo totalmente nuevo de religiosidad, espiritualidad.

Nadie va a ser hindú, mahometano, cristiano o jaina, pero todo el mundo va a ser religioso, simplemente religioso. Para mí, la religión no necesita adjetivos.

Y en el momento en que una religión se une a un adjetivo, deja de ser religión para convertirse en política.

Bayazid no es mahometano. El propio Mahoma no es mahometano, no puede serlo.

Cristo no es cristiano y Buda no es budista. Son simplemente religiosos. Les rodea un cierto sabor, un cierto silencio, una cierta gracia. Son ventanas al más allá. A través de ellos se puede ver el más allá, a través de ellos Dios sigue cantando mil y una canciones.

La nueva comuna no será de ninguna religión. Será religiosa. Pero la religión no será sobrenatural, tendrá los pies en la tierra; por lo tanto, será creativa, explorará todas las posibilidades de ser creativa. Se apoyará y alimentará todo tipo de creatividad.

El verdadero hombre religioso tiene que contribuir al mundo. Tiene que hacerlo un poco más bello de lo que lo encontró cuando vino al mundo. Tiene que hacerlo un poco más alegre. Tiene que hacerlo un poco más perfumado. Tiene que hacerlo un poco más armonioso. Esa será su contribución.

En el pasado respetábamos a la gente por razones equivocadas. Respetábamos a alguien porque ayunaba. Ahora, el ayuno no aporta nada al mundo. Y el hombre que ayuna durante mucho tiempo simplemente es violento consigo mismo. Respetarle es respetar la violencia, respetarle es respetar los instintos suicidas, respetarle es respetar el masoquismo. Es un enfermo mental. No es natural, es anormal. Necesita tratamiento psicológico, necesita ayuda. Pero tú le respetas, y debido a tu respeto, su ego se hincha; así que si iba a ayunar un mes, ayunará tres meses. Y cuanto más ayuna, cuanto más tortura su cuerpo, más respeto le das.

La nueva comuna no respetará ninguna tendencia masoquista. No respetará ningún ascetismo, no respetará ninguna tendencia anormal, antinatural - respetará al hombre natural. Respetará al niño que hay en el hombre, respetará la inocencia y respetará la creatividad. Respetará al hombre que pinte un cuadro hermoso, respetará al hombre que toque maravillosamente la flauta. El flautista será religioso, y el pintor será religioso, y el bailarín será religioso; no el hombre que hace largos ayunos, que tortura su cuerpo, que se acuesta en un lecho de espinas, que se lisia.

Va a ser el comienzo de una nueva humanidad. Es necesario, absolutamente necesario. Si no podemos crear al hombre nuevo en los próximos veinte años, a finales de este siglo, la humanidad no tendrá futuro. El hombre viejo ha llegado al final de su vida. El viejo hombre está listo para cometer un suicidio global. La tercera guerra mundial será un suicidio global. Sólo podrá evitarse si se crea un nuevo tipo de hombre.

Esto va a ser un experimento, un gran experimento del que van a depender muchas cosas. Tiene enormes implicaciones para el futuro. Estad preparados. Prepárate para ello. Este ashram es sólo una plataforma de lanzamiento.... Estoy experimentando a pequeña escala. La nueva comuna será a gran escala: diez mil sannyasins viviendo juntos como un solo cuerpo, un solo ser. Nadie poseerá nada; todos usarán todo, todos disfrutarán. Todo el mundo vivirá tan cómodamente, tan ricamente, como podamos arreglárnoslas. Pero nadie poseerá nada. No sólo no se poseerán cosas, sino que tampoco se poseerán personas en la nueva comuna. Si amas a una mujer, vives con ella -por puro amor, por pura alegría- pero no te conviertes en su marido, no puedes. No te conviertes en una esposa. Convertirse en "esposa" o en "marido" es feo porque conlleva la propiedad; entonces el otro queda reducido a propiedad.

La nueva comuna va a ser no posesiva, llena de amor: vivir en el amor pero sin posesividad alguna; compartir todo tipo de alegrías, hacer un fondo común con todas las alegrías.... Cuando diez mil personas contribuyen, puede llegar a ser explosivo. El regocijo será grande.

Jesús dice una y otra vez: ¡Alégrense! ¡Alegraos! ¡Alegraos! Pero aún no ha sido escuchado.

Los cristianos parecen tan serios, y también han pintado a Jesús de tal manera que no parece que él mismo se alegrara nunca. Los cristianos dicen que Jesús nunca se reía. Esto es ridículo. El hombre que decía "¡Alégrense!", el hombre que amaba la buena comida, el buen vino, el hombre que solía festejar y participar en festivales, el hombre alrededor del cual siempre había festejos, ¿nunca se reía? Los cristianos han dado un falso Cristo al mundo.

En mi comuna, Buda va a reír y bailar, Cristo va a reír y bailar. Pobrecillos, ¡hasta ahora nadie se lo ha permitido! Tened compasión de ellos, dejadles bailar, cantar y jugar. Mi nueva comuna va a transformar el trabajo en juego, va a transformar la vida en amor y risa.

Recuerda de nuevo el lema: santificar la tierra, hacer que todo sea sagrado, transformar las cosas ordinarias y mundanas en cosas extraordinarias y espirituales. Toda la vida tiene que ser tu templo; el trabajo tiene que ser tu culto, el amor tiene que ser tu oración.

Este mismo cuerpo el Buda, esta misma tierra el Paraíso del Loto.

La tercera pregunta:

Pregunta 3:

Amado maestro, soy psicólogo. Esperaba que estudiar psicología me ayudara a cambiar mi vida, pero nada de eso ha sucedido. ¿que debo hacer ahora?

La psicología es todavía una ciencia muy muy inmadura. Es muy rudimentaria, es sólo el principio. Todavía no es una forma de vida, no puede transformarte. Ciertamente puede darte algunos conocimientos sobre la mente, pero esos conocimientos no van a ser transformadores. ¿Por qué? - Porque la transformación siempre ocurre desde un plano superior. Transformación nunca significa resolver problemas - permanecer en el mismo plano - eso significa ajuste.

La psicología sigue intentando ayudarte a adaptarte: a adaptarte a la sociedad, que en sí misma está loca, a adaptarte a la familia, a adaptarte a las ideas dominantes a tu alrededor. Pero todas esas ideas -tu familia, tu sociedad- están ellas mismas enfermas, enfermas, y adaptarte a ellas te dará cierta normalidad, al menos una apariencia superficial de salud, pero no va a transformarte.

Transformación significa cambiar el plano de tu comprensión. Se produce a través de la trascendencia. Si quieres cambiar tu mente, tienes que ir al estado de no-mente. Sólo desde esa altura serás capaz de cambiar tu mente, porque desde esa altura serás el maestro. Permanecer en la mente y tratar de cambiar la mente por la mente misma es un proceso inútil. Es como tirar de ti mismo por tus propios cordones. Es como un perro tratando de agarrar su propia cola; a veces lo hacen, a veces se comportan muy humanamente. El perro está sentado bajo el cálido sol temprano por la mañana y mira la cola que descansa a su lado; naturalmente, surge la curiosidad: ¿Por qué no la agarra? Lo intenta, fracasa, se siente ofendido, molesto; lo intenta mucho, fracasa más, se vuelve loco, enloquece. Pero nunca podrá agarrar la cola, es su propia cola. Cuanto más salte, más saltará la cola.

La psicología puede darte algunas ideas sobre la mente, pero como no puede llevarte más allá de la mente no puede ser de ninguna ayuda.

Sam se hizo psiquiatra y empezó a prosperar. Compró una limusina grande y cara y la condujo por primera vez. Cuando llevaba unos instantes conduciéndola, otro coche chocó contra él. Saltó de su Cadillac destrozado, se acercó al coche que le había embestido, le sacudió el puño y rugió: "¡Idiota! Imbécil. ¡Sinvergüenza de mierda! Hijo de...". Luego recordó de pronto que era psiquiatra, bajó la voz y preguntó suavemente: "¿Por qué odias a tu madre?".

La psicología no puede ayudar. He oído otra historia sobre este mismo Sam - una historia de cuando ya no estaba en el mundo, había muerto.

La viuda estaba cuidando las plantas alrededor de la tumba de su marido. Al agacharse, unas briznas de hierba le hicieron cosquillas en la carne desnuda bajo la falda. Sobresaltada, se dio la vuelta rápidamente, pero no había nadie a la vista. Suspirando, se volvió hacia la tumba y susurró: "¡Sam, compórtate! Y recuerda, se supone que estás muerto".

Ni en la vida ni en la muerte te va a ayudar mucho la psicología. Sólo te puede ayudar la religión.

Ahora el psicólogo intenta desempeñar el papel de maestro, lo cual es totalmente pretencioso. El psicólogo, el psicoanalista y el psiquiatra no son maestros.

No se conocen a sí mismos. Sí, han entendido un poco sobre el mecanismo de la mente, han estudiado, están bien informados. Pero la información nunca cambia a nadie, nunca trae ninguna revolución. En el fondo, la persona sigue siendo la misma. Puede hablar muy bien, puede darte buenos consejos, pero no puede seguir sus propios consejos.

El psicoanalista no puede ser el maestro. Pero en Occidente, en particular, ha tenido tanto éxito profesional que incluso los sacerdotes están tremendamente admirados. Incluso los sacerdotes -católicos y protestantes- están estudiando psicoanálisis y otras escuelas de psicología, porque ven que la gente ya no acude al sacerdote, sino al psicoanalista. El sacerdote empieza a tener miedo de perder su trabajo.

El sacerdote ha dominado a la gente durante cientos de años. Era el hombre sabio, pero ha perdido su atractivo. Y la gente no puede vivir sin consejeros; necesitan que alguien les diga lo que tienen que hacer porque nunca crecen. Son como niños pequeños, siempre necesitan que les digan qué hacer y qué no hacer. Hasta ahora el sacerdote solía hacer eso; ahora el sacerdote ha perdido su encanto, su validez. Ya no es contemporáneo, se ha quedado anticuado. Ahora el psicoanalista ha ocupado su lugar, ÉL es ahora el cura.

Pero al igual que el cura era falso, también lo es el psicoanalista. El cura utilizaba la jerga religiosa para explotar a la gente; el psicólogo utiliza la jerga científica para explotar a la misma gente.

Ni se despertó el cura, ni se despierta el psicoanalista.

El hombre sólo puede ser ayudado por alguien que ya sea un buda; de lo contrario, no puede ser ayudado.

Todos tus asesores te liarán cada vez más. Cuanto más escuches a los asesores, más te liarás, ¡porque no saben lo que dicen! Ni siquiera se ponen de acuerdo entre ellos. Freud dice una cosa, Adler otra, Jung otra. Y ahora hay mil y una escuelas.

Y cada escuela es fanática de su filosofía: que tiene la verdad, toda la verdad y nada más que la verdad. No sólo dice que es verdad, sino que dice que tiene LA verdad y que todos los demás mienten, engañan.

Si escuchas a estos psicoanalistas, si vas de un psicoanalista a otro, estarás más desconcertado. La única ayuda que pueden prestaros es que, si sois lo bastante inteligentes, os hartaréis tanto de ellos, os aburriréis tanto de ellos, que simplemente abandonaréis la idea de ser transformados, y podréis empezar a vivir vuestra vida normalmente, sin preocuparos mucho por la transformación - SI sois inteligentes, lo cual es muy raro, porque la inteligencia es aplastada desde el principio. Os convierten en mediocres. Desde el principio, la inteligencia es destruida. Sólo unas pocas personas escapan de alguna manera de la sociedad y siguen siendo inteligentes.

Nagesh, me preguntas: "¿Qué debo hacer ahora?".

Mi sugerencia es: ya has hecho bastante. Ahora aprende algo que no sea HACER sino no-hacer. Quédate aquí y aprende a no hacer, sino a ser. Siéntate en silencio, sin hacer nada.

En un plazo de tres a nueve meses, si uno es lo suficientemente paciente y puede simplemente sentarse durante horas todos los días, tanto como pueda encontrar tiempo, simplemente siéntese en ..... Al principio, surgirá una gran confusión en tu mente; todo lo del inconsciente empezará a salir a la superficie. Lo verás como si te estuvieras volviendo loco. Sigue observando, no te preocupes.

No puedes volverte loco porque ya lo estás, así que no hay nada que perder ni nada que temer.

Un político, un gran político, consultaba a un psicoanalista. El político sufría un complejo de inferioridad: todos los políticos sufren complejos de inferioridad.

Si no tuvieran complejos de inferioridad, no serían políticos. Ser político significa esforzarse por ser superior, estar en el poder, para poder demostrar a los demás y a uno mismo: "No soy inferior. Mira, soy el Primer Ministro. ¡Mira! Sólo yo soy el primer ministro del país y nadie más, ¿cómo puedo ser inferior?".

La política surge del complejo de inferioridad, toda política de poder surge del complejo de inferioridad. Así que no era raro que el político sufriera complejo de inferioridad.

El psicoanalista trabajaba con el político año tras año. Después de dos o tres años, escuchando todas sus sandeces... porque ¿qué puede decir un político? Durante horas se tumbaba en el diván y decía tonterías.

Al cabo de tres años, un día que vino, el psicoanalista lo recibió con gran alegría y le dijo: "Me complace declarar, después de tres años de investigación sobre usted, que no padece complejo de inferioridad. He llegado a esta conclusión después de un esfuerzo tan largo que no puede estar equivocado. Usted no sufre de complejo de inferioridad, simplemente olvídelo".

El político se puso muy contento y le dijo: "Se lo agradezco, pero ¿puede decirme cómo ha llegado a esta conclusión?".

El psicoanalista le dijo: "Porque simplemente ERES inferior, ¿cómo puedes sufrir complejo de inferioridad?".

Nagesh, no debes preocuparte. Si sentado en silencio empiezas a sentir que surge la locura, no te preocupes: no puedes estar más loco de lo que ya estás. El hombre no puede caer más.

Ha tocado fondo. Ahora ya no puede caer más.

Sentado en silencio verás surgir en ti la locura, porque ha permanecido reprimida.

Y te mantienes ocupado con cosas - psicología, etcétera - ahora te ocuparás con meditación y sannyas, pero todas estas son ocupaciones y no estás permitiendo que tu inconsciente se te revele. Es aterrador.

Mi sugerencia es que te sientes en silencio todo lo que puedas. La gente Zen se sienta en silencio al menos de seis a ocho horas al día. Al principio es realmente enloquecedor. La mente te juega tantas malas pasadas, intenta volverte loco, crea miedos imaginarios, alucinaciones. El cuerpo empieza a jugarte malas pasadas... pasan todo tipo de cosas.

Pero si puedes seguir siendo testigo, en un plazo de tres a nueve meses todo se asienta, y se asienta por sí mismo, no porque tengas que hacer algo. Sin que tú lo hagas, simplemente se asienta, y cuando surge la quietud, sin cultivar, sin practicar, es algo soberbio, algo tremendamente grácil, exquisito. Nunca has probado nada igual, es puro néctar....

¡Has trascendido la mente! Todos los problemas de la mente están resueltos. No es que hayas encontrado una solución, sino que simplemente han caído por sí mismos -por presenciar, sólo por presenciar.

Ya tienes demasiados conocimientos. No necesitas más conocimientos; necesitas desaprender. Las personas con conocimientos son muy astutas: siempre encuentran excusas para seguir siendo las mismas.

Un profesor de filosofía y psicología era adicto al whisky sin alcohol. Una noche, tras engullir una gran cantidad, entró en su camarote, se desnudó para acostarse e intentó apagar la vela. Su aliento alcohólico estalló en llamas.

Tristemente conmocionado por la experiencia, gritó a su mujer: "Tráeme la Biblia, Marta.

Esto ha sido una terrible lección para mí. Voy a dejarlo".

La feliz ama de casa trajo la Biblia a toda prisa, se quedó parada mientras su hombre ponía la mano sobre ella y miraba al cielo: "Juro por todo lo sagrado", entonó, "que nunca más soplaré sobre una vela encendida".

La mente es astuta. Tienes que ir más allá de la mente, en eso consiste la meditación.

La última pregunta:

Pregunta 4:

Amado maestro, usted parece ser el primer maestro iluminado que cuenta chistes - ¿por qué es así?

Garima, te contaré una historia. La siguiente historia del Talmud era particularmente apreciada por el gran maestro jasíd, Baal Shem.

El rabino Baruch solía visitar el mercado donde a menudo se le aparecía el profeta Elías. Se creía que se aparecía a algunos hombres santos para ofrecerles guía espiritual.

Una vez Baruc preguntó al profeta: "¿Hay alguien aquí que tenga parte en el mundo venidero?".

Él respondió: "No".

Mientras conversaban, pasaron dos hombres y Elías comentó: "Estos dos hombres tienen parte en el mundo venidero".

El rabino Baruch se acercó entonces y les preguntó: "¿A qué os dedicáis?".

Ellos respondieron: "Somos bufones. Cuando vemos a los hombres deprimidos les animamos".

Dios ama la risa, Dios ama a la gente alegre. A Dios no le interesa verte con caras largas.

Cuando Baal Shem agonizaba, alguien le preguntó: "¿Estás preparado para encontrarte con el Señor?".

Siempre he estado preparado. No se trata de estar preparado ahora, siempre lo he estado. En cualquier momento podría haberme llamado".

El hombre le preguntó: "¿Cuál es tu disposición?".

Baal Shem dijo: "Conozco algunos chistes bonitos - le contaré esos chistes. Y sé que los disfrutará y se reirá conmigo. ¿Y qué más puedo ofrecerle? El mundo entero es suyo, el universo entero es suyo, yo soy suyo, así que ¿qué puedo ofrecerle? Sólo unos cuantos chistes".

Baal Shem es uno de los grandes budas surgidos de la tradición judía, uno de los más queridos por sus discípulos. Fue el fundador del jasidismo.

Y recuerden que no soy el primero que les cuenta chistes. Ha habido muchos.... Pero la gente está tan triste que se olvida de las personas que han sido fuente de risa y alegría: sólo recuerda a las personas tristes. La gente está triste; de ahí que encuentre cierta afinidad con la gente triste. Tú sólo recuerdas a budas tristes; aunque no estuvieran tristes, los haces tristes. En tu mente inventas historias, fabricas ideas y haces que parezcan tristes.

Ahora, un Jaina se ofenderá mucho si digo que Mahavira se rió. La risa parece tan mundana, tan mundana. ¿Cómo puede reír Mahavira? Si digo que Buda se rió, los budistas, en particular los budistas hinayana, se enfadarán. He sentido un amor tremendo por Buda; creo que no hay ningún otro hombre en la tierra que haya amado a Buda tanto como yo. Pero justo el otro día leía en los periódicos: el presidente de la Sociedad Budista de la India va a plantear preguntas contra mí en el parlamento en la próxima sesión. Lo comprendo, esta gente debe sentirse muy ofendida porque estoy dando a Buda un nuevo color: SU color, el color de Buda. Intento acercaros su realidad. Y estas personas han distorsionado totalmente su imagen; le han dado un aspecto tan triste que no le permiten reír. Si se ríe, le harán preguntas en el Parlamento.

Ofendo a la gente porque intento vivir la religión no según sus ideas. Te digo, en privado por supuesto, que Jesús solía bromear - pero no se lo digas a los cristianos, no lo entenderán. Ellos sólo pueden entender al Jesús que fue crucificado. De hecho, adoran a la muerte, no a Jesús; adoran la cruz, no a Cristo.

Por eso llamo al cristianismo, Crossianity - no tiene nada que ver con Cristo. ¡Conozco al hombre, conozco personalmente al hombre!

Solía amar todas las cosas buenas de la vida. ¿Cómo podía evitar las bromas? Le encantaba cotillear, ¡y dicen que sólo repartía evangelios! Era un hombre muy muy terrenal. Se movía con jugadores, con borrachos, con prostitutas también. No temía a todos estos necios, por eso tuvo que sufrir.

Por eso voy a sufrir....

Suficiente por hoy.

Sembrar semillas de felicidad

Por un tiempo la travesura del necio sabe dulce, dulce como la miel. Pero al final se vuelve amarga. Y ¡cuán amargamente sufre!

Durante meses el necio puede ayunar, comiendo de la punta de una brizna de hierba. Aun así no vale un céntimo al lado del maestro cuyo alimento es el camino.

La leche fresca tarda en agriarse. Así, las travesuras de un necio tardan en alcanzarle. Como las brasas de un fuego que arde en su interior.

Todo lo que un tonto aprende, sólo lo hace más torpe. El conocimiento le parte la cabeza.

Porque entonces quiere reconocimiento. Un lugar ante los demás. Un lugar sobre los demás.

"que conozcan mi obra, que todos me busquen para orientarse". Tales son sus deseos, tal su hinchado orgullo.

Un camino lleva a la riqueza y a la fama, el otro al final del camino.

No busques reconocimiento sino sigue a los despiertos y libérate.

Las últimas palabras de Gautama el Buda en la tierra fueron: Sé una luz para ti mismo. No sigas a otros, no imites, porque la imitación, el seguimiento, crea estupidez. Naces con una tremenda posibilidad de inteligencia. Naces con una luz en tu interior. Escucha la pequeña voz interior que te guiará. Nadie más puede guiarte, nadie más puede convertirse en un modelo para tu vida, porque tú eres único.

Nunca ha habido nadie que fuera exactamente como tú, y nunca volverá a haber nadie que sea exactamente como tú. Esta es tu gloria, tu grandeza: que eres totalmente insustituible, que eres tú mismo y nadie más.

La persona que sigue a los demás se vuelve falsa, se vuelve pseudo, se vuelve mecánica. Puede ser un gran santo a los ojos de los demás, pero en el fondo es simplemente poco inteligente y nada más. Puede tener un carácter muy respetable, pero eso es sólo la superficie, ni siquiera está a flor de piel. Ráscale un poco y te sorprenderás de que por dentro es una persona totalmente diferente, justo lo contrario de su exterior.

Siguiendo a otros puedes cultivar un carácter hermoso, pero no puedes tener una conciencia hermosa, y a menos que tengas una conciencia hermosa nunca podrás ser libre. Puedes ir cambiando tus prisiones, puedes ir cambiando tus ataduras, tus esclavitudes. Puedes ser hindú, mahometano, cristiano o jaina, pero eso no te ayudará. Ser un Jaina significa seguir a Mahavira como modelo. Ahora bien, no hay nadie que sea como Mahavira ni que pueda serlo nunca. Siguiendo a Mahavira te convertirás en una entidad falsa. Perderás toda realidad, perderás toda sinceridad, serás falso contigo mismo. Te volverás artificial, antinatural, y ser artificial, antinatural, es el camino del mediocre, del estúpido, del tonto.

Buda define la sabiduría como vivir a la luz de tu propia conciencia, y la insensatez como seguir a otros, imitar a otros, convertirse en la sombra de otro.

El verdadero maestro crea maestros, no seguidores. El verdadero maestro te devuelve a ti mismo. Todo su esfuerzo consiste en hacerte independiente de él, porque has sido dependiente durante siglos, y eso no te ha llevado a ninguna parte. Sigues tropezando en la noche oscura del alma.

Sólo tu luz interior puede convertirse en el amanecer. El falso maestro te persuade para que le sigas, para que le imites, para que seas un calco de él. El verdadero maestro no te permitirá ser un calco, quiere que seas el original. Él te ama. ¿Cómo puede imitarte? Se compadece de ti, quiere que seas totalmente libre, libre de toda dependencia exterior.

Pero el ser humano corriente no quiere ser libre. Quiere ser dependiente. Quiere que otro le guíe. ¿Por qué? Porque así puede echar toda la responsabilidad sobre los hombros de otra persona. Y cuanta más responsabilidad descargues sobre los hombros de otro, menos posibilidades tendrás de llegar a ser inteligente. Es la responsabilidad, el desafío de la responsabilidad, lo que crea la sabiduría.

Hay que aceptar la vida con todos sus problemas. Hay que ir por la vida desprotegido; hay que buscar y buscar el propio camino. La vida es una oportunidad, un reto, para encontrarse a uno mismo.

Pero el necio no quiere ir por el camino difícil, el necio elige el atajo. Se dice a sí mismo: "Buda lo ha conseguido, ¿para qué voy a molestarme? Me limitaré a observar su comportamiento y a imitarlo. Jesús lo ha conseguido, así que ¿para qué voy a buscarlo? Puedo convertirme simplemente en una sombra de Jesús. Puedo simplemente seguirle dondequiera que vaya".

Pero siguiendo a otra persona, ¿cómo vas a llegar a ser inteligente? No darás ninguna oportunidad a que tu inteligencia explote. Se necesita una vida desafiante, una vida aventurera, una vida que sepa cómo arriesgarse y cómo ir hacia lo desconocido, para que surja la inteligencia. Y sólo la inteligencia puede salvarte -nadie más- tu propia inteligencia, fíjate, tu propia conciencia, puede convertirse en tu nirvana.

Sé una luz para ti mismo y serás sabio; deja que otros se conviertan en tus líderes, tus guías, y seguirás siendo estúpido, y seguirás perdiéndote todos los tesoros de la vida - - ¡que eran tuyos! ¿Y cómo puedes decidir que el carácter del otro es un carácter correcto para que tú lo sigas?

Un Buda vive a su manera, un Mahavira a la suya, un Jesús aún diferente. Un Mahoma ES Mahoma, no es Mahavira. ¿A quién vas a seguir? ¿Sólo por los accidentes del nacimiento vas a decidir tu vida, tu destino? Entonces seguirás siendo accidental. Y el tonto ES accidental. El hombre sabio nunca vive por accidentes. No se hace hindú porque haya nacido en una familia hindú; no se hace cristiano porque sus padres sean cristianos; no se hace comunista porque haya nacido en Rusia. Busca, indaga.

La vida es un peregrinaje tremendamente hermoso, pero sólo para aquellos que están dispuestos a buscar y buscar.

Jesús dice: Buscad y hallaréis; pedid y se os dará; llamad y se os abrirán las puertas.

No está diciendo: Sigue, imita. No está diciendo: Sé cristiano y se te abrirán las puertas. No está diciendo: He llamado a las puertas y os las he abierto. Está diciendo: Llama y se te abrirán las puertas. Y todo el mundo tiene que llamar, porque todo el mundo tiene que entrar por puertas diferentes. Las personas son únicas, son individuos.

Esta es tu gloria. No lo niegues; de lo contrario seguirás siendo un necio. Eso no significa que no aprendas de los budas, de los despiertos: ¡aprende! Imbúyete de su espíritu. Bebe de sus manantiales, frescos manantiales de alegría. Permanece en su compañía, sintonízate con su música interior, escucha su armonía, y llénate de la gran alegría de que un hombre como tú, igual que tú, lo haya logrado, para que tú también puedas lograrlo. Alégrate de que un hombre como tú, hecho de sangre y huesos, se haya iluminado, para que tú también puedas iluminarte.

A un buda no hay que seguirlo, sino comprenderlo. A un buda no hay que imitarlo, sino escucharlo: escucharlo en un tremendo silencio, con amor y confianza. Y cuanto más comprendas a un buda, más sentirás que no te habla desde fuera, sino desde dentro, desde lo más profundo de tu ser. Es un espejo que refleja tu rostro original, pero sólo es un espejo. Todos los grandes maestros son espejos, reflejan tu rostro original. Pero no te aferres al espejo. El espejo no es tu rostro.

Estos sutras de Buda son de inmenso valor. Adéntrate en ellos meditativamente. Y cuando digo que te adentres en ellos meditativamente, me refiero a que no estés en un estado de ánimo argumentativo, esa no es la forma de escuchar. Sé receptivo, sé femenino. No estés en guardia, no estés a la defensiva. No te escondas detrás de armaduras. No pongas tu mente a interpretar lo que se dice. Pon la mente a un lado y deja que el corazón baile con estos sutras. A eso me refiero cuando digo escucha meditativamente. Deja que el corazón se regocije. Y en ese regocijo hay un tipo de comprensión totalmente diferente, no del intelecto, sino de la inteligencia.

Si escuchas desde el corazón, no te volverás sabio; te volverás cada vez más sabio. Si escuchas desde la cabeza, en primer lugar tu escucha estará distorsionada porque todos tus prejuicios se mezclarán con ella, y todas tus conclusiones a priori serán una distracción, y tu mente dará su color a lo que se te dice. En primer lugar, no escucharás lo que se te dice; tu mente hará mucho ruido y escucharás tu propio ruido. En segundo lugar, todo lo que recojas se convertirá en conocimiento, no en sabiduría. El conocimiento es superficial, no profundiza, no puede profundizar. El conocimiento es una forma de ocultar tu ignorancia, no la destruye.

La sabiduría es una luz, disipa la oscuridad.

Pero la sabiduría SIEMPRE es del corazón, recuérdalo, nunca es de la cabeza. Cuando te acercas a un buda, olvídate de la cabeza. Es un acercamiento totalmente diferente a tu ser: a través del corazón. Escucha a través de los latidos del corazón, sintonízate, como si estuvieras escuchando buena música. ES una gran música; de hecho, ¿qué mejor música puede haber?

Estos sutras son la poesía más grande, la poesía del ser último. Estos sutras son las flores de loto, nacidas en el lago de la conciencia de quien está despierto. Escucha atentamente, meditativamente, amorosamente, con profunda confianza, y serás inmensamente beneficiado, bendecido.

El primer sutra:

Por un tiempo la travesura del necio sabe dulce, dulce como la miel. Pero al final se vuelve amarga. Y ¡cuán amargamente sufre!

Hay una famosa parábola budista. A Buda le encantaba contarla una y otra vez:

Un hombre es perseguido por sus enemigos. Se acercan cada vez más; puede oír el ruido de los cascos de los caballos acercándose más y más a cada momento. Es la muerte. Y parece que no hay forma de escapar, porque ha llegado a un callejón sin salida, el camino se acaba. Se enfrenta a un gran abismo. Si salta, morirá. No puede dar marcha atrás porque el enemigo va a matarle. Tenía la esperanza de que, si saltaba, habría una posibilidad: podría quedar lisiado, pero tal vez, por un milagro, sobrevivir; pero eso también parece imposible, porque ve en lo profundo del abismo a dos leones que le miran, dispuestos a devorarle.

No encontrando otro camino - no puede volver atrás, no puede seguir adelante - se cuelga de las raíces de un árbol, justo en el centro. Es una mañana fría, sus manos se están congelando. Sabe que dentro de unos minutos no podrá sujetarse a las raíces; sus manos resbalan, está perdiendo el agarre. Sabe que la muerte es cada vez más segura.

Y entonces ve que dos ratones, uno negro y otro blanco, se están comiendo la raíz, cortándola. Esos dos ratones representan el día y la noche - representan el tiempo, que está cortando la raíz de la vida de todos. Día y noche, la muerte se acerca. Así que ahora se hace aún más absolutamente seguro de que es sólo una cuestión de momentos y se habrá ido. La raíz se debilita a cada momento, se adelgaza a cada momento. Los ratones están trabajando; sus manos se están congelando y puede oír a los leones rugiendo en lo profundo del valle y puede oír al enemigo acercándose cada vez más. Puedes comprender la difícil situación de ese hombre.

Y de repente ve que justo en la copa del árbol hay un nido de abejas, y una gota de miel se escapa del nido. Se olvida por completo de los enemigos, de los leones rugientes, de los ratones blancos y negros, de sus manos congeladas... en un momento, se olvida por completo de todo. Toda su mente se concentra en esa gota de miel.

Abre la boca, la miel cae sobre su lengua... y es tan dulce.

Esta es la situación del necio. Esta es la situación de cada hombre en la tierra. ¡Qué sabor tan dulce! Pero, ¿cuánto tiempo puede permanecer este sabor? Pronto la muerte llegará de todas direcciones. Pero así es como seguimos viviendo - viviendo por placeres momentáneos, indulgencia, comida, sexo, dinero, poder, prestigio... sólo gotas de miel. Qué dulce sabe, y en ese momento nos olvidamos por completo de lo que va a pasar. El momento se apodera de nosotros y nos volvemos ajenos a la realidad de la vida: que está enraizada en la muerte, que va a desaparecer.

Buda dice: *por un tiempo la travesura del tonto sabe dulce, dulce como la miel. Pero al final se vuelve amarga y ¡cuán amargamente sufre!*

Obsérvate a ti mismo. ¿Qué estás haciendo aquí en la tierra? ¿Qué has hecho hasta ahora?

¿En qué consiste tu vida? ¿Has hecho algo realmente real, o sólo has vivido en sueños? ¿Te has acercado de alguna manera a lo eterno? ¿O estás demasiado ocupado con lo momentáneo? ¿Has hecho algún plan, algún proyecto, para la verdad última? ¿O te quedas embriagado con lo mundano, con lo ordinario, entrando cada día en la misma rutina, moviéndote cada día en la misma rutina? Llega la mañana y te apresuras a ir al mercado, y llega la tarde y estás cansado y vuelves a casa... y sigue moviéndose el mismo círculo, la misma rueda. Y esto ha sido así durante muchas vidas. ¿Cuándo te vas a aburrir de ello?

¿Cuándo vas a estar un poco más alerta sobre lo que estás haciendo con tu vida?

Es un auténtico despilfarro.

Pero Buda dice: Ciertamente, hay cierta dulzura, momentánea, y uno sufre por esa dulzura. Se convierte, inevitablemente, en amargura. Observa tu vida. Puedes ganar mucho dinero, y mientras lo ganas te sabe dulce. Pero no eres consciente de que estás perdiendo tu vida ganando basura, de que la vida se te escapa de las manos, de que es un asunto muy costoso el que estás persiguiendo, completamente tonto, estúpido.

La vida no se puede volver a comprar; ni siquiera un solo momento, con toda tu riqueza, puedes volver a comprarla. No se puede reclamar. ¡Qué tiempo tan precioso desperdiciado! Estás acumulando riquezas que te arrebatará la muerte, y te irás con las manos vacías... tan vacías como habías venido a la tierra. Entonces sentirás la amargura de haber desperdiciado toda tu vida por algo que no va a estar contigo. Has malgastado toda tu vida en el poder, en la política; has malgastado toda tu vida en hacerte respetable, y ahora ha llegado la muerte y todo te será arrebatado. Y no has saboreado ni un solo momento de tu realidad eterna, no has saboreado nada inmortal.

Esto es lo que Buda llama el enfoque de los tontos hacia la vida. Todo se vuelve amargo: tu amor, tu amistad, tu familia, tus negocios, tu política... todo, finalmente, resulta ser venenoso, se convierte en amargura. Quien es sabio tomará conciencia cuando aún está a tiempo y se puede hacer algo.

Durante meses el necio puede ayunar, comiendo de la punta de una brizna de hierba. Aun así no vale un céntimo al lado del maestro cuyo alimento es el camino.

Buda no está diciendo que te conviertas en un asceta. Buda no está diciendo que renuncies al mundo, que renuncies a la comida, que pases hambre, que ayunes, que tortures tu cuerpo... no está diciendo eso. No puede decirlo. Ha aprendido una lección, una gran lección haciendo todas estas cosas él mismo.

Cuando abandonó su palacio, siguió el camino tradicional durante seis años, torturándose, ayunando, destruyendo su cuerpo. Llegó un momento en que estaba casi al borde de la muerte: se había torturado demasiado. En ese momento tomó conciencia: "¿Qué estoy haciendo?

Primero me estaba complaciendo, todo mi día y mi noche estaban dedicados a la complacencia:

mujeres, vino, buena comida, ropa, palacios, carros de oro, caza.... Esa era mi vida, la vida de un príncipe. Estaba haciendo algo que resultó inútil".

Sólo tenía veintinueve años cuando abandonó su palacio: debía de ser un hombre de gran inteligencia. Hay personas que tienen setenta o setenta y nueve años y aún no se han dado cuenta de la insensatez de sus vidas. Él sólo tenía veintinueve años. Debía de ser un hombre con una perspicacia poco común. Debía de estar observando, mirando lo que hacía, meditando sobre las cosas. De repente se dio cuenta: "Todo esto es basura: todas estas mujeres, todo este vino, la caza, toda esta indulgencia no me va a dar nada eterno".

Oriente siempre ha buscado lo eterno. La definición de verdad en Oriente es:

lo que es eterno. ¿Y la definición de falsedad? - lo momentáneo. Cuando los místicos orientales dicen que algo es ilusorio, quieren decir que es momentáneo. No quieren decir que no lo sea, saben que lo es, pero sólo por el momento, como una pompa de jabón. Lo es. Y a veces una pompa de jabón puede parecer realmente hermosa. Si los rayos del sol la atraviesan, puede estar rodeada de un arco iris, de todos los colores. Una pompa de jabón es, pero su ser es tan momentáneo, tan engañoso, que es mejor decir que no es; por eso los místicos orientales dicen que el mundo es MAYA, ilusorio. No es que no lo sea, pero es tan momentáneo que casi no tiene sentido si lo es o no. Es mejor llamarlo ilusorio, porque eso te hará estar alerta, despierto.

Esos veintinueve años le bastaron para darse cuenta de que estaba jugando con pompas de jabón. Escapó, renunció al reino. Pero como casi siempre ocurre, la mente se mueve hacia lo contrario. La mente es como el péndulo de un viejo reloj: va de derecha a izquierda, de izquierda a derecha... a lo contrario. Nunca se queda en el medio. Y en el medio está el secreto. Si el péndulo se para en el centro, el reloj se para, el tiempo se para, el mundo se para. Pero el péndulo va de izquierda a derecha, de derecha a izquierda, y mantiene el reloj en marcha, mantiene el reloj en movimiento, mantiene el TIEMPO vivo. Y el tiempo es el mundo.

Ir más allá del tiempo es conocer algo inmortal; por eso, en la India, para el tiempo y la muerte utilizamos la misma palabra, KAL, la misma palabra para el tiempo y la misma palabra para la muerte. No es una coincidencia, tiene un significado. El tiempo es muerte, porque en el tiempo todo es momentáneo, todo va a morir. En un momento está, en otro momento se ha ido, y se ha ido para siempre. En el momento en que vas más allá del tiempo, vas más allá de la muerte.

Pero así como la mente funciona -se mueve hacia lo opuesto- la mente de Buda también se movió hacia lo opuesto. Escapó del palacio. Hasta ahora se había preocupado por su cuerpo; ahora empezó a torturarlo. Hasta ahora estaba demasiado obsesionado con la buena comida; ahora empezó a ayunar, largos ayunos. Se convirtió en un asceta famoso. La gente empezó a respetarle, la gente empezó a seguirle. Era un hombre hermoso, uno de los más hermosos que ha pisado la tierra, pero estos seis años de autotortura y masoquismo destruyeron su cuerpo. Se volvió moreno, se volvió delgado, se volvió feo.

Pero un día surgió en él la gran intuición: "¿Qué estoy haciendo? Primero estaba obsesionado con la comida, ahora estoy obsesionado con el ayuno - básicamente sigo obsesionado con la comida. Primero era una obsesión positiva, ahora es una obsesión negativa. Pero no he cambiado nada. Primero estaba obsesionado con las mujeres, ahora estoy obsesionado con **Brahmacharya** - el celibato. Básicamente no he cambiado, sigo obsesionado con el sexo. Primero corría hacia el sexo, ahora huyo del sexo, pero el sexo sigue siendo el centro de mi ser".

La revelación fue grandiosa. Esa misma revelación creó el contexto en el que se iluminó. La noche en que comprendió esto, le ocurrió algo tremendamente importante. Se rió de toda la ridiculez de su mente. Se rió de la mente tramposa -que pensaba que iba contra la mente, pero no iba contra la mente-, la mente le había jugado una mala pasada. La mente le había engañado, la mente le había engañado. La mente había venido por la puerta trasera. Primero venía por la puerta delantera, ahora venía por la puerta trasera, y es más peligroso cuando viene por la puerta trasera. Por la puerta delantera al menos eres consciente de lo que estás haciendo.

Cuando viene por la puerta de atrás, indirectamente, de forma sutil, escondiéndose, viene oculto tras una fachada.

La mente es tan astuta que puede esconderse en las vestiduras de su opuesto. De la indulgencia puede convertirse en ascetismo, de ser materialista puede convertirse en espiritualista, de ser mundana puede convertirse en de otro mundo. Pero la mente ES mente: tanto si estás a favor del mundo como si estás en contra del mundo, sigues encapsulado en la mente.

A favor o en contra, ambas son partes de la mente.

Cuando la mente desaparece, la mente desaparece en una conciencia sin elección, cuando dejas de elegir, cuando no estás ni a favor ni en contra, eso es detenerse en el medio. Una elección lleva a la izquierda, un extremo; otra elección lleva a la derecha, el otro extremo.

Si no eliges, estás exactamente en el medio. Eso es relajación, eso es descanso. Eso es VERDADERA renuncia. No se opone al mundo, no se opone al cuerpo, no tiene nada que ver con el cuerpo. Es el puro despertar de la conciencia. Te vuelves sin elección, sin obsesión, y en ese estado de conciencia sin obsesión, sin elección, surge la inteligencia que ha estado yaciendo profundamente, dormida en tu ser. Te conviertes en una luz para ti mismo. Ya no eres un tonto.

De la indulgencia se puede pasar a la represión; eso no va a ayudar. Ahí es donde todas las religiones se han enganchado.

La monja jefa es atracada una tarde cuando volvía del banco donde ha depositado la colecta benéfica de la semana. "Pierdes el tiempo, joven", le dice al atracador. "No tengo dinero. Lo puse todo en el depósito nocturno del banco".

"Eso ya lo veremos", dice sombríamente, y empieza a revolverse bajo su bata negra para buscar el dinero.

"¡Oh! ¿Qué estás haciendo?", grita. "¡Oh! ¡Oh! ¡Oh Jesús, María! No te detengas ahora - ¡Te escribiré un cheque!"

La represión no es el camino, no puede ser el camino. Todo lo que has reprimido está esperando su oportunidad. Simplemente se ha ido al inconsciente y puede volver en cualquier momento. Cualquier provocación y saldrá a la superficie. No estás libre de ello. La represión no es el camino hacia la libertad. La represión es un tipo de esclavitud mucho peor que la indulgencia, porque a través de la indulgencia uno se cansa tarde o temprano, pero a través de la represión uno nunca se cansa.

La cuestión es que la indulgencia acaba cansándote y aburriéndote. Tarde o temprano empezarás a pensar en cómo deshacerte de todo. Pero la represión mantendrá las cosas vivas. Porque no has vivido, ¿cómo puedes aburrirte? No has vivido, ¿cómo puedes estar harto?

Como no has vivido, el encanto continúa, la hipnosis sigue; en el fondo, espera.

Y las personas que se complacen son en cierto modo normales en comparación con las que reprimen; la persona que reprime se convierte en patológica. El indulgente es al menos natural -así te ha hecho la naturaleza-, pero reprimir es volverse antinatural. Es fácil pasar de la naturaleza inferior a la naturaleza superior. Es muy difícil pasar de ser antinatural a la naturaleza superior. Buda llama a la verdad última, "naturaleza última" - *Aes Dhammo Sanantano*. Esta es la naturaleza última, la ley última, declara. ¿Qué es la ley última? Lo eterno, lo imperecedero, la conciencia pura.

Es fácil llegar a esta ley eterna desde la naturaleza, porque la naturaleza es inferior pero sigue siendo naturaleza. Y de lo inferior a lo superior puedes dar un paso; lo inferior puede convertirse en un peldaño. Pero en el momento en que te vuelves antinatural, se vuelve muy difícil. Desde ser antinatural, no hay manera de llegar a la naturaleza suprema.

Por lo tanto, mi sugerencia es: si vas a elegir, elige la indulgencia en lugar de la represión. Lo mejor es NO elegir, permanecer sin elegir, ser sólo un testigo, ver tus instintos, deseos, y no identificarte con ellos, a favor o en contra. Lo mejor es simplemente ser testigo, porque en el testimonio, en el fuego del testimonio, se queman todos los deseos, no sólo los deseos, sino las semillas mismas de los deseos. Uno se convierte en NIRBEEJ - sin semillas.

Pero no elijas lo negativo. Una vez que te vuelves represivo, te vuelves patológico, estás enfermo. De hecho, sólo las personas patológicas se interesan por los sistemas de pensamiento represivos.

Todas las monjas menos una de un convento belga quedan embarazadas justo después de la guerra.

El cardenal hace una investigación personal y se entera de que todas las monjas han sido violadas por soldados alemanes.

"¿Pero por qué no te violaron?", pregunta a la única monja delgada, pequeña, fea y de aspecto repulsivo que no está embarazada.

"¿Quién, yo?", dice. "¡Me resistí!"

Lo patológico también puede encontrar racionalizaciones. ¿Conoces la vieja fábula de Esopo?

La zorra dice: "Las uvas están agrias", porque no podía alcanzarlas: estaban demasiado altas. Miró a su alrededor, se esforzó por alcanzarlas, pero las uvas estaban demasiado altas, fuera de su alcance. Miró a su alrededor y no había nadie. Se alejó, pero una liebre la observaba, escondida detrás de un arbusto. La liebre le dijo: "Tía, ¿qué ha pasado?

¿No podías llegar a las uvas?".

El zorro dijo: "No, no es cuestión de llegar a las uvas: aún no están maduras, están muy agrias".

Las personas que no pueden acceder a las uvas pueden racionalizar que están agrias. Estas racionalizaciones pueden engañar a los demás, pero ¿cómo pueden engañarte a ti? La zorra sabe perfectamente que no ha podido alcanzarlas. Ahora bien, es una racionalización, y la mente es muy astuta racionalizando.

Jake llegó a casa a media tarde. Le recibieron en la puerta su mujer y su hijo. Su hijo exclamó: "¡Papá, hay un hombre del saco en el armario!".

Jake corrió hacia el armario y abrió la puerta de un tirón. Allí, acurrucado entre los abrigos estaba su compañero, Sam. "Sam", chilló Jake, "¿por qué demonios vienes aquí por la tarde y asustas a mi hijo?".

La mente es muy astuta e inteligente para racionalizar las cosas, para encontrar formas y medios.

La mente puede sugerirte represión muy fácilmente, porque si reprimes estarás mucho más en poder de la mente de lo que nunca estuviste cuando estabas en la vida de indulgencia. Y la mente tendrá un control mucho más fuerte sobre ti.

Buda lo aprendió a través de su propia experiencia: seis años de gran tortura. Con Buda el mundo entró en una nueva fase de religiosidad. Antes de Buda nadie había dicho esto: que la represión, las austeridades, el ayuno, torturar tu cuerpo, no va a ayudar.

Con Buda, la humanidad entró en una nueva fase, una fase superior.

Buda es un hito muy, muy significativo en la evolución de la conciencia humana, pero no ha sido comprendido correctamente, porque de nuevo los intérpretes fueron esos viejos eruditos, expertos, sacerdotes. Empezaron a interpretar a Buda casi completamente en contra de su propia experiencia. Empezaron a hablar mucho de esos seis años; las escrituras budistas están llenas de la descripción de esos seis años. Y si lees las escrituras budistas encontraras que parece como si fuera debido a esos seis anos de austeridades que el alcanzo la iluminacion. No es así. No es por esos seis años de austeridades que alcanzó la iluminación; alcanzó la iluminación el día que abandonó todas esas austeridades. Fue abandonándolas que alcanzó la iluminación, no por o a través de ellas.

Pero si lees las escrituras, en particular las escritas en la India, tendrás una impresión totalmente falsa. Hacen que parezca como si Buda no hubiera aportado nada nuevo a la conciencia humana, como si no fuera más que el viejo tipo de asceta -quizá mucho más inteligente en la expresión, mucho más convincente, lógico, mucho más profundo en su perspicacia, pero nada nuevo. Es la misma vieja religión que él ha traído con nuevas palabras, con nueva lógica; el mismo viejo vino en una nueva botella, eso es todo. Eso es lo que los indios han hecho parecer a Buda. Eso es una falsificación. Buda no representa lo antiguo.

Es un paso más allá de lo antiguo. Es una nueva etapa. Y al igual que él dio un nuevo paso, de nuevo se necesita otro paso. Han pasado veinticinco siglos.

Mi nueva comuna va a ser ese nuevo paso - un paso más en la evolución humana, en la conciencia humana.

Aunque Buda abandonó el ascetismo, no habló mucho en contra de él; no podía, porque tenía que comunicarse con gente que estaba llena de la antigua sabiduría y la antigua ideología. Tenía que hablar con personas que habrían sido absolutamente incapaces de comprenderle si hubiera hablado como yo. Ni siquiera yo soy comprensible para la gente.

Han pasado veinticinco siglos y la gente sigue estancada. Es muy raro encontrar un contemporáneo. La gente está en el siglo XX, pero sólo físicamente; espiritualmente están miles de años atrás. Buda ni siquiera pudo hacer un esfuerzo. Dijo a sus discípulos más cercanos: "No es a través del ascetismo que he alcanzado. He alcanzado abandonando el ascetismo: todo eso era una tontería". Estos sutras fueron entregados a sus discípulos más cercanos.

Dice: ***durante meses el necio puede ayunar, comiendo de la punta de una brizna de hierba. Aun así no vale un céntimo al lado del maestro cuyo alimento es el camino.***

Si realmente quieres una transformación, entonces haz del dhamma tu alimento - deja que el camino mismo hacia Dios sea tu alimento. Aliméntate de él. Jesús lo dice de otra manera: ¡Cómeme! Dice a sus discípulos: ¡Bebedme! ¡Absórbanme, digiéranme!

Buda dice: ***...cuyo alimento es el camino***. El camino significa dhamma, religión, la ley última, que mantiene al mundo entero en armonía. Aquel que comienza a comer de esta armonía, la alcanza - no ayunando. No es ayunando de la comida grosera, sino comiendo la comida sutil que uno alcanza.

Sí, hay un alimento sutil disponible. Cuando mires una flor de rosa, simplemente observa. Deja que la belleza de la rosa se absorba en ti, y te sentirás alimentado. No te has comido la rosa, sino algo sutil que rodea a la rosa, el aura de la rosa, la danza de la rosa en el viento, la fragancia que es invisible. ¿No lo has sentido? Al ver una flor hermosa, de repente te sientes saturado, contento. Mirando el cielo lleno de estrellas, ¿no te has sentido nutrido? Contemplando el amanecer o el atardecer, o simplemente escuchando el lejano canto de un cuco, una canción lejana, ¿no has sentido que te llenabas de algo desconocido?

Tu cuerpo necesita alimento, tu alma también necesita alimento. El alimento corporal es burdo, obviamente; el cuerpo forma parte del mundo burdo. El alimento espiritual es invisible: en la música, en la poesía, en la belleza, en la danza, en el canto, en la oración, en la meditación... y vas profundizando cada vez más hacia el alimento espiritual.

Buda dice: No es abandonando la comida grosera, ayunando, como se alcanza, sino comiendo el camino. Extraña expresión: comiendo el dhamma. ¿Qué es el dhamma? Justo el otro día alguien preguntó: "Amado Maestro, me encanta cuando dice: ***Aes Dhammo Sanantano***, pero ¿qué significa exactamente?". Significa la armonía de la existencia, significa la melodía de la existencia, significa la danza suprema que no cesa. Significa la celebración que está en todas partes. Los árboles están celebrando y los pájaros y los animales y los ríos y las montañas... toda esta existencia está hecha de la materia llamada dicha.

Eso es lo que Buda quiere decir cuando dice: *Aes Dhammo Sanantano* - esta es la ley última, inagotable. Puedes seguir comiendo de ella, pero no puedes agotarla.

Y cuanto más comas, más alma tendrás. Cuanto más comas, más divino te volverás. Buda está diciendo: No te estoy enseñando a ayunar, te estoy enseñando una nueva forma de indulgencia, un tipo más elevado de indulgencia. No lo dice exactamente así, pero lo digo yo. Te estoy enseñando una manera más elevada de amar, una manera más elevada de regocijarte, una manera más elevada de bailar, una manera más elevada de absorber la energía de Dios en ti - - volviéndote más y más receptiva y femenina para que puedas estar embarazada de Dios.

Llama tonto al hombre que sigue ayunando. Pero esos necios son adorados en la India, y no sólo en la India, sino en casi todo el mundo. De hecho, la mayoría de la multitud está formada por tontos; por lo tanto, cuando un tonto empieza a seguir el camino podrido y trillado, el camino tradicional de las multitudes, las multitudes están encantadas. Sus egos están muy satisfechos. Este hombre demuestra que ellos han estado en lo cierto, que sus padres han estado en lo cierto, que su herencia ha demostrado estar en lo cierto: "¡Mirad, este hombre está ayunando!". Y la gente espiritual siempre ha estado ayunando - esa es su idea.

Sí, a veces ha sucedido que una persona espiritual HA ayunado, pero la razón es totalmente diferente de lo que usted piensa. Mahavira ayunó, y ayunó durante doce años, y durante largos períodos. Se dice que en esos doce años sólo tomó alimento durante trescientos sesenta y cinco días, es decir, sólo un año. En un mes ayunaba y tomaba alimento durante un día; en doce años, un año significa que la mayoría de las veces después de doce días comía en un día - promedio. Esa era su forma de ayunar.

Pero Mahavira nunca se cansó y Buda se cansó después de seis años. ¿Cuál era el problema? Y alcanzó tanto como Buda. Buda lo logró abandonando su ayuno y austeridad; Mahavira nunca los abandonó. Ahora, ambos no pueden estar en lo correcto - y yo te digo que ambos están en lo correcto. Pero las razones son tan diferentes, casi inconcebibles.

El ayuno de Mahavira tiene una cualidad totalmente diferente. No es un asceta, no está ayunando - de hecho, está comiendo tanto de Dios que no siente la necesidad de comer. Su alma está tan rebosante de energías sutiles que su cuerpo se siente satisfecho. No siente la necesidad de comer. De hecho, decir que ayuna no es correcto. Si se me permite, diré que no puede comer. Y tú también lo has observado a veces.

Cuando venía a Poona, me quedaba con Sohan, y ella estaba muy desconcertada. Un día me preguntó: "¿Qué te pasa? Una o dos veces al año vienes a Poona. Espero todo el año a que vengas, a que vengas, y luego vienes tres o cuatro días. Durante esos tres o cuatro días no puedo comer nada. ¿Por qué no puedo comer? No estoy ayunando", me dijo. "Quiero comer, pero no puedo. Me siento tan llena".

Le dije: "Siempre que seas tremendamente feliz, no podrás comer. Tu dicha es tan desbordante que no deja apetito, no deja vacío en ti. No sólo tu alma se desborda, sino que tu cuerpo empieza a verse afectado por el alma. Tu cuerpo es una sombra para tu alma".

Te sorprenderás: los miserables comen más, los felices menos. Una persona infeliz se siente tan vacía que quiere llenarse, atiborrarse de una cosa u otra. La persona miserable sigue comiendo, sigue llenándose de esto y de aquello. Se siente tan vacío y perdido que no sabe qué hacer. Parece fácil ir a la nevera y comer algo más; tal vez eso le dé una sensación de saciedad. Y ciertamente le da, a un nivel muy burdo, una sensación de saciedad.

Ahora, América sufre más de comer en exceso, y la razón es simple: América sufre ahora de un gran vacío interior. La razón es espiritual, de ahí que ninguna dieta pueda ayudar.

¿Y durante cuánto tiempo se puede hacer dieta? Puedes hacer dieta durante unos días con mucha fuerza de voluntad; tienes que forzarte. Luego, al cabo de unos días, te cansas de hacer el esfuerzo y te lanzas a la comida con ganas; y ganarás más peso del que habías perdido haciendo dieta.

En Estados Unidos esto es un problema. En todos los países ricos esto va a ser un problema, porque tienes comida y tienes vacío ambos disponibles. Sólo te queda la comida para llenarte, te queda el sexo para llenarte. Sigue comprando nuevos artilugios, nuevas cosas; si no puedes tener nada más, al menos puedes seguir acumulando muebles. Puedes llenar la casa si no puedes llenar tu ser. Es una forma indirecta de sentirse lleno. Todo lo contrario ocurre cuando eres realmente feliz, alegre, cuando estás volando, cuando te sientes ingrávido.

Le dije a Sohan: "Esto es perfectamente lógico. Esto es ayuno de verdad".

En sánscrito, la palabra "rápido" tiene una belleza propia. La palabra inglesa no tiene esa cualidad. La palabra inglesa "fast" significa simplemente pasar hambre a través de la fuerza de voluntad. La palabra sánscrita es UPAWAS, que significa "estar cerca de Dios". Literalmente significa estar cerca de Dios; no tiene nada que ver con ayunar. Significa estar tan cerca de Dios, tan lleno de Dios, que te olvidas de tu cuerpo, que te olvidas de tu alimentación corporal. Estás tan nutrido por la comida sutil, la energía sutil, que sigue bañándote.

Mahavira no ayunaba del mismo modo que Buda; Mahavira se comía a Dios, y Buda simplemente ayunaba. El ayuno de Mahavira era upawas - estar cerca de Dios. Su ayuno era lo que significa en sánscrito; el ayuno de Buda era lo que significa en inglés: simplemente pasar hambre. De ahí que Mahavira alcanzara sin abandonar su ayuno. No estaba ayunando en primer lugar, no había necesidad de dejarlo. Buda tuvo que dejarlo, era justo lo contrario de la indulgencia. El simplemente se estaba matando de hambre con el motivo de que por inanición uno puede alcanzar.

¿Cómo se puede alcanzar a Dios matando de hambre al cuerpo? ¿Qué lógica tiene esto? ¿Qué razonamiento científico hay en ello? ¿Crees que Dios es alguien como Adolf Hitler que disfruta con tus torturas? que disfruta viendo a sus hijos hambrientos y soñando con comida? que disfruta viendo a la gente volverse fea, enferma? Dios es compasión, Dios es amor. Le gustaría que estuvieras lleno de él. Y cuando estés lleno de Él, puede que no sientas la necesidad de comer. Mahavira no estaba ayunando, simplemente no tenía ganas de comer, eso es todo. Y esa es una gran diferencia.

Buda dice: ***durante meses el necio puede ayunar, comiendo de la punta de una brizna de hierba. Aun así, no vale ni un céntimo al lado del maestro cuyo alimento es el camino.***

Un día descubrió que hay otro tipo de comida: se puede comer de la armonía de la existencia, se puede formar parte de la armonía, se puede formar parte de la celebración, de la fiesta que sigue y sigue, sin principio ni fin. Entonces uno se siente pleno y realizado.

La leche fresca tarda en agriarse. Así, las travesuras de un necio tardan en alcanzarle. Como las brasas de un fuego que arde en su interior.

Si haces algo, su resultado tarda en llegar. Y puede que ni siquiera seas capaz de conectar las dos cosas, la causa y el efecto.

Sabes que en África todavía hay tribus primitivas que no conciben que el nacimiento de un niño tenga nada que ver con el coito, porque la diferencia es muy grande, nueve meses. Y no sólo es tan grande la brecha... y no tienen forma de calcular el tiempo, así que para ellos nueve meses es realmente mucho tiempo; no pueden llevar la cuenta del tiempo. No tienen calendario, ni relojes, ni idea del tiempo. Viven en un mundo realmente primitivo en el que aún no se ha inventado el tiempo, así que ¿cómo pueden concebir que el coito entre un hombre y una mujer pueda ser la causa del nacimiento de un niño?

Y luego hay otras razones: no siempre ocurre. Puedes hacer el amor con una mujer y que no nazca ningún niño, así que no es algo inevitable. Entonces, ¿cómo nace el niño? El niño no nace por el coito, ni por una relación sexual, no tiene biología detrás: viene como un regalo de Dios, de quien él elige. Si sigues la religión de la tribu, serás bendecido con hijos; de lo contrario, no hay ninguna posibilidad.

Cuando los misioneros cristianos por primera vez descubrieron esta tribu, no podían creer que estas personas durante siglos han vivido, dado a luz a niños, y no tienen la menor idea de causa y efecto. Y así es como todos somos, en muchos sentidos - primitivo.

Hoy, de repente, empiezas a sentirte triste sin motivo alguno; no puedes encontrar ninguna razón cercana: no ha pasado nada. Por la noche, cuando te habías acostado, todo iba bien; estabas fluyendo, resplandeciente, y por la mañana de repente estás triste. Nadie te ha insultado, no ha pasado nada, no ha llegado ninguna mala noticia... ¿por qué?

¿De dónde viene esta tristeza? Debes haber hecho algo; tal vez haya un lapso de tiempo, tal vez tres meses o tres años. Y los que han profundizado en este fenómeno, dicen que tal vez incluso en la vida pasada... a veces unas semillas tardan mucho en brotar.

Y por eso, el necio sigue viviendo de la misma manera, de la misma forma necia, porque no puede ver que el sufrimiento de su vida está causado por sus propias elecciones. Esas elecciones pueden haberse hecho mucho antes. Puede haber arrojado las semillas un año antes, y luego haberse olvidado por completo de esas semillas. Llegan las lluvias, las semillas empiezan a brotar y te sorprendes: ¿de dónde? ¿De dónde salen estas plantas? Y, por supuesto, las semillas que vamos sembrando en nuestras almas son muy, muy invisibles. Puede que hayas estado enfadado, violento, celoso, y que eso haya permanecido dentro de ti.

Buda dice: *como las brasas de un fuego arde en su interior.* Continúa en su interior, preparándose, esperando a que llegue la primavera, y entonces explota de repente. El hombre es responsable de lo que le sucede. El hombre sabio toma conciencia de ello y deja de sembrar semillas de miseria y empieza a sembrar semillas de alegría. Tarde o temprano estará listo para recoger la cosecha.

Eso es el cielo: un hombre sabio que siembra semillas de dicha, amor y compasión. Y un día el jardín está listo. ¿Sabéis? - la palabra 'paraíso' viene del persa, tiene un hermoso significado. En persa es FIRDAUS; de 'firdaus' se ha convertido en 'paradise' en inglés. Firdaus' significa un jardín amurallado de la verdad. Si sigues sembrando semillas de alegría, belleza, danza, canto, meditación y oración, pronto crearás un jardín amurallado de verdad, eso es el paraíso. De lo contrario, crearás un infierno. Vive inconscientemente, vive mecánicamente, vive tontamente, y el infierno será el resultado de ello.

Todo lo que un tonto aprende, sólo lo hace más torpe. El conocimiento le parte la cabeza.

Al necio no le interesa mucho hacerse inteligente, porque la inteligencia es peligrosa. La inteligencia es rebelde, por eso es peligrosa. La inteligencia te aporta individualidad, y en el momento en que te conviertes en un individuo integrado las multitudes empiezan a volverse contra ti; no pueden tolerar a un individuo. No pueden perdonar a un Jesús o a un Buda. Son muy felices con los tontos, porque los tontos son como ellos, de hecho, un poco más magnificados, un poco más decorados, un poco más sofisticados. Son muy felices con los tontos. Están contentos con los políticos, están contentos con los profesores, están contentos con los expertos, pero no están contentos con un Jesús, un Sócrates o un Buda. ¿Por qué? Porque la presencia de un buda les hace parecer estúpidos. La sola presencia de un buda y empiezan a sentirse tontos. ¿Cómo pueden perdonarlo?

Y ellos mismos no quieren ser inteligentes, porque es un largo camino y no hay atajos. Es duro, arduo. Llegar a ser inteligente significa agudizar la conciencia continuamente; llegar a ser inteligente significa estar lleno de amor. El amor es el centro de la inteligencia, la lógica el centro de la intelectualidad.

El necio se vuelve intelectual; entonces puede presumir de que sabe. Le interesa el conocimiento. Leerá la Biblia, los Vedas y el Corán, se atiborrará de información. Convierte su mente en un ordenador, se convierte en una *Enciclopaedia Británica* andante. Eso es fácil, eso es simple, eso lo puede hacer una máquina; no necesita ninguna inteligencia. Y vuestras escuelas, colegios y universidades sólo convierten a las personas en ordenadores.

Aún no hemos creado universidades donde se agudice la inteligencia. Nuestras universidades sólo embotan la inteligencia porque preparan esclavos para la sociedad. Las universidades están al servicio de los intereses creados; son agentes del statu quo establecido. No sirven al futuro de la humanidad, sirven al pasado, sirven a los muertos. No les interesa crear gente inteligente, creativa, despierta, consciente; les interesa gente aburrida, estúpida, pero eficiente. Oficinistas, recaudadores adjuntos, jefes de estación... ¡eficientes! Pueden hacer su trabajo de forma muy eficiente. Y recuerda, las máquinas son más eficientes que los hombres, así que no les interesan los hombres; les interesa reducir a los hombres a máquinas.

Buda dice: *todo lo que un tonto aprende, sólo lo hace más torpe.* Cuanto más conocimiento acumula, más torpe se vuelve, más estúpido se vuelve.

Y esa es también mi observación. He visto aldeanos ignorantes mucho más inteligentes que los llamados doctores y doctores en letras y profesores de las universidades, decanos, vicerrectores y rectores. Parecen las personas más aburridas del mundo.

Un aldeano, un leñador, parece mucho más inteligente. No tiene información, por supuesto; no sabe nada, pero es inocente, y la inocencia forma parte de la inteligencia. Saber es ser como una máquina, y las máquinas son aburridas. ¿Has visto alguna vez una máquina inteligente? ¡Basta con mirar a la máquina, y mirar al decano y al vicerrector...!

De hecho, cuanto más aburrido seas, mayor es la posibilidad de que te conviertas en vicecanciller, porque a los políticos no les gustará que un Buda se convierta en vicecanciller, no permitirán que Sócrates se convierta en vicecanciller. Este fue el crimen del que se acusó a Sócrates: que estaba corrompiendo a la juventud. Sócrates, ¿y corromper a la juventud? ¿Y estos tontos -los magistrados y los vicecancilleres y los primeros ministros y los presidentes- estos tontos no están corrompiendo? Sócrates está corrompiendo a la juventud - ¿qué quieren decir con eso?

En cierto modo, tienen razón: está corrompiendo a los jóvenes porque los está preparando para el futuro. Tiene que destruir el pasado, tiene que crear duda, indagación, tiene que crear buscadores, no creyentes. Y la sociedad quiere creyentes, y los aburridos son buenos creyentes. Un mahometano, un cristiano, un hindú, un jaina... cuanto más torpes son, más creen, mejor creen... porque la persona torpe no puede indagar, no puede arriesgarse. Tiene miedo: sabe que no es capaz de conocer la verdad por sí mismo, tiene que creer a otro.

El conocimiento le limpia la cabeza, dice Buda. El conocimiento no le ayuda, sino que se convierte en una carga, un peso del Himalaya sobre su ser.

Porque entonces quiere reconocimiento, un lugar ante los demás, un lugar por encima de los demás.

Todo su conocimiento se convierte en un viaje del ego, y el ego es la mayor esclavitud que existe.

Liberarse del ego es redimirse. Pero el necio aprende sólo para hacerse famoso, para ser reconocido como una autoridad, para ser un experto. El necio acumula conocimientos para poder presumir y exhibirse, para poder mostrar a la gente lo inteligente que es. Y la inteligencia no es del ego; la inteligencia llega sólo cuando estás en un profundo estado de ausencia de ego.

La inteligencia es la desaparición del ego, el encuentro y la fusión con el todo, olvidando tu separación, convirtiéndote en una ola en el océano de Dios - entonces eres inteligente.

"Que conozcan mi obra, que todos me busquen para orientarse". Tales son sus deseos, tal su hinchado orgullo.

Un camino lleva a la riqueza y a la fama....

Buda dice: Pero déjame hacerte saber que si quieres riqueza y fama, entonces sigue el camino del necio - porque la persona necia es capaz de hacerse famosa más fácilmente que la persona inteligente. Si la persona inteligente se hace famosa, es sólo por accidente, nunca lo intenta. Si la persona inteligente es conocida, no se debe a su esfuerzo. Su fragancia puede haber llegado a la gente, pero no hay ningún esfuerzo positivo de su parte para ser reconocido. Conoce su ser, no depende del reconocimiento de los demás.

Él sabe quién es, no necesita el certificado de nadie más.

Cuando salí de la universidad fui a ver al ministro de Educación. Le dije: "Estas son mis cualificaciones. Si puede darme una plaza en cualquier sitio, cualquier sitio estará bien". Miró mis calificaciones y quedó muy impresionado -la gente se impresiona por tonterías- porque yo era medalla de oro, de primera clase, de primera. Estaba muy impresionado. Me dijo: "Te nombraré profesor inmediatamente. Pero tendrás que hacer una cosa: ¿tienes un certificado de carácter?".

Le dije: "Tengo carácter, pero no certificado de carácter. Mírame a los ojos, cógeme la mano. Puedo abrazarte...!"

Dijo: "Pero eso... eso no es lo importante. ¿Dónde está el certificado de carácter?"

Le dije: "No tengo ningún certificado de carácter".

Puede dirigirse al vicerrector o al jefe de su departamento: sólo un certificado de carácter. Es una formalidad".

No puedo pedírselo al vicerrector, porque no creo que tenga carácter alguno. ¿Qué peso tendrá su certificado? ¿Y al jefe de mi departamento? - Le conozco más que él mismo. No puedo darle un certificado de carácter".

Estaba muy desconcertado. Realmente quería ayudar. De hecho, también se interesó mucho por mí. Nunca se había topado con un hombre así. Seguro que se le había acercado mucha gente, pero nadie le había dicho: "¡Mírame a los ojos, tómame de la mano y siente! O puedo ir a vivir con usted una semana, en su casa. Observa mi carácter de todas las formas posibles. Ni siquiera cerraré la puerta de mi cuarto de baño. Lo dejaré todo abierto, ¡así que puedes seguir observando...!".

Dijo: "¡Estas cosas no son necesarias en absoluto! Sólo un simple certificado de carácter".

Así que me dije: "Entonces puedo escribirme un simple certificado de carácter", y eso es lo que hice. Escribí un certificado, delante de él, y me dijo: "¿Qué estás haciendo? Esto no se ha hecho nunca: ¿te das un certificado de personalidad a ti mismo? Se necesita la firma de otra persona".

Así que le dije: "De acuerdo, entonces firmaré por el jefe de mi departamento, en su nombre. Esta es una copia auténtica", le dije, "y el original se lo quitaré al jefe de mi departamento".

Así que fui a ver al jefe de mi departamento. Le dije: "He dado este certificado de carácter a tu nombre; por favor, dame el original".

Dijo: "¡Esto es extraño! Se necesita PRIMERO el original". Pero le encantó la idea y me dio un original.

Un camino lleva a la riqueza y a la fama.... Si sigues el camino de los tontos, puedes llegar a ser muy rico, puedes llegar a ser famoso. Puedes llegar a ser presidente de un país, primer ministro de un país, puedes llegar a ser cualquier cosa. Puedes tener tanta riqueza como quieras, sólo tienes que seguir el camino de los tontos. No seas inteligente, sigue siendo estúpido, porque de hecho, excepto una persona estúpida, ¿quién quiere correr detrás del dinero? Sí, a veces sucede, el dinero viene a la persona inteligente, pero viene corriendo tras él, no va.... La fama también llega a veces a la persona inteligente. Llega por sí sola, no le interesa en absoluto.

...el otro hasta el final del camino.

Pero si quieres acabar con todo este sinsentido que ha persistido a lo largo de los tiempos durante tantas vidas, la misma rueda repetitiva del nacimiento y la muerte en movimiento; si quieres detenerlo, entonces el otro, el camino de la persona inteligente, el camino del sabio... sé una luz para ti mismo.

No busques reconocimiento sino sigue a los despiertos y libérate.

No te molestes, no desees reconocimiento. Si millones de tontos te reconocen, ¿qué importa? Millones de tontos reconociéndote simplemente prueban que eres más tonto que ellos. No se demuestra nada más.

Pero sigue al despierto…. ¿Qué quiere decir Buda cuando dice *sigue a los despiertos?* No quiere decir imitar. Simplemente quiere decir que te despiertes como el despierto se ha despertado. Estar despierto es seguir al despierto. No seguir en los detalles: cómo vive, qué come, cuándo se va a dormir - eso es estupidez. Sigue al despierto en su despertar.

Y *Libérate*, porque sólo la conciencia, el estado de conciencia despierta, trae la libertad. La inteligencia es libertad. La meditación es libertad.

La conciencia es libertad. Y aquellos que viven mecánicamente, inconscientemente, sin inteligencia, viven en prisiones. Y vivir en una prisión es sufrir.

La libertad es el valor supremo de la vida.

Sigue a los despiertos y libérate.

Aes Dhammo Sanantano….

Suficiente por hoy.

La ley, antigua e inagotable

La primera pregunta:
Pregunta 1:

Amado maestro, por favor, cuéntanos más sobre lo que quieres decir con la dimensión de la música.

Yoga Chinmaya, la vida puede vivirse de dos maneras: como cálculo o como poesía. El hombre tiene dos lados en su ser interior: el lado calculador que crea ciencia, negocios, política; y el lado no calculador, que crea poesía, escultura, música. Estos dos lados aún no se han unido, tienen existencias separadas. Por este motivo, el hombre se empobrece enormemente, permanece innecesariamente desequilibrado: hay que unirlos.

En lenguaje científico se dice que tu cerebro tiene dos hemisferios. El hemisferio izquierdo calcula, es matemático, es prosa; y el hemisferio derecho del cerebro es poesía, es amor, es canción. Un lado es la lógica, el otro es el amor. Un lado es silogismo, el otro es canción. Y no están realmente unidos, de ahí que el hombre viva en una especie de escisión.

Mi esfuerzo aquí es tender un puente entre estos dos hemisferios.

El hombre debe ser lo más científico posible, en lo que respecta al mundo objetivo, y lo más musical posible en lo que se refiere al mundo de las relaciones.

Hay dos mundos fuera de ti. Uno es el mundo de los objetos: la casa, el dinero, los muebles. El otro es el mundo de las personas: la mujer, el marido, la madre, los hijos, el amigo. Sé científico con los objetos; nunca lo seas con las personas. Si eres científico con las personas, las reduces a objetos, y ése es uno de los mayores crímenes que se pueden cometer. Si tratas a tu mujer sólo como un objeto, como un objeto sexual, entonces te estás comportando de una manera muy fea. Si tratas a tu marido sólo como un apoyo financiero, como un medio, entonces esto es inmoral, entonces esta relación es inmoral - es prostitución, pura prostitución y nada más.

No trates a las personas como medios, son fines en sí mismas. Relaciónate con ellas: con amor, con respeto. Nunca las poseas ni te dejes poseer por ellas. No dependas de ellas y no hagas dependientes a las personas que te rodean. No crees dependencia de ninguna manera; mantente independiente y deja que ellos se mantengan independientes.

Esto es la música. A esta dimensión la llamo la dimensión de la música. Y si puedes ser lo más científico posible con los objetos, tu vida será rica, opulenta; si puedes ser lo más musical posible, tu vida tendrá belleza. Y también hay una tercera dimensión, que está más allá de la mente. Estas dos pertenecen a la mente: el científico y el artista. Hay una tercera dimensión, invisible: la dimensión de la no-mente. Eso pertenece al místico. Está disponible a través de la meditación.

Por eso digo que hay que recordar estas tres palabras: tres M como tres R:

Las matemáticas, lo más bajo; la música, justo en medio; y la meditación, lo más alto. Un ser humano perfecto es científico con respecto a los objetos, es estético, musical y poético con respecto a las personas, y es meditativo consigo mismo. Cuando estos tres elementos se encuentran, se produce un gran regocijo.

Esta es la verdadera trinidad, *Trimurti.* En Oriente, especialmente en la India, veneramos un lugar donde confluyen tres ríos: lo llamamos SANGHAM, el lugar de encuentro. Y el mayor de todos ellos es Preyag, donde se encuentran el Ganges, el Jamuna y el Saraswati. Ahora bien, puedes ver el Ganges y puedes ver el Jamuna, pero el Saraswati es invisible, no puedes verlo. Es una metáfora. Simplemente representa, simbólicamente, el encuentro interior de los tres.

Puedes ver las matemáticas, puedes ver la música, pero no puedes ver la meditación. Puedes ver al científico, su trabajo está fuera. Puedes ver al artista, su trabajo también está fuera. Pero no puedes ver al místico, su trabajo es subjetivo. Eso es *Saraswati* - el río invisible.

Puedes convertirte en un lugar sagrado, puedes santificar este cuerpo y esta tierra; este mismo cuerpo el Buda, esta misma tierra el Paraíso del

Loto. Este es mi lema para los sannyasins. Un sannyasin tiene que ser la síntesis última de todo lo que Dios es.

Sólo se conoce a Dios cuando has llegado a esta síntesis; de lo contrario, puedes creer en Dios, pero no lo conocerás. Y creer es sólo ocultar tu ignorancia. Conocer es transformar, sólo el conocimiento aporta comprensión. Y el conocimiento no es información: el conocimiento es la síntesis, la integración, de todo tu potencial.

Cuando el científico, el poeta y el místico se encuentran y se convierten en uno, cuando ocurre esta gran síntesis, cuando las tres caras de Dios se expresan en ti, TÚ te conviertes en un dios. Entonces puedes declarar: *"¡Aham Brahmasmi! -* Yo soy Dios!" Entonces podrás decir a los vientos y a la luna y a las lluvias y al sol: *"¡Ana'l Haq! -* Yo soy la verdad"*. Antes de eso, no eres más que una semilla.

Cuando ocurre esta síntesis, has florecido, florecido - te has convertido en el loto de mil pétalos, el loto dorado, el loto eterno, que nunca muere: *Aes Dhammo Sanantano.* Esta es la ley inagotable que todos los budas han enseñado a lo largo de los siglos.

La segunda pregunta:

Pregunta 2:

Amado maestro,

En occidente se nos inculca constantemente el aforismo: no te quedes ahí parado, ¡haz algo! Sin embargo, buda diría: no te limites a hacer algo, ¡quédate ahí! El hombre inconsciente reacciona mientras el sabio observa. ¿pero qué pasa con la espontaneidad? ¿es compatible la espontaneidad con la observación?

Buda ciertamente dice: No te limites a hacer algo - ¡quédate ahí! Pero eso es sólo el principio del peregrinaje, no el final. Cuando hayas aprendido a estar de pie, cuando hayas aprendido a estar en absoluto silencio, inmóvil, imperturbable, cuando sepas simplemente sentarte... sentado en silencio, sin hacer nada, llegará la primavera y la hierba crecerá por sí sola. Pero la hierba crece, ¡recuerda!

La acción no desaparece: la hierba crece por sí misma. El Buda no se vuelve inactivo; la GRAN acción pasa a través de él, aunque ya no haya hacedor. El hacedor desaparece, la acción continúa. Y cuando no hay hacedor, la acción ES espontánea; no puede ser de otro modo. Es el hacedor el que no permite la espontaneidad.

El hacedor significa el ego, el ego significa el pasado. Cuando actúas, siempre estás actuando a través del pasado, estás actuando a partir de la experiencia que has acumulado, estás actuando a partir de las conclusiones a las que has llegado en el pasado. ¿Cómo puedes ser espontáneo? El pasado domina, y a causa del pasado ni siquiera puedes ver el presente. Tus ojos están tan llenos del pasado, el humo del pasado es tanto, que ver es imposible. No puedes ver. Estás casi completamente ciego, ciego a causa del humo, ciego a causa de las conclusiones del pasado, ciego a causa del conocimiento.

El hombre conocedor es el hombre más ciego del mundo. Como funciona a partir de su conocimiento, no ve cuál es el caso. Simplemente sigue funcionando mecánicamente. Ha aprendido algo; se ha convertido en un mecanismo preparado en él... actúa a partir de él.

Hay una historia famosa:

Había dos templos en Japón, ambos enemigos entre sí, como siempre lo han sido los templos a lo largo de los tiempos. Los sacerdotes eran tan antagónicos que habían dejado incluso de mirarse. Si se cruzaban por el camino, no se miraban. Si se cruzaban por el camino, dejaban de hablarse; durante siglos, esos dos templos y sus sacerdotes no se habían hablado.

Pero ambos sacerdotes tenían dos niños pequeños, para servirles, sólo para hacer recados. Ambos sacerdotes tenían miedo de que los niños, después de todo, fueran niños y empezaran a hacerse amigos entre ellos.

El sacerdote le dijo a su hijo: "Recuerda, el otro templo es nuestro enemigo. Nunca hables con el chico del otro templo. Son gente peligrosa, evítalos como se evita una enfermedad, como se evita la peste. Evítalos". El chico siempre estaba interesado, porque solía cansarse de escuchar grandes sermones - no podía entenderlos.

Se leyeron escrituras extrañas, él no podía entender el idioma. Se discutían grandes y últimos problemas. No había nadie con quien jugar, ni siquiera con quien hablar.

Y cuando le dijeron: "No hables con el muchacho del otro templo", surgió en él una gran tentación. Así es como surge la tentación.

Aquel día no pudo evitar hablar con el otro chico. Cuando lo vio en el camino le preguntó: "¿Adónde vas?".

El otro chico era un poco filosófico; escuchando gran filosofía se había vuelto filosófico. Dijo: "¿Irse? ¡No hay nadie que vaya y venga! Está sucediendo - dondequiera que el viento me lleve...." Había oído decir muchas veces al maestro que así es como vive un buda, como una hoja muerta: donde la lleva el viento, va. Así que el chico dijo: "¡No lo soy! No hay ningún hacedor. Entonces, ¿cómo voy a ir? ¿Qué tonterías dices? Soy una hoja muerta. Dondequiera que el viento me lleve...."

El otro chico se quedó mudo. Ni siquiera podía responder. No encontraba qué decir. Estaba realmente avergonzado, abochornado, y sintió también: "Mi amo tenía razón al no hablar con esta gente, ¡son gente peligrosa! ¿Qué clase de conversación es ésta? Le había hecho una simple pregunta: "¿Adónde vas?". De hecho, yo ya sabía adónde iba él, porque ambos íbamos a comprar verduras al mercado. Una simple respuesta habría bastado".

Volvió y le dijo a su amo: "Lo siento, discúlpame. Me lo habías prohibido, no te hice caso. De hecho, a causa de tu prohibición caí en la tentación. Es la primera vez que hablo con esa gente peligrosa. Sólo hice una simple pregunta. '¿A dónde vas?' y empezó a decir cosas extrañas: 'No hay que ir, no hay que venir. ¿Quién viene? ¿Quién se va? Soy el vacío absoluto", decía, "sólo una hoja muerta en el viento".

Y adonde me lleve el viento....'" El maestro le dijo: "¡Ya te lo he dicho! Ahora, mañana quédate en el mismo sitio y cuando venga pregúntale otra vez: '¿A dónde vas?'. Y cuando él diga estas cosas, tú simplemente dile: 'Es verdad. Sí, eres una hoja muerta, yo también. Pero cuando el viento no sopla, ¿adónde vas? Díselo, y eso le avergonzará, y tiene que sentirse avergonzado, tiene que ser derrotado. Hemos estado discutiendo constantemente, y esa gente no ha sido capaz de derrotarnos en ningún debate.

Así que mañana hay que hacerlo".

Temprano el chico se levantó, preparó su respuesta, la repitió muchas veces antes de irse. Luego se paró en el lugar donde el chico solía cruzar la carretera, repitió una y otra vez, se preparó, y entonces vio venir al chico. Dijo: "¡Vale, ya!".

Vino el chico. Preguntó: "¿Adónde vas?". Y esperaba que ahora llegara la oportunidad....

Pero el chico dijo: "Donde las piernas me lleven ...." ¡Sin hablar del viento! No se habla de la nada. ¡Ninguna pregunta sobre el no-hacer! ¿Qué hacer ahora? Toda su respuesta ya preparada parecía absurda. Ahora hablar del viento sería irrelevante.

Otra vez cabizbajo, ahora **Realmente** avergonzado de ser simplemente estúpido: "Y este chico sabe cosas muy raras - ahora dice, 'Donde las piernas me lleven....'" Volvió al maestro. El maestro le dijo: "Te he dicho que NO hables con esa gente, ¡son peligrosos! Esta es nuestra experiencia de siglos. Pero ahora hay que hacer algo. Así que mañana le vuelves a preguntar: '¿A dónde vas?' y cuando te responda: 'A donde me lleven mis piernas', dile: 'Si no tuvieras piernas, entonces....'. Hay que silenciarle de una forma u otra".

Así que al día siguiente volvió a preguntar: "¿Adónde vas?", y esperó.

Y el chico dijo: "Voy al mercado a por verduras".

El hombre funciona ordinariamente fuera del pasado, y la vida sigue cambiando. La vida no tiene ninguna obligación de ajustarse a sus conclusiones. Por eso la vida es muy confusa, confusa para el que sabe. Él tiene todas las respuestas preparadas: El Bhagavadgita, el sagrado Corán, la Biblia, los Vedas. Lo tiene todo preparado, conoce todas las respuestas. Pero la vida nunca vuelve a plantear la misma pregunta; por eso, la persona experta siempre se queda corta.

Buda ciertamente dice: Saber sentarse en silencio. Eso no significa que diga: Siéntate en silencio para siempre. No está diciendo que tengas que volverte inactivo; al contrario, sólo del silencio surge la acción. Si no estás en silencio, si no sabes sentarte en silencio o permanecer en silencio en meditación profunda, todo lo que haces es reacción, no acción. Reaccionas.

Alguien te insulta, pulsa un botón y reaccionas. Te enfadas, saltas sobre él... ¿y lo llamas acción? No es acción, es reacción. Él es el manipulador y tú eres el manipulado. Él ha pulsado un botón y tú has funcionado como una máquina. Como cuando aprietas un botón y se enciende la luz, y cuando aprietas el botón y se apaga la luz, eso es lo que la gente te hace: te encienden y te apagan.

Alguien viene y te elogia y te hincha el ego, y te sientes tan grande; y luego viene alguien y te pincha, y simplemente te quedas tirado en el suelo. No eres tu propio dueño: cualquiera puede insultarte y ponerte triste, enfadado, irritado, molesto, violento, loco. Y cualquiera puede alabarte y hacerte sentir en las alturas, puede hacerte sentir que eres el más grande, que Alejandro Magno no era nada comparado contigo.

Y actúas según las manipulaciones de los demás. Esto no es acción real.

Buda pasaba por una aldea y la gente vino y lo insultó. Utilizaron todas las palabras insultantes que podían usar, todas las palabras de cuatro letras que conocían. Buda se quedó allí, escuchó en silencio, muy atentamente, y luego dijo: "Gracias por venir a verme, pero tengo prisa. Tengo que llegar a la siguiente aldea, la gente me estará esperando allí. Hoy no puedo dedicaros más tiempo, pero mañana al volver tendré más tiempo. Podéis reuniros de nuevo, y mañana si queda algo que queríais decir y no habéis podido, me lo podéis decir. Pero hoy, disculpadme".

Aquellas personas no daban crédito a sus oídos, a sus ojos: este hombre ha permanecido totalmente imperturbable, sin distraerse. Uno de ellos preguntó: "¿No nos has oído? Te hemos estado insultando como si nada, ¡y ni siquiera has respondido!".

Buda dijo: "Si querías una respuesta, has llegado demasiado tarde. Deberías haber venido hace diez años, entonces te habría contestado. Pero durante estos diez años he dejado de ser manipulado por los demás. Ya no soy un esclavo, soy mi propio amo. Actúo de acuerdo conmigo mismo, no con nadie más. Actúo según mi necesidad interior.

No puedes obligarme a hacer nada. Está perfectamente bien: querías abusar de mí, ¡abusaste de mí! Siéntete realizado. Has hecho tu trabajo perfectamente bien. Pero en lo que a mí respecta, no acepto tus insultos, y a menos que los acepte, no tienen sentido".

Cuando alguien te insulta, tienes que convertirte en receptor, tienes que aceptar lo que dice; sólo entonces puedes reaccionar. Pero si no aceptas, si simplemente te mantienes distante, si mantienes la distancia, si te mantienes frío, ¿qué puede hacer?

Buda dijo: "Alguien puede arrojar una antorcha encendida al río. Permanecerá encendida hasta que llegue al río. En el momento en que cae al río, todo el fuego desaparece: el río la enfría. Yo me he convertido en un río. Tú me insultas. Son fuego cuando los lanzas, pero en el momento en que me alcanzan, en mi frescor, su fuego se pierde. Ya no duelen.

Arrojas espinas - al caer en mi silencio se convierten en flores. Actúo por mi propia naturaleza intrínseca".

Esto es la espontaneidad. El hombre consciente, comprensivo, actúa. El hombre inconsciente, inconsciente, mecánico, robotizado, reacciona.

Curtis, me preguntas: "El hombre inconsciente reacciona mientras que el sabio observa". No es que simplemente observe: observar es un aspecto de su ser. No actúa sin observar. Pero no malinterpretes al Buda. Siempre se ha malinterpretado a los budas; no eres el primero que lo hace. Todo este país ha estado malinterpretando a Buda; de ahí que todo el país se haya vuelto inactivo. Pensando que todos los grandes maestros dicen: Siéntate en silencio, el país se ha vuelto perezoso, pésimo; el país ha perdido energía, vitalidad, vida. Se ha vuelto completamente aburrido, poco inteligente, porque la inteligencia sólo se agudiza cuando actúas.

Y cuando actúas momento a momento desde tu conciencia y vigilancia, surge una gran inteligencia. Empiezas a brillar, a resplandecer, te vuelves luminoso. Pero esto ocurre a través de dos cosas: observar y actuar a partir de esa observación. Si la observación se convierte en inacción, te estás suicidando. Observar debe llevarte a la acción, a un nuevo tipo de acción; una nueva cualidad es llevada a la acción.

Observas, estás completamente quieto y en silencio. Ves cuál es la situación y, a partir de ese ver, respondes. El hombre consciente responde, es responsable, ¡literalmente!

Responde, no reacciona. Su acción nace de su conciencia, no de tu manipulación; ésa es la diferencia. Por lo tanto, no hay incompatibilidad entre la observación y la espontaneidad. Observar es el principio de la espontaneidad; la espontaneidad es la realización de la observación.

El verdadero hombre de entendimiento actúa - actúa tremendamente, actúa totalmente, pero actúa en el momento, fuera de su conciencia. Es como un espejo. El hombre ordinario, el hombre inconsciente, no es como un espejo, es como una placa fotográfica. ¿Cuál es la diferencia entre un espejo y una placa fotográfica? Una placa fotográfica, una vez expuesta, se vuelve inútil. Recibe la impresión, queda impresionada por ella - lleva la imagen. Pero recuerda, la imagen no es la realidad, la realidad sigue creciendo. Puedes ir al jardín y hacer una foto de un rosal. Mañana la foto será la misma, pasado mañana la foto también será la misma. Vuelve a ver el rosal: ya no es el mismo. Las rosas se han ido, o han llegado rosas nuevas. Han pasado mil y una cosas.

Se cuenta que una vez un filósofo realista fue a ver al famoso pintor Picasso. El filósofo creía en el realismo y había venido a criticar a Picasso porque los cuadros de Picasso son abstractos, no son realistas. No representan la realidad tal y como es. Al contrario, son simbólicos, tienen una dimensión totalmente distinta: son simbolistas.

El realista dijo: "No me gustan tus cuadros. Un cuadro debe ser real. Si pintas a mi mujer, tu cuadro debe PARECER mi mujer". Y sacó una foto de su mujer y dijo: "¡Mira esta foto! El cuadro debería ser así".

Picasso miró el cuadro y dijo: "¿Esta es tu mujer?".

Me dijo: "¡Sí, ésta es mi mujer!".

Picasso dijo: "¡Estoy sorprendido! Es muy pequeña y plana".

¡La foto no puede ser la esposa!

Se cuenta otra historia:

Una hermosa mujer se acercó a Picasso y le dijo: "El otro día vi tu autorretrato en casa de una amiga. Era tan hermoso, me sentí tan influida, casi hipnotizada, que abracé el cuadro y lo besé."

Picasso respondió: "¡En serio! ¿Y qué te hizo el cuadro? ¿Te devolvió el beso el cuadro?"

La mujer dijo: "¡¿Estás loca?! La foto no me devolvió el beso".

Picasso dijo: "Entonces no fui yo".

Una fotografía es algo muerto. La cámara, la placa fotográfica, sólo capta un fenómeno estático. Y la vida nunca es estática, sigue cambiando. Tu mente funciona como una cámara, va coleccionando imágenes, es un álbum. Y luego, a partir de esas imágenes, reaccionas. Por lo tanto, nunca eres fiel a la vida, porque todo lo que haces está mal; LO QUE SEA que hagas, digo, está mal. Nunca encaja.

Una mujer estaba enseñando el álbum familiar a su hijo, y se encontraron con la foto de un hombre precioso: pelo largo, barba, muy joven, muy vivo.

El niño preguntó: "Mamá, ¿quién es este hombre?".

Y la mujer dijo: "¿No lo reconoces? Es tu papá".

El niño puso cara de perplejidad y dijo: "Si ÉL es mi papá, ¿quién es ese calvo que vive con nosotros?".

Una imagen es estática. Permanece como es, nunca cambia. La mente inconsciente funciona como una cámara, funciona como una placa fotográfica. La mente vigilante, la mente meditativa, funciona como un espejo. No capta ninguna impresión; permanece completamente vacía, siempre vacía. Así que todo lo que se pone delante del espejo, se refleja. Si estás ante el espejo, te refleja. Si te has ido, no digas que el espejo te traiciona.

El espejo es simplemente un espejo. Cuando te vas, ya no te refleja; ya no tiene la obligación de reflejarte. Ahora hay otra persona frente a él: refleja a otra persona. Si no hay nadie, no refleja nada. Siempre es fiel a la vida.

El fotolito nunca es fiel a la realidad. Aunque te hagas una foto ahora mismo, cuando el fotógrafo la haya sacado de la cámara, ya no serás el mismo. Ya ha bajado mucha agua por el Ganges. Has crecido, has cambiado, te has hecho mayor. Puede que sólo haya pasado un minuto, pero un minuto puede ser una gran cosa: ¡puedes estar muerto! Un minuto antes estabas vivo; después de un minuto, puedes estar muerto. La imagen nunca morirá.

Pero en el espejo, si estás vivo, estás vivo; si estás muerto, estás muerto.

Buda dice: Aprende a sentarte en silencio - conviértete en un espejo. El silencio hace de tu conciencia un espejo, y entonces funcionas momento a momento. Reflejas la vida. No llevas un álbum dentro de tu cabeza. Entonces tus ojos son claros e inocentes, tienes claridad, tienes visión, y nunca eres infiel a la vida.

Esto es vivir auténticamente.

La tercera pregunta:

Pregunta 3:

Amado maestro, ¿por qué a nadie le gusta que le critiquen y, sin embargo, a todo el mundo le encanta criticar a los demás?

Gayatri, el ego es muy sensible y muy frágil, y tiene mucho miedo a las críticas. El ego depende de las opiniones de los demás. No tiene realidad propia. No es una entidad real, no es sustancial, es sólo un conjunto de opiniones ajenas.

Alguien te dice: "Eres guapa", y lo coleccionas. Alguien dice: "Eres inteligente", y lo coleccionas. Y alguien dice: "Nunca me he topado con una persona tan única", y lo coleccionas. Y un día llega una persona y te dice: "¡Eres repulsivo!". ¿Cómo puedes aceptar las críticas? Va en contra de la imagen que te has estado creando de ti mismo. Tomarás represalias, lucharás con uñas y dientes. Pero hagas lo que hagas, la mente también se ha llevado la impresión de esta opinión. Entonces alguien dice: "Eres feo", y alguien dice: "Eres estúpido". Y hay millones de personas en el mundo y todas tienen sus propias opiniones, gustos y disgustos.

Por lo tanto, tu ego se convierte en una mezcolanza, un fenómeno muy contradictorio. Un fragmento dice: "¡Eres hermosa!", otro fragmento dice: "¡Tonterías, eres fea!".

Un fragmento dice: "Eres inteligente", otro fragmento dice: "¡Cállate! ¡Cierra la bocaza! Eres un estúpido y nada más". De ahí que la gente viva en un estado de confusión. No saben quiénes son, si inteligentes o estúpidos, guapos o feos, buenos o malos, santos o pecadores, porque una persona puede llamarte santo y otra pecador. Hay diferentes valores y diferentes criterios en el mundo, hay diferentes moralidades en el mundo.

Tu vecino puede ser cristiano y tú jaina. Ahora bien, el cristiano no tiene ningún problema con beber vino; de hecho, al propio Cristo le encantaba beber vino. Pero el Jaina no puede concebir, ni siquiera en sueños, a Mahavira bebiendo vino. Eso es imposible, la sola idea es inconcebible. Pero para el cristiano el mayor milagro que hizo Jesús fue convertir el agua en vino. Si Mahavira hubiera estado cerca, ¡habría hecho inmediatamente el milagro contrario! Habría vuelto a convertir el vino en agua.

Ahora bien, si bebes vino de vez en cuando, ¿eres un santo o un pecador? Diferentes personas dirán cosas diferentes. En el ashram de Mahatma Gandhi el té estaba prohibido; ¡qué decir del vino! El té, el pobre té, el inocente té estaba prohibido. Y todos los monjes budistas a lo largo de los tiempos han bebido té. De hecho, piensan que ayuda a la meditación, y puede que haya algo de verdad en ello, porque te mantiene despierto. Y la meditación budista es tal que uno tiende a adormecerse: sentarse durante horas en una sola postura.... Inténtalo. A los diez minutos empezarás a soñar. Después de una hora es imposible mantenerse despierto.

El té puede haber ayudado. De hecho, el té fue descubierto por los budistas. Uno de los más grandes maestros budistas, Bodhidharma, descubrió el té. El nombre proviene de un monasterio, Ta, en el que Bodhidharma vivía en China. Ese monasterio estaba en lo alto de la colina, Ta. En China, "ta" puede pronunciarse de dos maneras: como "ta" o como "cha", de ahí el hindi CHAI, el marathi CHA y el inglés "tea". Bodhidharma, el gran fundador del Zen, lo descubrió.

Y el vino se ha elaborado en los monasterios católicos a lo largo de los siglos. Le sorprenderá saber que el mejor vino ha sido elaborado por monjes y monjas católicos. El vino más antiguo sólo se encuentra en las bodegas de los antiguos monasterios de Europa, los más antiguos y los mejores. ¿Vino elaborado en monasterios? ¿Qué clase de monasterios son? ¿Quién va a decidirlo?

De hecho, también hay algo de verdad en ello. La meditación budista significa vigilancia, y el té contiene algunas sustancias químicas que ayudan a la vigilancia: tiene un estimulante. Es posible que algún día venga otro Bodhidharma y diga: "Fumar es bueno", porque el tabaco también tiene un estimulante, la nicotina. Fumar también puede ayudar a la meditación si el té puede ayudarla. El tabaquismo sigue esperando a que aparezca su Bodhidharma.

Entonces serás más capaz de fumar y te sentirás muy virtuoso: ¡cuanto más fumes, más santo serás!

No es casual que el vino se convirtiera en parte de la creatividad del monasterio. Jesús dice: Ahogarse en Dios es la oración. El camino de Jesús es el del amor, el de Buda es el de la meditación; por eso, Buda nunca estará de acuerdo con el vino, pero sí con el té. Jesús está de acuerdo con el vino porque el vino te da el gusto de estar completamente perdido, de estar ahogado, de salir del ego, de olvidar el ego y todas sus preocupaciones. Te da a probar, a vislumbrar lo desconocido.

Pero, ¿quién va a decidir quién tiene razón y quién no? Todas estas cosas están en la atmósfera y tú las captas. A partir de esas cosas creas una especie de imagen, que está destinada a seguir siendo una mezcolanza, no puede ser clara. De ahí que tengas tanto miedo de que alguien te critique porque saca a la superficie tu mezcolanza. No estás en contra de sus críticas; estás en contra de que saquen a la superficie problemas que, de alguna manera, estás reprimiendo en tu interior. Te hace consciente de los problemas, y nadie quiere ser consciente de los problemas, porque entonces los problemas quieren ser resueltos, y es un asunto complejo y arduo. Se necesitan agallas para resolver los problemas. De hecho, puede que no te guste resolver los problemas, porque puede que hayas invertido algo en tus problemas; DEBES hacerlo, porque has vivido con ellos durante tanto tiempo que debes haber invertido en ellos. Puede que no te guste cambiar tu estilo de vida. Si eres desgraciado, puede que te guste seguir siéndolo; lo que digas en la superficie es otra cosa. A pesar de lo que digas, es posible que en el fondo te siga gustando seguir siendo desgraciado.

Por ejemplo, una esposa sabe que el marido la quiere sólo cuando está enferma.

Cuando está sana, simplemente se olvida de ella, nunca se preocupa de ella. Cuando está enferma, por pura obligación, responsabilidad, viene, se sienta a su lado, le pone la mano en la cabeza; de lo contrario, no le dedica ni una mirada. Pregunta a los maridos: "¿Cuánto hace que no ves la cara de tu mujer, cara a cara?".

Puede que seas capaz de reconocer a tu perro si se pierde, pero si se pierde tu mujer tendrás que preguntar a los vecinos porque ellos la reconocerán mejor, igual que tú reconocerás mejor a la mujer del vecino. ¿Quién mira a su propia mujer?

Mulla Nasruddin había ido a ver una obra de teatro. Un hombre estaba tan enamorado en la obra, actuaba de forma tan romántica que Nasruddin le dijo a su esposa: "Este hombre es un gran actor".

La esposa dijo: "¿Y sabes? - la mujer con la que actúa es realmente su esposa en la vida real".

Nasruddin dijo: "¡Entonces es el mejor actor del mundo!".

Mostrar tanto romanticismo a la propia esposa... es casi imposible.

Estuve viajando durante veinte años por este país. Estuve en miles de casas y lo vi continuamente: cuando el marido no está en casa, la mujer parece muy alegre, muy feliz. En cuanto el marido entra en casa, a ella le duele la cabeza y se tumba en la cama. Y yo estaba observando, porque me quedaba en casa. Un momento antes, todo estaba bien, como si el marido no hubiera entrado pero sí un dolor de cabeza.

Poco a poco, comprendí la lógica. Hay una gran inversión en ella. Y recuerda, no estoy diciendo que simplemente esté fingiendo. Si finges demasiado tiempo puede convertirse en una realidad, puede convertirse en una autohipnosis. No estoy diciendo que NO esté sufriendo un dolor de cabeza, recuerda. Puede estar sufriendo: ¡sólo la cara del marido es suficiente para desencadenar el proceso! Ha ocurrido tantas veces que se ha convertido en un proceso automático. Así que no digo que esté engañando al marido, sino que está siendo engañada por sus propias inversiones.

Tienes una imagen determinada y no quieres que te la cambien, y las críticas suponen de nuevo una perturbación.

Seguro que conoces la historia de Caperucita Roja:

Esta niña había ido a ver a su abuela, que vivía en el bosque. El lobo malo, que quería comérsela, ocupó el lugar de la abuela en la cama después de haberla devorado de un trago. Así que estaba debajo de las mantas con el camisón y el gorro de dormir de la abuela puestos.

Cuando Caperucita Roja llegó, notó algo diferente, y mirando a la abuela a los ojos, le preguntó:

"Pero, abuelita, ¡qué ojos tan grandes tienes!".

"Es para verte mejor, querida".

"¡Pero abuela, qué nariz más grande tienes!".

"Es para olerte mejor, querida".

"¡Pero abuela, qué brazos más grandes tienes!".

"Es para abrazarte mejor, querida".

"¡Pero abuelita, qué manos más peludas tienes!".

"¡Eh! ¿Has venido sólo para criticar?"

Hay un límite. Más allá de ese límite a nadie le gusta que le critiquen. Pero la otra cara de la historia es que a todo el mundo le gusta criticar a los demás; eso te hace sentir bien. Si los demás son malos, indirectamente te ayuda a sentirte bien. Si todo el mundo es un tramposo, un hipócrita, deshonesto, astuto, te da una buena sensación: no eres TAN malo, no eres TAN deshonesto. La comparación te relaja. Te ayuda a seguir siendo deshonesto, porque la gente es más deshonesta que tú. En este mundo deshonesto, ¿cómo puedes sobrevivir?

Tienes que jugar.

Cada mañana, temprano, cuando lees los periódicos, siempre te da una buena sensación: tantas cosas que pasan en todo el mundo, tantas cosas feas, tanta violencia, asesinatos, suicidios, violaciones, robos, que comparado con todo eso tú eres un santo.

Por eso a la gente no le gusta leer la Biblia por la mañana, ni el Gita, ¡sino el periódico! Leyendo el Gita te sientes como un pecador, leyendo la Biblia empiezas a sentir un temblor, que el infierno está destinado a sucederte, que estás en camino. Y las escrituras describen el infierno de forma tan vívida, con tanto colorido que puede asustar a cualquiera. Y una cosa parece cierta: que no se puede llegar al cielo. Parece imposible, exige imposibilidades.

A nadie le gusta leer las escrituras, a nadie le gusta escuchar las escrituras. Por eso, si vas al templo, encontrarás a casi todo el mundo profundamente dormido. Conozco médicos que envían a la gente a discursos religiosos si padecen insomnio. Si ningún tranquilizante funciona, no te preocupes: ve a un discurso religioso. Es lo último en tranquilizantes: hasta ahora nada ha podido vencerlo. Escuchando las escrituras religiosas uno empieza a dormirse. Es una protección, hay que evitarlo; de lo contrario, es absolutamente seguro que el cielo no es para ti, estás destinado al infierno. Y te agita el corazón, suscita un gran temor, y parece que no hay forma de escapar de él.

De ahí que a todo el mundo le guste criticar, y no sólo criticar: a todo el mundo le gusta magnificar los defectos de los demás. Intentas que los defectos de los demás sean lo más grandes posible porque así, en comparación, tus defectos son insignificantes. Y Dios es compasivo: *¡Rahim, Rehman!*

¡Dios es compasión! Sólo tienes pequeñas faltas, y mirando al mundo donde existen tantos pecadores....

Cuando llegue el Día del Juicio puedes estar perfectamente seguro de que tu número no va a ser llamado, no te llamarán. La cola será demasiado larga, y tiene que decidirse en veinticuatro horas. Un Día del Juicio, y millones y millones de personas - Tamerlán y Gengis Kan y Alejandro Magno y Adolf Hitler y Mussolini y Joseph Stalin y Mao Zedong... esas serán las personas que estarán delante. Tú serás el último de la cola. Tu número no llegará. Puedes estar seguro de ello si miras a la gente con lupa.

Tras encontrarse una tarde con una multitud enloquecida en un partido de baloncesto, el árbitro cogió a su mujer y le dijo que sería mejor que se mantuviera alejada del resto de partidos a los que estaba asignado. "Después de todo", le dijo, "debió de ser bastante embarazoso para ti cuando todo el mundo se puso en pie y me abucheó".

"No estuvo tan mal", respondió. "Yo también me levanté y abucheé".

El ego no quiere ser criticado Y quiere criticar a todo el mundo. Toma conciencia de la estrategia del ego, de cómo se alimenta, de cómo se protege. A menos que seas absolutamente consciente de todas las artimañas del ego, nunca podrás librarte de él. Y deshacerse de él es el comienzo de una vida religiosa, es el comienzo de sannyas.

Entonces ya no te preocupa lo que los demás digan de ti.

Mírame.... El mundo entero sigue diciendo cosas sobre mí. Ni siquiera las leo. Cada día Laxmi trae cientos de informes que aparecen en diferentes idiomas de diferentes países. ¿A quién le importa? Si disfrutan con los rumores, que disfruten; no tienen nada más que disfrutar en sus vidas. Que se diviertan un poco. No hay nada malo en ello, no pueden hacerme daño. Pueden destruir mi cuerpo, pero no pueden hacerme daño a MÍ. Y no tengo imagen propia; tampoco pueden destruirla. Y no reacciono, actúo. Mi acción surge de mí mismo, no es para ser manipulado por otros. Soy un hombre libre, libre. Actúo por voluntad propia.

Aprende el arte de actuar por ti mismo. No te preocupen las críticas ni te interesen los elogios. Si te interesa que los demás te alaben, no puedes despreocuparte de las críticas. Permanece distante. Elogios o críticas, todo es igual. Éxito o fracaso, todo es igual. AES DHAMMO SANANTANO.

La cuarta pregunta:

Pregunta 4:

Amado maestro, aunque quiero entregarme a usted y tomar

sannyas, me siento impotente para hacerlo. ¿por qué es así? Por favor aclarame esto.

S.D. Prasad, es muy sencillo, no hay nada que aclarar. Tienes miedo de la gente, tienes miedo de la sociedad. Tienes miedo de la iglesia establecida, de la religión establecida, de los sacerdotes, de los políticos, simplemente tienes miedo. Es el miedo lo que te lo impide. Sannyas necesita coraje, sannyas necesita agallas, particularmente mi sannyas.

El antiguo sannyas ya no necesita agallas, porque ya forma parte del statu quo. Es aceptado, respetado. Si te conviertes en un sannyasin del viejo estilo la gente te adorará. Si te conviertes en MI sannyasin estarás en constante peligro. La gente pensará que estás loco, que estás hipnotizado. La gente pensará que algo ha ido mal, que te has vuelto loco. La gente dirá: "¡Qué hombre tan bueno! Nunca habíamos pensado, ni soñado que te pasaría esto".

La gente se reirá, rumoreará sobre ti, cotilleará sobre ti, te creará mil y un tipos de problemas. Y tienes que existir con la gente, tienes que vivir con ellos. A cada paso crearán barreras y pondrán piedras en tu camino. Y no sólo los que forman parte de la gran sociedad, sino incluso los que están muy cerca:

tu mujer puede crearte muchos problemas... tus hijos, tus padres. De todos los rincones y esquinas que tendrá que hacer frente a las dificultades.

Tienes miedo. Intenta comprender tu miedo, y entonces será muy fácil. Una vez que veas que es miedo, déjalo. A pesar de todos los miedos, salta a sannyas, porque permanecer en el miedo es convertirse en un cobarde, permanecer en el miedo es perderse toda la alegría de la vida. La vida pertenece a aquellos que saben arriesgarse. La vida pertenece a los aventureros, y sannyas es la mayor aventura que existe. Y porque estoy trayendo al mundo un concepto totalmente nuevo de sannyas - un sannyas que no es escapista, un sannyas que no cree en la renuncia, un sannyas que cree en el regocijo, un sannyas que quiere vivir en el mundo y sin embargo no ser de él....

El viejo sannyas es fácil: te escapas del mundo, dejas las oportunidades donde la tentación es posible, te escapas a las cuevas del Himalaya. Sentado allí serás un santo, porque no tienes ninguna otra oportunidad. TIENES que ser un santo. ¿Qué otra cosa puedes hacer allí?

En el mundo existen todo tipo de tentaciones. Ser santo en el mundo es algo soberbio, algo extraordinario. Si no hay mujeres en las cuevas del Himalaya... y no creo que las haya. Las mujeres nunca han sido tan tontas; son más terrenales, son más intuitivas, no son intelectuales. Son muy realistas, no van detrás de las palabras ni de las teorías ni de las filosofías. Es el hombre el que se siente muy atraído por las abstracciones. La mujer no se preocupa mucho por el otro mundo, ¡ella quiere un hermoso sari AHORA! Eres un tonto si estás esperando a una mujer hermosa en el cielo.

La mente femenina no se preocupa mucho por el otro mundo. La mente femenina dice: "Ya veremos. Si podemos arreglárnoslas aquí, también lo haremos allí. Si podemos encontrar un tonto aquí, los mismos tontos estarán disponibles allí también. Así que, ¿por qué preocuparse por el otro mundo?".

Pero el hombre vive en abstracciones. Ese es el mayor defecto de la mente masculina. Vive en teorías. Se hipnotiza tanto por las palabras que está dispuesto a sacrificar la vida misma.

Está dispuesto a ir a las cavernas, a renunciar a esta vida para alcanzar la otra vida. Vive en el pasado, vive en el futuro. La mujer vive más en el presente. De ahí que no haya habido mujeres en las cuevas del Himalaya. Puedes ir y sentarte allí y soñar todo tipo de sueños, pero no hay ninguna oportunidad. No hay dinero, no hay poder, no hay belleza, ¡no hay nada! Sentado en tu cueva te vuelves más y más aburrido, lentamente; es una especie de suicidio gradual.

Mi sannyas no es salir del mundo, sino adentrarme en él, llegar a su esencia, porque Dios está en la esencia del mundo. Dios es el alma del mundo. No puedes encontrarlo escapando del mundo. Sólo puedes encontrarlo adentrándote más y más en el mundo. Cuando llegues al centro de la existencia, lo encontrarás. Está oculto en el mundo, el mundo entero está impregnado de él. Está en los árboles, en las rocas, en los pájaros y en la gente. Sí, está en tu mujer, en tu marido y en tus hijos. Está en ti. Y la mejor posibilidad de encontrarle está en el mundo, no fuera del mundo.

Salir del mundo ha sido una gran atracción; eso también a causa del miedo. El escapista es un cobarde; no puede ser lo suficientemente vigilante como para vivir en el mundo y no verse afectado por él. No puede ser tan vigilante, no tiene tanta inteligencia, no puede hacer un gran esfuerzo para estar despierto, por eso escapa. Es un cobarde.

Así que el viejo sannyas, S.D. Prasad, puede encajarte perfectamente, pero no te va a ayudar. Seguirás siendo un cobarde, y seguirás orientado hacia el miedo. A primera vista parece que el sannyasin que abandona el mundo es muy valiente. Pero no es así. No te dejes engañar por las apariencias. El soldado que va a la guerra parece tan valiente -no te dejes engañar por las apariencias- en el fondo está temblando, tiene miedo.

Adolf Hitler preparaba su vestuario para un segundo invierno sombrío en el frente helado de Rusia.

"Mein Führer", sugirió uno de su suite, "recuerda lo que hizo Napoleón cuando estuvo en Rusia. Llevaba un uniforme rojo brillante para que, en caso de ser herido, sus hombres no notaran que sangraba."

"¡Excelente idea! Excelente idea!", rumió Adolf. "Tírame mis pantalones marrones".

No te dejes engañar por las apariencias. Incluso gente como Adolf Hitler está tremendamente asustada, temblando. Y tus llamados sannyasins que han escapado del mundo han escapado por miedo.

Te enseño el camino de la intrepidez. Es simplemente el miedo y nada más lo que te lo impide, aunque no te sentirás muy feliz con mi respuesta. Debes haber estado esperando que yo dijera algo muy gratificante para tu ego. Discúlpame, no puedo decir ninguna falsedad. Sólo puedo decir la verdad, y si duele, duele. Es sólo a través de la verdad que la luz comienza a entrar en tu ser. Así que si te sientes herido... porque tu nombre me parece desconocido, debes ser nuevo. Y con la gente nueva nunca soy tan rudo, pero veo una posibilidad en ti, por eso soy tan duro.

Cuando veo una posibilidad en un hombre, me vuelvo dura. Cuando no veo ninguna posibilidad, sigo siendo muy educada. Si soy educada, significa simplemente que quiero deshacerme de ti. Si soy duro, si te doy un martillazo en la cabeza, significa que ya he empezado a respetarte.

La quinta pregunta:

Pregunta 5:

Amado maestro, soy muy codicioso con el dinero. ¿crees que he sido judio en mi vida pasada?

Suresh, ¿por qué en una vida pasada? Ahora mismo eres judío. Sólo por haber nacido en la India, sólo por haber nacido en una familia hindú, no hace ninguna diferencia. Judío' no significa una raza, es una psicología, es una metafísica. El MARWARI es un judío - el judío indio. De hecho, cualquiera que sea codicioso es judío - la codicia es judía.

Jesús no es judío aunque nació judío - no es judío en absoluto. Cuando use palabras como "judío", recuerda siempre que no estoy hablando de razas. No me interesa la sangre. La sangre judía, la cristiana y la hindú son todas iguales. Puedes tomar unas cuantas muestras -aquí puedes conseguir todo tipo de muestras-, puedes llevar unas cuantas muestras al médico y preguntarle qué sangre es judía y qué sangre es hindú y qué sangre es budista, y no sabrá qué hacer. No encontrará la forma de averiguarlo: ¡la sangre es la sangre! Por supuesto que hay tipos de sangre, pero no son judía, hindú o budista. Judío" no es más que otro nombre para la codicia. En ese sentido, el mundo entero está formado por judíos, excepto unas pocas personas excepcionales. Casi todo el mundo es judío. O eres un Jesús o eres un judío - éstas son las únicas alternativas. Si no quieres ser judío, entonces sé un Jesús. Y no intentes consolarte con que en una vida pasada.... Esas son invenciones engañosas de la mente humana: "En una vida pasada tal vez fui judío". Ahora mismo eres judío. Arrojar la responsabilidad sobre la vida pasada te mantiene intacto; entonces puedes continuar como eres.

Un viejo judío se ofrece a pagar a una prostituta el doble de su tarifa si ella le pone las dos manos en la cabeza mientras hace el amor. Después, ella le pregunta qué emoción especial le produjo aquello.

"No me emociona", dice, sacando un gran rollo de billetes de su bolsillo, "¡pero por dos pavos más sé que tus manos están en mi cabeza y no en mis bolsillos!".

Otra historia para ti, Suresh:

Un empresario judío retirado está a punto de arruinarse porque sus hijos le exigen dinero para pagar a las chicas a las que han seducido y dejado embarazadas. Pero paga para no ver deshonrado el nombre de la familia.

Unos días después, su hija acude a él y le confiesa: "Papá, estoy embarazada".

"Gracias a Dios, el negocio remonta", dice el anciano.

Y la tercera historia:

Una sala llena de judíos discute sobre cuál es el mejor negocio. Finalmente un anciano barbudo dice: "Dejemos de mentirnos. El negocio de las putas es el mejor: lo tienen, lo venden, lo siguen teniendo".

"¿Qué estás diciendo?", grita otro anciano horrorizado.

¿Qué estoy diciendo? Estoy diciendo: sin gastos generales, sin mantenimiento, sin inventario - ¿quién puede superarlo?

Y sí, es todo al por mayor".

La codicia es judía, y todo el mundo es judío en ese sentido. Y recuerda que la codicia es una proyección del miedo. Es debido al miedo que el hombre se vuelve codicioso. Tiene tanto miedo que quiere acumular para el futuro. Tiene tanto miedo, que sacrifica su hoy por el mañana, y el mañana nunca llega. El hombre codicioso es el hombre más tonto del mundo. Buda lo llama "el tonto", el tonto por excelencia, porque sigue sacrificando el presente por el futuro que nunca llega. Acumula dinero pero no puede utilizarlo; sigue siendo pobre.

El avaricioso nunca se hace rico. Puede tener el mundo entero a su disposición, pero sigue siendo pobre. No puede disfrutarlo, su avaricia no se lo permite. Sigue siendo avaro. Siempre tiene tanto miedo al futuro que no puede separarse de su dinero. Acumula, acumula, malgasta toda su vida y un día muere. Fue un hombre pobre toda su vida - con las manos vacías había llegado, con las manos vacías se ha ido, y toda su vida se fue por el desagüe sin ningún significado.

No intentes consolarte con que en la vida pasada fuiste judío. ¡Mira dentro de tu ser!

Tú ERES judío. Y entonces existe la posibilidad de que lo veas: "Soy judío, soy codicioso. ¿De dónde viene mi codicia?". Profundiza en la codicia, analiza la codicia y encontrarás el miedo. Y cuando encuentres el miedo habrás llegado a algo muy fundamental.

Sólo hay dos maneras de vivir la vida: una es la del miedo y la otra es la del amor. El hombre que vive del miedo se vuelve codicioso, se vuelve agresivo, se vuelve violento, se vuelve egoísta. Y el hombre que vive por amor es necesariamente no codicioso, porque el amor sabe compartir. El amor disfruta compartiendo, el amor no conoce mayor alegría que compartir. Todo lo que el amor tiene, el amor lo comparte. Y el amor llega a conocer un gran secreto: que cuanto más compartes, más energía de amor sigue llegando a ti, brotando de alguna fuente desconocida e inagotable - AES DHAMMO SANANTANO.

Cuanto más amas, más rezas. Cuanto más amas, más te da Dios, porque estás dando. Todo lo que haces a la gente, Dios te lo sigue haciendo a ti.

Si eres avaro, Dios se vuelve avaro contigo. Si compartes, Dios comparte. La existencia es sólo un espejo, refleja tu rostro, se hace eco de tu ser. Vive a través del amor y serás un Jesús.

Jesús dice: Dios es amor. Vive a través del miedo y serás judío. Puedes ser un judío hindú o un judío mahometano o un judío cristiano - no importa. Los adjetivos no importan.

La última pregunta:

Pregunta 6:

Amado maestro, ¿por qué no te entiendo?

Ram Gopal, comprender es un segundo paso. El primero es oír. Tú no me oyes. Si no das el primer paso, el segundo no es posible.

Mientras me escuchas, mil y un pensamientos vagan por tu mente.

Te mantienen sordo. Mis palabras nunca te llegan intactas, en su pureza. Están distorsionadas, están coloreadas por tus pensamientos, por tus prejuicios, por tus conclusiones a las que ya has llegado. Me escuchas a través de tus conocimientos - por eso realmente NO escuchas. Y lo que te llega es algo totalmente distinto de lo que se te ha transmitido. Yo digo una cosa, tú sigues oyendo otra; de ahí el malentendido. Por eso no me entiendes; por lo demás, estoy utilizando palabras muy sencillas.

No utilizo ninguna jerga intelectual, utilizo el lenguaje cotidiano. Nunca utilizo grandes palabras: mis palabras son sencillas, todo lo sencillas que pueden ser. Si no lo entiendes, eso significa simplemente que de alguna manera estás sordo interiormente. Un gran clamor de palabras y pensamientos y conclusiones y teorías y prejuicios y conocimientos y experiencia -el hindú, el mahometano, el cristiano, el judío- están todos ahí dentro. Es muy difícil para mí encontrar un camino hacia ti. Es casi imposible llegar a ti.

No es una cuestión de comprensión. La comprensión florecerá por sí sola si puedes hacer una cosa: si puedes ESCUCHAR, si puedes permitirme llegar a ti, si puedes abrir tu corazón, si no eres sordo - entonces la comprensión está destinada a suceder. La verdad escuchada es comprendida, está destinada a ser comprendida. La comprensión no necesita ningún otro esfuerzo, simplemente necesita una apertura, una vulnerabilidad. Sólo ábreme una ventana, sólo una ventana bastará, y podré entrar en ti. Basta una ventana. Si no puedes abrir la puerta principal, no te preocupes, la puerta trasera servirá. Pero ábreme alguna puerta, déjame entrar, y entonces es imposible no entender, es imposible malinterpretar.

La verdad tiene tal claridad que, una vez comprendida, transforma tu vida. Una vez escuchada, se comprende. La verdad tiene un proceso muy simple: una vez oída, se comprende; una vez comprendida, transforma tu vida. Si la oyes correctamente, nunca preguntarás cómo entenderla. Si se comprende correctamente nunca preguntas: "¿Y ahora qué debo hacer para transformar mi vida de acuerdo con ella?". La verdad transforma, la verdad libera.

Medita sobre esta pequeña anécdota:

Un hombre entró en un bar de Nueva York y pidió dos whiskies, uno para él y otro para su amigo. El camarero sacó los whiskies y el hombre vertió un poco de whisky en un dedal que colocó sobre un perfecto piano de cola en miniatura, que sacó de su maletín. También sacó de su maletín un hombre de doce pulgadas de altura vestido de noche, que se sentó frente al piano y comenzó a tocar "La Sonata Claro de Luna".

El tabernero se mostró incrédulo y exigió saber de dónde había salido aquel hombrecillo. El hombre le explicó: "Estaba mirando en una chamarilería cuando encontré una vieja lámpara de aceite. La froté un poco con la manga para examinarla mejor cuando hubo un destello y apareció un genio diciendo que era el esclavo de la lámpara y que cualquier deseo mío era tarea suya cumplirlo. Así que le dije que quería un pene de doce pulgadas, ¡y esto es lo que me dio el sordo hijo de puta!".

Oyó "un pianista" y no entendió nada.

Sigues oyendo lo que puedes oír. Sigues oyendo cosas que no se dicen en absoluto. Y entonces las interpretas y todas las interpretaciones son malas interpretaciones. Y hagas lo que hagas te sentirás frustrado, porque tus malas interpretaciones no pueden llevarte a la verdad. La verdad es una comunión.

Buda dice: Encuentra un amigo, encuentra un maestro y estate en comunión con el maestro. ¿Qué es la comunión? Comunión significa retirar todas las condiciones, retirar todos los prejuicios, volverse inocente con alguien que ha llegado, volver a ser un niño ante alguien que se ha despertado. Escucha como un niño pequeño: alerta, lleno de asombro, de maravilla, e inmediatamente tu corazón será penetrado. Te alcanzaré como una flecha.

Sí, también habrá un poco de dolor, pero muy dulce... tan dulce que nunca has conocido nada más dulce que eso. Sí, cuando por primera vez la verdad penetra en tu corazón como una flecha, te mata, te mata como ego. Es una crucifixión, pero inmediatamente hay una resurrección. Por un lado mueres como hasta ahora, por otro naces de nuevo. Te conviertes en un dos veces nacido, un DWIJ; te conviertes en un brahmán, te conviertes en alguien que sabe.

Pero conocer necesita una gran relación de amor entre el discípulo y el maestro. Conocer sólo es posible cuando la relación amorosa es total, cuando el compromiso es total, cuando la implicación es total. Si escuchas sólo como un espectador, seguirás perdiéndote. Si escuchas sólo por curiosidad, seguirás perdiéndote. Si escuchas con todas tus ideas y filosofías, oirás algo que no se ha dicho.

No se trata de comprender mis palabras, se trata de comprender mi presencia. Sólo el discípulo es bendecido.

Ram Gopal, todavía no eres un discípulo. Tienes curiosidad. Usted ha venido a ver lo que está sucediendo. Aún no estás comprometido. Me escuchas, pero te mantienes a distancia, para que si las cosas se ponen demasiado difíciles puedas escapar fácilmente. Permaneces en la periferia, no has entrado en el círculo.

Entra en el círculo: te invito. Conviértete en mi invitado, déjame ser tu anfitrión. Bebe de mí y serás ahogado, y serás transformado. Es una promesa.

Suficiente por hoy.